D1664534

Felix Lüttge

Auf den Spuren des Wals

Felix Lüttge

Auf den Spuren des Wals

Geographien des Lebens im 19. Jahrhundert

WALLSTEIN VERLAG

Gedruckt mit Unterstützung der Gerda Henkel Stiftung, Düsseldorf
sowie des Seminars für Medienwissenschaft der Universität Basel

Bibliografische Information der Deutschen Nationalbibliothek
Die Deutsche Nationalbibliothek verzeichnet diese Publikation in
der Deutschen Nationalbibliografie; detaillierte bibliografische Daten
sind im Internet über http://dnb.d-nb.de abrufbar.

© Wallstein Verlag, Göttingen 2020;
zugl. Berlin, Humboldt-Universität, Diss. 2018.
www.wallstein-verlag.de
Vom Verlag gesetzt aus der Stempel Garamond
Umschlaggestaltung: Susanne Gerhards, SG-Image, Düsseldorf
Unter Verwendung von Alexander Bridport Becher, Bottle Chart
(siehe S. 14) und James Hope Stewart, The Spermaceti Whale (siehe S. 169)
Lithografien: SchwabScantechnik, Göttingen
Druck und Verarbeitung: Hubert & Co, Göttingen

ISBN 978-3-8353-3680-3

Inhalt

I. Einleitung

>[...] the sea which will permit no records.«[1]

Über die Seekarten, die er Alexander von Humboldt schickte, verlor Matthew Fontaine Maury kaum ein Wort. Maury, Lieutenant der U.S. Navy, war seit 1842 Superintendent des United States Naval Observatory in Washington, D.C. und nun dabei, sich mit seinen thematischen Karten, in denen er Wind- und Strömungsbildungen auf den Weltmeeren verzeichnete, einen Namen zu machen. Dem Nestor der Verteilungsgeographie musste er sie nicht erklären: »The Baron's quick eye will perceive them at a glance«, schrieb er seinem Vorbild am 5. September 1849.[2] Umso gründlicher fiel seine Beschreibung einer Karte aus, die er Humboldt nicht schickte: Seine *Whale Chart*, die Walvorkommen in den Meeren der Welt verzeichnete und auf Angaben von Walfängern beruhte, wich nicht nur in der Darstellung von den üblichen Verteilungskarten des 19. Jahrhunderts ab, sondern sie verriet auch mehr über Wale als lediglich ihre geographische Verteilung (Abb. 1). »By this Chart it has been discovered that the Right whale of the South Pacific is a different animal from the Right whale of the North Pacific«, schrieb Maury nach Berlin. »The Equatorial regions are to these animals as a sea of fire, which neither has ever been known to cross or even to approach within many hundred miles.«[3]

Seine Karte konnte klassifizieren. Der Ozeanograph, der keinen Wal mit eigenen Augen gesehen haben musste, um den Nord- vom Südkaper zu unterscheiden, brachte mithilfe der Karte ein Argument vor, das in den fünfziger Jahren des 19. Jahrhunderts zu einem Gemeinplatz der Biogeographie wurde: Mit dem Ziehen einer Linie auf der Karte wurden nicht nur Beziehungen von Arten und Milieus aufgezeigt, sondern auch Lebensräume voneinander unterschieden.[4]

1 Herman Melville: *Moby-Dick; or, The Whale. The Writings of Herman Melville. The Northwestern-Newberry Edition*, Vol. 6, Evanston 1988, S. 60.
2 Matthew Fontaine Maury an Alexander von Humboldt, 5. September 1849. Records of the U.S. Naval Observatory, Record Group (RG) 78, Letters Sent, Vol. 4, National Archives and Records Administration (NARA), Washington, D.C., abgedruckt in: *Alexander von Humboldt und die Vereinigten Staaten von Amerika. Briefwechsel*, hg. von Ingo Schwarz, Berlin 2004, S. 257–258.
3 Ebd.
4 Siehe Jane Camerini: »Evolution, Biogeography, and Maps. An Early History of Wallace's Line«, in: *Isis* 84 (1993) 4, S. 700–727, für die berühmteste Linienziehung in der Geschichte der Verteilungsgeographie. Siehe auch

Die *Whale Chart* erzählte noch eine zweite Geschichte von weit größerer Bedeutung: Maury berichtete Humboldt vom Brauch der Walfänger, ihre Harpunen mit Datum und Schiffsnamen zu markieren: »The fishermen have their irons marked and numbered«.[5] Davon hatte auch der englische Walfänger und Entdecker William Scoresby unter Verweis auf eine entscheidende Beobachtung berichtet, auf die Maury sich einige Jahre später auch in *The Physical Geography of the Sea* berufen wird, jenem Buch, das heute als Gründungsdokument der Ozeanographie gilt: Wale, die vor der grönländischen Atlantikküste harpuniert, aber nicht getötet worden waren, waren schließlich im Pazifik erlegt worden.[6]

Die Kombination seiner Erkenntnisse mit denjenigen Scoresbys, die verschiedentlich von Walfängern bestätigt worden waren, veranlasste Maury zu einer zweiten kartographischen Beweisführung: Wenn einzelne Glattwale auf beiden Seiten Amerikas anzutreffen waren, aber nicht durch das »Feuermeer«[7] der Tropen schwammen, konnte ihr Weg vom Atlantik in den Pazifik weder um Kap Hoorn, noch um das Kap der Guten Hoffnung geführt haben. Es müsste also einen Seeweg nördlich des amerikanischen Kontinents geben. Maury schließt seinen Brief an Humboldt mit einem Verdacht: Es musste eine Nordwestpassage geben.

Während John Franklin im Nordpolarmeer vereiste und die Suchexpeditionen weder ihn, noch die von ihm gesuchte Nordwestpassage fanden, hatte Maury, dem die Vermutung schnell zur Gewissheit wurde, kartenzeichnend bewiesen, was Scoresby nur geahnt hatte: »[…] we are entitled to infer that there is, at times at least, an open

Janet Browne: *The Secular Ark. Studies in the History of Biogeography*, New Haven 1983; Philipp Felsch: »Wie August Petermann den Nordpol erfand. Umwege der thematischen Kartographie«, in: Steffen Siegel und Petra Weigel (Hg.): *Die Werkstatt des Kartographen. Materialien und Praktiken visueller Welterzeugung*, München 2011, S. 109–121, und Nils Güttler: »Lebensraum. Frühe pflanzengeographische Karten und die ›natürliche Ökonomie‹ der Gewächse«, in: Dorit Müller und Sebastian Scholz (Hg.): *Raum Wissen Medien. Zur raumtheoretischen Reformulierung des Medienbegriffs*, Bielefeld 2012, S. 39–58.

5 Maury an Humboldt, 5. September 1849. RG 78, Letters Sent, Vol. 4, NARA.

6 William Scoresby, Jr.: *An Account of the Arctic Regions, with a History and Description of the Northern Whale-Fishery*, Bd. 1, Edinburgh 1820, S. 8; Matthew Fontaine Maury: *The Physical Geography of the Sea*, New York 1855, S. 146.

7 Matthew Fontaine Maury: *Die Physikalische Geographie des Meeres. Deutsch bearbeitet von Dr. C. Boettger*, Leipzig 1856, S. 139.

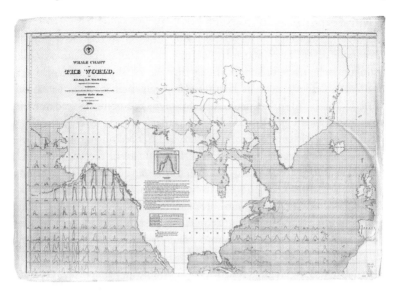

Abb. 1: *Whale Chart of the World*. Matthew Fontaine Maury, 1852.

water communication between these straits and bay – in other words, that there *is* a north-west passage«.[8] Maury nannte diese deduktiv am Kartentisch erworbene Erkenntnis einen Indizienbeweis (»circumstantial evidence«) und wusste sie prompt in den Dienst der Suche nach John Franklin zu stellen: Dem Leiter der neusten Suchexpedition hatte er empfohlen, sich von Walen zum verschollenen Polarforscher führen zu lassen.[9] Doch wie folgt man Walen durch arktische Gewässer? »[D]as Meer«, hat Hans Blumenberg geschrieben, »kennt keine Spuren von Gewesenem.«[10]

8 Matthew Fontaine Maury: *Explanations and Sailing Directions to Accompany the Wind and Current Charts*, Washington 1851, S. 773. Zur Suche nach der Nordwestpassage siehe etwa Ann Savours: *The Search for the North West Passage*, London 1999, und Francis Spufford: *I may be Some Time. Ice and the English Imagination*, London 1996.

9 Matthew Fontaine Maury: »Important Notice To Whalemen«, in: *Hunt's Merchants' Magazine* 24 (1851) 1, S. 773–777. Bei der Expedition handelte es sich um die erste amerikanische Suche nach den verschollenen Polarforschern unter der Leitung von Edwin de Haven; siehe dazu Douglas Wamsley: *Polar Hayes. The Life and Contributions of Isaac Israel Hayes, M.D.*, Philadelphia 2009.

10 Hans Blumenberg: *Die Sorge geht über den Fluß*, Frankfurt a.M. 1987, S. 31.

1. Auf den Spuren des Wals

Der zitierte William Scoresby befuhr die Walfanggebiete vor der grönländischen Küste schon als Elfjähriger an Bord der Schiffe seines Vaters und ab 1811 als Kapitän seines eigenen Schiffes. Er nutzte seine Fahrten für naturhistorische Studien, die er unter anderem in seinem *Account of the Arctic Regions* (1820) veröffentlichte. Für den wissenschaftlich interessierten Walfänger Scoresby waren Wale die wichtigsten aus einer ganzen Reihe von Indizien, die für die Existenz einer Nordwestpassage sprachen. Hinweise auf eine Verbindung zwischen atlantischem und pazifischem Ozean lieferte dem aufmerksamen Beobachter auch Treibholz: Ein Mahagonitisch und ein Blauholzbaum, die an die grönländische Küste gespült worden waren, oder der Stamm eines Mahagonibaumes, den ein dänischer Kapitän ebenfalls bei Grönland 1786 aus dem Wasser gefischt hatte, waren von Würmern zerfressen gewesen. Scoresby war davon überzeugt, dass das zentralamerikanische Holz seinen Weg ins Polarmeer nur mit nördlicher Strömung durch die Beringstraße finden konnte – »or across the Northern Pole.« Unabhängig von der Strömung sprachen auch die Löcher im Holz eine deutliche Sprache: Ob sie vom Nagekäfer oder von der Bohrmuschel stammten, konnte er zwar nicht bestimmen, da aber nicht bekannt war, dass eines dieser Tiere sein Werk in der Arktis verrichtete, war anzunehmen, »that the worm-eaten drift wood is derived from a trans-polar region.«[11]

Schwerer noch wogen die Funde von Walfängern: Scoresby berichtet von einem im pazifischen Tatarensund gefangenen Wal, in dessen Fleisch eine mit den Buchstaben »W.B.« markierte Harpune steckte, die dem Niederländer William Bastiaanz zugeordnet werden konnte, der Wale vor der atlantischen Küste Grönlands jagte. Auch von russischen Entdeckungsreisenden war die Rede, die an der Pazifikküste Kamtschatkas überwinterten und dort auf einen gestrandeten Wal gestoßen waren, in dessen Fleisch Harpunen europäischer Herstellung steckten, die mit lateinischer Schrift markiert waren. Und im Japanischen Meer wurden jedes Jahr Wale gefangen, in deren Fleisch Harpunen gefunden wurden, die darauf schließen ließen, dass sie Walfängern in der Arktis entkommen waren.[12]

Auf Scoresbys Sammlung dieser Fälle konnte sich berufen, wer feststellte, dass »der Polarwal die ›Nordwestpassage‹ [kannte], bevor

11 Scoresby: *An Account of the Arctic Regions*, Bd. 1, S. 7.
12 Ebd., S. 9.

sie vom Menschen entdeckt wurde«.[13] Trotz aller Indizien konnte
Scoresby nicht hinter den Walen durch die noch immer nicht gefun-
dene Nordwestpassage segeln. Dass er sie auf den Spuren des Wals
zwar nicht durchfahren, aber doch auf ihrer Existenz als Forschungs-
gegenstand insistieren konnte, der die Anstrengung des Wissens loh-
nen würde, war zunächst das Ergebnis seiner Erörterungen von Einzelfällen; einer Kasuistik von gefundenem Treibholz und in Walfleisch
entdeckten Harpunen. Treibholz und Harpunenspitzen wurden unter
Scoresbys Auswertung der Indizien zu Spuren im Meer, das keine
Spuren zu hinterlassen erlaubt.

Sie funktionierten damit wie die Flaschenpost, die der britische
Admiral Beechey auf einer Reise in die Arktis zur selben Zeit als Instrument ins Meer warf, um Strömungsrichtungen in der Arktis zu
erfassen. Er hatte Order erhalten,

> »that you do frequently, after you shall have passed the latitude of
> 75° north, and once every day, when you shall be in an ascertained
> current, throw overboard a bottle, closely sealed, and containing a
> paper stating the date and position at which it is launched [...] and,
> for this purpose, we have caused each ship to be supplied with papers
> on which is printed, in several languages, a request that whoever
> may find it should take measures for transmitting it to this office.«[14]

Einerseits wurde das Meer selbst damit zum Teil einer quasi-expe-
rimentellen Versuchsanordnung, zu der Schiffe, militärische Kom-
mandostrukturen und die über Bord geworfenen Flaschen gehörten,
andererseits jedoch blieb die Kommunikation mit dem »Manuskript
in der Flasche« (E.A. Poe), das erst einmal gefunden und in der Folge
einem hydrographischen Büro zugestellt werden musste, im Rauschen
des Meeres höchst unwahrscheinlich.[15] Wenn sie zugestellt wurde,
konnte die Flaschenpost, die Datum und geographische Position ihres
Einwurfs selbst transportierte, mit anderen übermittelten Flaschen-
botschaften maritime Strömungskontingenzen in Tabellen und Karten

---

13 Gustav Guldberg: »Ueber die Wanderungen verschiedener Bartenwale«, in:
    Biologisches Centralblatt 23 (1903) 14, S. 803–815.
14 Frederick William Beechey: *A Voyage of Discovery Towards the North Pole.
    Performed in His Majesty's Ships Dorothea and Trent, under the Command
    of Captain David Buchan, R.N., 1818*, London 1843, S. 18.
15 Siehe Richard Sorrenson: »The Ship as a Scientific Instrument in the Eigh-
    teenth Century«, in: *Osiris* 11 (1996), S. 221–236, und Burkhardt Wolf: *For-
    tuna di mare. Literatur und Seefahrt*, Zürich 2013, S. 165–166.

lesbar machen. In Marshall McLuhans »The medium is the message«
wurde sie eineinhalb Jahrhunderte später Medientheorie.[16]
   In Tabellen (Abb. 2) wurden die über die Flaschenpost bekannten
Informationen – Tag und Position des Einwurfs, Zeit und Ort des
Fundes und der Zeitraum zwischen Sendung und Empfang – gespeichert. Der unbekannte Verlauf der Route einer Flaschenpost wurde
1843 vom Londoner *Nautical Magazine* in einer *Bottle Chart* (Abb. 3)
durch eine gerade Strecke zwischen zwei Punkten, dem »relative
course«, ersetzt: Die Linien auf der Karte, erklärte der Herausgeber
des Magazins, »must not be taken as the actual tracks of the bottles,
[...] but, are merely intended to connect the point of departure with
that of the arrival of the bottle«. Wie die Flaschenpost das Ende ihrer
Reise erreichte, blieb »open to opinion and speculation.«[17]
   Was die Flaschenpost selbst enthielt, musste im Falle der Wale über
einen Datenabgleich erst erzeugt werden. Dieses Kombinieren von
Zeit und Ort der ersten, gescheiterten Harpunierung eines Wals mit
seiner zweiten, erfolgreichen, setzt eine alltägliche Medientechnik an
Bord eines jeden Schiffes voraus: das Logbuch, in dem aufgeschrieben
wurde, wann und wo Wale gejagt und gefangen wurden. Die Nordwestpassage wurde so zur Funktion zweier geographischer Punkte in
verschiedenen Ozeanen.
   Die Spur der Wale im Meer, die Scoresby aus einzelnen Fällen
und Maury aus seiner Karte herauslas und die durch die Nordwestpassage führte, war, wie der »relative course« der Flaschenpost, nicht
indexikalisch. Sie war als Spur von Spuren, die Walfänger im Walfleisch oder in Maurys Logbuchsammlung hinterließen, aus der die
Informationen für seine Karten stammten, vielmehr das Produkt einer
»Phantastik der Bibliothek«: Sie »erstreckt[e] sich zwischen den Zeichen, von Buch zu Buch«, entstand also weniger im Wasser als im
Zwischenraum der Texte.[18] Sie war ein Phänomen der Bibliothek und
zugleich das Produkt eines »Jägerwissens«, das aus empirischen Daten eine komplexe Realität aufspürte, die anders nicht erfahrbar war.
Laut Carlo Ginzburg organisiert der jagende Beobachter seine Daten

16 Marshall McLuhan: *Understanding Media*, Cambridge, MA 1995, S. 7.
17 Alexander Bridport Becher: »Bottle Papers«, in: *The Nautical Magazine and
    Naval Chronicle* 12 (1843), S. 181–184.
18 Michel Foucault: »Nachwort«, in: *Schriften in vier Bänden. Dits et Ecrits,
    Bd. I: 1954–1969*, Frankfurt a.M. 2001, S. 397–433; siehe auch Bettine
    Menke: »Die Polargebiete der Bibliothek. Über eine metapoetische Meta-
    pher«, in: *Deutsche Vierteljahrsschrift für Literaturwissenschaft und Geistes-
    geschichte* 74 (2000) 4, S. 545–599.

BOTTLE PAPERS.

No.	SHIPS.	SIGNATURE	WHERE LEFT.			WHERE FOUND.		Interval.	
			WHEN.	Lat. N.	L'on W.	COAST.	WHEN.	Yrs.	Days
1	Favorite	Proctor	14 Dec. 1833	49·0	5·8	France	4 Jan. 1834	—	21
2	Lydia	Petree	7 Oct. 41	47·0	7·0	France	23 Nov. 41	—	47
3	Grahm Moore	————	6 July, 21	47·7	7·7	France	15 Sept. 21	—	70
3	a Benbow	————	2 May 42	46·8	7·7	France	July 42,	—	60
4	Britannia		5 Sept. 35	C.Cl'ear		Cornwall	11 Oct. 35	—	36
5	Hope	Pender	31 March 38	50·2	9·7	France	31 May, 38	—	61
6	Arrow	Sullivan	14 July 38	48·5	9·4	France	25 Feb. 39	—	226
7	Malabar	————	6 Aug. 38	43·4	9·0	Africa	8 Jan. 39	—	155
8	Dead Whale	Brooking	8 May 34	41·7	9·0	Portugal	6 June, 34	—	29
9	Gunboat	Rebuff	25 Oct. 10	39·7	9·6	Cadiz	19 Nov. 10	—	25
10	Cashltn Park	Park	27 July 27	48·6	10·3	France	21 Dec. 37	10	146
11	Chanticleer	————	3 May 41	44·6	11·1	Galicia	16 Nov. 31	—	197
12	Osprey	M'Gill	1 March 22	49·6	12·5	Wales	6 April, 22	—	36
13	Erebus	Ross	14 Oct. 39	39·3	12·7	Spain	19 Dec. 39	—	66
14	Emerald	Nockells	17 Dec. 31	36·7	12·5	Anegada	8 Jan. 33	1	22
15	Lady Louisa	Pallant	2 Feb. 30	45·0	13·7	France	14 Oct. 39	9	254
16	Catherine	Wallace	25 June 17	44·0	13·7	Finisterre	10 Nov. 17	—	138
17	Morning Star	————		42·7	13·1	Portugal			
18	Kinnear	Mallard	26 July 35	44·5	14·0	Tenerife	28 June, 6	—	337
19	Freeland	Midgley	11 Feb. 33	41·8	14·4	Vigo	1 Mar. 33	—	18
19	a W. Maning	Huskisson	9 Sept. 10	35·0	14·4	Hispaniola	19 Oct. 15		
20	Baretto, Jun.	Marshall	9 Dec. 39	44·8	14·3	England	12 Feb. 40	—	65
21	Wallace	Robertson	12 April, 35	52·2	15·0	Ushant	20 Aug. 35	—	130
22	Thetis	Bissett	18 Jan. 41	50·8	16·0	Hebrides	3 April, 41	—	75
23	Mary	Lock	12 April, 32	48·5	16·9	France	4 Mar. 33	—	327
24	Tyne	Hope	4 Jan. 34	46·6	16·9	Devon	16 Mar. 34	—	71
25	Symmetry	Smith	9 June, 25	Madeira		Turks I.	9 June, 35	10	—
26	Maitland	Hodgson	22 April, 38	49·1	18·3	France	25 Feb. 39	—	309
27	Kent	W. L.	19 Aug. 36	50·3	19·0	France	23 Dec. 36	—	126
28	Niger	Merret	7 Aug. 39	48·2	18·9	Quiberon	Feb. 40	—	177
28	a Bolivar		29 Aug. 40	46·9	18·6		Dec. 40	—	94
29	Mary	Lock	17 April, 32	44·2	18·0	France	21 Feb. 33	—	310
30	Flora	Shaddok	29 July, 40	43·9	18·6	Cuba	1 April, 42	1	246
31	Ibbitson	of Stockton	5 Nov. 26	55·5	18·3	Killala	3. Jan. 27	—	5
32	Leeds	Sprague	25 June, 28	49·8	20·4	Scilly			
33	President	Scott ·	26 May, 36	48·5	19·6	France	1 Oct. 36	—	128
34	Virginia		16 June, 38	42·2	19·3	Cork	Aug. 38	—	45
35	Kate	Cresswell	27 June, 25	24·0	19·0	Cuba	28 Nov. 26	1	154
36	Gambia	River		31	13·5	Virgin I.			
37	Persian	Mallard	23 Oct. 34	47·1	20·4	Ireland	13 Feb. 35	—	113
38	Albert	Robertson	24 Jan. 22	47·3	21·9	Somerset	29 July, 22	—	186
38	a Fanny	Palmer	16 Feb. 12	30·0	23·0	Penzance	4 Mar. 13		
39	Ardent	Duncan	22 Sept. 24	57·0	24·5	Lewis	12 Mar. 25	—	171
39	a Superior	Manson	13 May, 42	53·8	24·0	Dunnet H.	Nov. 42	—	175
40	Enterprize	————	5 June, 32	45·1	24·3	France	17 April, 33	—	316
41	Thunder	Owen	24 July, 33	28·4	25·5	Bahamas	12 Dec. 34	1	141
41	a Pr. Elizbth	————	6 Sept. 08	14·7	25·0	Martinique	18 April, 09		
42	W. Lockerby	Parker	22 Jan. 38	14·1	25·2	Grenadines	10 July, 38	—	169
43	Osprey	————	28 Mar. 20	5·2	24·7	Martinique	13 Feb. 21	—	322
44	Stratford	Locke	21 Jan. 36	4·1	24·3	Barbados	8 June, 36	—	139
45	Osprey	————	17 Jan. 22	6·2	15·6	Trinidad	28 July, 22	—	192
46	Ldy Montagu	Poore	15 Oct. 20	7·7	8·6	Guernsey	6 Aug. 21	—	295
47	Mary	Godfrey	22 Mar. 40	47·3	27·4	Clare I.	11 July, 40	—	111
47	a Orbit	Boot	16 Nov. 11	46·8	27·0	Ireland	3 Oct. 12		
48	C. Dunmore	Robertson	8 Mar. 28	27·4	28·0	Bahamas	19 May, 29	1	72
49	Two Brothers	————	21 Nov. 26	17·0	26·0	Crooked I.	8 Dec. 27	1	17

Abb. 2: *Bottle Papers.* Alexander Bridport Becher, 1843.

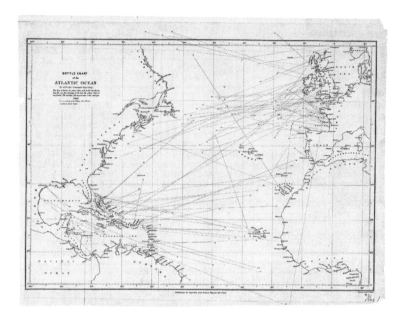

Abb. 3: *Bottle Chart of the Atlantic Ocean.* Alexander Bridport Becher, 1843.

so, »daß Anlaß für eine erzählende Sequenz entsteht, deren einfachste Formulierung sein könnte: ›Jemand ist dort vorbeigekommen‹.«[19] Die Geschichte, die der Waljäger Scoresby und der Logbuchleser Maury erzählten, ist auf die Formel zu bringen: »Der Wal ist durch die Nordwestpassage geschwommen.« Die Spur des Wals wurde also weniger gelesen als vielmehr spekulativ erzeugt.[20]

Wie die Nordwestpassage vor ihrer Durchfahrung durch Roald Amundsen in den Jahren 1903 bis 1906 war sie als Spur von Spuren, als

---

19 Carlo Ginzburg: »Spurensicherung. Der Jäger entziffert die Fährte, Sherlock Holmes nimmt die Lupe, Freud liest Morelli – die Wissenschaft auf der Suche nach sich selbst«, in: *Spurensicherungen. Über verborgene Geschichte, Kunst und soziales Gedächtnis*, Berlin 1983, S. 61–97.

20 Siehe neben Ginzburg, der das Spurenlesen als geisteswissenschaftliches Paradigma beschrieben hat, vor allem Hans-Jörg Rheinbergers entsprechende Formulierung für die experimentellen Lebenswissenschaften in Hans-Jörg Rheinberger: »Spurenlesen im Experimentalsystem«, in: Sybille Krämer, Werner Kogge und Gernot Grube (Hg.): *Spur. Spurenlesen als Orientierungstechnik und Wissenskunst*, Frankfurt a.M. 2007, S. 293–308, und Sybille Krämer: *Medium, Bote, Übertragung. Kleine Metaphysik der Medialität*, Frankfurt a.M. 2008, S. 276–297.

Ergebnis einer Kombination von Indizien, zuerst eine Spekulation, ein poetisches Element und damit eine Erzählung. Eine vorläufige Antwort darauf, was es bedeutete, den Spuren des Wals zu folgen, könnte deshalb lauten: eine Geschichte erzählen.

2. Geographien des Lebens

Dieses Buch fragt nach den Praktiken, die die Spuren der Wale erzeugten, nach den Medien, die sie sichtbar machten, und nach den Akteuren, die daran beteiligt waren. Es folgt dabei weniger den Walen als vielmehr denen, die ihnen folgten: in erster Linie also den Walfängern, die auf der Jagd nach ihrer Beute sämtliche Meere der Welt befuhren. Es wendet sich jedoch auch den Ozeanographen, Expeditionen, Naturhistorikern und Zoologen zu, die sich über das gesamte 19. Jahrhundert hinweg an den Walfängern orientierten, indem sie ihnen hinterherreisten, sie befragten oder ihre Forschungen damit legitimierten, dass einer der wichtigsten amerikanischen Wirtschaftszweige von ihren Erkenntnissen profitieren würde. Es handelt sich also um eine Medien- und Wissensgeschichte des Wals im 19. Jahrhundert ebenso wie der Meere, die auf seinen Spuren durchfahren und vermessen wurden.

Im Wesentlichen bezieht sich diese Geschichte auf drei unterschiedliche Forschungszusammenhänge: auf Arbeiten zur Geschichte der Ozeanographie, der Cetologie, wie die naturhistorische und biologische Walforschung heißt, und des Walfangs. Jüngere Arbeiten aus der Geschichte der Meereswissenschaften haben herausgearbeitet, dass das Meer – noch von Hegel als das »größte Medium der Verbindung« bezeichnet, das »entfernte Länder in die Beziehung des Verkehrs« setzt[21] – in der Mitte des 19. Jahrhunderts von einer Transitzone zum Ziel und zum Gegenstand nachhaltigen wissenschaftlichen Interesses wurde.[22] Sie haben die Bedeutung der Kartographie betont, über die

---

21 Georg Wilhelm Friedrich Hegel: *Grundlinien der Philosophie des Rechts oder Naturrecht und Staatswissenschaft im Grundrisse. Mit Hegels eigenhändigen Notizen und den mündlichen Zusätzen*, Frankfurt a.M. 1986, S. 391.

22 Siehe etwa Keith Benson und Philip Rehbock (Hg.): *Oceanographic History. The Pacific and Beyond*, Seattle 2002; Margaret Deacon: *Scientists and the Sea 1650–1900*, London 1971; Michael Reidy: *Tides of History. Ocean Science and Her Majesty's Navy*, Chicago 2008; Helen Rozwadowski: *Fathoming the Ocean. The Discovery and Exploration of the Deep Sea*, Cambridge, MA 2005; Helen Rozwadowski und David van Keuren (Hg.): *The Machine in Neptune's Garden. Historical Perspectives on Technology and the Marine Environment*, Sagamore Beach, MA 2004; Susan Schlee: *The*

maritimes Wissen zwischen Seefahrern, Militärs und Wissenschaftlern
zirkulieren konnte, und herausgehoben, dass es sich bei ozeanographischer Forschung um Wissenschaft *auf dem Meer*, also um Forschung
im Feld handelte.[23] Dass, wie der Fall Matthew Fontaine Maurys
eindrücklich vorführt, ein großer Teil der Arbeit der heute ›Ozeanographie‹ genannten Wissenschaft nicht zur See, sondern im Archiv
erledigt wurde, hat bisher weniger Beachtung gefunden.[24] Darüber,
was und wie im Zuständigkeitsbereich der Ozeano*graphie* eigentlich
geschrieben wurde, und über den Weg, den die von Walfängern notierten Messungen nahmen, um in Maurys Depot Karten zu werden,
ist in der Geschichte des Meeres und der Meereswissenschaften wenig
zu lesen.[25]

Die Wissenschaftsgeschichte des Wals ist vor allem als Geschichte
seiner Klassifikation erzählt worden und hat sich der Frage gewidmet,
wie der Wal, der lange Zeit als Fisch galt, zum Säugetier wurde. Die
Systematik der europäischen Wissenschaftler fand sich in der Wal-
fängernation der Vereinigten Staaten mit alternativen Taxonomien
konfrontiert, die keineswegs sofort dazu bereit waren, den Wal als

Edge of an Unfamiliar World. A History of Oceanography, New York 1973;
Jason W. Smith: *To Master the Boundless Sea. The U.S. Navy, the Marine
Environment, and the Cartography of Empire*, Chapel Hill 2018.

23 So zum Beispiel Antony Adler: »The Ship as Laboratory. Making Space for
Field Science at Sea«, in: *Journal of the History of Biology* 47 (2014) 3, S. 333–
362; D. Graham Burnett: »Hydrographic Discipline Among the Navigators.
Charting an ›Empire of Commerce and Science‹ in the Nineteenth-Century
Pacific«, in: James Ackerman (Hg.): *The Imperial Map. Cartography and
the Mastery of Empire*, Chicago 2009, S. 185–259; Olivier Chapuis: *A la
Mer comme au Ciel. Beautemps-Beaupré & la Naissance de l'Hydrographie
moderne, 1700–1850. L'Émergence de la Précision en Navigation et dans la
Cartographie marine*, Paris 1999; Penelope K. Hardy: »Every Ship a Floating
Observatory. Matthew Fontaine Maury and the Acquisition of Knowledge
at Sea«, in: Katharine Anderson und Helen Rozwadowski: *Soundings and
Crossings. Doing Science at Sea 1800–1970*, Sagamore Beach, S. 17–48.

24 Siehe programmatisch Lorraine Daston: »The Sciences of the Archive«, in:
Osiris 27 (2012), S. 156–187. Dass am Wissensobjekt ›Meer‹ nicht nur zur
See, sondern auch an Land gearbeitet werden muss, beschreiben auch Julia
Heunemann: »Strömungen als Differenzphänomene. Zur Formalisierung
von Strömungswissen bei James Rennell«, in: Jürgen und Martina Elvert:
*Agenten, Akteure, Abenteurer. Beiträge zur Ausstellung »Europa und das
Meer« am Deutschen Historischen Museum Berlin*, Berlin 2018, S. 481–488,
und Stefan Helmreich: *Alien Ocean. Anthropological Voyages in Microbial
Seas*, Berkeley 2009.

25 Siehe aber Wolf: *Fortuna di mare*.

Säugetier anzuerkennen.[26] Die Naturgeschichte, die diese Darstellungen in den Blick nehmen, bleibt jedoch die Naturgeschichte der
Gelehrtenstuben und Akademien. Die Geschichte der Cetologie auf
See und am Strand sowie der Herausforderungen, mit denen sich Walforscher konfrontiert sahen, die sich zu den Walen begaben, ist bisher
kaum erzählt.[27] Auch über die Wissenschaftsgeschichte des Wals nach
seiner Klassifikation als Säugetier ist wenig gesagt worden. Nach dem
»Ende der Naturgeschichte« bildete sich im Laufe des 19. Jahrhunderts eine »biologische Perspektive« heraus, die sich für die Beziehungen lebendiger Organismen zu ihren Umwelten interessierte und aus
deren Blick die Wale als Säugetiere im Wasser erneut problematisch
erscheinen mussten.[28] Solcherart sensibilisiert für Fragestellungen des
Milieus ist festzustellen, dass für den wissenschaftlichen Gegenstand
›Wal‹ mit der Lösung der taxonomischen Probleme die biologischen
erst entstanden.[29]

Drittens schließlich hat der Walfang als prägende Industrie der ersten Hälfte des amerikanischen 19. Jahrhunderts zahlreiche Chronisten

26 Lyndall Baker Landauer: *From Scoresby to Scammon. Nineteenth Century
    Whalers in the Foundations of Cetology* (Juni 1982). San Francisco Maritime
    National Historical Park Research Center, Library Collections, QL737 C4
    L36; D. Graham Burnett: *Trying Leviathan. The Nineteenth-Century New
    York Court Case That Put the Whale on Trial and Challenged the Order
    of Nature*, Princeton 2007; siehe zu alternativen Taxonomien auch Harriet
    Ritvo: *The Platypus and the Mermaid, and Other Figments of the Classifying
    Imagination*, Cambridge, MA 1997, und Anne Secord: »Science in the Pub.
    Artisan Botanists in Early Nineteenth-Century Lancashire«, in: *History
    of Science* 32 (1994) 3, S. 269–315; zur Klassifikationsgeschichte des Wals
    außerdem Henri Daudin: *Cuvier et Lamarck. Les classes zoologiques et l'idée
    de série animale (1790–1830)*, Paris 1926, und Londa Schiebinger: *Am Busen
    der Natur. Erkenntnis und Geschlecht in den Anfängen der Wissenschaft*,
    Stuttgart 1995.
27 Eine Ausnahme, die die wissenschaftliche Arbeit in Walfangstationen im
    20. Jahrhundert beschreibt, ist D. Graham Burnett: *The Sounding of the
    Whale. Science and Cetaceans in the Twentieth Century*, Chicago 2012.
28 Michel Foucault: *Die Ordnung der Dinge. Eine Archäologie der Human-
    wissenschaften*, Frankfurt a.M. 1974; Wolf Lepenies: *Das Ende der Naturge-
    schichte. Wandel kultureller Selbstverständlichkeiten in den Wissenschaften
    des 18. und 19. Jahrhunderts*, Frankfurt a.M. 1978; Lynn Nyhart: *Modern
    Nature. The Rise of the Biological Perspective in Germany*, Chicago 2009.
29 Zur Geschichte biologischen Milieudenkens siehe Georges Canguilhem:
    »Das Lebendige und sein Milieu«, in: *Die Erkenntnis des Lebens*, Berlin
    2009, S. 233–280, und Christina Wessely: »Wässrige Milieus. Ökologische
    Perspektiven in Meeresbiologie und Aquarienkunde um 1900«, in: *Berichte
    zur Wissenschaftsgeschichte* 36 (2013) 2, S. 128–147.

hervorgebracht.[30] Dabei dominieren bis heute sozial- und wirtschafts-
historische Studien die Walfanggeschichtsschreibung. In den älteren
Arbeiten dieser Art treten Walfänger in der Regel als Entdecker und
Kolonialisatoren der Ozeane im Namen der Vereinigten Staaten auf.[31]
Obwohl dieses von neueren Arbeiten kritisch begleitete Entdecker-
narrativ auch in jüngeren populären Darstellungen der amerikanischen
Walfanggeschichte affirmativ fortgeschrieben wird, finden die Zusam-
menarbeit von Walfängern mit Ozeanographen wie Maury oder die
Naturgeschichte, die auf ihren Schiffen getrieben wurde, nur am Rande
Beachtung.[32] Der Blick auf Praktiken und Schreibverfahren, mit denen
nicht nur geographisches Entdeckerwissen an Bord der Schiffe herge-

30 Um schon von den frühesten Walfanggeschichten nur die wichtigsten zu
     nennen: Alexander Starbuck: *History of the American Whale-Fishery From
     its Earliest Inception to the Year 1876*, Washington, D.C. 1878; Alpheus
     Hyatt Verrill: *The Real Story of the Whaler. Whaling, Past and Present*,
     New York 1916; Clifford Ashley: *The Yankee Whaler*, Boston 1926; Elmo
     Paul Hohman: *The American Whaleman. A Study of Life and Labor in the
     Whaling Industry*, New York 1928. Die nicht nur amerikanische Geschichte
     des Walfangs erzählen u.a. Richard Ellis: *Men and Whales*, New York 1991,
     und Daniel Francis: *A History of World Whaling*, New York 1990.
31 Die wohl gründlichste Geschichte des amerikanischen Walfangs ist die Wirt-
     schaftsgeschichte von Lance Davis, Robert Gallman und Karin Gleiter: *In
     Pursuit of Leviathan. Technology, Institutions, Productivity, and Profits in
     American Whaling, 1816–1906*, Chicago 1997. Siehe ferner Edouard Stack-
     pole: *The Sea-Hunters. The New England Whalemen During Two Centu-
     ries, 1636–1835*, Philadelphia 1953; Lisa Norling: *Captain Ahab had a Wife.
     New England Women and the Whalefishery, 1720–1870*, Chapel Hill 2000;
     Jennifer Schell: »*A Bold and Hardy Race of Men*«. The Lives and Literature
     of American Whalemen, Amherst 2013; sowie die alltagshistorischen Studien
     von Margaret Creighton: *Rites and Passages. The Experience of American
     Whaling, 1840–1870*, Cambridge 1995, und Briton Cooper Busch: *Whaling
     Will Never Do for Me. The American Whaleman in the Nineteenth Century*,
     Lexington 1994.
32 Eric Jay Dolin: *Leviathan. The History of Whaling in America*, New York
     2007, widmet Maury nicht mehr als eine Fußnote auf den S. 428–429; in
     Granville Allen Mawer: *Ahab's Trade. The Saga of South Seas Whaling*, St.
     Leonards 1999, kommt er immerhin auf einige Seiten (260–264). Postkolo-
     nial informierte Geschichten des Walfangs sind Nancy Shoemaker: *Native
     American Whalemen and the World. Indigenous Encounters and the Contin-
     gencies of Race*, Chapel Hill 2015, und die meines Wissens einzige deutsch-
     sprachige Monographie zur Geschichte des amerikanischen Walfangs von
     Felix Schürmann: *Der graue Unterstrom. Walfänger und Küstengesellschaf-
     ten an den tiefen Stränden Afrikas (1770–1920)*, Frankfurt a.M. 2017. Siehe
     auch Hester Blum: *The View from the Masthead. Maritime Imagination and
     Antebellum American Sea Narratives*, Chapel Hill 2008.

stellt und aufgeschrieben wurde, fragt weniger danach, ob es sich dabei um ›richtiges‹ oder ›falsches‹ Wissen handelte. Vielmehr folgt er der Materialität und den Wegen der Schrift durch das Aufschreibesystem des Walfangs und macht beschreibbar, wie sich ein Wissen von Walfängern in die wissenschaftlichen Diskurse der Ozeanographie und der Naturgeschichte buchstäblich einschreibt.[33]

Was im Untertitel dieser Studie *Geographien des Lebens* heißt, beschreibt ein wissenshistorisches Forschungsprogramm und eine Perspektive, die den Blick darauf richtet, wie im 19. Jahrhundert auf den Spuren der Wale ein Verteilungs- und Umgebungswissen von Räumen und Bedingungen cetaceischen Lebens entstanden ist. Sie interessiert sich also dafür, wie Walfänger Wissen erzeugt, geformt und informiert haben.

Dazu gehören zum einen die geographischen Beziehungen, die Walfänger stifteten, indem sie in unbekannte Meeresregionen vordrangen, geographische Entdeckungen und hydrographische Phänomene verzeichneten und an entlegenen Orten Walfangstationen errichteten, in die ihnen Wissenschaftler folgten. Den Hintergrund dieser Geschichte bildete die enorme wirtschaftliche Bedeutung, die dem Walfang in den Vereinigten Staaten schon seit Ende des 18. Jahrhunderts, vor allem aber in der ersten Hälfte des 19. Jahrhunderts zukam. Sie soll deshalb am Ende dieser Einleitung kurz skizziert werden.

Das zweite Kapitel folgt den Walfängern an der Schwelle vom 18. zum 19. Jahrhundert vom Atlantik in den Pazifik. Es stellt dabei zunächst die zentrale Figur dieses Buches vor: den ›intelligenten Walfänger‹. Mit der ersten kartographischen Verzeichnung des Golfstroms durch Benjamin Franklin und den Walfänger Timothy Folger am Ende des 18. Jahrhunderts wurde der »intelligent whaler« zu einer historiographischen Figur amerikanischen Entdeckergeistes, auf die sich Wissenschaftler, Politiker und Literaten gleichermaßen beriefen und der bis heute in der amerikanischen Walfangs- und Seefahrtshistoriographie eine wichtige Rolle zukommt. In der Berichterstattung über von Walfängern entdeckte Inseln in den Tages- und Wochenzeitungen

---

33 Zum Begriff des ›Aufschreibesystems‹ siehe immer noch Friedrich Kittler: *Aufschreibesysteme 1800/1900*, München ³1995. Mit Verweis auf Jacques Derrida: *Grammatologie*, Frankfurt a.M. 1983, hat Bernhard Siegert: *Passage des Digitalen. Zeichenpraktiken der neuzeitlichen Wissenschaften 1500–1900*, Berlin 2003, diese Perspektive als ›historische Grammatologie‹ bezeichnet; methodisch ähnlich auch Cornelia Vismann: *Akten. Medientechnik und Recht*, Frankfurt a.M. 2000.

der Walfangstädte und den Listen des Expeditionslobbyisten Jeremiah Reynolds treten die Kanäle, über die das Wissen der Walfänger zirkulierte, ebenso hervor wie die Formate, die ihm Glaubwürdigkeit verliehen und so aus den Walfängern erst ›intelligente Walfänger‹ machten, in deren Kielwasser Wissenschaft zu betreiben war.

Nach Geographien des Lebens zu fragen, bedeutet deshalb, zweitens, den Blick auf die entstehende Ozeanographie zu richten, die einerseits mit dem Wissen von Walfängern operierte und sich andererseits über den Nutzen legitimierte, den sie ihnen zu bereiten versprach. Mit der Formierung der amerikanischen Ozeanographie unter dem Dach der U.S. Navy wurde die Biogeographie der Wale in Form von Studien und insbesondere Karten, die mit der geographischen Verteilung von Walen in den Weltmeeren eben auch die Fanggründe der Walfänger anzeigten, zum staatlich sanktionierten Forschungsprogramm. Das dritte Kapitel wendet sich mit Matthew Fontaine Maury und seiner Arbeit am Naval Observatory in Washington, D.C. einer Gründungsszene der Ozeanographie zu. Maury verfolgte die Migrationsrouten der Wale und die Fahrten der Walfänger auf dem Papier ihrer Logbücher und seiner Seekarten. Im Archiv seines Observatoriums entwickelte er eine Meereswissenschaft, die vor allem Datenverarbeitung war.

Andere folgten den Walfängern aufs Meer, und so handeln Geographien des Lebens, drittens, von den naturhistorischen und biologischen Walforschungen, die auf unterschiedliche Arten und Weisen mit der Frage nach dem Milieu des Wals konfrontiert waren. Das vierte Kapitel erzählt die Klassifikationsgeschichte des Wals, in deren Verlauf er vom Fisch zum Säugetier wurde. Das fünfte Kapitel nimmt die Orte in den Blick, an denen Naturforscher des 19. Jahrhunderts Studien an Walen betreiben: den Strand, das Walfangschiff und das Museum. Während die Naturgeschichte im Verlauf des 19. Jahrhunderts zur Biologie als der Wissenschaft des Lebens wurde, die sich für Beziehungen lebendiger Organismen zu ihrer Umwelt interessierte, blieb die Cetologie gleichermaßen jagende Forschung wie forschende Jagd. Ihre Forschungsobjekte blieben gestrandete, erlegte und im Museum ausgestellte, und damit tote Wale. Dass Wale auch in Aquarien nicht lange lebendig blieben, wie das sechste Kapitel zeigt, lässt die Cetologie des 19. Jahrhunderts als eine am Leben scheiternde Wissenschaft erscheinen. Gerade darin wurde sie jedoch für eine politische Zoologie attraktiv, die dem Wal die Mission übertrug, Fragen nach dem Leben in feindlichen Umwelten zu formulieren.

Es geht mithin in diesem Buch um Wissenschaften und Geographien nicht nur des Lebens, sondern auch des Tötens und Sterbens. Paul Valéry hat sich gefragt, »ob die erste Vorstellung in der Biologie, die der Mensch sich bilden konnte, nicht die ist: Es ist möglich, den Tod zu geben.«[34] Auch Georges Canguilhem hat festgestellt, dass die Jagd und der Fischfang älter sind als die Wissenschaften vom Leben. Sie seien, schreibt er, »die grundlegenden Formen der Beziehung zu den Lebewesen, welche die unterschiedlichen menschlichen Gesellschaften als Erstes eingerichtet haben.« Canguilhem beruft sich auf Lamarck, wenn er betont, »dass das ökonomische Interesse an der Nutzbarmachung der lebendigen Produkte der Natur dem philosophischen Interesse an der Erkenntnis eben dieser Gegenstände vorgängig war.«[35] Gewissermaßen geht es also darum, Lamarck recht zu geben, dem es nicht darauf ankam, ob »die erste Form von Interesse für die zweite eine stete Quelle von Störungen bedeutet hat«.[36]

Für Wale gilt zwar in besonderer Weise, was Georges Cuvier über die Objekte naturhistorischer Forschung geschrieben hat; dass nämlich die »Maschinen, welche der Gegenstand unserer Nachforschungen sind, [...] nicht ohne gänzliche Zerstörung auseinander genommen werden« können.[37] Doch hat zugleich der Walfang des 19. Jahrhunderts, für den Wale nicht Forschungsgegenstände, sondern Beute waren, die Wissenschaften vom Wal gerade nicht verhindert, sondern überhaupt erst ermöglicht. Die Jagd ist deshalb nicht einfach das epistemologische Hindernis, als das Canguilhem sie beschreibt, sondern vielmehr ein Dispositiv, das eigene Epistemologien, Medien und Praktiken ausbildet und Forscher und Jäger zum Tier in Beziehung setzt. Sie schafft nicht nur den Raum, in dem sich Walfänger und Wissenschaftler bewegen, sondern hat auch eine eigene Zeitlichkeit, die von der Zeit der Wale ebenso abhängig ist wie sie wissenschaftshistorische Zäsuren überdauert.[38] Es ist eine wichtige Erkenntnis aus der Wissenschaftsgeschichte, dass das Sammeln – von Daten, Objekten,

---

34 Paul Valéry: »Rede an die Chirurgen«, in: *Werke 4: Zur Philosophie und Wissenschaft*, hg. von Jürgen Schmidt-Radefeldt, Frankfurt a. M. 1989, S. 185.
35 Georges Canguilhem: *Regulation und Leben*, Berlin 2017, S. 88.
36 Ebd.
37 Georges Cuvier: *Vorlesungen über vergleichende Anatomie*, Bd. 1, Leipzig 1809, S. viii.
38 Joseph Morsel: »Jagd und Raum. Überlegungen über den sozialen Sinn der Jagdpraxis am Beispiel des spätmittelalterlichen Franken«, in: Werner Rösener (Hg.): *Jagd und höfische Kultur im Mittelalter*, Göttingen 1997, S. 255–288.

Exemplaren – notwendiger Bestandteil wissenschaftlicher Praxis ist.[39] Dieses Buch weist darauf hin, dass zur Wissenschaft nicht nur das Sammeln, sondern auch die Jagd gehört. Wie das Sammeln der Wissenschaft nicht nur vorausgeht, sondern zu den elementaren Praktiken wissenschaftlicher Arbeit gehört, ist die Jagd dem Sammeln und der Forschung nicht einfach vorgelagert, sondern Teil der Erzeugung wissenschaftlichen Wissens.[40] Wo sammelnde Forschung Naturgeschichte von Tieren ist, ist sie auch jagende Forschung; wo sie Ozeanographie ist, fallen das Sammeln von Daten und die Jagd auf Wale in eins.

3. Ein neuer Leviathan

Zu den ungelösten Rätseln der Kulturgeschichte des Wals gehört die Frage, warum, und vielleicht genauer: ob Thomas Hobbes den absolutistischen Staat nach ihm benannt hat. Dem Leviathan, dem »mythischen Tier der Tiefe«, fügt er damit nur eine weitere, politische Spielart des Mythos vom biblischen Seeungeheuer hinzu.[41] »Denn durch Kunst wird jener große *Leviathan* geschaffen, genannt *Gemeinwesen* oder *Staat*, auf lateinisch *civitas*, der nichts anderes ist als ein künstlicher Mensch, wenn auch von größerer Gestalt und Stärke als der natürliche, zu dessen Schutz und Verteidigung er ersonnen wurde«,[42] schreibt Hobbes und hat sich damit, so sieht es der vielleicht berühmteste seiner Interpreten, »vergriffen«: Hobbes' Absolutismus orientiere sich, so Carl Schmitt, am spanisch-französischen Staatsgedanken. Die »Weltmachtstellung« Englands beruhe jedoch gerade nicht auf den

39 Anke te Heesen und Emma C. Spary: »Sammeln als Wissen«, in: Anke te Heesen und Emma C. Spary (Hg.): *Sammeln als Wissen. Das Sammeln und seine wissenschaftsgeschichtliche Bedeutung*, Göttingen 2001, S. 7–21.

40 Die Wissenschaftsgeschichte hat die Jagd zwar als Freizeitbeschäftigung ihrer Akteure, jedoch kaum als eigene epistemische Praxis beschrieben, vgl. etwa Robert Kohler: *All Creatures. Naturalists, Collectors, and Biodiversity, 1850-1950*, Chicago 2006, S. 67-73. Siehe aber Donna Haraway: *Primate Visions. Gender, Race, and Nature in the World of Modern Science*, New York 1989, S. 26–58; Harriet Ritvo: *The Animal Estate. The English and Other Creatures in the Victorian Age*, Cambridge, MA 1987, S. 243–288.

41 Thomas Hobbes: *Leviathan oder Stoff, Form und Gewalt eines kirchlichen und bürgerlichen Staates,* hg. von Lothar R. Waas, Berlin 2011. Als »mythisches Tier der Tiefe« wird der Leviathan bei Philip Hoare: *Leviathan oder Der Wal. Auf der Suche nach dem mythischen Tier der Tiefe*, Hamburg 2013, untertitelt, dabei durch die Gleichsetzung mit dem Wal jedoch weiter Teile der biblisch-talmudischen Mythologie beraubt.

42 Hobbes: *Leviathan*, S. 3.

Formen und Mitteln des territorialen Absolutismus, sondern darauf,
sie verhindert zu haben. »Die zukunftsträchtigen Energien der Seemacht standen auf der Seite der Revolution.« Deshalb seien die Kräfte,
die »den Ausschlag für das Parlament und gegen den König gaben [...]
von Hobbes unter dem Gegenbild des Landtiers ›Behemoth‹ mythisch
unrichtig bezeichnet worden. [...] Der englische Leviathan ist nicht
Staat geworden.«[43] Als Bild für den Staatsbegriff des Thomas Hobbes
mag der Leviathan ungeeignet gewesen sein; zur Beschreibung einer
aufstrebenden Weltmacht im globalen Kapitalismus des 19. Jahrhunderts drängt er sich geradezu auf.

Die puritanischen Separatisten aus England, die mit dem Mayflower Compact das erste Dokument amerikanischer Selbstverwal-
tung unterzeichneten, notierten für die Tage ihrer Ankunft vor der
Küste des heutigen Cape Cod im November 1620: »And euery day
we saw Whales playing hard by vs, of which in that place, if we had
instruments & meanes to take them, we might haue made a very rich
return«. Noch bevor sie Land betraten, so scheint es, war der Plan
gefasst, »to fish for Whale here«, und so wurde, wie es eine Legende
um das Schiff der ersten Siedler will, die *Mayflower* zu einem Walfänger umgebaut.[44] Im Walfang liegt denn auch, folgt man Alexander
Starbuck, einem der frühesten Historiker dieses Geschäfts, das amerikanische Selbstbewusstsein und, in der Konsequenz, die staatliche
Souveränität begründet: »[T]hat spirit of self-reliance, independence,
and national power to which the conflict of from 1775 to 1783 was a
natural and necessary resultant« verdanke sich dem Walfang.[45] Tatsächlich ist die *Bedford*, das erste Schiff, das nach der Revolution
unter amerikanischer Flagge – »thirteen rebellious stripes«, wie eine

43 Carl Schmitt: *Der Leviathan in der Staatslehre des Thomas Hobbes. Sinn
    und Fehlschlag eines politischen Symbols. Mit einem Anhang sowie einem
    Nachwort des Herausgebers*, Köln 1982, S. 120, 130; siehe auch Friedrich
    Balke: *Der Staat nach seinem Ende. Die Versuchung Carl Schmitts*, Mün-
    chen 1996, S. 353.
44 George B. Cheever (Hg.): *The Journal of the Pilgrims at Plymouth, in New
    England, in 1620. Reprinted from the Original Volume*, New York 1848,
    S. 30; Hoare: *Leviathan oder Der Wal*, S. 32. Zum Mayflower Compact
    siehe Stephen Schechter (Hg.): *Roots of the Republic. American Founding
    Documents Interpreted*, Madison 1990, S. 17–23. Der tatsächliche Verbleib
    der *Mayflower* ist ungeklärt, der Schiffsname im 17. und 18. Jahrhundert
    nicht selten; siehe R. G. Marseden: »The ›Mayflower‹«, in: *The English His-
    torical Review* 18 (1904) 76, S. 669–680.
45 Starbuck: *History of the American Whale-Fishery*, S. 3.

englische Zeitung vermerkt – in einen britischen Hafen einläuft, ein Walfänger aus Nantucket.[46]

Ein Leviathan braucht den anderen: Die Konsolidierung der amerikanischen Unabhängigkeit erfolgte zu weiten Teilen zur See und dort nicht zuletzt auf Walfangschiffen. In der politischen Ideengeschichte galt das Meer seit Hugo Grotius' *Mare Liberum* (1609) als (staats-) freier Raum, über den niemand herrscht und auf dem kein Gesetz gilt.[47] Es war dieses Meer, auf dem die Vereinigten Staaten von Amerika Gestalt annahmen. Die junge Nation musste sich zu Wasser international behaupten und damit auch nach innen definieren. In den Jahren nach der Ratifizierung der Verfassung von 1788 drängten die Vereinigten Staaten mit ihrer wachsenden Handelsmarine auf die Märkte und Meere der Welt, wo sie anderen Staaten begegneten, die vor allem in Form von Schiffen der Royal Navy und Korsaren daherkamen, die von der britischen Regierung mit Kaperbriefen ausgestattet worden waren. Die Staatsbürgerschaft amerikanischer Seeleute wurde von der Royal Navy nicht anerkannt, die ganze Schiffsmannschaften für den Dienst der englischen Krone zwangsrekrutierte. Im amerikanischen Seerecht, das nicht zuletzt geschaffen worden war, um staatliche Souveränität und die Rechte amerikanischer Bürger in der Welt zu sichern, äußerte sich die erste Ausübung föderaler Macht: Wo zu Land zunächst das Recht der Bundesstaaten Anwendung fand, bestimmte das Seerecht die Seeleute nicht als Bürger einzelner Staaten, sondern des Bundes.[48] Seit 1789 garantierte ein Gesetz jedem Seemann »sailing under the protection of the American flag« einen Schutzbrief, der die Staatsangehörigkeit seines Inhabers bestätigte, während es Kapitäne amerikanischer Schiffe dazu verpflichtete, gegen die Zwangsrekrutierung ihrer Besat-

46 Ebd., S. 77–78; Stackpole: *The Sea-Hunters*, S. 95; Dolin: *Leviathan*, S. 166. Die *Bedford* aus Nantucket machte am 6. Februar 1783 vor dem Zollhaus fest, also noch vor Unterzeichnung des Friedensvertrages, aber nach dem Ende der Kampfhandlungen. Hierzu Dolin: *Leviathan*, S. 166.

47 David Armitage: *Foundations of Modern International Thought*, Cambridge 2013, S. 52–54; James Muldoon: »Who Owns the Sea?«, in: Bernhard Klein (Hg.): *Fictions of the Sea. Critical Perspectives in English Literature and Culture*, Aldershot 2002, S. 13–27; Wolf: *Fortuna di mare*, S. 191–197.

48 Matthew Taylor Raffety: *The Republic Afloat. Law, Honor, and Citizenship in Maritime America*, Chicago 2013, S. 13. Zur Rolle der Seefahrt in den jungen Vereinigten Staaten siehe Paul Gilje: *Liberty on the Waterfront. American Maritime Culture in the Age of Revolution*, Philadelphia 2004, und John G.B. Hutchins: *The American Maritime Industries and Public Policy, 1789–1914. An Economic History*, Cambridge, MA 1941.

zung Protest einzulegen und sie amerikanischen Behörden zu melden.[49] Das Hauptinteresse eines Staates besteht nach Gilles Deleuze und Félix Guattari darin, »den Raum, über den er herrscht, einzukerben«, das heißt ihn einzuhegen, zu normieren, koordinierbar zu machen, und die »glatten«, unbeherrschten Räume »als Kommunikationsmittel in den Dienst des eingekerbten Raumes zu stellen.«[50] Die Jurisdiktion über die Meere war dem Bund verfassungsrechtlich garantiert, in dessen Verantwortung es deshalb auch stand, selbst auf hoher See »einen Rechtsbereich gegenüber einem ›Außen‹ geltend zu machen«.[51] Die USA waren nicht weniger eine »maritime Existenz« als das alte Mutterland Großbritannien; im Zugriff des Staatsapparates auf das Meer, und das heißt: in einer Verwandlung des ›glatten Raumes‹ in einen ›gekerbten‹, kamen die Vereinigten Staaten zu sich selbst. Ihr Auftritt in der Welt war vor allem: Seenahme.[52] Die *manifest destiny*, die Vorstellung eines göttlichen Expansionsauftrages, war nicht auf die kontinentale Erschließung beschränkt. Lange bevor die Pazifikküste Teil der Vereinigten Staaten war, hatten Handels- und Walfangschiffe aus Massachusetts Außenstellen auf Hawaii eingerichtet. Die zu erschließenden »open spaces«, die Michael Hardt und Antonio Negri als fundamental für das spezifisch amerikanische Verständnis von Souveränität beschrieben haben, fanden sich nicht nur westwärts, sondern der offenste, seiner imperialen Erschließung harrende Raum grenzte an den Osten des Landes: der Atlantische Ozean, über den schließlich auch der Pazifik erreichbar war.[53]

49 An Act for the relief and protection of American Seamen, Act of March 2, 1796, ch. 36, *U.S. Statutes at Large 1* (1848), S. 477–488; auch das U.S. Department of the Navy wurde 1798 ausdrücklich eingerichtet, um amerikanische Schiffe gegen Piraten zu verteidigen; siehe Blum: *The View from the Masthead*, S. 48. Zum Verhältnis von Staatsbürgerschaft und Seefahrt siehe auch Nathan Perl-Rosenthal: *Citizen Sailors. Becoming American in the Age of Revolution*, Cambridge, MA 2015.

50 Gilles Deleuze und Félix Guattari: *Tausend Plateaus. Kapitalismus und Schizophrenie 2*, Berlin 1991, S. 531–532.

51 U.S. Const. art. I, §8, art. III, §2; siehe auch Raffety: *The Republic Afloat*, S. 10, Zitat Deleuze und Guattari: *Tausend Plateaus*, S. 352.

52 Carl Schmitt: *Der Nomos der Erde im Völkerrecht des Jus Publicum Europaeum*, Köln 1950, insbes. S. 143–156.

53 Michael Hardt und Antonio Negri: *Empire*, Cambridge, MA 2000, S. 167–168. Zur maritimen Ausformung von *frontier* und *manifest destiny* John Gillis: *The Human Shore. Seacoasts in History*, Chicago 2013, S. 68–98; Stephanie LeMenager: *Manifest and Other Destinies. Territorial Fictions of the Nineteenth-Century*, Lincoln, NE 2004, insbes. S. 109–135; Matt Matsuda: *Pacific Worlds: A History of Seas, Peoples, and Cultures*, Cam-

Das Empire, das die Vereinigten Staaten im 19. Jahrhundert aus-
bildeten, war weniger auf territorialen Besitz ausgerichtet als auf die
Öffnung und Erschließung fremder Märkte, deren Belieferung auf
dem Seeweg geschehen würde.[54] Es ist der Handel, der Alexis de
Tocqueville glauben lässt, dass »die englischen Amerikaner [...] einst
die erste Seemacht der Erde werden dürften.«[55] Die Rede zur Lage der
Nation, die Präsident John Monroe am 2. Dezember 1823 hielt und
die als ›Monroe-Doktrin‹ die US-amerikanische Außenpolitik über
ein Jahrhundert lang bestimmte, markierte mehr als nur die Zurück-
weisung europäischer Rekolonialisierungsbestrebungen. Richard van
Alstyne hat auf die »hidden positives« der Doktrin verwiesen, deren
Ziel es sei, allein den USA wirtschaftliche und politische Kontrolle in
einer nicht näher definierten Hemisphäre zuzugestehen, und sie das
»birthday announcement in behalf of the American Leviathan State«
genannt.[56] Der alte Leviathan England war herausgefordert.

Der Walfang, die Jagd auf den anderen Leviathan, machte einen
bedeutenden Teil des entstehenden (maritimen) Wirtschaftsimperi-
ums der USA aus. In die Zeit zwischen dem Britisch-Amerikanischen
Krieg (1812–1814), als dessen Auslöser unter anderem Übergriffe der
Royal Navy auf amerikanische Handelsschiffe angeführt wurden, und

bridge 2012; John Curtis Perry: *Facing West: Americans and the Opening of
the Pacific*, Westport, CT 1994, S. 66–70; Brian Rouleau: *With Sails Whitening Every Sea. Mariners and the Making of an American Maritime Empire*,
Cornell 2014, S. 74–101.

54 Zum amerikanischen Empire immer noch Walter LaFeber: *The New Em-
pire. An Interpretation of American Expansion 1860–1898*, Ithaca 1963, und
William Appleman Williams: *The Roots of the Modern American Empire.
A Study of the Growth and Shaping of Social Consciousness in a Marketplace Society*, New York 1969. An neuerer Forschung sind vor allem David
Hendrickson: *Union, Nation, or Empire. The American Debate over International Relations, 1789–1941*, Lawrence 2009, und Jay Sexton: *The Monroe
Doctrine. Empire and Nation in Nineteenth-Century America*, New York
2011, zu nennen. Wertvolle Hinweise auf die reiche und in jüngerer Forschung weniger beachtete Geschichte der Debatte enthält Paul MacDonald:
»Those Who Forget Historiography Are Doomed to Republish It. Empire,
Imperialism and Contemporary Debates about American Power«, in: *Review of International Studies* 35 (2009) 1, S. 45–67.

55 Alexis de Tocqueville: *Ueber die Demokratie in Nordamerika*, Bd. 2, Leipzig
1836, S. 302.

56 Richard Warner van Alstyne: *The Rising American Empire*, New York 1960,
S. 98–99. Siehe zur Monroe-Doktrin Gretchen Murphy: *Hemispheric Imaginings. The Monroe Doctrine and Narratives of U.S. Empire*, Durham 2005,
und Sexton: *The Monroe Doctrine*.

dem Amerikanischen Bürgerkrieg (1861–1865) fällt, was in Geschichten des amerikanischen Seehandels und des Walfangs gern das goldene Zeitalter genannt wird.[57] In den 1830er Jahren lösten die Vereinigten Staaten England als größte Walfangnation der Welt ab. Zur Jahrhundertmitte schreibt der Walfangkapitän Francis Post:

»[...] no small degree of honest pride arises from the knowledge that no nation can rival us in this perilous branch of industry. The English have, it is true, been for many years engaged in it, and with partial success, but the immense amount of bounty paid by their government to encourage the establishment of one branch of whaling alone, shows how reluctantly they have been drawn into it, and fully justifies us in saying, that, in this pursuit as in others that call forth daring energy, Old England must yield the palm to *New England* adventurers.«[58]

Schon nach dem Unabhängigkeitskrieg fehlte es in Großbritannien an Walfangexpertise. Vor der Revolution wurde es von seinen amerikanischen Kolonien mit den Produkten aus dem Walfang versorgt. Für einige Jahre sei es nötig gewesen, erinnert sich noch 1840 ein englischer Schiffsarzt, »to appoint an American commander and harpooner to each ship, until competent officers could be reared from our service.«[59] Weil amerikanische Walfänger ihre Beute schon an Bord der Schiffe zu Öl verarbeiteten und in Fässer füllten, konnten sie die Dauer ihrer Fangfahrten auf drei bis vier Jahre und damit auch die Fangzahlen deutlich erhöhen.[60] In *Moby-Dick* ließ Herman Melville

57 Zum Britisch-Amerikanischen Krieg siehe Paul Gilje: *Free Trade and Sailors' Rights in the War of 1812*, Cambridge 2013, und Bradford Perkins: *Castlereagh and Adams. England and the United States, 1812–1823*, Berkeley 1964; für die Rede vom goldenen Zeitalter siehe etwa Ashley: *The Yankee Whaler* und Dolin: *Leviathan*.

58 »History of the Spermaceti Whale, by Captain Francis Post«, in: Maury: *Explanations and Sailing Directions (1851)*, S. 189 (Hervorhebung im Original).

59 Frederick Debell Bennett: *Narrative of a Whaling Voyage round the Globe, from the Year 1833 to 1836. Comprising Sketches of Polynesia, California, the Indian Archipelago, etc. With an Account of Southern Whales, the Sperm Whale Fishery, and the Natural History of the Climates visited*, London 1840, Bd. II, S. 185.

60 Davis, Gallman und Gleiter: *In Pursuit of Leviathan*, S. 461; Edouard Stackpole: *Whales & Destiny. The Rivalry Between America, France, and Britain for Control of the Southern Whale Fishery, 1785–1825*, Amherst 1972, S. 380, 466–467.

seinen Erzähler Ishmael erklären, dass die Meere dem amerikanischen
Walfänger gehören und andere Seeleute nicht mehr als Wegerecht auf
ihnen genießen. Handelsschiffe seien nicht mehr als »verlängerte Brü-
cken«, die Schiffe der Navy lediglich »schwimmende Festungen«. Auf
den Meeren »liegt seine Heimat, [...] sein Handwerk, das auch eine
neue Sintflut Noahs nicht stören würde«.[61]

Dieses Handwerk versorgte die Welt mit Rohstoffen. Überall wurden Straßenlaternen und Leuchttürme mit dem Öl von Pottwalen
beleuchtet, die amerikanische Walfänger im Pazifik gefangen hatten.
»Fast alle Leuchter, Lampen und Kerzen, die rund um den Globus
brennen, leuchten nämlich uns zu Ehren«, schreibt Melvilles Walfänger.[62] Die Maschinen der Industriellen Revolution wurden mit Walöl
geschmiert, das ebenso der Herstellung von Seife, von Textilien und
Leder, von Farbe und Lack diente. Aus den Barten von Grau- und
Grönlandwalen wurden Korsette und Gestelle für Reifröcke, Peit-
schen und Regenschirme gefertigt, während aus dem Walrat, der
dem großen Kopf des Pottwals entnommen wurde, besonders hell
brennende Kerzen hergestellt wurden. Sogar aus dem »schmählichen
Gedärm eines kranken Wales«[63] war eine Ressource zu gewinnen:
Ambra, das in der Produktion von Parfümen und Pomaden verwendet
wurde.[64] Der Walfang, vor allem von Nantucket und New Bedford,
aber auch von kleineren Städten entlang der neuenglischen Küste wie
New London, Connecticut oder Sag Harbor, New York aus betrieben,
wurde zur drittgrößten Industrie in Massachusetts. In den vierziger
Jahren wurden von der Industrie, die 175 000 Menschen beschäftigte,
jährlich sieben Millionen Dollar umgesetzt und zehntausende Wale
gefangen. »To say that the United States dominated the world whaling fleet at this time is something of an understatement«, bemerkt
die Historikerin Margaret Creighton: 722 der 900 Walfangschiffe, die
1847 die Weltmeere befuhren, segelten unter amerikanischer Flagge.[65]
New Bedford, das sich nach dem Unabhängigkeitskrieg schnell zur

---

61 Herman Melville: *Moby-Dick oder Der Wal*, übers. von Matthias Jendis,
     München 2001, S. 125.
62 Ebd., S. 191.
63 Ebd., S. 636.
64 Siehe Dolin: *Leviathan*, S. 12; Hohman: *The American Whaleman*, S. 4; zur
     Verwertung von Ambra siehe Christopher Kemp: *Floating Gold. A Natural
     (and Unnatural) History of Ambergris*, Chicago 2012.
65 Creighton: *Rites and Passages*, S. 36; Hohman: *The American Whaleman*,
     S. 6.

Hauptstadt des Walfangs entwickelt hatte, wurde zur reichsten Stadt der Vereinigten Staaten.[66] Dem Aufstieg folgte ein fast ebenso rasanter Abstieg. Die Walfänger machten ihre Sache gut und die Walbestände gingen zurück.[67] Dass Walfangfahrten weniger ertragreich wurden, war nicht das einzige Problem der Industrie. 1855 meldete Abraham Gesner ein Patent auf die Herstellung von Kerosin aus Petroleum an. Damit hatte Walöl als Leuchtmittel ernstzunehmende Konkurrenz bekommen, die nur erhöht wurde, als Edwin Drake 1859 Erdöl in Titusville, Pennsylvania entdeckte. Die Industrialisierung des amerikanischen Festlands sowie die Kommunikationsmedien Telegrafie und Eisenbahn, die neue Personen- und Kapitalflüsse in Gang setzten, erschlossen die ertragreichen Prärien des Landes und machten die Ausbeutung von Bodenschätzen zu einem profitablen Geschäft. Sie schufen einen Arbeitsmarkt im Inland, auf dem für den gelernten Arbeiter ein Vielfaches dessen zu verdienen war, was die langen und riskanten Walfangfahrten einbrachten.[68] Während die junge Erdölindustrie ab 1861 vom Sezessionskrieg profitierte, kam das goldene Zeitalter des Walfangs an sein Ende. Walfänger wurden zu Kriegsschiffen umgebaut oder von Korsaren der Konföderierten versenkt: Captain James Waddell brannte im Pazifik 36 neuenglische Walfänger nieder, den letzten setzte er noch im Juni 1865 in Brand, als die Kampfhandlungen auf dem Festland bereits be-

66 Zwischen 1846 und 1855 war New Bedford für fast die Hälfte des Umsatzes der Industrie verantwortlich, eine Marke, die in den Jahren 1856–1890 sogar noch überschritten wurde. Everett Allen: *Children of the Light. The Rise and Fall of New Bedford Whaling and the Death of the Arctic Fleet*, Boston 1973, S. 82; Davis, Gallman und Gleiter: *In Pursuit of Leviathan*, S. 4, 7.

67 Diesen Zusammenhang stellen Umwelthistorikerinnen und -historiker auf Basis von Untersuchungen über Populationen von und Fortpflanzung unter Walen her, vgl. Jeffrey Bolster: *The Mortal Sea. Fishing the Atlantic in the Age of Sail*, Cambridge, MA 2012, S. 121–169, und Creighton: *Rites and Passages*, S. 37, Anm. 53. Davis, Gallman und Gleiter: *In Pursuit of Leviathan*, S. 516–517, hingegen sehen die Gründe für den Niedergang des amerikanischen Walfangs weniger in abnehmenden Walbeständen als in steigenden Lohnkosten bei rückläufiger Nachfrage auf dem amerikanischen Markt und den wirtschaftlichen und geographischen Vorteilen der norwegischen Konkurrenz.

68 Siehe Joh. N. Tønnessen und Arne Odd Johnsen: *The History of Modern Whaling*, Berkeley 1982, S. 12, zur Industrialisierung der Vereinigten Staaten siehe Ruth Schwartz Cowan: *A Social History of American Technology*, New York 1997; William Cronon: *Nature's Metropolis. Chicago and the Great West*, New York 1991, und Leo Marx: *The Machine in the Garden. Technology and the Pastoral Ideal in America*, New York 1964.

endet worden waren. Dass General Robert E. Lee schon am 9. April kapituliert hatte und der Krieg damit im Wesentlichen zu Ende war, wollte Waddell erst später erfahren haben.[69]

Als im Jahr 1870 der Norweger Svend Foyn ein Patent auf die Harpunenkanone anmeldete und damit das Zeitalter des »modern whaling« einläutete, veränderten sich Methoden und Geographie des Walfangs.[70] Segelschiffe wurden durch Dampfschiffe ersetzt, und der Küstenwalfang gewann, industriell aufgerüstet und verstärkt von Norwegern und Briten betrieben, wieder an Bedeutung. Vor allem in Norwegen etablierte sich dank niedriger Löhne in den letzten Jahrzehnten des 19. Jahrhunderts eine moderne Walfangindustrie, während amerikanische Walfangunternehmer zunehmend in profitablere Wirtschaftszweige auf dem Festland wie die Stahlindustrie oder in den Eisenbahnbau investierten.[71] Da die naturhistorische und biologische Walforschung, die nicht weniger auf den Walfang angewiesen war als die Ozeanographie, vorrangig in Europa betrieben wurde, folgt dieses Buch den Walen auch an europäische Strände, englischen Ärzten in den Pazifik und einem deutschen Zoologen auf ein norwegisches Walfangschiff.

Dass der Walfang in der zweiten Hälfte des 19. Jahrhunderts seine herausragende wirtschaftliche Bedeutung für die Welt und für die amerikanische Vorherrschaft auf den Handelswegen ihrer Meere verlor, bedeutet nicht, dass er zum Erliegen kam. Auch amerikanische Schiffe machten bis ins 20. Jahrhundert hinein Jagd auf Wale. Erst 1924 lief der letzte Walfänger im Hafen von New Bedford aus.[72] In die Hochzeit des amerikanischen Walfangs in den Jahrzehnten zwischen 1830 und 1860 fällt der Aufstieg der Vereinigten Staaten zu einem *global player* und einem dominanten Akteur auf den Weltmeeren sowie die Entstehung einer Wissenschaft vom Meer, deren Geschichte, wie zu sehen sein wird, ohne den Walfang nicht erzählt werden kann.

69 Creighton: *Rites and Passages*, S. 37, zum Walfang im Amerikanischen Bürgerkrieg siehe auch Dolin: *Leviathan*, S. 309–341, und Robert Albion und Jennie Barnes Pope: *Sea Lanes in Wartime. The American Experience, 1775–1945*, Hamden 1968, S. 148–173.
70 Tønnessen und Johnsen: *History of Modern Whaling*, siehe zu Foyns Erfindung v.a. S. 25–36.
71 Davis, Gallman und Gleiter: *In Pursuit of Leviathan*, S. 513–522.
72 Ellis: *Men and Whales*, S. 166–168. Auf der Basis von Sondergenehmigungen der International Whaling Comission (IWC) für den Walfang zu traditionellen Zwecken wird vor der US-amerikanischen Küste bis heute Walfang betrieben. Zum Walfang im 20. Jahrhundert und der Geschichte der IWC siehe Burnett: *The Sounding of the Whale*.

II. Intelligente Walfänger: Entstehung einer historiographischen Figur

>»The whale-ship has been the pioneer in ferreting out the remotest and least known parts of the earth. She has explored seas and archipelagoes which had no chart«.[1]

»There is a river in the ocean.« Das Gründungsdokument der Ozeanographie beginnt, wie es sich gehört, mit apodiktischen Hauptsätzen: »There is a river in the ocean. In the severest droughts it never fails, and in the mightiest floods it never overflows. Its banks and its bottom are of cold water, while its current is of warm. The Gulf of Mexico is its fountain, and its mouth is the Arctic Seas. It is the Gulf Stream. There is in the world no other such majestic flow of waters. Its current is more rapid than the Mississippi or the Amazon.«[2]

Im Jahr 1855 ruft Matthew Fontaine Maury eine neue Wissenschaft aus und führt dabei einen Gewährsmann an, der keinen Widerspruch duldet: Der »Baron von Humboldt« sei der Meinung, »dass die durch dieses System der Forschung schon jetzt gewonnenen Resultate ein neues Fach der Wissenschaft ins Leben zu rufen im Stande sind, welches er die Physikalische Geographie des Meeres genannt hat.«[3] An den Anfang der Forschungsgeschichte des Phänomens, mit dem Maury sein Buch beginnt, setzt er eine andere Autorität: »The whales, by avoiding its warm waters, pointed out to the fisherman the existence of the Gulf Stream.«[4]

Dem Wal verdanke der Mensch viel, schreibt auch Jules Michelet in seiner Naturgeschichte des Meeres: »sans elle, les pêcheurs se seraient tenus à la côte, car presque tout poisson est riverain; c'est elle qui les émancipa, et les mena partout.«[5] Der Wal, der den Menschen von der Küste emanzipiert, wird zum Entdecker der Welt und zum Motor

---

1 Melville: *Moby-Dick*, S. 110.
2 Maury: *The Physical Geography of the Sea*, S. 25.
3 Ebd., S. xiii; meine Übersetzung basiert auf der deutschen Übersetzung von Carl Boettger [Karl Böttger] von 1856. Maury: *Die Physikalische Geographie des Meeres*, S. 9. Zur Beziehung von Maury und Humboldt siehe Kapitel III.
4 Maury: *The Physical Geography of the Sea*, S. 159.
5 »Ohne [den Wal] hätten die Fischer sich an die Küste gehalten, weil fast

ihrer Geschichte:»Qui a ouvert aux hommes la grande navigation? qui révéla la mer, en marqua les zones et les voies? Enfin, qui découvrit le globe? La baleine et le baleinier.«[6] In der deutschen Übersetzung von Friedrich Spielhagen wird »der Walfisch« gar zum Begründer der »Wissenschaft der Meergeographie«.[7] Und Carl Schmitt schreibt in seiner ›weltgeschichtlichen Betrachtung‹ Land und Meer: »Der Walfisch hat uns geführt.«[8] Wal und Walfänger, heißt es bei Schmitt, gehen eine »feind-freundschaftliche Bindung« ein, die den Menschen »durch den Kampf mit dem anderen Lebewesen der See immer weiter in die elementare Tiefe maritimer Existenz« hineintreibt[9] – und solcherart die ›Kriegsmaschine‹ bildet, die den Vereinigten Staaten die Weltmeere erschließt.[10]

Die Figur des Walfängers als Entdecker neuer Seegebiete und als Kartograph unbekannter Inseln, die Maury und Michelet in der Mitte des 19. Jahrhunderts bemühen und die bei Schmitt in der Mitte des zwanzigsten noch auftaucht, hat sich auch in der amerikanischen Historiographie zum Walfang erhalten. Edouard Stackpoles The Sea-Hunters. The New England Whalemen During Two Centuries, 1635–1835, das mit einigem Recht nach wie vor als Klassiker der Walfanggeschichtsschreibung gilt, beschreibt den Walfänger des 19. Jahrhunderts als einen »pioneer voyager«, der den Vereinigten Staaten ein »kingdom in the sea« erschließt.[11] Unter den Walfangkapitänen aus Nantucket, die ihre Beute mit Beginn des 19. Jahrhunderts zunehmend im Pazifik jagten, findet Stackpole dafür zahlreiche Kronzeugen: Er listet mehr

---

alle Fische am Ufer leben; er war es, der sie emanzipierte und sie überallhin führte.« Jules Michelet: La Mer, Paris 1861, S. 275.

6 »Wer hat den Menschen die große Schifffahrt erschlossen? Wer hat das Meer offenbart, seine Gebiete und Wege gekennzeichnet? Kurz: Wer hat den Globus entdeckt? Der Wal und der Walfänger.« Michelet: La Mer, S. 273.

7 Jules Michelet: Das Meer, Leipzig 1861, S. 211. Spielhagens Übersetzung nimmt sich einige Freiheiten, die uns zahlreiche Bonmots beschert haben, im französischen Original aber nicht immer nachweisbar sind. Die hier zitierte Stelle lautet dort:»Vive lueur jetée sur la forme du globe et la géographie des mers.« Michelet: La Mer, S. 276.

8 Carl Schmitt: Land und Meer. Eine weltgeschichtliche Betrachtung, Köln 1981, S. 34.

9 Ebd., S. 33.

10 Deleuze und Guattari konzipieren die ›Kriegsmaschine‹ als außerstaatliches Gefüge, deren wissenschaftliche Ergebnisse sich die staatliche ›Königswissenschaft‹ jedoch anzueignen versteht. Siehe auch den Abschnitt über ›Nomaden des Meeres‹ und Deleuze und Guattari: Tausend Plateaus, S. 497–498.

11 So die Titel des zweiten Teils und des fünften Kapitels in Stackpole: The Sea-Hunters.

als ein Dutzend Fälle, in denen Walfänger Inseln im Pazifik entdeckt oder wiederentdeckt haben. Wo aus Walfängern »unofficial and nationally unrecognized explorers of their country«[12] werden, die den Pazifik zu einem amerikanischen Ozean gemacht haben, wird die *frontier* von der Prärie ins Meer verlegt.[13]

Dieses Kapitel verfolgt die Figur des amerikanischen Walfängers als Entdecker der Meere bis zum Moment ihrer Erfindung im späten 18. Jahrhundert zurück. Der Vorstoß der Walfänger in den wenig kartierten Pazifik an der Wende zum 19. Jahrhundert bietet Gelegenheit, die Kommunikationswege und Kanäle genauer zu betrachten, über die die Expertise der Walfänger zirkulierte, und dabei den Blick auch auf die Medien zu richten, in denen eine Figur des ›intelligenten Walfängers‹ erst entstehen und Wirkung entfalten konnte.[14]

1. An den Rändern des Golfstroms

Der stellvertretende Generalpostmeister von British North America war ein vielseitig interessierter Mann. Er hatte eine Lehre zum Drucker gemacht, eine Zeitung herausgegeben, die American Philosophical Society gegründet und wendete sich, nachdem er Experimente zur elektrischen Ladung durchgeführt und den Blitzableiter erfunden hatte, dem Wetter und dem Meer zu.[15] Als Benjamin Franklin 1753 in einem Brief Überlegungen zu Wirbelstürmen anstellte, erfand er außerdem eine Figur, die ihm auch Jahre später bei der Kartographierung des Golfstroms behilflich sein sollte: den *intelligent whaleman*. Um seine

---

12 Ebd., S. 354.

13 Eine der frühesten Varianten dieser Erzählung aus der Geschichte der Ozeanographie findet sich bei Matthew Fontaine Maury: *Abstract Log, for the Use of American Navigators*, Washington, D.C. 1848. Amerikanische Walfang- und Seefahrtsgeschichten bedienen das Narrativ von Anfang an, siehe Starbuck: *History of the Whale Fishery*. Jüngere Beispiele sind Ashley: *The Yankee Whaler*; Dolin: *Leviathan*; Arrell Morgan Gibson, *Yankees in Paradise. The Pacific Basin Frontier*, Albuquerque 1993; Jean Heffer: *Les états-unis et le pacifique. Histoire d'une frontière*, Paris 1995. Siehe auch Rozwadowski: *Fathoming the Ocean*, S. 39, und Smith: *To Master the Boundless Sea*, S. 19.

14 Zur Figur des intelligenten Walfängers auch Felix Lüttge: »Whaling Intelligence: News, Facts and US-American Exploration in the Pacific«, in: *The British Journal for the History of Science* 52 (2019) 3, S. 425–445.

15 Zu Benjamin Franklin als Wissenschaftler siehe Joyce Chaplin: *The First Scientific American. Benjamin Franklin and the Pursuit of Genius*, New York 2006.

These zu stützen, dass der Unterschied zwischen Wasserhosen und Windhosen zu Land lediglich im Untergrund besteht, über den sie hinwegfegen, berief Franklin sich in einem Brief auf die Erfahrungen eines Walfängers:

>»You agree that the Wind blows every way towards a Whirlwind from a large Space round; An intelligent Whaleman of Nantucket, informed me, that three of their Vessels which were out in search of Whales, happening to be becalmed lay in Sight of each other at about a League distance if I remember right nearly forming a Triangle; after some time a Water Spout appeared near the Middle of the Triangle, when a brisk Breeze of Wind also sprang up; and every Vessel made Sail and then it appeared to them all by the Setting of the Sails and the Course each Vessel stood, that the Spout was to Leeward of every one of them, and they all declar'd it to have been so when they happen'd afterwards in Company and came to confer about it. So that in this Particular likewise, Whirlwinds and Waterspouts agree.«[16]

Bei diesem ›klugen Walfänger‹ dürfte es sich um Timothy Folger gehandelt haben, einen Cousin Franklins, der als »very intelligent Mariner« oder als »Nantucket sea-captain of my acquaintance« auch in weiteren Schreiben Franklins Erwähnung findet, und der ebenso maßgeblich wie buchstäblich für die erste Kartierung des Golfstroms verantwortlich zeichnete.[17]

Wenn man der »Geschwätzigkeit des alten Mannes«[18] glauben darf, mit der Franklin sich 1786 in dem als *Maritime Observations* bekannt gewordenen Brief an Alphonsus le Roy[19] an seine meereskundlichen

16 Benjamin Franklin: Brief an John Perkins, 4. Februar 1753, in: *The Papers of Benjamin Franklin*, Bd. 4: July 1, 1750, through June 30, 1753, hg. von Leonard Labaree und Whitfield J. Bell, Jr., New Haven 1961, S. 429, 431.

17 Siehe Benjamin Franklin: Brief an Richard Jackson, 1. Mai 1764, in: *The Papers of Benjamin Franklin*, Bd. 11: January 1 through December 31, 1764, hg. von Leonard Labaree, Helen Boatfield und James Hutson, New Haven 1966, S. 185; Benjamin Franklin: »A Letter from Dr. Benjamin Franklin, to Mr. Alphonsus le Roy, Member of Several Academies, at Paris. Containing Sundry Maritime Observations«, in: *Transactions of the American Philosophical Society* 2 (1786), S. 294–329.

18 Franklin: »A Letter from Dr. Benjamin Franklin, to Mr. Alphonsus le Roy«, S. 302.

19 Der in den *Transactions of the American Philosophical Society* abgedruckte Brief ist adressiert an einen ›Mr. Alphonsus Le Roy‹, den es nie gegeben hat.

mother's son of ye draw his knife, and pull with the blade between his teeth. That's it – that's it. Now ye do something; that looks like it, my steel-bits. Start her – start her, my silver-spoons! Start her, marling-spikes!«[23]

Der Wal wurde frontal oder von hinten in seinem toten Winkeln angesteuert und schließlich harpuniert, was aber noch längst nicht das Ende der Jagd bedeutete: Wale tauchten ab, die Walfänger mussten Leine geben, um nicht von ihrer Beute hinabgezogen zu werden; sie mussten das erschöpfte Tier nach seiner Flucht einholen, es erneut attackieren, dabei tödlich verwunden, und schließlich vom im Todeskampf um sich schlagenden Wal nach Möglichkeit nicht getroffen und versenkt werden. Die Jagd auf den Wal nahm Zeit in Anspruch, und die Fangboote legten bei der Verfolgung einige Distanz zurück. Für die Walfänger an den Rändern des Golfstroms wurde die Strömung dabei vom Fanggrund zum Hindernis, wie Franklin schreibt:

»[…] they have opportunities of discovering the Strength of it when their Boats are out in pursuit of this Fish [!], and happen to get into the stream while the Ship is out of it, or out of the Stream while the Ship is in it, for then they are separated very fast, and would soon lose sight of each other if care were not taken«.[24]

Die Kapitäne der englischen Paketschiffe, die ihr Schiff nur im Notfall in Relation zu ihren Beibooten setzen mussten, erwiesen sich, von Walfängern auf die Strömung hingewiesen, als wenig belehrbar. Folger berichtete Franklin:

»We have informed them that they were stemming a current, that was against them to the value of three miles and hour; and advised them to cross it and get out of it; but they were too wise, to be counselled by simple American fishermen.«[25]

Vielmehr folgten sie auf dem Weg nach Amerika dem vierten Band von John Sellers Seehandbuch *The English Pilot* von 1689. Sellers ›Kursbuch‹ war bald nach Erscheinen ein Standardwerk englischer

---

23 Melville: *Moby-Dick*, S. 218–219, siehe auch Hohman: *The American Whaleman*, S. 159.
24 Franklin: Brief an Anthony Todd, 29. Oktober 1768, S. 247.
25 Franklin:»A Letter from Dr. Benjamin Franklin, to Mr. Alphonsus le Roy«, S. 314–315.

Navigation geworden und blieb dies über 37 Auflagen und ein Jahrhundert hinweg, obwohl es, neuer Kenntnisse zum Trotz, seit Beginn des 18. Jahrhunderts nicht mehr überarbeitet worden war.[26] Um
Untiefen vor Nantucket und Cape Cod zu vermeiden, empfahl der
English Pilot Kapitänen, die nach Rhode Island segelten, eine Route
nördlich des 42. Breitengrades, während er Schiffen auf dem Weg nach
New York riet, südlich von 40° nördlicher Breite zu segeln und sie
damit geradewegs in und gegen den Golfstrom schickte.[27] Dass sie den
Rat der Walfänger, außerhalb des Golfstroms zu segeln, in den Wind
schlugen, verlangsamte ihr Fortkommen auf heute beinahe komisch
anmutende Weise: »When the winds are but light, he added, they
are carried back by the current more than they are forwarded by the
wind«.[28]

Einfacher als die innerhalb der Post diskutierte Lösung, die Post-
annahme von New York nach Rhode Island zu verlegen, wäre es, so
Franklins und Folgers Botschaft, sich das Wissen der Walfänger zu
eigen zu machen. Die Mittel dazu lieferten sie gleich mit: Auf Franklins Bitte hin verzeichnete Folger den Verlauf den Golfstroms in einer
Karte und versah sie mit Segelanleitungen.[29] Franklin schickte sie mit
dem Bericht an Generalpostmeister Todd nach Falmouth und empfahl, die Postschiffer mit Kopien der Karte auszustatten.[30] Doch selbst
ein vom stellvertretenden Generalpostmeister protegiertes Walfängerwissen stand nicht hoch im Kurs. Franklin erinnert sich 1786: »copies

26 John Seller: *The English Pilot. The Fourth Book. Describing the West-In-
     dia Navigation, from Hudson's Bay to the River Amazones*, hg. von John
     Thornton und William Fisher, London 1689; siehe auch Ellen Cohn: »Benja-
     min Franklin, Georges-Louis le Rouge and the Franklin/Folger Chart of the
     Gulf Stream«, in: *Imago Mundi. The International Journal for the History of
     Cartography* 52 (2000) 1, S. 124–142, sowie Ian Steele: *The English Atlantic
     1674–1740. An Exploration of Communication and Community*, Oxford
     1986, S. 14.
27 Seller: *The English Pilot*, S. 19–22; siehe auch Cohn: »Benjamin Franklin,
     Georges-Louis le Rouge and the Franklin/Folger Chart of the Gulf Stream«,
     S. 130.
28 Franklin: »A Letter from Dr. Benjamin Franklin, to Mr. Alphonsus le Roy«,
     S. 315.
29 Auf welcher über seine Erfahrung hinausgehende Grundlage Folger den
     Golfstrom in die Karte einzeichnete, ist unklar. Ellen Cohn vermutet, mehr
     als seine Erinnerung oder möglicherweise Aufzeichnungen aus seinem Log-
     buch hätten ihm nicht zur Verfügung gestanden; Cohn: »Benjamin Franklin,
     Georges-Louis le Rouge and the Franklin/Folger Chart of the Gulf Stream«,
     S. 130.
30 Franklin: Brief an Anthony Todd, 29. Oktober 1768, S. 247.

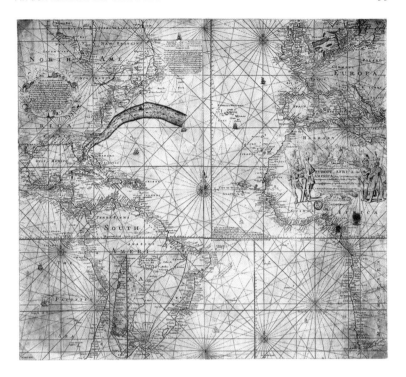

Abb. 4: *Franklin-Folger Chart of the Gulf Stream*. Benjamin Franklin, Timothy Folger, 1768.

were sent down to Falmouth for the captains of the packets, who slighted it«.[31] Für eine Geschichte der entstehenden Ozeanographie sind die Karte und die Geschichte, die Franklin über ihre Entstehung erzählt, jedoch aus mindestens drei Gründen interessant:

Es handelt sich, erstens, um die erste bekannte kartographische Darstellung des Golfstroms, 1768 gedruckt auf vier Blättern in den Maßen 87 × 97 cm bei Mount and Page, aufbewahrt heute in der Kartensammlung der Library of Congress in Washington, D.C. (Abb. 4); Folgers Handzeichnung ist nicht erhalten. Zwar hatte Athanasius Kircher 1665 die erste Strömungskarte der Weltmeere publiziert, auf der Wellenlinien Strömungsrichtungen anzeigen, den Golfstrom als »individualisierte[n] ›Seefluss‹« verzeichnet sie jedoch nicht.[32] Wie

---

31 Franklin: »A Letter from Dr. Benjamin Franklin, to Mr. Alphonsus le Roy«, S. 315.

32 Johann Georg Kohl: *Geschichte des Golfstroms und seiner Erforschung von*

Folger den Verlauf des Golfstroms auf einer Karte eingezeichnet hatte,
die gerade zur Hand war, druckten auch Mount and Page den Verlauf
der Strömung auf eine Karte aus ihrem Bestand.[33] Auf ihr beginnt der
Strom in der Floridastraße, die den Golf von Mexiko mit dem Atlantik
verbindet, verläuft in einem Bogen in nordöstlicher Richtung und ver-
siegt südöstlich von den Untiefen vor Neufundland, ein ganzes Stück
vor den Azoren, wo er nach Folgers Beschreibung nach Süden abfällt,
mitten im Meer.[34]

Das unvermittelte Ende des Golfstroms in der Karte verweist, zweitens, auf die praktischen Umstände ihrer Entstehung und ihren ebenso
praktischen intendierten Gebrauch. Die Karte war, wie Louis de Vorsey bemerkt hat, »an entirely practical creation«;[35] der *Atlas maritimus
novus,* in den Folgers Skizze der Strömung gedruckt wurde, nicht nur
gerade verfügbar, sondern in einen Sinnzusammenhang der Seefahrt
eingebunden und immer schon auf den Gebrauch für navigatorische
Zwecke ausgerichtet. Entstanden als Hilfe zur Vermeidung von Untiefen vor der amerikanischen Küste verzeichnet die von Folger besorgte Karte nicht mehr als den Verlauf des Golfstroms in eben jenen
kritischen Gebieten vor Nantucket und Neufundland. Entsprechend
platziert und betitelt sind auch Folgers »Remarks for Sailing from
Newfoundland to New York, in Order to avoid the Gulf Stream and
the Shoals to the Southward of Nantuckett & George's Bank« in der
oberen rechten Ecke des ersten Blattes. Dass Franklin, der sich auch
für andere *currents* und *currencies* interessierte (im *Modest Enquiry
into the Nature and Necessity of a Paper-Currency* schlug er 1729
die Einführung von Papiergeld vor, und 1754 publizierte er mit den

den ältesten Zeiten bis auf den grossen amerikanischen Bürgerkrieg, Bremen
1868, S. 88. Kirchers Karte erschien erneut in Athanasius Kircher: *Mundus
subterraneus, quo universae denique naturae divitiae,* Amsterdam 1678,
S. 134a; zur Geschichte früher Golfstromkartographie siehe auch Charles
Withers: »Science at Sea. Charting the Gulf Stream in the Late Enlightenment«, in: *Interdisciplinary Science Reviews* 31 (2006) 1, S. 58–76.

33 Es handelt sich dabei um *A new and exact chart of Mr. E. Wrights projection,
rut. Mercators chart, con. ye sea coast of Europe, Africa & America, from
ye Isles of Orkney to Cape Bona Esperance & Hudsons Bay to ye straits of
Magellan, according to ye observations of Capt. E. Halley,* die laut Joyce
Chaplin auch im ebenfalls im Hause Mount and Page erschienenen *Atlas
maritimus novus* (1702) Verwendung fand. Chaplin: *The First Scientific
American,* S. 198; siehe auch Louis de Vorsey: »Pioneer Charting of the Gulf
Stream. The Contributions of Benjamin Franklin and William Gerard De
Brahm«, in: *Imago Mundi* 28 (1976), S. 105–120.

34 Franklin: Brief an Anthony Todd, 29. Oktober 1768, S. 247.

35 de Vorsey: »Pioneer Charting of the Gulf Stream«, S. 107.

New Experiments and Observations on Electricity eine Untersuchung zu elektrischer Strömung), eine Karte drucken lässt, die Fragen der Zirkulation außer Acht lässt, ist vor diesem Hintergrund nicht verwunderlich.[36] Zirkulieren sollte lediglich die Karte selbst – und mit ihr das Wissen der Walfänger und in der Konsequenz die Post an Bord der Paketschiffe.[37] Entsprechend findet sich in Franklins Beschreibung der Karte dreißig Jahre nach Bernoullis *Hydrodynamica* keine metaphysische Überhöhung des Golfstroms wie ein Jahrhundert später bei Maury, bei dem er zum »Zeitmesser der See« gerät, der »den Wallfischen die Jahreszeiten« bezeichne und als »selbst compensirendes Pendel Jahrtausende lang von Nord nach Süd, von Süd nach Norden hin und hergeschwungen« sei.[38] Der Schweizer Daniel Bernoulli hatte 1738 in seinem Buch über die Strömungslehre einen Erhaltungssatz formuliert, demzufolge bei steigender Strömungsgeschwindigkeit der Strömungsdruck abnimmt, und damit die Konzepte von Gleichgewicht und Zirkulation, die von der Ökonomie über Physiologie und Naturgeschichte bis zur Ästhetik zu zentralen Ordnungsprinzipien der Diskurse der Aufklärung geworden waren, auf das Studium von Wasserströmungen angewandt.[39] In der Franklin-Folger Chart findet sich davon keine Spur. Stattdessen sind in der Karte »die Erfahrung und Kenntniss, welche die Wallfischfänger von Nantucket während

36 Chaplin beschreibt die Karte mehrfach als »odd« und als »especially odd for a natural philosopher who thought of circulation in terms of equilibriums«. Siehe Chaplin: *The First Scientific American*, S. 73–115, 199; siehe auch Julia Heunemann: »No straight lines. Zur Kartographie des Meeres bei Matthew Fontaine Maury«, in: Alexander Kraus und Martina Winkler (Hg.): *Weltmeere. Wissen und Wahrnehmung im langen 19. Jahrhundert*, Göttingen 2014, S. 149–168; Bernhard Siegert: »Currents and Currency. Elektrizität, Ökonomie und Ideenumlauf um 1800«, in: Jürgen Barkhoff, Hartmut Böhme und Jeanne Riou (Hg.): *Netzwerke. Eine Kulturtechnik der Moderne*, Köln 2004, S. 53–68.

37 Die Nähe zu Bruno Latours Konzept der ›immutable mobiles‹, die als ebenso stabile wie mobile Speichermedien die Zirkulation von Wissen ermöglichen, liegt auf der Hand. Nicht umsonst exemplifiziert Latour sein Konzept an den Karten des Seefahrers und Geographen der Aufklärung, Jean-François de La Pérouse, siehe: Bruno Latour: »Drawing Things Together«, in: Michael Lynch und Steven Woolgar (Hg.): *Representation in Scientific Practice*, Cambridge, MA 1990, S. 19–68.

38 Maury: *The Physical Geography of the Sea*, S. 232; Übersetzung nach Maury: *Die Physikalische Geographie des Meeres*, S. 221.

39 Daniel Bernoulli: *Hydrodynamica sive de viribus et motibus fluidorum compentarii*, Straßburg 1738; hierzu Joseph Vogl: *Kalkül und Leidenschaft. Poetik des ökonomischen Menschen*, Zürich 2004, S. 223–246.

des Laufes eines Jahrhunderts im Stillen erlangt zu haben glaubten
[…] niedergelegt«.⁴⁰ Dass Folger Franklin mehr über den Golfstrom
berichtete, als er in der Karte verzeichnet hatte, zeigt zwar, dass diese
Zusammenfassung kaum vollständig ist, dennoch bezeugen die Karte
und die von Franklin kolportierten Beobachtungen Folgers, dass es
ein tradiertes hydrographisches Wissen der Walfänger gab, das sie aus
ihrer alltäglichen Praxis gewannen und das anderen Kapitänen nicht
zur Verfügung stand. Sie gaben, wenn sie dieses Wissen mit Franklin
und den Postschiffern teilten, keine Geschäftsgeheimnisse mehr preis,
denn die Ränder des Golfstroms hatten um 1760 als Fanggründe aus-
gedient. In der zweiten Hälfte des 18. Jahrhunderts entdeckten amerikanische Walfänger das Nordpolarmeer sowie die weiter südlich gelegenen Regionen in der Karibik und vor der westafrikanischen Küste.⁴¹

Drittens schließlich ist die Karte ein Dokument vom Vorabend der
Amerikanischen Revolution. Zwischen der Karte und Franklins Brief
an Anthony Todd, den er als Deputy Postmaster General of British
North America verfasste, und seiner Erinnerung an die Entstehung
der Golfstromkarte in den *Maritime Observations* liegt die amerikanische Unabhängigkeitserklärung – ebenfalls ein Dokument, das Franklins Unterschrift trägt.⁴² Gedruckt wird die Karte noch im Auftrag
der englischen Post, schon hier sind es aber in Franklins Erzählung
die Walfänger aus Amerika, auf deren Wissen die Darstellung basiert,
mit denen die ›alte Welt‹ die ›neue‹ an sich bindet. Die Karte enthält
das Versprechen amerikanischer Mitarbeit an Aufbau und Erhalt der
britischen Weltmacht, indem sie Kommunikationswege erschließt und
ausbaut. In Franklins Rückschau wird aus dem Versprechen die Dro-
hung, das Projekt scheitern zu lassen.⁴³ Captain Folger, der ›intelligent
mariner‹ aus Nantucket, steht nicht nur für ein praktisches Wissen der
Walfänger, sondern für ein spezifisch amerikanisches Wissen, das zu
ignorieren vielleicht der entscheidende britische Fehler gewesen sein

---

40 So Kohl: *Geschichte des Golfstroms und seiner Erforschung*, S. 107, siehe
     auch Philip L. Richardson: »Benjamin Franklin and Timothy Folger's First
     Printed Chart of the Gulf Stream«, in: *Science* 207 (1980) 4431, S. 643–645.

41 Chaplin: *The First Scientific American*, S. 197; Stackpole: *The Sea-Hunters*,
     S. 24–32, 48–55; Schürmann: *Der graue Unterstrom*, S. 49–80. Dass ameri-
     kanische Walfänger ihr Wissen auch im 19. Jahrhundert noch bereitwillig
     preisgaben, selbst wenn es ihre profitabelsten Fanggründe betraf, wird im
     nächsten Abschnitt zu sehen sein.

42 Zu Franklins Rolle bei der Verfassung der Declaration of Independence
     siehe Gordon Wood: *The Americanization of Benjamin Franklin*, New York
     2004, S. 417.

43 Chaplin: *The First Scientific American*, S. 200.

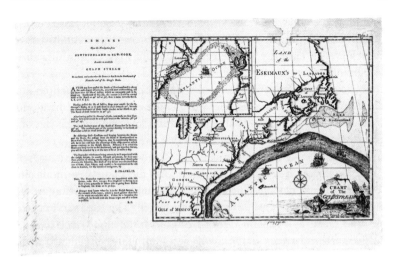

Abb. 5: *A Chart of the Gulf Stream*. Benjamin Franklin, 1786.

könnte. In England, schließt Franklin seinen Bericht über die Entstehung der Karte, sei sie ignoriert worden, aber »it is since been printed in France«.[44] Vielleicht erschien der zweite Druck der Karte nicht zufällig in dem Land, das die Amerikaner im Unabhängigkeitskrieg unterstützt hatte und in dem Franklin von 1776 bis 1785 als Botschafter der Vereinigten Staaten tätig war.[45] Die zweite Ausführung der Karte des Golfstroms, die Franklin seinen *Maritime Observations* beilegte, zeigt einen kleineren Kartenausschnitt als die erste: England ist darauf nicht zu sehen (Abb. 5).[46] Dies ist der politische Hintergrund, vor dem der französische Historiker Jules Michelet den Golfstrom etwa ein Jahrhundert später den »Amerikanische[n]« nennen wird.[47]

44 Franklin: »A Letter from Dr. Benjamin Franklin, to Mr. Alphonsus le Roy«, S. 315.

45 Zum französischen Druck der Karte siehe Cohn: »Benjamin Franklin, Georges-Louis le Rouge and the Franklin/Folger Chart of the Gulf Stream«; zu Frankreichs Rolle im Unabhängigkeitskrieg und Franklins Zeit als Botschafter in Paris siehe Jonathan Dull: *A Diplomatic History of the American Revolution*, New Haven 1985.

46 Der in der oberen linken Ecke eingezeichnete Kreislauf stellt Heringsströme dar, gehört jedoch nicht zu Franklins Karte, sondern zu einem anderen in der gleichen Ausgabe der *American Philosophical Transactions* erschienenen Artikel.

47 Michelet: *Das Meer*, S. 35.

Franklin war vom britischen Imperialisten zum Revolutionär geworden und brach im Zuge des Unabhängigkeitskrieges auch mit seinem
Cousin.[48] Als Timothy Folger 1781 beschuldigt wurde, mithilfe eines
von Franklin ausgestellten Passes »illicit Trade with the Enemy«[49] betrieben zu haben, wusste dieser, auf welcher Seite er stand: Sollten sich
die Vorwürfe bewahrheiten, »let our People catch him and hang him
with all my Heart [...] for I always think that a Rogue hang'd out of a
Family does it more Honour than ten that live in it.«[50]

Timothy Folger wurde nicht gehängt. Und die Figur des ›intelligenten Walfängers‹ machte eine kleine, aber nachhaltige Karriere in der
Geschichte ozeanographischer Entdeckungen. Der Bremer Historiker und Geograph Johann Georg Kohl, der 1868 eine *Geschichte des
Golfstroms und seiner Erforschung* veröffentlichte, erzählt darin die
Geschichte von Benjamin Franklin und seinem »kundigen Freund
Folger«.[51] Damit liefert er eine passende Übersetzung für das englische ›intelligent‹: Eine amerikanische Enzyklopädie definierte »intelligence« zu Beginn des 19. Jahrhunderts als »commerce of information;
notice; mutual communication; account of things distant or secret«
und als »understanding; skill«.[52] Kohl sieht in den Walfängern aus
Nantucket mehr als nur die Entdecker dieser »oceanischen Linie«.
Dem »amerikanischen Wallfischfang«, den er als die »grossartigste
Fischerei« beschreibt, seien »bemerkenswerthe Schiffer-Experimente«
zu verdanken, »welche zu damaliger Zeit ausser jenen Wallfischfän-
gern von Nantucket keine andere[n] Seefahrer auszuführen im Stande
waren«. Der Golfstrom ist dabei nur eine Entdeckung, die die Nan-
tucketer in »Folge ihrer beständigen Uebung des Wallfischfangs« gemacht haben:

48 Zu Franklins Wandel vom Imperialisten zum Revolutionär Wood: *The
    Americanization of Benjamin Franklin*, insbes. S. 61–152; zum Bruch mit
    Folger siehe Chaplin: *The First Scientific American*, S. 291–292.
49 Benjamin Franklin: Brief an Jonathan Williams, Jr., 10. November 1781, in:
    The Papers of Benjamin Franklin, Bd. 36: November 1, 1781, through March
    15, 1782, hg. von Ellen Cohn u.a., New Haven 1961, S. 41.
50 Benjamin Franklin: Brief an Jonathan Williams, Jr., 19. November 1781, in:
    The Papers of Benjamin Franklin, Bd. 36: November 1, 1781, through March
    15, 1782, hg. von Ellen Cohn u.a., New Haven 1961, S. 67.
51 Kohl: *Geschichte des Golfstroms und seiner Erforschung*, S. 103.
52 Art. »Intelligence«, in: *The New and Complete American Encyclopædia: or,
    Universal Dictionary of Arts and Sciences*, Bd. 4, New York 1808, S. 609.

»Die Wallfischfänger von Nantucket bildeten in gewissem Grade eine Schule für amerikanische Seefahrer im Allgemeinen und einige von ihnen wurden Schiffsführer in der Handelsmarine der Häfen von Boston und Rhode-Island, in welchem letzteren Staate damals Newport ein sehr blühendes Emporium war. Sie führten dann diejenige Kenntniss, welche sie bei der Verfolgung der Wallfische erlangt hatten, in die allgemeine Oceanische Schifffahrt ihrer Colonieen ein.«[53]

An dieser Geschichte des Meeres schrieb auch Matthew Fontaine Maury, und so lautet ein Satz in *The Physical Geography of the Sea* über Franklins Treffen mit Folger: »the old fisherman explained to the philosopher«.[54]

Der kundige Walfänger ist Amerikaner. Berühmt gemacht hat ihn wenige Jahre nach Franklins erster Beschreibung der Golfstromkarte Edmund Burke. In einer Rede im britischen Unterhaus warb er für eine Einigung mit den zunehmend unruhiger werdenden amerikanischen Kolonien. Die Walfänger präsentiert er dabei in einer Passage, die mit einer Verbeugung vor dem »Spirit of Liberty« endet, als Inbegriff des amerikanischen Unternehmergeistes.[55] Für eine historiographische Figurenlehre[56] lassen sich anhand von Burkes Rede drei zentrale Eigenschaften des kundigen Walfängers festmachen: die erste, seine Staatsbürgerschaft, die freilich erst nach dem Frieden von Paris

---

53 Kohl: *Geschichte des Golfstroms und seiner Erforschung*, 107.

54 Matthew Fontaine Maury: *The Physical Geography of the Sea*, New York [6]1857, S. 71. Der von Maury als »old fisherman« bezeichnete Folger war allerdings 26 Jahre jünger als sein gelehrter Cousin, was, hätte man es aufgeschrieben, der ihm auch von Maury zugedachten Rolle des intelligenten Walfängers freilich weniger Autorität verliehen hätte.

55 Edmund Burke: *Speech of Edmund Burke, Esq., on Moving His Resolutions for Conciliation with the Colonies. March 22, 1775*, London 1775, S. 21.

56 Als ›historiographische Figur‹ wäre der kundige Walfänger begrifflich zwischen der (wissenschaftlichen) Persona, wie sie Lorraine Daston und Otto Sibum beschrieben haben, und literarischem Motiv zu verorten. Mit der Persona, die kein Individuum, sondern einen (Wissenschaftler-)Typus oder eine kulturelle Identität bezeichnet, verbindet den kundigen Walfänger, dass er Individuen prinzipiell als Identität zur Verfügung steht; mit dem Motiv, dass Walfänger ihn als Typus weniger selbst annahmen oder anstrebten, als er ihnen in den Erzählungen von Wissenschaftlern, Politikern und Historikern zugeschrieben und dann rhetorisch in Stellung gebracht wurde. Siehe Lorraine Daston und H. Otto Sibum: »Introduction: Scientific Personae and Their Histories«, in: *Science in Context* 16 (2003) 1–2, S. 1–8.

(1783) so heißen kann, ist bereits genannt. Ein zweites Charakteristikum ist seine (zunächst atlantische) Ubiquität: Burke zufolge trifft man ihn auf jedem Meer und in jedem Klima; »whilst some of them draw the line and strike the harpoon on the coast of Africa, others [...] pursue their gigantic game along the coast of Brazil. No sea but what is vexed by their fisheries. No climate that is not witness to their toils.« Bei der Erschließung des Pazifik wird der kundige Walfänger, wie zu sehen sein wird, die gleiche Rolle spielen, was auf seine dritte Wesenheit verweist: Er ist immer schon weiter gereist und weitergereist; hat lediglich pausiert, wo andere am Ziel waren:

> »[...] whilst we are looking for them beneath the Arctic circle, we hear that they have pierced into the opposite region of polar cold, that they are at the Antipodes, and engaged under the frozen serpent of the south. Falkland Island, which seemed too remote and romantic an object for the grasp of national ambition, is but a stage and resting-place in the progress of their victorious industry«.[57]

Mit Blick auf Franklins Erzählung von der Kartierung des Golfstroms lässt sich eine vierte Eigenschaft dieser Figur hinzufügen: Der *intelligent whaleman* ist im Besitz eines navigatorischen und ozeanographischen Wissens, das diejenigen Seefahrer nicht haben, die sich an die üblichen Handelsrouten halten, und das er zu teilen bereit ist. Entsprechend definiert die *American Encyclopædia* das Adjektiv ›intelligent‹ als »1. Knowing; instructed; skillful. 2. It has *of* before the thing. 3. Giving information«.[58]

2. Nachrichten aus dem Pazifik

Im Epochenjahr 1789 umrundete der erste amerikanische Walfänger Kap Hoorn. Nachdem 1818 die sogenannten »offshore grounds« in der pazifischen Hochsee erschlossen worden waren, segelte die Hälfte aller Walfänger, die in Nantucket in See stachen, in Richtung Pazifik, und damit in ein Gebiet, das auf den Karten der europäischen und amerikanischen Seefahrer nicht zuverlässig verzeichnet war.[59] Ob-

---

57 Burke: *Speech on Moving Resolutions for Conciliation with the Colonies*, S. 21.
58 *The New and Complete American Encyclopædia: or, Universal Dictionary of Arts and Sciences*, Bd. 4, New York 1808, S. 609.
59 Stackpole: *The Sea-Hunters*, S. 145. Zum Walfang im Pazifik siehe auch

wohl James Cook auf drei Fahrten in den Pazifik zwischen 1768 und
1780 die »Non-Existence of an undiscovered Continent«[60] bewiesen
und so mit dem Mythos einer *Terra Australis* aufgeräumt hatte, blieb
der Pazifische Ozean kartographisch instabil: Inseln wurden entdeckt,
vergessen und wiederentdeckt und »Inselgruppen, deren Namen sich
mit jeder Laune kartographischer Mode veränderten«, fanden sich in
der ersten Hälfte des 19. Jahrhunderts ebenso auf den Karten der Seefahrer wie zur Mitte des achtzehnten.[61] In einem Klassiker der amerikanischen Walfanghistoriographie beschreibt Edouard Stackpole die
Walfänger als Pioniere der amerikanischen Pazifikerkundung. Ihre
Entdeckungen von Inseln und ihre Dominanz in den Walfanggge-
bieten verwandelten den Pazifik, so Stackpole, in einen »American
ocean«.[62] Stackpoles Erzählung basiert, wie eine ganze Reihe histo-
rischer Forschung zum verstärkten Interesse, das amerikanische Ge-
schäftsleute und Politiker, aber auch Schriftsteller wie Ralph Waldo
Emerson, Walt Whitman oder Herman Melville dem Pazifik im frühen 19. Jahrhundert entgegenbrachten, auf einer Geschichtsphiloso-
phie der *frontier.*[63]

Kapitel 8 in Gibson: *Yankees in Paradise*, S. 131–155, und Mawer: *Ahab's
Trade.* Zur Kartographierung des Pazifik P.J. Marshall und Glyndwr Wil-
liams: *The Great Map of Mankind. British Perceptions of the World in the
Age of Enlightenment*, London 1982, S. 258–298; Benson und Rehbock
(Hg.): *Oceanographic History*; Ralph Ehrenberg, John Wolter und Charles
Burroughs: »Surveying and Charting the Pacific Basin«, in: Carolyn
Margolis und Herman Viola (Hg.): *Magnificent Voyagers. The U. S. Explor-
ing Expedition, 1838–1842*, Washington, D.C. 1985, S. 164–187.

60 So der Titel eines Berichtes über Cooks zweiter Reise von John Marra: *Journal of the Resolution's Voyage, in 1772, 1773, 1774, and 1775. On Discovery
to the Southern Hemisphere. By which the Non-Existence of an Undiscovered Continent, Between the Equator and the 50th Degree of Southern
latitude, is Demonstratively Proved*, London 1775.

61 Marshall und Williams: *The Great Map of Mankind*, S. 260. Zu Entdeckungsreisen im 18. Jahrhundert siehe Philippe Despoix: *Die Welt vermessen. Dispositive der Entdeckungsreise im Zeitalter der Aufklärung*, Göttingen 2009;
für den Pazifik im 19. Ernest Dodge: *Beyond the Capes. Pacific Exploration
from Captain Cook to the Challenger*, London 1971; Ehrenberg, Wolter
und Burroughs: »Surveying and Charting the Pacific Basin« sowie Nicholas
Thomas: »The Age of Empire in the Pacific«, in: David Armitage und Alison
Bashford (Hg.): *Pacific Histories. Ocean, Land, People*, Basingstoke 2014,
S. 75–96.

62 Stackpole: *The Sea-Hunters*, Kapitel XXIV: Making the Pacific an American
Ocean.

63 Siehe etwa Gibson: *Yankees in Paradise*; Edward Towle: *Science, Commerce
and the Navy on the Seafaring Frontier, 1842–1861*, Rochester 1965; Daniel

Der amerikanische Historiker Frederic Jackson Turner argumentierte 1893, die amerikanische Geschichte lasse sich zu großen Teilen aus der Westexpansion erklären.»The existence of an area of free land, its continuous recession, and the advance of American settlement westward, explain American development«, schrieb Turner in einem Vortrag mit dem Titel *The Significance of the Frontier in American History*.[64] Diese als ›Frontier-‹ oder ›Turner-These‹ einflussreich gewordene Argumentation sieht im amerikanischen Westen eine Region, in der Bewohner des Ostens der Vereinigten Staaten oder europäische Einwanderer in vorzivilisatorische Zeiten ohne Institutionen und Hierarchien zurückgeworfen wurden und Frontier-Gesellschaften den Zivilisationsprozess erneut durchliefen. Dieses soziogenetische Grundgesetz und die kontinuierliche Verschiebung der *frontier* nach Westen formten, so Turner, einen spezifisch amerikanischen Charakter heraus, auf dessen Individualismus, Egalitarismus und Pragmatismus die amerikanische Demokratie basiere.

»American democracy was born of no theorist's dream; it was not carried in the *Susan Constant* to Virginia, nor in the *Mayflower* to Plymouth. It came out of the American forest, and it gained new strength each time it touched a new frontier. Not the constitution, but free land and an abundance of natural resources open to a fit people, made the democratic type of society in America for three centuries while it occupied its empire.«[65]

Dass weiße Amerikaner bewohntes und bewirtschaftetes Gebiet für freies Land hielten, erlaubte es Turner, die Zeit der *frontier* in dem Moment für beendet zu erklären, als mit dem Ende der sogenannten ›Indianerkriege‹ das gesamte Land zwischen Atlantik und Pazifik ›er-

Vickers: *Young Men and the Sea. Yankee Seafarers in the Age of Sail*, New Haven 2005; aber auch van Alstyne: *The Rising American Empire*; kritisch dazu John Eperjesi: *The Imperialist Imaginary. Visions of Asia and the Pacific in American Culture*, Hanover, NH 2005.

64 Frederick Jackson Turner: »The Significance of the Frontier in American History«, in: *Annual Report of the American Historical Association for the Year 1893*, Washington, D.C. 1894, S. 199–227. Hierzu auch William Cronon: »Revisiting the Vanishing Frontier. The Legacy of Frederick Jackson Turner«, in: *Western Historical Quarterly* 18 (1987) 2, S. 157–176, und Matthias Waechter: *Die Erfindung des amerikanischen Westens. Die Geschichte der Frontier-Debatte*, Freiburg i. Br. 1996.

65 Frederick Jackson Turner: »The West and American Ideals«, in: *The Washington Historical Quarterly* 5 (1914) 4, S. 243–257.

schlossen‹ und die indigene Bevölkerung weitestgehend in Reservate zurückgedrängt war.

In den Heldengeschichten von Walfängern als Kolonialisierungsagenten im Pazifik wurde die Figur des intelligenten Walfängers zum Vehikel der Frontierthese. Eine Art Frederick J. Turner des Walfangs und vielleicht glühendster Verfechter walfängerischer Intelligenz war Jeremiah N. Reynolds. Er galt als notorischer Anwalt auf dem Washingtoner Parkett für eine Expedition in den Pazifik, und sein bestes Argument waren die Walfänger aus Neuengland. Reynolds war der amerikanischen Öffentlichkeit als Sidekick von John Cleeves Symmes bekannt geworden, der auf Vortragsreisen durch die Vereinigten Staaten versuchte, sein Publikum von der Theorie der hohlen Erde zu überzeugen. Symmes' Theorie zufolge, die auf eine Hypothese Edmond Halleys von 1692 zurückging, war die Erde hohl und ihr Inneres durch große Löcher an Nord- und Südpol zugängig. Die Wissenschaft beanspruchte zwar, das Gegenteil bewiesen zu haben, doch die beiden geschickten Redner sprachen vor vollen Häusern.[66] Aufwind erhielt die ›Hollow Earth Theory‹ auch durch die Schriften von Edgar Allan Poe, dessen *Narrative of Arthur Gordon Pym of Nantucket* mit der Einfahrt der Protagonisten in einen Abgrund am Südpol endet, und Jules Verne, dessen Professor Lidenbrock in *Voyage au centre de la Terre* ins Innere der Erde vordringt.[67] Reynolds behielt sich eine vorsichtige Skepsis gegenüber den extravaganteren Bestandteilen der Theorie, brach später mit Symmes und konzentriertere sich schließlich auf die konsensfähigere, wenn auch kaum weniger spekulative Theorie vom eisfreien Polarmeer.[68] Beide Theorien wusste er zu nutzen, um auf die Notwendigkeit hinzuweisen, eine Expedition in die Polargebiete zu schicken, um der jeweils verhandelten Sache auf den Grund zu gehen. Reynolds petitionierte bei Abgeordneten und Navy, die ihn schließlich als Sonderbevollmächtigten zu den Walfangkapitänen nach New England sandte, um *information* über den Pazifik einzuholen. In den Texten, die Reynolds in der Folge publizierte, ist von Eingängen in den Hohlraum im Inneren der Erde nichts mehr und

---

66 Rosalind Williams: *Notes on the Underground. An Essay on Technology, Society, and the Imagination. New Edition*, Cambridge, MA 2008, S. 12–13.

67 Edgar Allan Poe: *The Narrative of Arthur Gordon Pym of Nantucket*, New York 1838; Jules Verne: *Voyage au centre de la Terre*, Paris 1864.

68 William Stanton: *The Great United States Exploring Expedition of 1838–1841*, Berkeley 1975, S. 14–15; zur Theorie des eisfreien Polarmeers siehe Philipp Felsch: »Der arktische Konjunktiv. Auf der Suche nach dem eisfreien Polarmeer«, in: *Osteuropa* 61 (2011) 2/3, S. 9–20.

vom eisfreien Polarmeer nur noch wenig zu lesen.[69] Was Reynolds
dem Repräsentantenhaus in seinem Bericht als Sondergesandter und
in seiner *Address on the Subject of a Surveying and Exploring Expedition to the Pacific Ocean and South Seas* 1836 vorlegte, war eine
Bestandsaufnahme amerikanischer Wirtschaftsaktivität im Pazifik, die
auf die Forderung nach einer staatlich finanzierten Entdeckungsreise
hinauslief.

Um für seine Sache zu werben, entwarf Reynolds in seiner Rede vor
den Abgeordneten eine Geschichte der USA als maritime Entdecker-
nation, deren ganzer Erfolg vom Walfang ausgeht, der nämlich – gemeinsam mit dem Schiffbau als notwendige Begleiterscheinung – die
Wiege der amerikanischen Seeflotte darstellt. Eine Aufzählung einzelner Bestandteile der Ausrüstung der Walfangflotte zeigt, welch nationale Bedeutung Reynolds dem Unterfangen beimaß:

»[...] every time our immense whale fleet puts to sea, there is required for victualling [sic!] and outfit: flour, eighty thousand and forty
barrels; pork and beef, seventy-nine thousand one hundred and
twenty barrels; molasses, six hundred and twenty-one thousand
gallons; coffee, five hundred and fifty-two thousand six hundred
pounds; sugar, two hundred and fifty-six thousand eight hundred
pounds; tea, one hundred and seventy-two thousand five hundred
pounds; rice, one thousand three hundred tierces; duck, forty-six
thousand four hundred and sixty pieces; cordage, eight thousand
nine hundred and sixty tons; iron hoops, four thousand six hundred
tons; copper, five hundred and fifty-two thousand sheets; (vessels
coppered every voyage;) staves, ten million; whaling gear, consist-
ing of harpoons, spades, cabooses, &c., one thousand dollars to
each vessel, four hundred and sixty thousand dollars«.

Nicht nur die Walfänger und die unmittelbar in der Branche tätigen
Walfangunternehmer aus New Bedford seien es, denen der Walfang
zugutekomme, fährt Reynolds fort, sondern das ganze Land:

69 Siehe etwa Jeremiah N. Reynolds: Letter to the Speaker of the House of
Representatives, upon the Subject of an Antarctic Expedition. H.R. Doc.
No. 88, 20th Cong., 1st Sess. (1828); Jeremiah N. Reynolds: *Address on the
Subject of a Surveying and Exploring Expedition to the Pacific Ocean and
South Seas. Delivered in the Hall of Representatives on the Evening of April
3, 1836*, New York 1836; Jeremiah N. Reynolds: *Pacific and Indian Oceans:
or, The South Sea Surverying and Exploring Expedition: Its Inception, Pro-
gress, and Objects*, New York 1841.

»These fisheries reach the interest of every class of citizens in our country; their prosperity or adversity becomes that of our whole people. The owners of woodland, the axemen, the teamsters, the ship carpenters, coppersmith, blacksmith, manufacturers of cotton, rope makers, riggers, sail makers, cultivators of hemp, as well as the grazier and agriculturalist – all have an interest in this branch of national enterprise.«[70]

Dem Cheflobbyisten für eine Forschungsexpedition in den Pazifik diente der Walfänger, der Informant für ihre Vorbereitung und Profiteur ihrer Ergebnisse zugleich war, als Argument. Reynolds Apotheose des Walfängers speiste sich dabei weniger aus Benjamin Franklins Berichten über den Golfstrom als aus der Tagespresse, wo er seit Beginn des Jahrhunderts ebenfalls präsent war.

Der *Nantucket Inquirer* druckte am 28. März 1825 einen Brief des Walfangkapitäns Richard Macy, der von einer Entdeckung in der Nähe der »Freundschaftsinseln« (heute Tonga) im Südpazifik berichtet:

»On the 3d of February, 1824, I discovered three islands and as they are not laid down on my chart, or in any book I have on board, I believe them to be a new discovery: in consequence of which I have given them the following names: Viz. Elizabeth's Island, lat. 21 06 S. lon. 178 36 W. Eunice's Island, lat. 21 52 S. lon. 178 47 W. Macy's Island, lat. 20 52 S. lon. 178 47 W. The land is very low and navigation dangerous, as they are surrounded with coral reefs which extend some distance from them. The islands are inhabited and are covered with coconut and other trees.«[71]

Wie in Franklins Bericht von der kartographischen Verzeichnung des Golfstroms ergab sich das Interesse der Walfänger an der Erkundung und Kartierung der Inseln im Pazifik aus den praktischen Notwendigkeiten ihrer Arbeit. Schon die Naturbeobachtungen James Cooks waren untrennbar mit dem Gebot verbunden, die Funktionstüchtigkeit des Schiffes, das sie erst ermöglichte, zu erhalten: Positionsbestimmung, Schiffbarkeit und Ankergrund von Buchten, Flora und Fauna der Inseln und die Frage nach ihrer Bevölkerung waren, bevor sie zu

70 Reynolds: *Address on the Subject of a Surveying and Exploring Expedition*, S. 44–46.
71 *Nantucket Inquirer*, 28. März 1825, S. 3.

Gegenständen der Geographie, Hydrographie, Naturgeschichte oder
Ethnologie wurden, Fragen des Selbsterhalts des Schiffs, das in Schuss
gehalten, und der Mannschaft, die ernährt werden musste.[72] Cooks
Reisebeschreibungen folgten konkreten Anleitungen der britischen
Admiralität:

> »You are to employ yourself diligently in [...] carefully observing
> [...] Latitude and Longitude [...] Bays, Harbours and Parts of the
> Coast as may be useful to Navigation. You are also carefully to
> observe the Nature of the Soil and the Products thereof; the Beasts
> and Fowls that inhabit or frequent it [...] [and] the Genius, Temper,
> Disposition and Number of the Natives.«[73]

Die Ordern, die Walfangkapitäne erhielten, waren kürzer gehalten und
auf den Zweck der Reise beschränkt. Die Reederei Thomas Knowles &
Company aus New Bedford etwa instruierte den Kapitän der *Isabella*

> »to write us every opportunity and inform us of any and Every thing
> of consequence pertaining to the voyage such as the quantity of oil
> you have on board the names of all the Crew that may have deserted
> or discharged or lost in any way [...] & when you expect to be at
> home also where and when you wish to have letters sent to you.«[74]

Dennoch enthielten Berichte wie derjenige Macys und anderer Walfänger, die auf ihren langen Fahrten vor Inseln ankerten, die sie nicht
auf ihren Karten fanden, um Holz und Verpflegung an Bord zu nehmen oder Schweine abzusetzen, die sich vermehren sollten, um bei
zukünftigen Besuchen geschlachtet werden zu können, ähnliche Informationen wie die von der Admiralität geforderten.[75] Das ist, wie

72 Sorrenson: »The Ship as a Scientific Instrument in the Eighteenth Century«,
    S. 228.
73 Commissioners for the Admiralty: »Instructions«, in: James Cook: *The
    Journals of Captain James Cook, Vol. 1: The Voyage of the Endeavour
    1768–1771*, hg. von John Beaglehole, Cambridge 1968, S. cclxxxiii.
74 Thomas Knowles & Company an Orrick Smalley, 1. Juni 1852. Knowles
    Family Business Records, Mss 55, S-g 2, Sr. H, S-s 1, vol. 1, agent/owner
    account book, 1852, New Bedford Whaling Museum Research Library and
    Archives.
75 Jeremiah N. Reynolds: Letter from the Secretary of the Navy, Transmitting
    a Report of J.N. Reynolds, in Relation to Islands, Reefs, and Shoals in the
    South Pacific Ocean, &c., 27. Januar 1835. H.R. Doc. No. 105, 23rd Cong.,
    2d Sess. (1835), S. 17, wiederabgedruckt u.a. in Reynolds: *Pacific and Indian*

auch der Umstand, dass Macys Mitteilung über die entdeckten Inseln in einer Zeitung erschien, kein Zufall.

Seit Beginn des 19. Jahrhunderts trat Franklins *intelligent whaleman* unter den Namen Gardner, Coffin, Starbuck oder eben Macy – so die Namen einiger Walfängerfamilien aus Nantucket – regelmäßig auf den Seiten der lokalen Zeitungen neuenglischer Walfangstädte auf. Der *Nantucket Inquirer,* der die Bewohner der Insel seit dem 23. Juni 1821 über das Weltgeschehen informierte, reservierte seine dritte Seite für »shipping intelligence«.[76] In New Bedford erschien bereits seit 1807 der *New-Bedford Mercury,* »published once a week, printed on good paper and fair type«,[77] der in seinem ›Marine Diary‹ über Einfahrten von Schiffen im örtlichen Hafen informierte und Berichte druckte, die ankommende Schiffe mitbrachten; Nachrichten über Todesfälle, Desertionen und Begegnungen mit anderen Schiffen: »Jan. 28, lat. 26, lon. 22 ship Industry, [Captain] Coffin, 27 days from Nantucket, whaling; had caught nothing.«[78] Viele Walfänger verkündeten wie Richard Macy ihre geographischen Entdeckungen in Briefen oder Auszügen aus ihren Logbüchern, die regelmäßig in den Zeitungen New Bedfords oder Nantuckets abgedruckt wurden:

»On the 2d June discovered a new Island or Rock, not laid down in any of our charts, lat. 25 3, and by a good lunar we found the longitude, when within 3 miles of the Island, to be 187 40, W.–judge it to be 150 feet high, and about one mile in circumference. [...] called *Gardner's Island.* We saw no whales until we got in lat. 30, N. and lon. 175 W.«[79]

Oceans, S. 192–233; siehe auch Reynolds: *Address on the Subject of a Surveying and Exploring Expedition,* S. 66; ferner Stackpole: *The Sea-Hunters,* S. 281, 353.

76 *Nantucket Inquirer,* 23. Juni 1821, S. 1. Siehe zum Nachrichtenwesen und bürgerlicher Öffentlichkeit in den USA Menahem Blondheim: *News over the Wires. The Telegraph and the Flow of Public Information in America, 1844–1897,* Cambridge, MA 1994; Richard John: *Spreading the News. The American Postal System from Franklin to Morse,* Cambridge 1995; zu Zeitungsgründungen in Nantucket und New Bedford siehe Leonard Bolles Ellis: *History of New Bedford and its Vicinity, 1602–1892,* Syracuse 1892, S. 522–532, und das von Harry B. Turner verfasste Kapitel über ›The Newspapers of Nantucket‹ in Robert Alexander Douglas-Lithgow: *Nantucket. A History,* New York 1914, S. 329–339.

77 *New-Bedford Mercury,* 7. August 1807, S. 1.

78 *New-Bedford Mercury,* 3. März 1820, S. 3.

79 »Extract of a letter from Capt. Joseph Allen, of the ship Maro, to her owner in Nantucket«, in: *New-Bedford Mercury,* 8. Juni 1821, S. 3.

Walfänger waren nicht nur (Wieder-)Entdecker von Inseln, sondern,
wie auch andere Seeleute, Übermittler von Nachrichten aus Übersee. Die entstehenden amerikanischen Massenmedien wussten sich
die immer weitere Teile des Globus umfassende Seefahrt zu Nutze
zu machen.[80] Vor der Einrichtung von Korrespondentennetzwerken
im Ausland waren Zeitungen, die Nachrichten aus Übersee drucken
wollten, derart abhängig von Seeleuten, dass sich einige von ihnen 1848
zusammentaten, um die Harbor News Association zu gründen, die im
Hafen von Halifax die Nachrichten, die die Schiffe aus Europa mitbrachten, nach New York telegrafierte. Bevor Neufundland und Irland
per transatlantischem Telegrafenkabel verbunden wurden, trieben sich
Journalisten in den Häfen von Boston, New York oder Philadelphia
herum, um Nachrichten aus aller Welt aufzuschnappen. Die Harbor
News Association, aus der mit Associated Press die erste Nachrichten-
agentur der Vereinigten Staaten hervorgehen sollte, betrieb in Halifax
sogar zwei kleine Boote, die »ship news or other news« eintreiben
sollten, bevor die Besatzung der Schiffe an Land gegangen war.[81]
Für Aufklärung im Sinne von *enlightenment* sorgten Walfänger im
19. Jahrhundert damit auf doppelte Weise: Sie versorgten das amerikanische Lesepublikum mit Auslandsnachrichten ebenso wie mit dem
Rohstoff, mit dem es seine Lampen und Kerzen zum Lesen betrieb.

Auch in dieser Hinsicht gehören die Walfängerberichte in die
Geschichte Cook'scher Reiseberichte. Mit Cooks zweiter Weltumsegelung gab die Admiralität die Politik der Geheimhaltung, die die
Expeditionsreisen der Aufklärung umgab, zugunsten einer um Unmit-
telbarkeit von Forschungsergebnissen bemühten Publikationsstrategie
auf. Cook wurde zum ersten ›Welterkunder-Autor‹, der seine kaum
redigierten Journale veröffentlichte.[82] ›Publikation‹ ist im starken

---

80 Auf den Zusammenhang von maritimer und massenmedialer Expansion hin-
    gewiesen hat Rouleau: *With Sails Whitening Every Sea*, insbes. S. 16–42.
81 Ebd., S. 28–29; Richard Schwarzlose: »Harbor News Association: The For-
    mal Origin of the AP«, in: *Journalism and Mass Communication Quarterly*
    45 (1968) 2, S. 253–260. Zitat ebd., S. 257.
82 Despoix: *Die Welt vermessen*, S. 94–97, 108–113; zum Zusammenhang von
    Entdeckungen und Autorschaft siehe auch Bill Bell, Innes Keighren und
    Charles Withers: *Travels into Print. Exploration, Writing, and Publishing
    with John Murray, 1773–1859*, Chicago 2015, S. 100–132, und Adrianna
    Craciun: »What Is an Explorer?«, in: *Eighteenth-Century Studies* 45 (2011)
    1, S. 29–51. Herman Melvilles Erzähler und (intelligenter) Walfänger Ishmael
    behauptet, Walfänger fänden es oftmals »nicht wert, Abenteuer in das ganz
    gewöhnliche Logbuch ihres Schiffes einzutragen, denen Vancouver drei Ka-
    pitel widmet« (*Moby-Dick* (2001), S. 193). Was die Geschichte von *whaling*

Sinne Adressierung der Öffentlichkeit und konstitutiv für die Glaubwürdigkeit des Berichts, wenn Cook in der Einleitung zum Bericht über seine zweite Weltumsegelung schreibt: »[t]he history of [this voyage] is now submitted to the Public [...] in order to give the Reader a clear idea of what has been done [...] and to enable him to judge more accurately how far the great object that was proposed, has been obtained.«[83]

Mit den Zeitungen des 19. Jahrhunderts wurde nicht nur das geographische Entdeckerwissen, sondern auch die Figur des kundigen Walfängers öffentlich. Franklin, der Timothy Folger nur selten namentlich erwähnt, erzählte seine Geschichte in zwei Briefen, von denen nur einer zur Veröffentlichung bestimmt war. Im *Nantucket Inquirer*, dem *New-Bedford Mercury* und weiteren Zeitungen wurde sie nun täglich einer lesenden Öffentlichkeit erzählt. Entdeckende Seefahrer wurden als Topos so alltäglich, dass die ersten Zeitungen die Lust an ihren eigenen Geschichten zu verlieren schienen: Und wieder habe ein »bold Yankee navigator« – »what they have often done before« – Land entdeckt. Zu Beginn der 1840er Jahre hielten erste Zeitungen den Pazifik für weitestgehend erschlossen: »As far as mere discovery goes there is little left to be done in the Pacific. Our whalers have cruised over, or crossed, nearly all the ground that had hitherto been untraversed.«[84]

Jeremiah Reynolds war in den zwanziger Jahren noch nicht davon überzeugt, dass es im Pazifik nichts mehr zu entdecken gebe. Ausgerechnet dem ehemaligen Zeitungsmacher aus Wilmington, Ohio schienen Meldungen in Zeitungen nicht die angemessene Form zu sein, das Wissen, das die Walfänger auf ihren unerprobten Pfaden durch die Meere in ihren Logbüchern notierten, aufzuschreiben: »On their return to the United States, these discoveries generally formed a paragraph, which went the rounds of the press, and then sunk into oblivion.«[85] Um das Wissen der Walfänger dauerhaft zu speichern, war eine systematischere Aufzeichnung gefragt, um derentwillen Reynolds 1828 als Sondergesandter der Navy zum Ortstermin an die

intelligence betrifft, reichte es aus, dass sie einige geografische Entdeckungen festhielten und den Zeitungen in ihren Heimathäfen übermittelten.

83 James Cook: *The Voyages of James Cook*, Bd. I, London 1846, S. 333; Despoix: *Die Welt vermessen*, S. 109.

84 Zit. n. Rouleau: *With Sails Whitening Every Sea*, S. 29.

85 Reynolds: *Address on the Subject of a Surveying and Exploring Expedition*, S. 31.

neuenglische Küste fuhr, »where information might be found of the Pacific Ocean and South Seas«. Er suchte »every individual navigator of those seas who could be found at home« auf und bat die Walfangkapitäne zum Interview.[86]

»The information I obtained was drawn from purely original sources. Nothing was taken at second hand. Log-books which had been thrown aside for years, were overhauled and examined anew. Many facts were received from several sources, each independent of the other; and by this coincidence, the truth of the statements was corroborated and confirmed. The whole were concisely and systematically arranged under appropriate heads«.[87]

Ähnlich wie Franklin war Reynolds der Meinung, im Gespräch mit den Walfangkapitänen einen Wissensschatz gehoben zu haben. Sie seien »certainly better acquainted with those seas than any other people in this or any other country can be.« Reynolds befragte zahlreiche Kapitäne, ließ sich ihre Logbücher und Seekarten zeigen und sandte eine seitenlange Liste an die Navy, in die er die Inseln eingetragen hatte, die er in den Logbüchern erwähnt fand. Darunter seien viele, »that are not laid down in any chart.« Reynolds hob in seinem Bericht an die Navy nicht nur hervor, dass Walfänger ganze Meere neu erschlossen, sondern lobte das Walfangschiff auch als nautische Ausbildungsstätte:

»The whalemen are much advanced in mathematics and practical navigation beyond other navigators: for, on their long voyages out and home, the most intelligent officers assist the younger in their mathematical and nautical studies; and thus schooled, all come home improved in their branches, distinction in them being the direct road to preferment.«[88]

Das Ergebnis von Reynolds' Recherchen ist eine mit »Islands and Reefs« überschriebene Tabelle, die, »in as tabular a form as may be consistent with a clear view of the extent and importance of these discoveries«[89] – das heißt: in vier Spalten –, die von den Walfängern notierten Inseln und ihre geographische Position nach Breiten- und

86 H.R. Doc. No. 105, 23rd Cong., 2d Sess. (1835), S. 1–2.
87 Reynolds: *Address on the Subject of a Surveying and Exploring Expedition*, S. 32.
88 H.R. Doc. No. 105, 23rd Cong., 2d Sess. (1835), S. 2–3.
89 Ebd., S. 3.

	North latitude.	West longitude.	
Shoal - -	14° 44′	170° 30′	
Do. 13° 32′ same long.			
Gaspar's island	15	176 18	On the charts, in 176° 18′ east.
By some in E. long.			
Island - -	16	133	
A cluster, from	16 to 17	& 133 to	136°.
Roca coral -	16 12	136 12	
Island - -	16 15	133 30	
Do. -	16 30	163 54	
Do. -	17	136	
New Blada - -	18 12	114 03	Probably Cloud's island.
Island - -	18 22	155 15	The situation given this island is only about 40 miles southeasterly from the most southern point of Owhyhee—doubtful.
Shoal - -	18 22	170 30	Not on the charts.
Clarion's island, plenty of wood.	18 23	114 45	Another situation for Cloud's island.
Island - -	19 15	166 52	Perhaps another situation for Mallon's island, which is found on the charts.
Do. fresh water.	19 22	115 15	See Cloud's island, 2 lines below.
Mallon's island	19 23	165 23	
Cloud's do. -	19 46	115	See above. So many different situations are assigned to an island or islands in this neighborhood, that it would seem desirable that the true latitude and longitude should be accurately determined. There are, in fact, two islands on the charts, near this situation.
Copper do. -	20 06	131 54	Placed on the charts in east longitude.
Island - -	21	176 30	Near Krusenstern's rock, which is placed on the charts in lat. 22° 05′, long. 175° 40′.
Shaler's island	22 06	112 14	Not on charts—doubtful.
Massachusetts island.	22 28	177 05	Placed on the charts in 28° 30′ N. 176° 40′ W.
Henderson's island, fresh water.	24 06	128 30	Not on charts. By others in 24 26′.
Reef, shoal -	24 14	168 35	Two Brothers lost on it.

Abb. 6: *Islands and Reefs*, Ausschnitt. Jeremiah Reynolds, 1835.

Längengrad enthält. In der letzten Spalte notierte Reynolds, ob die Inseln schon in Seekarten verzeichnet oder mit bereits kartographierten Inseln identisch sind (Abb. 6). Reynolds' Tabelle funktionierte wie ein Formular, in das die Ergebnisse seiner Umfrage unter Walfangkapitänen eingetragen wurden. Sie verzeichnet Empirie nach dem ›slot-and-filler-Prinzip‹, das nur bestimmte widerkehrende Parameter erfasst: Längen- und Breitengrad sowie Bezeichnungen der Inseln, nach aufsteigendem Längengrad sortiert. Der Historiker Arndt Brendecke hat Tabellen »eine Schwelle im Prozeß der Erfassung, Weiterverarbeitung und Präsentation von Informationsbeständen« genannt.[90] Sie visualisieren Ordnung. Einmal tabellarisiert, ist alle Information gleich: Ihr standardisiertes Format erleichtert anschließende Operationen wie Vergleiche oder Korrelationen von und Rechenoperationen mit einzelnen Einträgen. Tabellen kappen die Verbindungen zum »Ursprungskontext«, aus dem die Einträge stammen, oder reduzieren sie auf eine minimale Referenz und treten, samt Inhalt, selbst an seine Stelle.[91] So »wird auf dem Tableau [...] das Wissen der Welt aufeinander beziehbar.«[92]

Auch in Reynolds' Tabelle werden die einzelnen Positionen sich selbst zum Kontext: Ihre letzte Spalte vermerkt, ob die Inseln schon in Karten verzeichnet oder mit anderen Positionen identisch sind – »See Cloud's island, 2 lines below«; »A Repetition of Cooper's island«; »See third line above«.[93] Die *whaling intelligence* wird in Reynolds' Tabelle zwar fixiert – jedoch nur, um zur weiteren Verwendung verfügbar zu bleiben und schlussendlich in andere Darstellungsformen überführt zu werden. Dem Register von »Islands and Reefs« ist die Weiterverarbeitung zur Karte bereits eingeschrieben.

In mancherlei Hinsicht bildete Reynolds' Tabelle, die er ans Navy Department schickte, und auf die er in den folgenden Jahren immer wieder Bezug nahm, das Herzstück seiner Lobbyarbeit für eine Pa-

---

90 Ich berufe mich hier und im Folgenden maßgeblich auf Arndt Brendecke: »Tabellen und Formulare als Regulative der Wissenserfassung und Wissenspräsentation«, in: Wulf Oesterreicher, Gerhard Regn und Winfried Schulze (Hg.): *Autorität der Form – Autorisierung – Institutionelle Autorität*, Münster 2003, S. 37–54. Siehe außerdem Jack Goody: *The Domestication of the Savage Mind*, Cambridge 1977, S. 52–73, und Vismann: *Akten*, S. 204–217.

91 Brendecke: »Tabellen und Formulare als Regulative der Wissenserfassung und Wissenspräsentation«, S. 54.

92 Stefan Rieger: *Speichern/Merken. Die künstlichen Intelligenzen des Barock*, München 1997, S. 96.

93 Reynolds: *Address on the Subject of a Surveying and Exploring Expedition*, S. 6, 7.

zifikexpedition. Die Walfängerfigur, die aus ihr hervortrat, hatte wie diejenige Franklins den anderen Seeleuten ein geographisches Wissen voraus. Wo Franklins *intelligent whaleman* jedoch anekdotisch blieb und auf eine Singularität rekurrierte, entwarf Reynolds ihn – tabellarisch, synoptisch – als das Ergebnis einer systematischen Erhebung. In Reynolds' *Report* wurden Inseln zu Tatsachen. Sie wurden im Modus einer epistemischen Einheit präsentiert, die entscheidend zur Karriere des intelligenten Walfängers beigetragen hat und die auf eine spezifische Form wissenschaftlicher Weltbeschreibung verweist, die eigene Objekte hervorbringt und mit der eigene Praktiken und Medien einhergehen. »Die Tatsache«, schreibt Lorraine Daston, »hat eine Geschichte, nicht nur als Wort und als Begriff, sondern auch als Erfahrungsform.«[94] Tatsachen müssen durch epistemische Praktiken wie die Beobachtung oder das Experiment erzeugt und in Darstellungsformen wie Tabellen oder Listen aufgeschrieben werden.[95] Mit Daston lässt sich in diesem Zusammenhang von »Tatsachenpraktiken« sprechen, mit deren Hilfe Fakten seit ihrer Etablierung als Erfahrungskategorie im 17. Jahrhundert konstituiert wurden. Es sind diese Praktiken, die zur Anwendung kommen, wenn Reynolds der Navy über das Wissen der Walfangkapitäne berichtet: Tabellarisierung, Beglaubigung und formale Disziplinierung.[96]

94 Lorraine Daston: »Baconsche Tatsachen«, in: *Rechtsgeschichte* 1 (2002), S. 36–55. Siehe zur historischen Entwicklung der Tatsache auch Lorraine Daston: »Strange Facts, Plain Facts, and the Texture of Scientific Experience in the Enlightenment«, in: Elizabeth Lunbeck und Suzanne Marchand (Hg.): *Proof and Persuasion. Essays on Authority, Objectivity, and Evidence*, Turnhout 1996, S. 42–59; Lorraine Daston: *Wunder, Beweise und Tatsachen. Zur Geschichte der Rationalität*, Frankfurt a.M. 2001; Mary Poovey: *A History of the Modern Fact. Problems of Knowledge in the Sciences of Wealth and Society*, Chicago 1998; Simon Schaffer und Steven Shapin: *Leviathan and the Air-Pump: Hobbes, Boyle, and the Experimental Life*, Princeton 1985; Barbara Shapiro: *A Culture of Fact. England 1550–1720*, Ithaca, NY 2000.

95 Zur Erzeugung von Tatsachen siehe nach wie vor Ludwik Fleck: *Entstehung und Entwicklung einer wissenschaftlichen Tatsache. Einführung in die Lehre vom Denkstil und vom Denkkollektiv*, hg. von Lothar Schäfer und Thomas Schnelle, Frankfurt a.M. 2010, und Gaston Bachelard: *Die Bildung des wissenschaftlichen Geistes. Beiträge zu einer Psychoanalyse der objektiven Erkenntnis*, Frankfurt a.M. 1978. Zur medialen Konfiguration siehe vor allem Lorraine Daston: »Warum sind Tatsachen kurz?«, in: Anke te Heesen (Hg.): *Cut and Paste um 1900. Der Zeitungsausschnitt in den Wissenschaften*, Berlin 2002, S. 132–144.

96 Daston: »Warum sind Tatsachen kurz?«, S. 137; zur Beglaubigung siehe Barbara Shapiro: »The Concept ›Fact‹. Legal Origins and Cultural Diffusion«,

Eine der wichtigsten, aber keinesfalls banalen Eigenschaften von
Tatsachen ist ihr Format: Sie sind kurz. Typische Tatsachen sind, so
Daston, »für sich selbst stehende Einheiten«, die zwar miteinander
kombinierbar sind und so Schilderungen (etwa einer Reise oder einer
Meeresregion) ergeben können, ihren atomaren Charakter jedoch
nicht verlieren. »Aus diesem Grund haben Schilderungen von Tatsachen eine starke Tendenz, sich in Tabellen und Listen aufzulösen.«[97]
Mit Blick auf die Notwendigkeit, Tatsachen in kurzer Form aufzuschreiben, bemerkt Anke te Heesen: »Zu Tatsachen musste man
zurückkehren können.«[98] Reynolds' tabellarische Verzeichnung der
Inseln mit nördlichem Breiten- und östlichem Längengrad –

»Reef seen by Captain Trask. | 2 40 | 178 50 | Not on charts.«[99]

– ist vor diesem Hintergrund paradigmatisch faktisch. Die Angabe
von Breiten- und Längengrad in den Logbüchern der Walfänger,
seit jeher in den Apodemiken der Royal Society gefordert, seit Beginn des 19. Jahrhunderts in den Tageszeitungen der Walfangstädte
gedruckt und nun in Reynolds' Tabelle vermerkt,[100] versah die entdeckten Inseln mit Adressen: Der Breitengrad beschrieb die Position
in Beziehung zum Nord- oder Südpol, der Längengrad verzeichnete
ihre Lage relativ zum Nullmeridian in London oder Washington.[101]

in: *Albion. A Quarterly Journal Concerned with British Studies* 26 (1994)
2, S. 227–252.

97 Daston: »Warum sind Tatsachen kurz?«, S. 133. Zur kurzen Form von
Tatsachen auch Juliane Vogel: »Die Kürze des Faktums. Textökonomien
des Wirklichen um 1800«, in: Helmut Lethen, Ludwig Jäger und Albrecht
Koschorke (Hg.): *Auf die Wirklichkeit zeigen. Zum Problem der Evidenz
in den Kulturwissenschaften. Ein Reader*, Frankfurt a.M. 2015, S. 137–152.

98 Anke te Heesen: »Faktenmontagen«, in: Nikolaus Wegmann und Thomas
Rathmann (Hg.): ›*Quelle‹. Zwischen Ursprung und Konstrukt. Ein Leitbegriff in der Diskussion* (= Beiheft zur Zeitschrift für Deutsche Philologie
12), Berlin 2004, S. 80.

99 H.R. Doc. No. 105, 23rd Cong., 2d Sess. (1835), S. 9.

100 In einem Beitrag in der ersten Nummer der *Philosophical Transactions*, der
am Anfang einer ganzen Reihe wissenschaftlicher Reiseanleitungen steht,
fordert der Sekretär der Royal Society, Robert Hooke, von den Reisenden
»[to] mark[-] withal, the *Latitude* and *Longitude* of the place, wherever
such Observation is made, as exactly as may be, and [to] set[-] down the
Method, by which they made them.« »Directions for Sea-Men, Bound for
Far Voyages«, in: *Philosophical Transactions* 1 (1665/66), S. 140–143 (Hervorhebung im Original); siehe auch Despoix: *Die Welt vermessen*, S. 24–28.

101 Die Einigung auf einen Nullmeridian in Greenwich erfolgte 1894 auf der

Die Koordinaten garantierten damit – zumindest theoretisch und in Abhängigkeit von der Genauigkeit der Berechnungen – die Wiederauffindbarkeit von Inseln. Zu Inseln musste man, wie zu Tatsachen, zurückkehren können. Erst mit ihrer Entdeckung beginnen sie, auch hier der Tatsache nicht unähnlich, als reale Objekte im Raum zu existieren; das geographische Datum ermöglicht ihre Verzeichnung in einem Raster und damit den Transport in die Zweidimensionalität der Karte.[102] Wenn, wie Daston schreibt, Listen und Tabellen als literarische Formen dazu dienen,»Tatsachen knapp zu formulieren und sie voneinander zu isolieren«,[103] sind Tatsachen nicht weniger Inseln als die von Walfängern entdeckten und von Reynolds aufgeschriebenen Inseln Tatsachen.

Mit der Inseltatsache entsteht der kundige Walfänger einmal mehr als öffentliche Figur. Zu seiner ›Veröffentlichung‹ gehörte es, dass Reynolds' Portrait des kundigen Walfängers ein halbes Jahr später als Buch erschien, »to make my views as extensively known to the public as possible [...] through the medium of the public press.«[104] Vor allem aber wurde dem Walfänger wie in den Zeitungen ein Name gegeben. Die Kapitäne, die auf unkartierte Inseln gestoßen waren, wurden mit Namen genannt; Reynolds' Tabelle verzeichnete nicht nur Inseln, sondern auch Leute.[105] Den Entdeckungen wurden damit Entdecker zugewiesen, die ihnen im Verbund mit kalendarischem und geographischem Datum sowie dem Namen des Schiffs, von dem die abgedruckte Mitteilung stammte, die Aura wissenschaftlicher Faktizität verliehen. Tatsachen waren an glaubwürdige Augenzeugen gekoppelt, die von ihnen berichten konnten. Die Royal Society, die größte Tatsachenfabrik Englands, war von Beginn an vor allem dann auf Seefahrer angewiesen, wenn sie in den *Philosophical Transactions*, ihrem Publi-

Internationalen Meridian-Konferenz in Washington, D.C., sowohl Frankreich als auch die USA beanspruchten vorher einen ›eigenen‹ Nullmeridian, der durch die jeweilige Hauptstadt verlief. Matthew Fontaine Maury war 1853 mit seinem Versuch, einen internationalen Nullmeridian einzuführen, gescheitert. Siehe Derek Howse: *Greenwich Time and the Discovery of the Longitude*, Oxford 1979.

102 Volkmar Billig: *Inseln. Geschichte einer Faszination*, Berlin 2010, S. 20.

103 Daston:»Warum sind Tatsachen kurz?«, S. 140.

104 Reynolds: *Address on the Subject of a Surveying and Exploring Expedition*, S. 3.

105 Alex Csiszar:»How Lives Became Lists and Scientific Papers Became Data. Cataloguing Authorship During the Nineteenth Century«, in: *The British Journal for the History of Science* 50 (2017) 1, S. 4.

kationsorgan und der ersten wissenschaftlichen Zeitschrift, Berichte
aus weit entfernten Ländern drucken wollte. Dass sie dabei lieber auf
Berichte von Kapitänen vertraute als auf Zeugnisse einfacher Matrosen
und dass es im 18. Jahrhundert einen Unterschied machte, welches
Schiff in wessen Auftrag und mit welchen Instrumenten auf Entdeckungsreise ging, unterstützt die These Steven Shapins, dass Vertrauen
in die Beobachter ein Fundament von Tatsachenwissen war.[106] Dass
die Royal Society jedoch auch einfachen Seefahrern Glauben schenken
konnte und schon 1665 mit dem Bericht eines »understanding and
hardy Sea-man« über den Walfang in den Bermudas einen Prototyp
für Franklins *intelligent whaleman* druckte, zeigt ebenso deutlich,
dass die Qualifikation zur Tatsachenbeschaffung nicht nur auf einen
kleinen Kreis gelehrter Gentlemen beschränkt war.[107] Auch das Committee for Naval Affairs verlangte von Reynolds nicht nur ein »tabular
statement of the results and facts«, sondern auch »a reference to authorities for specific facts.«[108]

Mit dem kundigen Walfänger hatte Reynolds seine Autorität gefunden. Er zeichnete ihn als stillen Wissensproduzenten, dessen geographische Entdeckungen nicht ausreichend honoriert werden.

»These are discoveries which make little or no noise in the world;
there is no long story, [...] no romance, attached to them; there is
but a rock, a coral reef, or an island more in the midst of an ocean
[...]; and yet he who points out a rock, a reef, or an island, unknown
before, is a benefactor to the human race.«[109]

Der fehlenden »romance« setzte er eine Romantik des Walfängers
entgegen, der mit einfachsten Mitteln und eher nebenher den Pazifik
erschließt. Dabei sei es mit Blick auf die schlechte Ausstattung und
den eigentlichen Zweck der Fahrt, »to take whale, and not to make
discoveries«, verzeihlich, wenn in der Bestimmung geographischer
Positionen Fehler gemacht würden, zumal sie seltener aufträten als
vernünftigerweise anzunehmen wäre.

106 Steven Shapin: *A Social History of Truth. Civility and Science in Seventeenth-
      Century England*, Chicago 1994; Shapiro: *A Culture of Fact*, S. 75; Sorren-
      son: »The Ship as a Scientific Instrument in the Eighteenth Century«, S. 222.
107 »Of the New American Whale-Fishing about the Bermudas«, in: *Philo-
      sophical Transactions* 1 (1665/66), S. 11–13; Shapiro: *A Culture of Fact*,
      S. 75–76.
108 Reynolds: *Pacific and Indian Oceans*, S. 173.
109 Reynolds: *Address on the Subject of a Surveying and Exploring Expedition*,
      S. 41.

»When, however, we reflect on the disadvantages under which they labour; unprovided with instruments of improved construction; often computing their progress by the run of the log alone, [...] it must be conceded that the information they have imparted is more correct and explicit than we would reasonably anticipate.«[110]

Anstatt sich mit der formalen Disziplinierung dieser romantischen Helden durch die Ausgabe von Apodemiken und Vordrucken aufzuhalten, wie die Royal Society es getan hatte und Maury es einige Jahre später tun wird, forderten Reynolds und seine Unterstützer eine staatlich finanzierte Forschungsexpedition. Das geographische Wissen der Walfänger und der Umstand, dass mit ihnen zahlreiche amerikanische Staatsbürger in einer Weltregion unterwegs waren, von der keineswegs geklärt war, welche Ansprüche die europäischen Mächte auf sie erheben würden, erforderten ihrer Ansicht nach ein staatliches Unterfangen, das die *whaling intelligence* konsolidieren und geographische und wirtschaftliche Ansprüche der Vereinigten Staaten manifestieren sollte. In der Argumentation kam den Walfängern dabei eine doppelte Funktion zu. Ihre Erfahrungen und Entdeckungen sollten einerseits im Dienst der geforderten Expedition stehen; ein Offizier der Navy sah in den Aufzeichnungen der Walfänger eine wichtige Vorarbeit für die Expedition:

»It is probable that not less than five hundred of these islands and reefs have been marked with sufficient accuracy by our whalers, sealers, and traffickers, of one kind or another, to enable an expedition to examine the most important of them, without much loss of time in seeking their positions. This will enable the discovery vessels to do more, in less time, than has probably ever been effected by a similar enterprise from any other country.«[111]

Zugleich fungierten die Walfänger als Schutzbedürftige und wurden damit zu Nutznießern einer Expedition, die sie dadurch erst legitimierten. In einem Brief, den Benjamin Rodman, ein Walfangunternehmer aus New Bedford, an Reynolds schrieb, werden die geopolitischen Interessen, die hinter dem Projekt standen, offenkundig. Rodman forderte die Durchsetzung staatlicher Gewalt im Pazifik:

110 Ebd., S. 35.
111 John Downes, zit. ebd., S. 239.

»Why should we have governors, judges, and all the paraphernalia of courts, in territories where there is a bare possibility that an Indian may be murdered, or become a murderer; steal a horse, or have *his horse* stolen; and not have a superintending influence abroad, where our ships are daily traversing from island to island and from sea to sea […], that the savage may be awed into respect, and the mutineer's hand be bound down in submission?«

Für den Unternehmer und Schiffseigner bedeutete die militärische Präsenz im Pazifik, auf die seine Forderung hinauslief, nicht zuletzt die Absicherung von Risikokapital: »Would not this […] make the merchant lie down more comfortably, when he knew there was a diminution of the chance of misfortune by sea […] by the acknowledged influence of moral power which is felt everywhere?«[112]

Neben dem geopolitischen Nutzen rechnete Reynolds sich auch einen biogeographischen aus, der vom wirtschaftlichen kaum zu trennen ist. Er formulierte damit schon am Beginn des goldenen Walfangzeitalters das Problem der Überfischung:

»The scarcity of the whale on the common whaling ground may be easily accounted for, when it is understood that it takes about ninety whales, as they average, to make a full cargo, and that from this calculation our own whalemen take about eight thousand a year, […]. I have stated these particulars to show how necessary it will be to explore new grounds in higher southern latitudes for the right whale, when the sperm whale become scarce in the equatorial regions.«[113]

Die Forschungsreise, die Reynolds sich dachte, bricht mit dem Ziel in den Pazifik auf, neue Fanggründe für Walfänger ausfindig zu machen und zu kartieren. Die englischen Karten, das haben nicht zuletzt die vielen von Walfängern protokollierten, aber auf keiner Karte verzeichneten Inseln gezeigt, waren, so Reynolds, unzuverlässig. Umso schwerer fiel ins Gewicht, dass amerikanische Walfänger bei der Navigation auf diese Karten angewiesen waren: »we have as yet no maps or charts of our own to compare with them.«[114] Die Abhängigkeit amerikanischer Seefahrer von Karten anderer Nationen beschäftigte später auch

112 Ebd., S. 117.
113 H.R. Doc. No. 105, 23rd Cong., 2d Sess. (1835), S. 3.
114 Ebd.

WHALEMEN'S SHIPPING LIST,

MERCHANT'S TRANSCRIPT.

Published by
HENRY LINDSEY,
No. 6 North Water-street.

Terms:
ONE DOLLAR PER YEAR,
PAYABLE IN ADVANCE.

VOL. I.   NEW BEDFORD, FRIDAY MORNING. MARCH 17, 1843.   NO. I.

VESSELS NAMES	Ton	MASTERS.	AGENTS.	SAILED.	WHERE BOUND	DATE AND PLACE OF LAST REPORT.	OIL.
New-Bedford.							
Abigail	310	Cox	C W Morgan	July 28, 39	Pacific	Nov 2, at Oahu bound home	1600 sp
Adeline	329		I Howland jr & Co	In port			
Addison	126	West	Isaac B Richmond	June 3, 41	New Holland	July 20, off New Holland	500 bbls
gate, brig	81	Cornell	Pope & Morgan	Mar 27, 42	Atlant.c	Sept 3, heard from	17 sp
lexander	421	Dornin	J A Parker	Aug 22, 42	Pacific	Aug 27, lat 41 lon 64, spoken	clean
America	118		I Howland jr & Co	In port			
Amethyst	359	Reynard	J A Parker & Son	Oct 30, 42	Indian Ocean	Nov 20, at Porto Praya, C de Verds	clean
Ann Alexander	253	Taber	George Howland	Oct 25, 41	Pacific	May or June, at Gallipagos Islands	clean
Archer	322	Ricketson	Tobey & Ricketson	July 26, 41	Pacific	Nov 6, at Tombez	not stated
Augusta	344	Davis	Wm R Rodman	July 11, 42	Pacific	August 19, sailed from Fayal	clean
Averick	385	Mickell	J A Parker & Son	Aug 1, 40	Pacific	July 20 off New Holland	1600 sp
Balæna	301	Manchester	J & J Howland	Nov 12, 41	Pacific	In July, on Off Shore Ground	250 sp
Benj Tucker	349	Worth	Charles R Tucker	Nov 16, 39	Pacific	April 25, at Sandwich Islands	1200 sp
Bogota, brig	155	Fuller	I H Bartlett	June 7, 42	Atlantic	spoke no date, lat 26, lon 42	not stated
Brandt	310		N Leonard & Perkins	In port			
Barclay	281		James Arnold	In port			
Brighton	354	Cox	C R Tucker	Aug 2, 42	Indian Ocean	Sept 15, at Cape De Verds	17 sp
Braganza	470		Pope & Morgan	In port			
Bramin, bark	245	Taber	Gideon Allen	Dec 25, 41	Pacific	June 10, off Massafuero	100 sp
Callao	321	Norton	Henry Taber & Co	Nov. 1, 42	Pacific	Nov 20, spoken, lat 15 N lon 25	clean
Cambria	362	Harding	James Arnold	Dec. 23, 42	Pacific		
California	398	Lawrence	I Howland jr & Co	May 21, 42	Pacific	Sept. 13, at Tombez.	100 sp
Canada	545	Topham	Barton Ricketson	Jan 1, 43	N W Coast		
Caroline	364	McKenzie	Pardon G Seabury	Dec 17, 42	N W Coast	Jan 10, at St Michaels	clean
Chas. Drew	314	Carey	Wm Gifford	July 14, 42	Pacific	August 2, at Fayal	clean
Canton	409	Leary	J Perry & Tillinghast	Nov 23, 42	Pacific		
Canton, bark	280	Lucas	Charles R Tucker	Nov 9, 41	Pacific	March 12, spoken lat 55 S lon 79 W	clean
Canton Packet	274	Shearman	I H Bartlett	Dec 12, 41	Pacific	July 11, at Lombock	100 sp
C W Morgan	351	Norton	C W Morgan	Sept 6, 41	Pacific	Sept at Tombez	not stated
Charles	296	Gardner	Samuel Rodman	May 22, 41	Pacific	Spoke no date &c	800 sp
Chase, bark	153	West	Barton Ricketson	Dec 31, 42	Atlantic		
Chs Frederick	317	Allen	J A Parker & Son	June 20, 42	Pacific	July 27, at Cape de Verds	clean
China	370			In port			
Cicero	252	Taber	Lemuel Kollock	Aug 20, 42	Indian Ocean	Sept 19, at Fayal	clean
Copia	315	Taber	Lemuel Kollock	Nov 1, 42	N W Coast		
Corinthian	401	Paddock	George Howland	Aug 11, 39	Pacific	Aug 5, at Callao	2400 sp
Cortes	382	Hammond	George Howland	June 30, 42	Pacific		
Courier	381	Marchant	Randall & Haskell	Oct 4, 42	Pacific		
Cherokee, bark	261	Adams	Hathaway & Luce	Dec 14, 40	N W Coast	On N W Coast Aug 9,	500 sp 1400 wh
Clarice, bark	237	Dexter	C W Morgan	Dec 7, 41	South Atlantic	Nov 7 Abrolhos Banks	160 sp
Cora, bark	220	Baker	I H Bartlett	Sept 2, 41	Pacific	Sept 13, at Tombez	150 sp
Condor	349	Norton	C W Morgan	Oct 2, 41	New Holland	July 20, off New Holland	700 wh
Cornelia, bark	216	Devoll	Lemuel Kollock	May 17, 42	South Atlantic	Nov 6 on Abrolhos banks	363 sp
Ch'n Packet, bk	184	Randall	Levi L Crane	Feb 8, 42	Atlantic		
Chili	291	Delano	N Leonard & Son	Oct 14, 39	Pacific	July 10, at Payta	1700 sp
Coral	370	Seabury	Gideon Allen	Nov 16, 42	Pacific	Jan 11, spoke lat 23 40 S lon 23 02 W	clean
Columbus, bark	313	Pease	Wm R Rodman	May 31, 40	Pacific	June 16, at sea	750 sp
Dartmouth	336	Wimpenney	I Howland jr & Co	Feb 20, 41	Pacific	Heard from previous to Jan 31, 42	200 sp
Desdemona, bk	295	Phinney	T & A R Nye	Oct 7, 39	Pacific	May 30, at sea	800 sp
Draper	291	Lawton	Joseph Dunbar & Co	May 1, 42	Indian Ocean	July 28, at Fayal	165 sp
Dragon, bark	190	Clark	Tobey & Ricketson	June 23, 42	Indian Ocean	Oct 6, on Abrolhos banks	30 sp
Emily Morgan	368	Ewer	C W Morgan	April 12, 42	Pacific	July 8, off Valparaiso	clean
Emma, bark	246	Ball	Daniel Tripp	July 4, 42	Atlantic	Sept 5, at St Jago	clean
Elizabeth	339	Eastham	T & A R Nye	June 7, 41	New Holland	Oct 1, at King George's Sound	250 sp 150 wh
Endeavour, bark	252	Weeks	Henry Cannon	June 22, 41	Indian Ocean	June 27, off New Holland	880 sp 100 wh
Enterprise	291	Bailey	Alfred Gibbs	Oct 20, 42	Pacific		
Euphrates	365	Post	Lawrence Grinnell	May 20, 42	Pacific	Oct. 20, at sea bound to Valparaiso	clean
Eagle	336	Coffin	Jireh Perry	Sept 2, 40	Pacific	Aug 5, at Payta	1200 sp
Emeline, brig	98	Wood	Barton Ricketson	July 11, 41	Atlantic	Nov 15, sailed from St Thomas	clean
Emerald	359	Marchant	Riddell & Dix	Dec 26, 39	Pacific	Oct at Oahu	1600 sp
Equator, bark	263	Fisher	John A Standish	Nov. 2, 39	Pacific	June 20, sailed from Tahiti	1200 sp
Falcon	273		Wilcox & Richmond	In port			
Fenelon	322	Hathaway	B B Howard	Sept 1, 42	Indian Ocean	At sea, spoken, 42 days out	clean
Florida	330	Cunningham	E C Jones	Sept 14, 41	New Holland	July 20, off New Holland	300 sp 1000 wh
Frances	348	Christian	James Arnold	Dec 22, 39	Pacific	April 29, sailed from Tahiti	1350 sp
Frances, 2d	368	Hussey	Gideon Allen	Sept 1, 40	Pacific	Nov 2, at Oahu	1400 sp
Frs. Henrietta	407		C W Morgan	In port			
Franklin, bark	218	Beetle	J A Parker & Son	July 10, 39	Pacific	Sept at Tombez	800 sp
Franklin	333		Abm H Howland	In port			
Garland, bark	234	Scranton	J D Thompson	June 21, 42	Pacific	July 25, at Fayal	clean
Gen Pike	313		Wm Gifford	In port			
Geo Howland	374	Cushman	George Howland	May 20, 42	Pacific	June 11, at Fayal	clean
George	273	Cash	J A Parker & Son	Dec 26, 39	Pacific	Nov 2, at Oahu, bound home	1400 sp
Gid'n Howland	379	Cox	I Howland jr & Co	Oct 27, 24	Pacific	Dec 11, off Rio Janeiro	clean
Geo & Susan	356	Howland	Geo Howland	Oct 17, 41	Pacific	Sept. 13, at Tombez.	250 sp
Geo & Martha bk	275	Smalley	Randall & Haskell	Dec 14, 42	Indian Ocean	Dec 19, spoken at sea	clean

Abb. 7: Titelseite der ersten Ausgabe der *Whalemen's Shipping List and Merchant's Transcript*, 17. März 1843.

Matthew Fontaine Maury, der monierte, amerikanische Kriegsschiffe könnten ihren immerhin im Inland gelegenen Hauptstadthafen nicht anlaufen, »without applying to the hydrographical office of England for the chart on which to shape her course.«[115] Souverän ist demnach erst, wer über eigene Karten des eigenen Territoriums verfügt.[116]

Auch abseits von Reynolds' Expeditionslobbyismus fanden Walfängerfakten Eingang in Tabellen. 1843 gründete Henry Lindsey aus New Bedford eine Zeitung, die mit Blick auf den wichtigsten Wirtschaftszweig der Stadt *whaling intelligence* gebündelt und nicht mehr zwischen anderen Nachrichten präsentierte. Seit der ersten Nummer machte die wöchentlich erscheinende *Whalemen's Shipping List and Merchants' Transcript* mit einer Tabelle auf, die, nach Heimathäfen sortiert, sämtliche zur See fahrende amerikanische Walfänger listete und ihren »Place of Last Report« sowie die erbeutete Menge an Walöl angab (Abb. 7). Der Herausgeber schrieb in der ersten Ausgabe:

»From the ephemeral and fragmentary form in which our shipping news appears in general newspapers; from the vast amount of property invested in the whaling business, and the many thousand seaman [sic!] engaged therein, coming as they do from all parts of the country, we have been led to believe that a paper of this kind would be interesting to ship owners and merchants, and not less to the parents and wives, the sisters, sweethearts and friends of that vast multitude of men, whose business is upon the mighty deep, and who are for years seperated [sic!] from those to whom they are dear.«[117]

Weniger als um geographische Entdeckungen der Walfänger ging es in dieser Liste um die Geschäftsinteressen der Reeder und um das soziale Gefüge in Städten, die einen Großteil ihrer jungen Männer zur See

---

115 Maury an William M. Crane, Chief of Bureau of Ordnance and Hydrography, 20. Oktober 1845, in: Report of the Secretary of the Navy, December 1, 1845. H.R. Doc. No. 2, 29th Congress, 1st Session, 1845, S. 689.

116 Vgl. zur kartographischen Machtausübung den Klassiker von John B. Harley: *The New Nature of Maps. Essays in the History of Cartography*, Baltimore 2001, und Christian Jacob: *L'Empire des cartes. Approche théorique de la cartographie à travers l'histoire*, Paris 1992; zur Konstitution politischer Einheiten mithilfe der Kartographie auch David Gugerli und Daniel Speich: *Topografien der Nation. Politik, kartografische Ordnung und Landschaft im 19. Jahrhundert*, Zürich 2002.

117 *Whalemen's Shipping List and Merchants' Transcript*, 17. März 1843, S. 8.

schickten.[118] Die *Whalemen's Shipping List* entsprang einem »Gefahrensinn«, der Risiken in Kauf nahm und Bedrohungen als eventuell eintretende Ereignisse ökonomisch oder politisch in Rechnung stellte.[119] Ein Schiffseigner in der Walfangindustrie war »preeminently a dealer in risks«, der Kapital zur See schickte, ohne zu wissen, wie ertragreich die Rendite sein oder ob sie, im Falle eines Schiffbruchs, ganz ausfallen würde.[120] Der *Whalemen's Shipping List* konnte er entnehmen, wie es um seine Investition stand, während Familien von Walfängern die Route nachverfolgen konnten, auf der sich ihre Brüder, Ehemänner oder Väter befanden.[121] Diese Angaben stammten von zurückgekehrten Walfängern und waren in den seltensten Fällen aktuell. Walfangkapitäne erhielten sie bei sogenannten *gams*, Zusammentreffen von Walfangschiffen auf See, bei denen die Besatzungen der Schiffe Neuigkeiten über Jagd- und Wetterverhältnisse, Walsichtungen oder aus der Heimat austauschten. Diese *gams* waren nicht nur zufällige, sondern geradewegs unwahrscheinliche Zusammenkünfte,

118 Nicht alle Walfänger waren Männer. Manche Kapitäne wurden von ihren Ehefrauen und Töchtern begleitet, und einige wenige Fälle sind aktenkundig geworden, in denen Frauen als Männer verkleidet auf Walfang gingen: Joan Druett (Hg.): ›*She Was a Sister Sailor*‹. *The Whaling Journals of Mary Brewster*, 1845–1851, Mystic 1992; Margaret Creighton und Lisa Norling (Hg.): *Iron Men, Wooden Women. Gender and Seafaring in the Atlantic World*, 1700–1920, Baltimore 1996.

119 Burkhardt Wolf: »Das Gefährliche regieren. Die neuzeitliche Universalisierung von Risiko und Versicherung«, in: *Archiv für Mediengeschichte* 9 (2009), S. 23–33; Michel Foucault: *Sicherheit, Territorium, Bevölkerung. Geschichte der Gouvernementalität I. Vorlesung am Collège de France 1977–1978*, Frankfurt a. M. 2006, insbes. S. 87–133.

120 Elmo Paul Hohman: »Wages, Risk, and Profits in the Whaling Industry«, in: *The Quarterly Journal of Economics* 40 (1926) 4, S. 644–671; siehe auch Lance Davis, Robert Gallman und Teresa Hutchins: *Risk Sharing, Crew Quality, Labor Shares and Wages in the Nineteenth-Century American Whaling Industry*, NBER Working Paper Series 13, Cambridge, MA 1990, und Davis, Gallman und Gleiter: *In Pursuit of Leviathan*, S. 381–442.

121 Ähnlich argumentiert Will Slauter für den Fall von Kaufleuten und Versicherungen, die zur Zeit der Amerikanischen Revolution die Bewegungen von Armeen und Marineeinheiten anhand von Briefen, Zeitungen und den Berichten von Schiffskapitänen verfolgten; Will Slauter: »Forward-Looking Statements. News and Speculation in the Age of the American Revolution«, in: *The Journal of Modern History* 81 (2009) 4, S. 759–792. Zur Sozialgeschichte von Walfangstädten siehe auch Lisa Norling: »Contrary Dependencies. Whaling Agents and Whalemen's Families, 1830–1870«, in: *Log of Mystic Seaport* 42 (1990) 1, S. 3–12; Norling: *Captain Ahab had a Wife*, insbes. S. 165–213.

aber von zentraler Bedeutung für die Kommunikation zwischen Land und Meer. Walfangschiffe agierten dabei als schwimmende Postämter, indem sie Briefe weitergaben und »old newspaper reading for a month« austauschten.[122] Die Begegnungen waren dabei so kontingent wie die Postwege. Herman Melville hat dieses Kommunikationsmedium in Kapitel 53 von *Moby-Dick* beschrieben: »For the long absent ship, the outward-bounder, perhaps, has letters on board; [...] one of them may have received a transfer of letters from some third, and now far remote vessel; and some of those letters may be for the people of the ship she now meets.«[123] Diese Launen maritimer Kommunikation hatten lange Postlaufzeiten zur Folge, und es konnte Monate dauern, bis ein Eintrag in der *Whalemen's Shipping List* aktualisiert wurde.

Einmal gedruckt, wurden aus den Informationen der Walfänger Informationen über Walfänger. Das Wochenblatt verweist auf die Doppelrolle der *intelligent whalemen,* an die schon Edmund Burke dachte und die auch aus Reynolds' Rhetorik spricht, in der Walfänger zu Profiteuren einer Expedition werden: Sie sind zum einen im Besitz eines nautischen Wissens, das sie zu ›Entdeckern‹ ozeanographischer und geographischer Phänomene macht; und sie sind zugleich im Auftrag von Firmen unterwegs, auf die ganze Städte ihren Wohlstand zurückführen. Die Geschichte, deren Teil der kundige Walfänger ist, ist als Geschichte einer pazifischen *frontier,* deren Akteure auch Helden des Unternehmertums sind, nicht zuletzt eine Geschichte von Fortschritt und Erfolg, die sich der Kapitalismus selbst erzählt.

3. Nomaden des Meeres

Zehn Jahre, einige behördliche Umstrukturierungen und persönliche Verwerfungen nach Reynolds' Interview mit den kundigen Walfängern bricht die United States Exploring Expedition, kurz U.S. Ex. Ex., auf. Weder Reynolds noch Nathaniel Hawthorne, der sich auf die Stelle als Historiograph der Expedition beworben hatte, noch Matthew Fontaine Maury, der zwischenzeitlich als ihr Leiter im Gespräch war, sind dabei, als die fünf Schiffe um die *USS Vincennes* unter

---

122 Henry Cheever: *The Whale and His Captors; or, The Whaleman's Adventures, and the Whale's Biography,* New York 1850, S. 206; Markus Krajewski: »Über oralen Verkehr auf See. Kapitel 53: The Gam«, in: *Neue Rundschau* 125 (2014) 3, S. 175–185.

123 Melville: *Moby-Dick,* S. 239.

der Leitung von Charles Wilkes in Virginia in See stechen.[124] Doch in den Anweisungen für die Expedition klingt der Appell des Jeremiah Reynolds wieder:

>The Congress of the United States, having in view the important interests of our commerce embarked in the whale-fisheries, and other adventures in the great Southern Ocean, [...] authorized an Expedition to be fitted out for the purpose of exploring and surveying that sea, as well to determine the existence of all doubtful islands and shoals [...].«[125]

Die Forschungsreise, für die mit dem Wissen der Walfangkapitäne geworben worden war, steht nun in ihren Diensten. Die Erkundung pazifischer Inseln, die Verifizierung ihrer Existenz, ihre Verzeichnung in Karten und das Verfassen von neuen Segelanleitungen, wie die Ziele der Expedition benannt werden, sollen »serviceable« sein für »vessels engaged in the whale-fisheries«.[126] In der knappen Formulierung der Ziele der U.S. Ex. Ex. steht die Kartierung des Pazifik im Zeichen desselben Risiko- und Gefahrendispositivs, dem auch die *Whalemen's Shipping List* entstammt: »[...] to extend the empire of commerce and science; to diminish the hazards of the ocean, and point out to future navigators a course by which they may avoid dangers and find safety.«[127]

Das machte die Expedition, ungeachtet der strikten Anweisungen, bei den Bewohnern pazifischer Inseln eine »favourable impression« zu hinterlassen, zu einem imperialen Projekt. »The expedition is not for

124 Siehe zur U.S. Ex. Ex. Barry Alan Joyce: *The Shaping of American Ethnography. The Wilkes Expedition, 1838–1842*, Lincoln, NE 2001; Carolyn Margolis und Herman Viola (Hg.): *Magnificent Voyagers. The United States Exploring Expedition 1838–1842*, Washington, D.C. 1985; Nathaniel Philbrick: *Sea of Glory. America's Voyage of Discovery. The U.S. Exploring Expedition*, New York 2003; Stanton: *The Great United States Exploring Expedition*; David Tyler: *The Wilkes Expedition. The First United States Exploring Expedition (1838–1842)*, Philadelphia 1968; zu naturgeschichtlichen Forschungen der Ex. Ex. siehe Leah Aronowsky: »On Drawing Dead Fish«, in: *Environmental History* 21 (2016) 3, S. 542–551, und David Igler: »On Coral Reefs, Volcanoes, Gods, and Patriotic Geology: Or, James Dwight Dana Assembles the Pacific Basin«, in: *Pacific Historical Review* 79 (2010) 1, S. 23–49.

125 Charles Wilkes: *Narrative of the United States Exploring Expedition. During the Years 1838, 1839, 1840, 1841, 1842*, Bd. I, Philadelphia 1845, S. xxv.

126 Ebd., S. xxvi.

127 Ebd., S. xxix.

conquest, but for discovery. Its objects are all peaceful«, wird Wilkes in den Instruktionen geradezu ermahnt, als ahne die Navy-Führung schon, dass sie die Leitung der Expedition in die Hände von Kapitän Ahab gelegt hatte.[128] Die Schiffe der U.S. Ex. Ex. seien

»armed for defence, not conquest, [...] you will refrain from all acts of hostility whatever, as it is confidently believed none will be committed against you. [...] Finally, you will recollect [...] that the obligations of justice and humanity are always and every where equally imperative in our intercourse with men, and most especially savages; that we seek them, not they us«.[129]

Doch schon aus den Reiseanleitungen geht hervor, dass auch die Navy mit den Gefahren des Meeres nicht nur unkartiertes Gebiet meinte. Vielmehr fielen Entdeckung und Bewachung in eins: Wilkes war angewiesen, zu erkunden, ob auf den Fidschi-Inseln ein Hafen errichtet werden könnte, »easy of access, and in every respect adapted to the reception of vessels of the United States engaged in the whale-fishery«.[130] Die Regierung beabsichtigte, eines der Expeditionsschiffe dort zukünftig als eine Art Wasserschutzpolizei kreuzen zu lassen. Wilkes machte sich den Befehl zu eigen und nahm mehr als 4500 Seemeilen vom amerikanischen Festland entfernt hoheitliche Aufgaben wahr. Er schlug vor, Schiffe der Navy nicht nur zum Schutz amerikanischer Walfänger vor der indigenen Bevölkerung einzusetzen, sondern auch, um Konflikte zwischen Kapitänen und ihrer Besatzung oder den Besatzungen verschiedener Walfangschiffe zu regeln.[131] Wilkes sah seine Aufgabe auch darin, auf den Inseln im Pazifik amerikanisches Recht zu sprechen und durchzusetzen. »[W]e were called upon to administer chastisment for the murder of portions of the crews of whale-ships«, schreibt er im Reisebericht der Expedition. Zwar wollte er dies nicht

---

128 Ebd., S. xxix. Wilkes, der wegen seines harten Regiments an Bord nach der
      Rückkehr der Expedition in eine ganze Reihe von Gerichtsprozessen ver-
      wickelt wurde, ist wiederholt als realhistorisches Vorbild für den monoma-
      nischen Kapitän in *Moby-Dick* gehandelt worden. Robert Gale: *A Herman
      Melville Encyclopedia*, Westport 1995, S. 6; David Jaffé: »The Captain Who
      Sat for the Portrait of Ahab«, in: *Boston University Studies in English* 4
      (1960), S. 1–22.
129 Wilkes: *U.S. Ex. Ex. I*, S. xxix.
130 Ebd., S. xxvi.
131 Charles Wilkes: *Narrative of the United States Exploring Expedition. Dur-
      ing the Years 1838, 1839, 1840, 1841, 1842*, Bd. V, London 1845, S. 499–500.

als Vergeltung verstanden wissen, sondern als Maßnahme »to convince the natives that their attacks on vessels bearing our flag cannot pass with impunity«,[132] doch als die Expedition ihre eigenen Toten zu beklagen hatte, war Wilkes' ›Überzeugungsarbeit‹ von Rache nur noch schwer zu unterscheiden: Nachdem zwei Teilnehmer der Expedition in einem Konflikt mit den Bewohnern der Insel Malolo umgekommen waren, ließ Wilkes deren Dörfer niederbrennen und befahl ein Massaker, dem fast hundert Indigene zum Opfer fielen.[133]

Dass Karten Machtverhältnisse manifestieren und territorialen Besitzansprüchen Ausdruck verleihen, gehört zu den Gemeinplätzen der Kartographiegeschichte.[134] Wo Entdeckung und Besatzung in eins fallen, wissenschaftliche und wirtschaftliche Interessen nicht voneinander zu unterscheiden sind und der Begriff des Risikos sich gleichermaßen auf die Schiffbarkeit von Inselgruppen wie auf die Feindseligkeit ihrer Bewohner bezieht, tritt dieser Befund besonders offen zutage. Die Karte, könnte man deshalb sagen, stand nicht nur als Arbeitsauftrag und nach der Reise publizierbares Produkt im Zentrum der U.S. Exploring Expedition, sondern galt ihr auch als handlungsleitendes Prinzip.[135] Neben dem zweibändigen Atlas zu Wilkes' Reisebericht, der hunderte von Inseln und ihre Ankerbuchten verzeichnete und Segelanleitungen für den Pazifik enthielt, wurde die Hälfte des wissenschaftlichen *Reports of the United States Exploring Expedition* von Atlanten ergänzt, die ebenfalls geologische oder biogeographische Karten enthielten. Schon bevor Wilkes seinen Reisebericht vorlegte, zirkulierten seine Seekarten in fünfzigtausender Auflage unter den Kapitänen der Navy und der Handelsmarine.[136] Diese Karten enthielten detaillierte Angaben nicht nur zu Ankerbuchten, sondern auch über die Ressourcen wie Wasser oder Holz, die auf den verzeichneten Inseln zu finden waren, und übertrugen damit zu keinem geringen

---

132 Ebd., S. 485; siehe auch Burnett: »Hydrographic Discipline«, S. 202.

133 Philbrick: *Sea of Glory*, S. 213–232; Stanton: *The Great United States Exploring Expedition*, S. 205–215.

134 Siehe v.a. Harley: *The New Nature of Maps* und Jacob: *L'empire des cartes*. Siehe auch D. Graham Burnett: *Masters of All They Surveyed. Exploration, Geography, and a British El Dorado*, Chicago 2000, und Matthew Edney: *Mapping an Empire. The Geographical Construction of British India, 1765–1843*, Chicago 1997.

135 Die Bedeutung der Kartographie für die U.S. Ex. Ex. betonen auch Burnett: »Hydrographic Discipline« und Smith: *To Master The Boundless Sea*, S. 41–73.

136 Burnett: »Hydrographic Discipline«, S. 203; Ehrenberg, Wolter und Burroughs: »Surveying and Charting the Pacific Basin«, S. 174.

Teil die Informationen aus den Zeitungsmeldungen von Walfängern und der Reynolds'schen Liste ins Medium der Kartographie. Wo sie als Karten Geographie anders darstellen konnten als Reynolds' Liste, fertigte Wilkes sie mit Blick auf die Walfänger als ihre zukünftigen Benutzer an:

> »There are eight other islands, that lie to the eastward and westward of this group [Kingsmill, heute Tungaru, FL], which I include as a part of it. [...] It was found impossible to include those on the chart with the more important islands of the group, without reducing the scale. Being one of the principal grounds of the whale fishery, it became desirable to have it on as large a scale as practicable for the use intended.«[137]

Auch das primäre Ziel der Expedition selbst, die Position der von Walfängern gemeldeten Inseln zu verifizieren und kartographisch zu erfassen, ließ sich nachträglich in einer Karte darstellen. Dem von Wilkes selbst verfassten hydrographischen Band des Expeditionsberichtes war eine Karte beigegeben, deren Titel »Search for Islands« die Mission der U.S. Ex. Ex. beschreibt, während ihr Inhalt darauf hindeutet, dass Wilkes den Zeitungsberichten von Walfängern und den Angaben in Reynolds' Tabelle bisweilen skeptisch gegenüberstand: In die Karte waren nämlich gerade keine Inseln eingezeichnet, sondern »Positions assigned for Islands by Whalers and others« (Abb. 8). Während sich Jeremiah Reynolds von der relativen Genauigkeit der geographischen Angaben von Walfängern beeindruckt zeigte, die hauptsächlich nach Walen und weniger nach Inseln suchten, übte Wilkes, dessen Aufgabe die exakte Bestimmung der Insellagen war, daran Kritik:

> »I have myself paid much attention to acquiring further information in relation to the position of these grounds, from the masters of whale-ships, but have usually found their reports at variance one with another, and they have sometimes differed as much as five degrees in assigning their limits.«[138]

Wilkes ließ sich bei seinem Kartierungsprojekt dennoch von den Entdeckungen der Walfänger leiten, wie aus dem hydrographischen Expe-

---

137 Charles Wilkes: *Hydrography. United States Exploring Expedition during the Year 1838, 1839, 1840, 1841, 1842*, Bd. XXIII, Philadelphia 1861, S. 258.
138 Wilkes: *U.S. Ex. Ex. V*, S. 489.

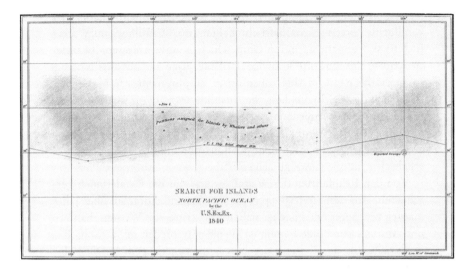

Abb. 8: *Search for Islands. North Pacific Ocean, 1840.* Charles Wilkes, 1861.

ditionsbericht hervorgeht.[139] Sein Projekt war die Verwissenschaftlichung des nomadischen Wissens der Walfänger. Dabei handelte es sich weniger um einen einseitigen Prozess, in dem die Expedition Befunde der Walfänger überprüfte und entweder bestätigte oder als falsch zurückwies, als vielmehr um ein wechselseitiges Informieren von Walfang und Wissenschaft, in dem Naturgeschichte und Geographie sowohl für die Jagd als auch aus ihr heraus betrieben wurden. Einerseits, so Wilkes, führe der Weg zur Bestimmung der Verbreitungsgebiete und Migrationswege des Wals über die »natural history of his favourite food«. Andererseits sei jedoch wissenschaftliche Beobachtung auf die Erfahrungsexpertise der Walfänger angewiesen: »long experience has taught those who are skillful in the whale-fishery the position of the favourite haunts of their prey«. Gerade in der Kombination von wissenschaftlicher Beobachtung und der Erfahrung der Walfänger sah Wilkes die schnellste und beste Möglichkeit von Erkenntnis: Aus dem Vergleich seiner Strömungsbeobachtungen mit Berichten von Walfängern seien Kenntnisse über Gesetzesmäßigen der geographischen

139 Siehe inbes. Kapitel XIV in Wilkes: *Hydrography.* Davon, dass Wilkes keine Gelegenheit ausließ, geographische Entdeckungen von Walfängern zu verunglimpfen, wie Graham Burnett suggeriert, kann jedenfalls keine Rede sein; vgl. Burnett: »Hydrographic Discipline«, S. 220.

Verteilung von Walen und ihrer Migration zu gewinnen:»theory« als verallgemeinerte wissenschaftliche Erkenntnis, so Wilkes,»may serve [...] to shorten the apprenticeship which is now necessary in order to acquire the requisite knowledge of the place and seasons wherein to meet the game in this adventurous employment«.[140] Materieller Ausdruck dieser Möglichkeit, die Ausbildungszeit von Walfängern zu verkürzen, war wieder eine Karte. Die *Map Illustrative of the Currents and Whaling Grounds* (Abb. 9) nutzte wissenschaftliches Wissen ebenso wie jenes von erfahrenen Walfängern, um »[t]he chief resort of whales [...] at one view« zu zeigen.[141]

Von den Fangfahrten der Walfänger war die Ex. Ex. dennoch verschieden. Aus den Streitigkeiten, die ihr Zustandekommen über Jahre hinweg verzögert und gleichermaßen Rücktritte von Wissenschaftlern und Militärs zur Folge hatten, ist sie als entschieden militärische Expedition unter der Leitung der Navy hervorgegangen.[142] Die Folge waren nicht nur Spannungen zwischen Angehörigen der Navy und dem *scientific corps*, die der jeweils anderen Seite entweder die nautische oder die wissenschaftliche Kompetenz absprachen, sondern eine genuin militärische Forschung, die Graham Burnett als »hydrographic discipline« beschrieben hat.[143] Die See- und Küstenvermessung, die die Ex. Ex. unter dem selbsternannten Commodore Charles Wilkes betrieb, basierte wesentlich auf sorgfältig abgestimmten Manövern, die der »Choreographie des Seekriegs« entstammten.[144] Militärische Disziplin und die Befehlskette der Navy garantierten die Genauigkeit der Karten, die die Expedition produzierte. Flaggensignale und Kanonenfeuer wurden unter Wilkes' Expeditionsleitung von Mitteln der Seekriegsführung zu Instrumenten kartographischer Präzision. Die »method« der Küstenvermessung, die Wilkes um der »greatest attainable accuracy« willen entwickelte und dann »in the form of a syllabus« an seine Offiziere weitergab, war ein nautisches Triangulationsverfahren, das mittels Winkelmessung und trigonometrischer

140 Wilkes: *U.S. Ex. Ex. V*, S. 484.
141 Ebd., S. 489.
142 Zu Konflikten zwischen Wissenschaftlern und Navy um die Expedition siehe Stanton: *The Great United States Exploring Expedition*, S. 8–40.
143 Burnett: »Hydrographic Discipline«.
144 Hier und im Folgenden: ebd., S. 221-243, Zitat S. 216; siehe auch Smith: *To Master the Boundless Sea*, S. 41–73. Wilkes, der wegen wissenschaftlicher Erfahrung, und trotz niedrigen militärischen Rangs zum Leiter der Expedition gemacht worden war, verlieh sich den Rang des Commodore, kurz nachdem die Schiffe der Expedition ausgelaufen waren, selbst. Siehe Philbrick: *Sea of Glory*, S. 191–192.

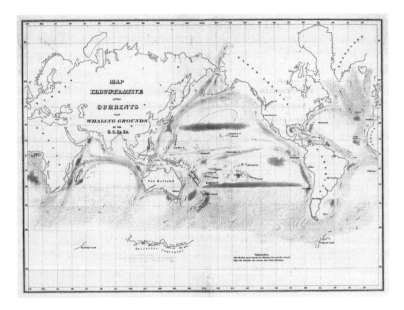

Abb. 9: *Map Illustrative of the Currents and Whaling Grounds*. Charles Wilkes, 1845.

Formeln Küstenstrecken und ihre Koordinaten bestimmte. Zunächst jedoch war sie ein Befehl:

»By means of the system of signals prepared by me for the Exploring Expedition, I could direct the vessels to assume any position I might select as most fit for our purpose. When these were reached, general but minute instructions, directed the observations that were to be taken at each, in doing which there was no difficulty. […] On approaching the island to be surveyed, signal was made to prepare for surveying duty; if boats were to be used, the number of them and the vessels whence they were to be despatched was next indicated; and finally, the position each vessel was to occupy was shown. The vessels having reached their assigned places, hove-to, and the boats, having been previously despatched, would about the same time have anchored in their assigned stations, at the points of reefs, and hoisted their appropriate signals.«[145]

145 Wilkes: *U. S. Ex. Ex. I*, S. 430.

Die Ergebnisse des dann durchgeführten Messverfahrens wurden entlang der militärischen Befehlskette weitergegeben, um am Ende bei
Wilkes zusammenzukommen und von ihm und den Kartographen der
Expedition in Karten übertragen zu werden.[146] Bei diesem Verfahren
handelte es sich nicht nur um eine Land-, Küsten- und Seevermessung
unter Aufsicht eines Marineoffiziers, sondern um einen »Operationsplan«, demzufolge militärische Disziplin die Präzision und Zuverläs-
sigkeit der Messungen selbst beglaubigt.[147] Die Stabilität der Kette
kartographischer Referenzen wurde garantiert durch die militärische
chain of command. Wo Genauigkeit nach Charles Wilkes das Ergebnis
von ausgeführten Befehlen war, wurde die Kartierung pazifischer Inseln zum Manöver.[148]

Mit einer Unterscheidung von Gilles Deleuze und Félix Guattari
lässt sich das Verhältnis zwischen den Fangfahrten der Walfänger und
den Forschungsreisen wie der U.S. Exploring Expedition, die den
Inselsichtungen der Walfänger nachging, um sie nach staatlichen Pa-
rametern, und das heißt mit militärischen Mitteln und geopolitischen
Interessen, zu entdecken, als eine Begegnung von »nomadischer Wissenschaft« und »imperialer« oder »Königswissenschaft« beschreiben:
Die nomadische Wissenschaft wirkt auf die staatliche, die sich wiederum die Ergebnisse der nomadischen aneignet und sie umwandelt.[149]
Mit der U.S. Ex. Ex. wurden aus den Meldungen über entdeckte Inseln
in Tageszeitungen neuenglischer Walfangstädte, die zur Verbreitung
der Figur des intelligenten Walfängers beitrugen, und aus Reynolds'
Liste, die aus dem Walfänger einen Tatsachenproduzenten und Vorar-
beiter für die nationale Forschungsexpedition machte, militärisch und
wissenschaftlich beglaubigte Karten. Die Inseln, deren Existenz von
der Expedition bestätigt wurde, wurden nicht nur kartiert, sondern
auch in einem geopolitischen Sinne entdeckt: »Die vielen Inseln und
Länder, die [...] von kühnen Piraten und Waljägern gefunden und vielleicht berührt worden waren«, schrieb der Großraumtheoretiker Carl
Schmitt, »sind dadurch noch nicht mit völkerrechtlicher Wirkung
entdeckt worden.«[150] Dies geschah erst mit den Entdeckungen der
Exploring Expedition. Der Hegemonialanspruch der Monroe-Doktrin

---

146 Burnett: »Hydrographic Discipline«, S. 241.
147 Zum »Operationsplan« siehe Ferdinand Attlmayr: *Studien über Seetaktik
     und den Seekrieg mit den Kriegsmitteln der Neuzeit. Zweiter Theil: Über
     den Seekrieg,* Bd. 2, Wien 1878, S. 49.
148 Burnett: »Hydrographic Discipline«, S. 242–243.
149 Deleuze und Guattari: *Tausend Plateaus,* S. 481–586, insbes. S. 497–498.
150 Schmitt: *Der Nomos der Erde,* S. 102. Für eine an Deleuze und Guattari

machte Landnahmen gar nicht erst notwendig, um die polynesischen Inseln in die Sphäre US-amerikanischen Rechts zu integrieren: Wilkes unterwarf nicht nur diejenigen der amerikanischen Gesetzgebung, die unter Verdacht standen, Verbrechen gegen amerikanische Staatsbürger begangen zu haben, sondern er setzte auch Alkoholverbote durch und spannte die indigene Bevölkerung dafür ein, amerikanische Deserteure wieder an Bord zu bringen.[151]

Walfangfahrten hingegen waren weniger zentral geplant als die U.S. Ex. Ex., über deren Durchführung zuletzt Kongress und Präsident entschieden. Die geographischen Entdeckungen, die Walfänger in Briefen und Logbüchern notierten, waren nicht ihr Hauptgeschäft, sondern höchstens Beiwerk. Schäden am Schiff, die entstanden, wenn ein Walfangkapitän bei der Erkundung einer Insel auf Grund setzte, waren von ihren Versicherungen nicht gedeckt.[152] Die Wege, auf denen die Walfänger in den ersten Jahrzehnten des 19. Jahrhunderts den Pazifik erkundeten, folgten keiner Tabelle, sondern einem Erfahrungswissen über die Migrationsrouten von Walen. Der Raum, den die Walfänger derart erschlossen, war damit, auch wenn sie mithilfe von Seekarten durch ihn hindurch navigierten, nicht der ›gekerbte‹ Raum der Kartographen, sondern der ›glatte‹ Raum der Nomaden, der nicht unabhängig von den Linien existierte, auf denen sie ihn durchquerten. Als »Nomaden des Meeres« fassten die Walfänger »eine Reiseroute nicht in ihrer Gesamtheit auf, sondern in fragmentarischer Weise« von Wal zu Wal und Fanggrund zu Fanggrund.[153] Sie befanden sich im »*absolut lokalen* Bereich« der Nomaden, »in einem Absoluten, das sich lokal manifestiert und in einer Serie von lokalen Vorgängen mit

geschulte Lektüre des Schmitt'schen Lobs des Walfangs siehe auch Balke: *Der Staat nach seinem Ende*, S. 317–374.

151 E. Jeffrey Stann: »Charles Wilkes as Diplomat«, in: Carolyn Margolis und Herman Viola (Hg.): *Magnificent Voyagers. The United States Exploring Expedition 1838–1842*, Washington, D.C. 1985, S. 205–226; Murphy: *Hemispheric Imaginings*.

152 Versicherungspolice der *Isabella* (New Bedford), 1853. Knowles Family Business Records, Mss 55, S-g 2, Sr. H, S-s 1, Folder 6, New Bedford Whaling Museum Research Library and Archives; siehe zu den Versicherungen auch Reynolds: *Address on the Subject of a Surveying and Exploring Expedition*, S. 35; J. Vaucher: *A Guide to Marine Insurances; Containing the Policies of the Principal Commercial Towns in the World*, London 1834, insbes. S. 44–48; Davis, Gallman und Gleiter: *In Pursuit of Leviathan*, S. 397.

153 José Emperaire: *Les nomades de la mer* (1954), zit. n. Deleuze und Guattari: *Tausend Plateaus*, S. 525–526.

unterschiedlichen Orientierungen erzeugt wird«.[154] Die Fässer, die auf den verschiedenen, im Laufe der Reise aufeinander folgenden Etappen mit Walöl gefüllt wurden, lagerten im Schiffsbauch nebeneinander. Derart dem Wal zu folgen, sich von der Küste, wie Michelet schrieb, durch den Wal emanzipieren zu lassen, bedeutete oft genug, sich ohne präzise Karten in den Raum zu begeben, der allererst von den »geheimnisvollen Bahnen«[155] aufgespannt wurde, auf denen die Wale ihren Jägern vorausschwammen. Timothy Folgers Entdeckung des Golfstroms und die Sichtung pazifischer Inseln durch die neuenglischen Walfänger folgten eben keinem ›Operationsplan‹ und keinen vorgegebenen Reiserouten wie die Exploring Expedition. Sie waren nicht zentral am Kartentisch geplant, sondern richteten sich nach den Nachrichten und dem Hörensagen, das die Walfänger bei den zufälligen Zusammentreffen zweier Walfangschiffe auf See austauschten. Der Kontingenz dieser Reiseplanung und der Unwahrscheinlichkeit dieser Kommunikation entsprachen auch die verstreuten Zeitungsmeldungen über neu gesichtete Inseln im Pazifik. Systematik erfuhren die ›Entdeckungen‹ der Walfänger erst in Reynolds' im staatlichen Auftrag erstellter Tabelle, die gleichermaßen den Suchauftrag für die U.S. Ex. Ex. formulierte. Reynolds' Tabelle wurde so zum ersten Dokument der Aneignung dieses nomadischen Wissens durch die Exploring Expedition, die weniger den Walfängern und noch weniger den Walen folgte als in ein Koordinatensystem überführte Punkte ansteuerte, von denen intelligent whalemen berichtet hatten, dass sie existieren.

154 Deleuze und Guattari: Tausend Plateaus, S. 526 (Hervorhebung im Original).
155 Schmitt: Land und Meer, S. 34.

III. Die Daten der Walfänger:
Der Kartograph im Archiv

»At intervals, he would refer to piles of old log-books beside him, wherein were set down the seasons and places in which, on various former voyages of various ships, Sperm Whales had been captured or seen.«[1]

Als Matthew Fontaine Maury einberufen wird, geht er in die Bibliothek. Nach bestandener Offiziersprüfung erhält er 1831 Order, das Kanonenboot *Falmouth* als Oberbootsmann um Kap Hoorn und in den Pazifik zu navigieren. Das Kap ist berüchtigt: »A variety of causes combine to render the navigation, from the Atlantic around Cape Horn to the Pacific, dangerous. [...] the boldest navigators have approached it with caution«, wird er nach überstandener Reise schreiben.[2] Die Vorsicht führt Maury in den Wochen, bevor die *Falmouth* in See sticht, auf der Suche nach hydrographischen Aufzeichnungen über Winde und Strömungen am Kap und nach Segelanleitungen für die bevorstehende Route durch ganz New York.[3] Doch der junge Offizier hat keinen Erfolg; ein Kursbuch existiert nicht. Noch an Bord der *Falmouth* beginnt Maury damit, es zu schreiben.[4] Gemäß der 1818 erlassenen *Rules, Regulations, and Instructions for the Naval Service of the United States*, die Aufgaben und Abläufe an Bord von Schiffen der Navy bestimmen, beaufsichtigt Oberbootsmann Maury die Logbuchführung der Ersten Offiziere. Er selbst hat regelmäßig Positionsbestimmungen vorzunehmen und Beobachtungen über Strömungen und Küstenverläufe zu notieren.[5] Aus diesen Aufzeichnungen entsteht Maurys erste wissenschaftliche Publikation, »On The Navigation of Cape Horn«; sie erscheint 1834 im *American Journal of Arts and Sciences,* und das Aufschreiben von nautischen Informationen wird zum Projekt seines Lebens.

1 Melville: *Moby-Dick,* S. 198.
2 Matthew Fontaine Maury: »On the Navigation of Cape Horn«, in: *The American Journal of Science and Arts* 26 (1834), S. 54–63.
3 Diana Fontaine Maury Corbin: *A Life of Matthew Fontaine Maury,* London 1888, S. 23; Frances Leigh Williams: *Matthew Fontaine Maury. Scientist of the Sea,* New Brunswick 1963, S. 90.
4 Williams: *Matthew Fontaine Maury,* S. 92–93.
5 Board of Navy Commissioners: *Rules, Regulations, and Instructions for the Naval Service of the United States,* Washington, D.C. 1818, S. 81.

Ab 1842 verfolgt Maury als Superintendent des Depot of Charts and Instruments Windrichtungen, Meeresströmungen und Segelrouten auf dem Papier alter Logbücher. Sie lagern im Archiv seines Depots und liefern Maury die Daten für seine thematischen Seekarten. Zum Personal der Ozeanographie des 19. Jahrhunderts gehören deshalb nicht nur der intelligente Walfänger und andere Entdecker, sondern auch der Archivar. Dieses Kapitel beschreibt das Netzwerk aus Medien, Institutionen und Akteuren, in dem Walfänger zu Zuarbeitern für Maurys Wissenschaft vom Meer wurden. Im Rückgriff auf staatliche Infrastrukturen einerseits und maritime Medientechniken wie das Logbuch andererseits entstand die amerikanische Ozeanographie als Datenverarbeitung und als Stochastik der Jagd.

1. Ozeanographie als Globalwissenschaft

Aus einem lang erwogenen Lieblingsprojekt, wie Maury es 1848 in einem Brief nannte, ist die ›Physikalische Geographie des Meeres‹ und später die ›Ozeanographie‹ geworden.[6] Maurys Meereswissenschaft lässt sich auch als ›Weltprojekt‹ beschreiben: Bei diesen Unternehmen, die die Welt gleichermaßen zum Ziel wie zum Gegenstand haben, handelte es sich um ebenso phantastische wie pragmatische Versuche im Fin de Siècle, die Welt zu organisieren und globale Kommunikation zu gewährleisten.[7] Pläne wie der einer Weltzeit oder eines Weltformats für Papier widmeten sich der Reform von Kommunikationsmedien wie Verkehrswegen und -sprachen, Währungen oder historischen Aufzeichnungsmethoden. Weltprojektemacher projizierten bekannte

6 Maury an Thomas Butler King, 29. Februar 1848. RG 78, Letters Sent, Vol. 3, NARA. Frühe Verwendungen des Wortes ›Ozeanographie‹ finden sich bereits in deutschsprachigen Publikationen aus den ersten Jahrzehnten des 19. Jahrhunderts. Titelgebend scheint es zuerst bei Eduard Bobrik: *Handbuch der Praktischen Seefahrtskunde. Erster Band, enthaltend Allgemeine Vorbereitungen zur Steuermanns- und Schifferkunde, oder Mathematische und physische Geographie; physische und topische Ozeanographie; Aërographie; Lehre vom Magnetismus. Arithmetik; Elementar-Geometrie und ebene Trigonometrie*, Zürich 1846, zu werden; als ersten Beleg für ›Oceanography‹ führt das *OED* die Übersetzung des Titels von August Jilek: *Lehrbuch der Oceanographie zum Gebrauche der k.k. Marine-Akademie*, Wien 1857, in Maurys *Physical Geography of the Sea* in der Auflage von 1859 an, Art. »oceanography«, in: *Oxford English Dictionary Online*, www.oed.com/view/Entry/130218, aufgerufen am 1. August 2019.

7 Markus Krajewski: *Restlosigkeit. Weltprojekte um 1900*, Frankfurt a.M. 2006.

Verfahren auf die ebenso bekannte Welt ihrer Gegenwart und hofften, durch minimale Interventionen maximale Effekte zu erzielen, deren Zweck der technische Fortschritt als Dienst an der Menschheit war.[8] Um nichts weniger ging es auch in Maurys Entwurf einer Wissenschaft vom Meer.

Medium dieser Weltprojekte war das Papier. Auf Papier wurde die »Projektprosa« allumfassender Weltverschaltung geschrieben und eine Ordnung generiert, die zwar die ganze Welt in den Blick nahm, selbst jedoch im Symbolischen verhaftet blieb. Das Werkzeug der Weltprojektemacher bildeten Signifikanten und Schemata, Texte und Tabellen, Karten und Kursbücher; die Letzteren wurden gar zum Symbol des 19. Jahrhunderts als Jahrhundert des Weltverkehrs.[9] Als ›leichtes Medium‹, das weitreichend zirkulierte, ermöglichte das Papier darüber hinaus Welterschließung und Raumkontrolle ebenso wie es den Weltprojekten erlaubte, mit der Welt zu kommunizieren.[10] Maurys ozeanographische Datenerhebung setzte, wie noch zu sehen sein wird, auf sämtlichen Weltmeeren geführte Logbücher und ausgefüllte Formulare voraus. Der imperiale Charakter der Weltprojekte ist offensichtlich; dass Maury das seinige in der Zeit der ersten staatlichen Übersee-Expedition der Vereinigten Staaten, der U.S. Exploring Expedition, begann, daher kaum überraschend.

Matthew Fontaine Maury, 1806 in Virginia geboren, konnte wie Melvilles Walfänger Ishmael behaupten, sein Handwerk auf See gelernt zu haben: An einer Universität hat er nie studiert, und statt, wie geplant, die Militärakademie in West Point zu besuchen, begleitete er mit 19 Jahren den Berufsrevolutionär und Marquis de la Fayette als Seekadett auf der *Brandywine* zurück in dessen französische Heimat. Es folgten eine Weltumseglung mit der U.S.S. *Vincennes* in den Jahren 1827–30, zu deren Mannschaft auch ein Cousin Herman Melvilles, Thomas Wilson Melvill, gehörte, und schließlich die Fahrt als Oberbootsmann auf der *Falmouth* um Kap Hoorn.[11] Die dort begonnene Segelanleitung für die Umrundung des Kaps erweiterte Maury zu einem Handbuch für Seekadetten. *A New Theoretical and Practical Treatise on Navigation* erschien 1836 und trug mit der Verbindung

---

8 Krajewski: *Restlosigkeit*, S. 16.

9 Ebd., S. 29–37, 257.

10 Harold A. Innis: *Empire and Communications*, Toronto 1972, S. 1–8.

11 Williams: *Matthew Fontaine Maury*, S. 59–83; Hershel Parker: *Herman Melville. A Biography*, Vol. *1, 1819–1851*, Baltimore 1996, S. 67, 75. Die Familie fügte dem Nachnamen 1832 nach dem Tod von Hermans Vater Allan Melvill ein e hinzu.

von Praxis und Theorie den Konflikt bereits im Titel, der sich später zwischen dem Autodidakten Maury und den ›akademischen‹ Wissenschaftlern um Joseph Henry von der Smithsonian Institution und Alexander Dallas Bache vom United States Coast Survey entspinnen wird.[12] Vorerst jedoch hatte Maury mit dem *Treatise on Navigation* ein viel, unter anderem von seinem Konkurrenten Bache, gelobtes Tafelwerk vorgelegt (das Buch besteht hauptsächlich aus Tabellen), das auch weniger gebildeten Matrosen die mathematischen Grundlagen für die Positionsbestimmung auf See nahebringen sollte, ab 1837 in der Bordbibliothek eines jeden Schiffes der U.S. Navy zu finden war und schließlich zum offiziellen Lehrbuch der Navy wurde.[13] Damit ging Maurys Plan auf, sich seine Karriere in der Navy, wenn sie zu Friedenszeiten schon nicht an Bord eines Schiffes zu machen war, zu erschreiben: »this is the first nautical work of science that has ever come from the pen of a naval officer and upon its merits I intend to base a claim for promotion«, schrieb er während der Niederschrift an seinen Bruder.[14] Zwei Monate nachdem sein Buch erschienen war, beförderte ihn das Marineministerium zum Lieutenant.[15]

In seiner Funktion als Superintendent des United States Naval Observatory veröffentlichte Maury eine ganze Reihe von buchstäblichen Kursbüchern. 1842 wurde er zum Superintendenten des Depot of Charts and Instruments der Navy ernannt, das seit 1830 die Seekarten und nautischen Instrumente der Navy zentral verwaltete und 1844 in Naval Observatory umgetauft wurde.[16] Maurys *Explanations and*

---

12 Der vollständige Titel lautete Matthew Fontaine Maury: *A New Theoretical and Practical Treatise On Navigation; together with a new and easy plan for finding diff. lat., course and distance, in which the auxiliary branches of mathematics and astronomy, comprised of algebra, geometry, variation of the compass, etc. are treated. Also the theory and most simple method of finding time, latitude and longitude*, Philadelphia 1836. Siehe zum Konflikt zwischen Bache und Maury über theoretisches und praktisches Wissen Azadeh Achbari: »Building Networks for Science. Conflict and Cooperation in Nineteenth-Century Global Marine Studies«, in: *Isis* 106 (2015) 2, S. 257–282.

13 Navy Department: General Order, 4. September 1844, in: *Daily National Intelligencer*, 10. September 1844; Williams: *Matthew Fontaine Maury*, S. 103–111.

14 Maury: Brief an Richard L. Maury, 29. Oktober 1835. Matthew Fontaine Maury Papers, Box 1, Manuscript Division, Library of Congress, Washington, D.C.

15 Williams: *Matthew Fontaine Maury*, S. 111.

16 Zur Gründungsgeschichte des Depot of Charts and Instruments siehe Steven J. Dick: *Sky and Ocean Joined. The U.S. Naval Observatory, 1830–2000*, Cambridge 2003.

Sailing Directions to Accompany the Wind and Current Charts, die in den 1850er Jahren durch acht Auflagen gingen, erläuterten die vom Depot herausgegebenen Wind- und Strömungskarten und empfahlen Kapitänen auf den Längengrad genau, auf welchem Kurs sie ein gegebenes Ziel am schnellsten erreichten.

Der Gewährsmann für die Theorie des Kursbuchs und für einen Welt-Raum als Möglichkeitsraum, den Kursbücher eröffnen, ist der Protagonist aus Jules Vernes Roman *Reise um die Erde in 80 Tagen* (1873), Phileas Fogg, der mit wenig mehr als einem Fahrplan reist: »Herr Fogg war reisefertig. Unter'm Arm trug er ›Bradshaw's Continents-Eisenbahn- und Dampfboot-Reiseführer‹, woraus er alle für seine Reise erforderlichen Notizen schöpfen konnte.«[17] In Kursbüchern und in den Romanen Jules Vernes, der die *Reise um die Erde in 80 Tagen* mit dem *Bradshaw* auf dem Schreibtisch schrieb, wurde der Weltverkehr lesbar.[18] Schon für seinen Seefahrtsroman *Zwanzigtausend Meilen unter dem Meer* (1869) war Verne einige Jahre früher selbst zum Reisenden auf Papier geworden. Sein Reiseführer über die Meere war Matthew Fontaine Maury gewesen, dessen *Physical Geography of the Sea* 1855 erschienen war und Verne die Route für die *Nautilus* vorschrieb.[19]

Es waren um 1850 nicht nur die Kursbücher der Seefahrt, die noch geschrieben werden mussten und derer Maury sich annahm, sondern auch die Vernetzung von Weltteilen, die sie abbildeten, die allererst hergestellt werden musste. Mit den *Wind and Current Charts*, die als nautische Wegweiser die Überfahrt zwischen den Kontinenten signifikant verkürzten, stand das wichtigste Unterfangen des Observatoriums im Zeichen der Optimierung der Seefahrt, in deren Zuge der Seehandel schneller und sicherer werden sollte. Für die in zunehmendem Maße auf die Meere drängenden Dampfschiffe schlug Maury 1855 feste Routen vor, die die Wahrscheinlichkeit einer »collision between steamer and steamer, steamer and sailer, and the chances of shipwreck by running ashore in the dark« verringern sollten.[20] Im selben Jahr

17 Jules Verne: *Reise um die Erde in 80 Tagen. Bekannte und unbekannte Welten. Abenteuerliche Reisen von Julius Verne*, Bd. VI, Wien 1875, S. 23; Krajewski: *Restlosigkeit*, S. 30, 259.

18 Krajewski: *Restlosigkeit*, S. 46.

19 Maury: *The Physical Geography of the Sea*; Peter H. Kylstra und Arend Meerburg: »Jules Verne, Maury and the Ocean«, in: *Proceedings of the Royal Society of Edinburgh* 72 (2011) 1, S. 243–251.

20 Matthew Fontaine Maury: *Letter Concerning Lanes for the Steamers Crossing The Atlantic*, New York 1855, S. 3.

kartierte er Cyrus W. Field, der sich vorgenommen hatte, Europa und Amerika per Telegrafenkabel zu verbinden, ein »Telegraph Plateau« auf den Meeresboden, dessen Existenz allerdings nie bestätigt werden konnte. Maurys topographische Karten des Meeresbodens gehörten jedoch zu den ersten bathymetrischen Karten, die auf Tiefenmessungen beruhen.[21] Auf dem Höhepunkt seiner internationalen Reputation war Maury damit befasst, das medientechnische Apriori der Weltprojektemacher um 1900 auf den Weg zu bringen, während er selbst schon die Charakteristika an den Tag legte, durch die sich die pragmatischen Phantasten der Jahrhundertwende auszeichneten.[22]

Wie die Projektemacher um 1900 nutzte der Autodidakt Maury mediale Strategien – von Zeitschriftenpolemiken über Logbücher bis zu elaborierten thematischen Karten – um von den Rändern der etablierten Wissensproduktion in ihr Zentrum vorzudringen und seinen Ideen Gehör zu verschaffen. Maurys Karriere begann mit den Artikeln von Harry Bluff und Will Watch, in denen er sich unter Pseudonym zunächst als Maulwurf und später als Reformator der Navy empfahl.[23] ›Harry Bluff‹ und ›Will Watch‹ schrieben öffentlich gegen bürokratische Strukturen in der Navy, ihre Beförderungspolitik und die ungenügende Offiziersausbildung an, während ›M. F. Maury‹ sich über den »schwachsinnigen Marineminister« lieber in privaten Briefen an seine Verwandten beklagte.[24] Die Berufung als Superintendent des Depot of

---

21 Zu Maurys Rolle bei der Verlegung des Transatlantikkabels siehe Christian Holtorf: *Der erste Draht zur Neuen Welt. Die Verlegung des transatlantischen Telegrafenkabels*, Göttingen 2013, S. 82–130.

22 Was freilich wenig erstaunlich ist, wenn man berücksichtigt, dass die Figur des Projektemachers ihren Auftritt bereits im 16. Jahrhundert hatte und zuerst 1697 von Daniel Defoe beschrieben worden ist; Markus Krajewski: »Über Projektemacherei. Eine Einleitung«, in: Markus Krajewski (Hg.): *Projektemacher. Zur Produktion von Wissen in der Vorform des Scheiterns*, Berlin 2004, S. 7–25. Zur Abhängigkeit der Weltprojektemacher von globalem Verkehr und Kommunikationsmedien siehe Krajewski: *Restlosigkeit*, S. 23–24.

23 Die Artikel erschienen zwischen 1838 und 1845 im *Whig and Public Advertiser* und dem *Southern Literary Messenger*, in dem auch Edgar Allan Poe publizierte. Maury bemühte sich zu Beginn gründlich, gegen Ende hin kaum mehr, seine Identität zu verschleiern. Eine vollständige Bibliographie seiner unter Pseudonym verfassten Artikel findet sich bei Williams: *Matthew Fontaine Maury*, S. 701–702; siehe zu Maurys Reformvorschlägen auch Margaret Stack: »Matthew Fontaine Maury: Reformer«, in: *The International Journal of Maritime History* 28 (2016) 2, S. 394–401.

24 Maury an Ann Maury (NY), 5. Juli 1837. Maury Papers, Box 1, Library of Congress.

Charts and Instruments verschaffte ihm Zugang zur Macht ebenso wie die Möglichkeit, sich auf Entwürfe von Projekten zu konzentrieren und die Umsetzung an andere zu delegieren. In die Rolle des Koordinators fügte Maury sich dabei allerdings nicht ganz freiwillig: Seit einem Unfall in einer Kutsche im Oktober 1839 war er wegen eines hinkenden rechten Beines nicht mehr seetauglich und darauf angewiesen, vom Festland zu arbeiten.

Ihren internationalen Höhepunkt fand diese Koordination dennoch auf der europäischen Seite des Atlantiks. 1853 berief Maury eine internationale Konferenz in Brüssel ein, die unter dem Vorsitz von Adolphe Quetelet die Vertreter hydrographischer Institute von zehn der führenden Seefahrtnationen der Welt zusammenbrachte, um ein einheitliches System maritimer Meteorologie zu schaffen, und deren effektivstes Produkt wieder aus Papier beschaffen war: In den 1850er Jahren sammelten Kapitäne hunderter Schiffe verschiedenster Nationen hydrographische und meteorologische Informationen auf den Meeren der Welt – Positionsbestimmung, Strömungen, Luft- und Wassertemperatur, vorherrschende Winde, usw. usf. – und trugen diese Messungen in von Maury standardisierten und auf der Brüsseler Konferenz ausgeteilten Formulare ein, sogenannten Abstract Logs, die sie an das U.S. Naval Observatory schickten. Dort brachten Maury und seine Angestellten die Informationen in thematischen Karten zusammen, die kostenlos jedem zur Verfügung standen, der sich bereit erklärte, die Abstract Logs auszufüllen und nach Washington ans Observatorium zu schicken.[25] Der Brüsseler Konferenz verdankt sich, dass Maurys Unterfangen, das er später, einem Vorschlag von Alexander von Humboldt folgend, als Physikalische Geographie des Meeres bezeichnen sollte, sowohl von seinem Gegenstand her als auch in der Art seiner Durchführung nicht nur Weltprojekt, sondern Globalwissenschaft war:

»Rarely before has there been such a sublime spectacle presented to the scientific world: all nations agreeing to unite and co-operate in carrying out one system of philosophical research with regard to the sea. Though they may be enemies in all else, here they are to be friends. Every ship that navigated the high seas, with these charts

---

25 *Official Report of the First International Maritime Conference held at Brussels in 1853 for Devising an Uniform System of Meteorological Observations At Sea*, Brüssel 1853, siehe zur maritimen Konferenz auch Achbari: »Building Networks for Science«.

and blank abstract logs on board, may henceforth be regarded as a
floating observatory, a temple of science.«[26]

Was Maurys Beobachtungsnetzwerk hervorgebracht hat – mehr als
einhundert elaborierte thematische Karten im Folioformat, die, über
mehr als ein Jahrzehnt laufend aktualisiert und in hunderttausender
Auflage gedruckt, Millionen von individuellen Beobachtungen versammelten und von Kapitänen aus aller Welt zu Navigations- und
Walfangzwecken verwendet wurden – markiert die Institutionalisierung einer Disziplin, die heute Ozeanographie heißt. Als Projekt zur
Unterstützung von Walfang und Seehandel konnte sie als staatliches
Unterfangen an den Rändern amerikanischer Wissenschaft entstehen,
die zu bezuschussen der Bundesregierung laut Verfassung nur unter
der Bedingung erlaubt war, dass sie direkt im Dienste eines nationalen
Handelsinteresses stand.[27]

Mit Ausbruch des Amerikanischen Bürgerkriegs schloss sich Maury
den Südstaaten an und kehrte nach Virginia zurück. Schon früher hatte
er sich für die Deportation amerikanischer Sklaven nach Brasilien
engagiert, in deren Gefolge auch das Amazonasbasin kolonialisiert
werden sollte. Für den Küstenschutz der Konföderation versuchte er
sich an der Entwicklung eines elektrischen Torpedos, und auch seine
Whale Charts stellte er in den Dienst des Krieges: Als Karten, nach
denen neuenglische Walfänger die Weltmeere befuhren, verrieten sie
den Kriegsschiffen der Confederate Navy, wo leichte Kriegsbeute zu
machen und der Union großer wirtschaftlicher Schaden zuzufügen
war. Nach Kriegsende diente Maury sich Maximilian I. in Mexiko an,
wo er mit den Plänen für eine Kolonie für ehemalige Konföderierte
befasst war. Erst 1868 kehrte er nach einem Umweg über England in
die Vereinigten Staaten zurück, wo er bis zu seinem Tod im Jahr 1873
als Professor für Physik am Virginia Military Institute lehrte.[28]

26 Maury: *The Physical Geography of the Sea*, S. xiii.
27 A. Hunter Dupree: *Science in the Federal Government. A History of Policies
    and Activities*, New York 1957, S. 5–6, 91–104, 184–194.
28 Maurys Engagement im Bürgerkrieg und für die Deportation von Sklavinnen
    und Sklaven wird in der biographischen Literatur entweder verschwiegen
    oder beschönigt und ist entsprechend schlecht beschrieben. Die Verwendung
    seiner Seekarten im Krieg beschreibt – apologetisch – Chester Hearn: *Tracks
    in the Sea. Matthew Fontaine Maury and the Mapping of the Oceans*, Cam-
    den 2002, S. 219–238. Siehe zu Maurys Rolle in der Geschichte amerikani-
    scher Sklaverei Gerald Horne: *The Deepest South. The United States, Brazil,
    and the African Slave Trade*, New York 2007, und Walter Johnson: *River of*

2. Humboldts amerikanische Söhne und die Erforschung der Meere

Alexander von Humboldt war seit zehn Jahren tot, als man es sich am 14. September 1869 nicht nehmen ließ, seinen hundertsten Geburtstag aufwändig zu feiern. In den Vereinigten Staaten fanden die größten Feierlichkeiten außerhalb Berlins statt: Von San Francisco bis Boston und von Chicago bis Charleston wurden Umzüge, Konzerte und Diners zu Ehren des Naturforschers veranstaltet, der 1804 auf dem Rückweg von Kuba sechs Wochen lang im Land Station gemacht hatte. In Cleveland, Ohio gingen 8000, in Syracuse, New York 15000 Leute auf die Straße. Präsident Ulysses S. Grant besuchte mit anderen 15000 die Humboldt-Feierlichkeiten in Pittsburgh. Manhattan versank in einem Fahnenmeer, und auch die Schiffe auf dem Hudson hatten ausgeflaggt. Tausende folgten den »[n]umerous German singing societies« von der Bowery über den Broadway bis zum Central Park, wo eine Bronzebüste zu Humboldts Ehren vor 25000 Feiernden enthüllt wurde. Abends zog ein Fackelzug von 15000 Leuten durch die Stadt, während Humboldt in Boston von Ralph Waldo Emerson zu einem Weltwunder erklärt wurde.[29]

Ob Maury, der in Virginia seine Bürgerkriegswunden leckte, an einer Hundertjahrfeier teilnahm, ist nicht bekannt. Der erst vier Jahre zuvor geschlagene Süden der Vereinigten Staaten tat sich schwerer als der siegreiche Norden, Humboldt zu feiern, der keinen Hehl daraus gemacht hatte, dass er die Sklaverei ablehnte. In Charleston, South Carolina, wo die deutschen Gesellschaften zu Festreden geladen hatten, war man bemüht, den Naturforscher Humboldt vom Humboldt, der sich politisch geäußert hatte, klar zu trennen. Die mit Attacken gegen den amerikanischen Norden gespickten Reden zogen sich, die Halle war stickig, zum Abschluss sang man »Was ist der Deutschen Vaterland«.[30]

Dabei hatte Maury nicht nur wie der Großteil des Landes den Geburtstag eines Helden zu feiern, sondern auch den eines Kollegen,

Dark Dreams. Slavery and Empire in the Cotton Kingdom, Cambridge, MA 2013.

29 Andrea Wulf: *The Invention of Nature. Alexander von Humboldt's New World*, New York 2015, S. 6–7, Zitate aus »The Humboldt Centennial Celebration«, in: *Scientific American* 21 (1869) 13, S. 202–203.

30 Laura Dassow Walls: *The Passage to Cosmos. Alexander von Humboldt and the Shaping of America*, Chicago 2009, S. 305–306.

mit dem er persönlich bekannt gewesen war. Fast auf den Tag genau
zwanzig Jahre war es her, dass Maury seinen ersten Brief an Humboldt geschrieben und ihm einen Satz seiner *Wind and Current Charts*
geschickt hatte. Humboldt war angetan gewesen und hatte Maury
über den amerikanischen Konsul in Leipzig, der dafür bekannt war,
freizügig und in der Presse aus an ihn adressierten Briefen zu zitieren,
öffentlichkeitswirksames Lob zukommen lassen: Die »schöne[n] und
mit so viel[-] Umsicht und Gründlichkeit ausgearbeiteten Charten«
seien ein »grosses Unternehmen gleich wichtig für die praktischen
Seefahrer als für die Fortschritte der Meteorologie im Allgemeinen«.
Humboldt hatte sich großen Nutzen für Wissenschaft und Seefahrt
von den Karten versprochen und noch hinzugefügt: »Der Superintendent of the National Observatory spricht übrigens [...] viel zu beschei-
den von seinem wichtigen Unternehmen.«[31] Zwischen Humboldt und
Maury hatte sich ein Briefwechsel entsponnen, und 1853 hatte Maury
Humboldt in seiner Berliner Wohnung in der Oranienburger Straße
besucht.[32] Zwei Jahre darauf hatte Maury auf Vorschlag Humboldts
vom preußischen König die Kosmos-Medaille verliehen werden sollen.[33] Als Humboldt 1859 starb, hatte Maury geschrieben:

> »As great, important and valuable as are the contributions which
> Humboldt made directly to the general stock of human knowl-
> edge, it may well be questioned whether those which, simply by
> his influence, he induced, assisted and enabled others to procure or
> make, are not manifold greater. With unerring judgement he knew
> how to encourage, and when to commend. Often in the loneliness

31 Alexander von Humboldt: Brief an Johann G. Flügel, 16. September 1850,
   in: *Alexander von Humboldt und die Vereinigten Staaten von Amerika.*
   Briefwechsel, hg. von Ingo Schwarz, Berlin 2004, S. 268.
32 Siehe zum Verhältnis Maurys zu Humboldt auch Gerhard Kortum und Ingo
   Schwarz: »Alexander von Humboldt and Matthew Fontaine Maury – Two
   Pioneers of Marine Sciences«, in: *Historisch-Meereskundliches Jahrbuch* 10
   (2004), S. 157–185, sowie Ingo Schwarz: »Einführung«, in: Ingo Schwarz
   (Hg.): *Alexander von Humboldt und die Vereinigten Staaten von Amerika.*
   Briefwechsel, Berlin 2004, S. 11–66.
33 Als Angestellter der Navy war es Maury jedoch verfassungsrechtlich verbo-
   ten, die Auszeichnung anzunehmen. Friedrich von Gerolt an Maury, 10. Ap-
   ril 1855. Maury Papers, Box 4, Library of Congress. Siehe auch den Brief
   des ehemaligen Marinesekretärs und Gesandten in Frankreich, John Young
   Mason, vom 27. Juli 1857 an Alexandre Colonna-Walewski, der Maury den
   Orden der Ehrenlegion verleihen wollte. Maury Papers, Box 7, Library of
   Congress.

of his calling, has the ›well done‹ of this great man cheered and encouraged the student with his speciality, the philosopher with his researches.«³⁴

Die Physikalische Geographie des Meeres verdankt mehr als nur ihren Namen einem Vorschlag Humboldts. Ob hier ein *student* oder ein *philosopher* spricht, lässt Maury offen. Entscheidend ist vielmehr, dass sie gleichermaßen in der Tradition Humboldts stehen. Der Weltprojektemacher Maury war Humboldtianer.

Das waren im 19. Jahrhundert, nicht nur in den Vereinigten Staaten, viele. Die Wissenschaftsgeschichte spricht gar von einem Paradigma der »Humboldtian science«.³⁵ Strenggenommen hat, was unter diesem Begriff verstanden wird, seinen Anfang nur zum Teil in den Arbeiten Alexander von Humboldts, der sich selbst auf deutsche Naturforscher wie Johann und Georg Forster oder Karl Ludwig Willdenow, aber auch auf die wissenschaftlichen Untersuchungen Thomas Jeffersons berief und der für seine Forschung über Kuba und Mexiko auf die Arbeit lateinamerikanischer Forscher und Kolonialbeamter zurückgriff.³⁶ »Humboldtian science« beschreibt sowohl die Forschungspraxis des preußischen Gelehrten als auch die epistemischen Tugenden, die Humboldts Forschungen zu Grunde lagen, und die Art und Weise, in der sie zum Wissenschaftsideal erhoben und propagiert wurden.

Der Begriff der »Humboldtian science«, zunächst noch »Humboldtean Science« geschrieben, wurde 1959 vom amerikanischen Historiker William Goetzmann eingeführt, um die Suche der Humboldtianer nach »underlying patterns, unities, and laws« zu beschreiben, die alle Teile der Welt mit dem Kosmos verbanden.³⁷ Susan Faye

34 Matthew Fontaine Maury: [»Nachruf auf Alexander von Humboldt«], in: *Journal of the American Geographical and Statistical Society* 1 (1859) 8, S. 226–227.

35 Susan Faye Cannon: *Science in Culture. The Early Victorian Period*, New York 1978; Michael Dettelbach: »Humboldtian Science«, in: Nicholas Jardine, James Secord und Emma Spary (Hg.): *Cultures of Natural History*, Cambridge 1996, S. 287–304.

36 Browne: *The Secular Ark*, S. 32–57; Walls: *The Passage to Cosmos*; David Brading: *First America, the Spanish Monarchy, Creole Patriots, and the Liberal State, 1492–1867*, Cambridge 1991, S. 526–532; Jorge Cañizares-Esguerra: *Nature, Empire, and Nation. Explorations of the History of Science in the Iberian World*, Stanford 2006, S. 112–128.

37 William Goetzmann: *Army Exploration in the American West, 1803–1863*,

Cannon, die Goetzmann dafür kritisierte, Humboldt'sche von romantischer Wissenschaft nicht zu unterscheiden, verhalf dem Begriff zu seiner Karriere in der Wissenschaftsgeschichte. Nach Cannon ist Humboldt'sche Wissenschaft »the accurate, measured study of widespread but interconnected real phenomena in order to find a definite law and a dynamic cause«.[38] Humboldt kommt dabei weniger die Rolle des Erfinders aller Bestandteile der Humboldt'schen (richtiger wäre deshalb: Humboldtianischen) Wissenschaft zu als die derjenigen Figur, die Präzisionsmessungen und grafische Darstellungsverfahren zusammenführte, um Gesetzmäßigkeiten für die Wechselwirkungen zwischen Naturkräften unter Wirklichkeitsbedingungen zu formulieren: statt isolierter Laborphänomene also das Verhältnis von physikalischen, biologischen und geographischen Umständen zu untersuchen und dabei vor allem auf das Medium der thematischen Kartographie zu setzen.[39] Dass der Begriff geeignet ist, die Entwicklung von Humboldts eigener Forschung zu erklären, steht zunehmend in Frage; umso deutlicher tritt die Funktion der Humboldt'schen Wissenschaft als Wissenschaftsideal für nachfolgende Generationen hervor.[40]

In den Vereinigten Staaten, wo nicht nur Maury mit dem Lob Alexander von Humboldts hausieren ging und wo Humboldts *Versuch über den politischen Zustands des Königreichs Neu-Spanien*, in dem Mexiko und Teile des heutigen Südwestens der Vereinigten Staaten beschrieben wurden, schon vor seiner Veröffentlichung als Wort der Autorität galt, kommt der Figur Humboldts, und damit auch seiner Person, eine ähnlich große Bedeutung zu wie den mit seinen Arbeiten verbundenen Forschungsprogrammen.[41] Ein eindrückliches Beispiel ist der Maler

New Haven 1959; William Goetzmann: *New Lands, New Men. America and the Second Great Age of Discovery*, New York 1986, S. 53–54.

38 Cannon: *Science in Culture*, S. 105.

39 Ebd., S. 104.

40 Patrick Anthony: »Mining as the Working World of Alexander von Humboldt's Plant Geography and Vertical Cartography«, in: *Isis* 109 (2018) 1, S. 28–55; Philipp Felsch: »Humboldts Söhne. Das paradigmatische/epigonale Leben der Brüder Schlagintweit«, in: Michael Neumann und Kerstin Stüssel (Hg.): *Magie der Geschichten. Weltverkehr, Literatur und Anthropologie in der zweiten Hälfte des 19. Jahrhunderts*, Konstanz 2011, S. 113–129.

41 C. Gregory Crampton: »Humboldt's Utah«, in: *Utah Historical Quarterly* 26 (1958) 3, S. 268–281; Der Titel des Berichts lautet vollständig Alexander von Humboldt: *Versuch über den politischen Zustand des Königreichs Neu-Spanien, enthaltend Untersuchungen über die Geographie des Landes, über seinen Flächeninhalt und seine politische Eintheilung, über seine allgemeine physische Beschaffenheit, über die Zahl und den sittlichen Zustand seiner Bewohner, über die Fortschritte des Ackerbaues, der Manufaktur und des*

George Catlin, der auf fast ethnographischen Reisen durch Nord- und Südamerika die indigene Bevölkerung malte und später dem Vorwurf, er habe seine Sujets erfunden, Beglaubigungsschreiben Humboldts entgegenhielt.[42] Da in den Vereinigten Staaten in der ersten Hälfte des 19. Jahrhunderts erfolgreiche Wissenschaft oft genug buchstäblich auf Humboldts Spuren, mit Humboldts Segen und nicht selten mit Humboldts Empfehlung stattfand, ließe sich von der Forschergeneration, zu der auch Matthew Fontaine Maury gehörte, in Anlehnung an ein Wort des Berliner Physiologen Emil Du Bois-Reymond von Humboldts amerikanischen Söhnen sprechen.[43] Während zur Humboldt'schen Wissenschaft in Europa auch ein wissenschaftliches Ethos gehörte, der von Epigonentum nicht immer zu unterscheiden war, ist der Bezug auf die Vaterfigur Humboldt in der amerikanischen »Humboldtian science« weniger mimetisch als rhetorisch: ›Humboldt‹ wurde zu einem Autoritätsargument, das Forschungsvorhaben legitimierte, wenn sie von ihm unterstützt wurden oder erkennbar an seine Arbeiten anschlossen. Georges Canguilhem hat bemerkt, dass die Berufung auf ›geistige Väter‹ immer auch eine ›Erfindung‹ wissenschaftlicher Vorgänger ist, die der eigenen Forschung zu Ansehen verhelfen soll: Es wären dann die Söhne, die den Vater zeugten.[44]

Humboldts Söhne wurden in entscheidenden Fällen zu den Vätern amerikanischer Wissenschaft. Mithilfe einer ganzen Reihe von staatlich finanzierten Forschungsprojekten aus den 1830er und 1840er Jahren schrieb sich die Doktrin der ›Manifest Destiny‹ in Karten ebenso ein wie in ein staatliches Territorium, das vom Atlantik bis an den Pazifik reichte. Diese Unternehmen unter der Leitung von Humboldtianern

Handels, über die vorgeschlagenen Canal-Verbindungen zwischen dem antillischen Meere und dem grossen Ozean, über die militärische Vertheidigung der Küsten, über die Staatseinkünfte und die Masse edler Metalle, welche seit der Entdeckung von America, gegen Osten und Westen, nach dem alten Continent übergeströmt ist, 5 Bde., Tübingen 1809–1814.

42   Walls: *The Passage to Cosmos,* S. 134

43   Felsch: »Humboldts Söhne«. Goetzmann: *New Lands, New Men,* S. 150–228, spricht von (deutschen) Forschungsreisenden in ›Amerika‹ als »Humboldt's children«; siehe auch Walls: *The Passage to Cosmos* und Hugh Slotten: *Patronage, Practice, and the Culture of American Science. Alexander Dallas Bache and the U.S. Coast Survey,* Cambridge 1994, S. 112–145.

44   Georges Canguilhem: »Der Gegenstand der Wissenschaftsgeschichte«, in: *Wissenschaftsgeschichte und Epistemologie. Gesammelte Aufsätze,* Frankfurt a.M. 1979, S. 24. Siehe dazu auch Augustine Brannigan: »The Reification of Mendel«, in: *Social Studies of Science* 9 (1979) 4, S. 423–454; mit Blick auf Humboldt Felsch: »Humboldts Söhne« und Nicolaas Rupke: *Alexander von Humboldt. A Metabiography,* Frankfurt a.M. 2005.

verschiedenster Couleur standen am Beginn der Institutionalisierung wissenschaftlicher Strukturen in den Vereinigten Staaten.[45] Sie lassen den Schluss zu, dass staatliche Wissenschaft in den Vereinigten Staaten überhaupt nur als Humboldt'sche Wissenschaft entstand. Neben Maurys Physikalischer Geographie des Meeres handelte es sich auch bei Wilkes' U.S. Exploring Expedition um ein Humboldtianisches Projekt. Zwar war die U.S. Ex. Ex. unter dem Regime von Wilkes und Marineminister Dickerson zu einer militärischen Angelegenheit geworden, doch hatte Jeremiah Reynolds sie als multidisziplinäres Projekt in bester humboldtianisch-kosmischer Manier entworfen. Er hatte mit dem Botaniker Asa Gray einen späteren Weggefährten des wohl berühmtesten Humboldtianers des 19. Jahrhunderts, Charles Darwin, für die Expedition gewonnen. Gray trat zwar entnervt ob der Ränkespiele in der Navy und zahlreicher Verzögerungen bei den Reisevorbereitungen von der Expedition zurück, stand nach ihrer Rückkehr aber für die Verfassung des botanischen Teils des Reiseberichts zur Verfügung.[46] Mit dem Geologen James Dwight Dana, dem Naturhistoriker Titian Peale und dem Philologen Horatio Hale, bei dem Jahrzehnte später Franz Boas die Arbeit im Feld lernen sollte, blieben vielversprechende Nachwuchswissenschaftler aus einer Vielzahl an Wissensbereichen Teil des *scientific corps* der Expedition. Bei ihrer Rückkehr nach New York im Juni 1842 entluden die Schiffe der U.S. Ex. Ex. nicht nur kistenweise gesammelte Pflanzen und andere naturhistorische Exemplare, sondern von Bord ging auch eine neue Generation von Wissenschaftlern: gut ausgebildete, professionelle Forscher im Staatsdienst, die die Welt umsegelt hatten und nun darangingen, die Reiseberichte der Expedition zu verfassen. Humboldt soll von ihnen begeistert gewesen sein.[47]

Auch der größte Arbeitgeber unter den wissenschaftlichen Institutionen des Staates, der United States Coast Survey, betrieb Wissenschaft im Geiste Humboldts. Unter der Leitung von Alexander Dallas Bache

45 Zur Geschichte US-amerikanischer Wissenschaft und Wissenschaftspolitik im 19. Jahrhundert Robert Bruce: *The Launching of Modern American Science, 1848–1860*, Urbana 1976; mit Blick auf die Seefahrt Harold Burstyn: »Seafaring and the Emergence of American Science«, in: Benjamin Labaree (Hg.): *The Atlantic World of Robert G. Albion*, Middletown 1975, S. 76–109.
46 Asa Gray: *Botany. Phanerogamia, Pt. I. United States Exploring Expedition during the Year 1838, 1839, 1840, 1841, 1842*, Bd. XV, Philadelphia 1854, sowie der dazugehörige Atlas (1856); Stanton: *The Great United States Exploring Expedition*, S. 67–68.
47 Walls: *The Passage to Cosmos*, S. 141.

nahm sich der Coast Survey, dessen Hauptaufgabe die Kartierung der amerikanischen Küste war, den physikalischen Wissenschaften in ihrer ganzen Breite an.[48] Für Studien des Meeresbodens fühlte Bache sich ebenso zuständig wie für die Verbesserung astronomischer Tafeln. Bache beanspruchte auch den Golfstrom als Untersuchungsgegenstand für seine Behörde und sah sich dabei sowohl als wissenschaftlicher Erbe seines Urgroßvaters Benjamin Franklin als auch in der Tradition Alexander von Humboldts, der den Golfstrom im ersten Kapitel seiner *Reise in die Aequinoctial-Gegenden* beschrieben und auf ungeklärte Fragen hingewiesen hatte, die »nur durch directe Beobachtung [...] ihre Aufklärung erhalten« könnten.[49] Dies brachte ihn wiederholt in Konflikt mit Maurys Naval Observatory, wo man darauf hinwies, dass Meeresströmungen, die bis nach England zu verfolgen waren, endgültig nicht mehr in den Zuständigkeitsbereich eines Küstenvermessungsamtes fielen.[50]

Trotz solcher und anderer weitreichender Rivalitäten zwischen den Behörden der beiden Humboldtianer Maury und Bache machen die Meereswissenschaften offenkundig, dass es sich bei Humboldt'scher Wissenschaft um Kooperationswissenschaft handelt. Auch für Humboldt spielten die Koordination internationaler Forschungsbemühungen und Kollaborationen zwischen Forschern eine wichtige Rolle. Francis Beaufort schickte Humboldt Auszüge aus seinen Bordjournalen, in der Hoffnung, einen Beitrag zu Humboldts »stock of facts« leisten zu können. Der spätere Hydrograph der Admiralität war der Meinung, die Mitarbeit am großen Humboldt'schen Projekt »should be considered as a public duty by every body«.[51] Das »Humboldt Netzwerk«[52] lebte von der Aura seines Namensgebers. »I should not have written«, schrieb der junge Charles Darwin, als er Humboldt

48 Zur Geschichte des U.S. Coast Survey Slotten: *Patronage, Practice, and the Culture of American Science*; zu Bache Axel Jansen: *Alexander Dallas Bache. Building the American Nation through Science and Education in the Nineteenth Century*, Frankfurt a.M. 2011.

49 Alexander von Humboldt und Aimé Bonpland: *Reise in die Aequinoctial-Gegenden des neuen Continents in den Jahren 1799, 1800, 1801, 1802, 1803 und 1804. Erster Theil*, Stuttgart 1815, S. 105; *Report on the History and Progress of the American Coast Survey up to the Year 1858*, Washington, D.C. 1858, S. 70.

50 Goetzmann: *New Lands, New Men*, S. 300–306.

51 Francis Beaufort an Alexander von Humboldt, 29. November 1826. Nachlass Alexander von Humboldt, gr. Kasten 5, Nr. 40, Handschriftenabteilung, Staatsbibliothek zu Berlin.

52 Walls: *The Passage to Cosmos*, S. 110.

Aufzeichnungen über die Wassertemperatur in der Nähe der Galapa-
gosinseln schickte, doch müsse er sich dafür bedanken, dass der Autor
der *Reise in die Aequinoctial-Gegenden*, »which I have read over and
over again, & have copied out, that they might ever be present in my
mind«, ihn mit einem Brief beehrt habe.[53] Humboldts amerikanische
Söhne hingegen verließen sich auf eine staatlich-bürokratische Infrastruktur. Als Maury 1846 seinen ersten Bericht über die Forschungen
am Observatorium veröffentlichte, beschäftigte er 16 Mitarbeiter und
machte mit seinen Abstract Logs Walfänger und andere Kapitäne auf
allen Teilen der Welt zu seinen Informanten und jedes Schiff zu einem
»floating observatory«, während Christian Gottfried Ehrenberg in
Berlin und Jacob Whitman Bailey in West Point für ihn Bodenproben
vom Meeresgrund untersuchten.[54]

Auch der Coast Survey spannte ein Beobachtungsnetzwerk entlang
der gesamten Küste der Vereinigten Staaten, so dass in Baches Behörde seit 1856 Beobachtungen von 160 Stationen zusammenkamen
und arbeitsteilig in acht Abteilungen verarbeitet wurden, darunter
eine *computing divison*, eine *drawing division* und eine Abteilung für
distribution of maps and charts, sowie Bibliothek und Archiv. Geologische Proben schickte Bache zur Untersuchung nach Harvard an
Louis Agassiz.[55] Wenn *big science* die geographische, ökonomische
und disziplinäre Ausbreitung von wissenschaftlichen Projekten bezeichnet, markieren das Naval Observatory und der Coast Survey
ihren bescheidenen Anfang in den USA.[56]

Die Mittel für diese Form von kooperativer Forschung hatte nur
der Staat. So wie die Armee das Personal für die Humboldt'sche Wis-

---

53 Charles Darwin an Alexander von Humboldt, 1. November 1839. Nachlass
    Alexander von Humboldt, gr. Kasten 4, Nr. 22. Handschriftenabteilung,
    Staatsbibliothek zu Berlin. Hierzu auch Robert Richards: *The Romantic
    Conception of Life. Science and Philosophy in the Age of Goethe*, Chicago
    2002, S. 514–553.
54 Maury an Christian Gottfried Ehrenberg, 25. November 1853, und Maury
    an Jacob Whitman Bailey, 1. Dezember 1853. RG 78, Letters Sent, Vol. 10,
    NARA; Maury: *The Physical Geography of the Sea*, S. xiii, 210; Dick: *Sky
    and Ocean Joined*, S. 78; Williams: *Matthew Fontaine Maury*, S. 230.
55 Slotten: *Patronage, Practice, and the Culture of American Science*, S. 123,
    150.
56 Peter Galison und Bruce William Hevly (Hg.): *Big Science. The Growth of
    Large-Scale Research*, Stanford 1992; siehe auch James Capshew und Karen
    Rader: »Big Science. Price to the Present«, in: *Osiris* 7 (1992), S. 3–25, und
    David Allan Grier: *When Computers Were Human*, Princeton und Oxford
    2005, S. 55–71.

senschaft zu Land stellte, lieferten Regierung und Navy die Mittel für die Forschungskooperation zur Erforschung des Meeres.[57] Sowohl in Maurys Observatorium als auch in Baches Küstenvermessungsamt wurde entlang staatlicher Strukturen geforscht. Humboldt'sche Wissenschaft in den Vereinigten Staaten war Beamtenwissenschaft, und es waren bürokratische Praktiken des Staates, mit denen sie operierte. Das Observatorium, dem Maury vorstand, war ein Forschungsinstitut der Marine – ein Status, auf den das Marineministerium immerhin so viel Wert legte, dass es den Namen des Instituts, das wahlweise als Naval Observatory, National Observatory oder als Hydrographic Office bekannt war, 1854 in einem Beschluss auf The United States Naval Observatory and Hydrographical Office festlegte.[58] Maury führte darin ein strenges Regiment, die Angestellten gehörten zur Navy und hatten militärische Ränge.[59]

Auch im zivilen Coast Survey, der dem Finanzministerium unterstand, herrschte militärische Disziplin. Bache, Absolvent der Militärakademie in West Point, führte seine Behörde als »triple organization«, deren Kern zivile Angestellte bildeten. Unterstützt wurde sie von Armeeoffizieren, die sich vorrangig der Landvermessung annahmen, und von Offizieren der Navy, die den Großteil der hydrographischen Arbeit erledigten.[60] Noch bevor die Eisenbahnunternehmen, die als die ersten modernen Konzerne in der Geschichte von Management und Bürokratisierung in den Vereinigten Staaten gelten, in der zweiten Hälfte des 19. Jahrhunderts Verwaltungspraktiken der Armee übernahmen, orientierte sich Bache am Vorbild des Militärs.[61] Unter Kriegsminister John Calhoun erhielt die Armee einen bürokratischen

---

57 Ein prominentes Beispiel für die militärische Ausrichtung Humboldt'scher Wissenschaft in den USA ist das Army Corps of Topographical Engineers, siehe Goetzmann: *Army Exploration in the American West*, und Laura Dassow Walls: »›The Napoleon of Science‹. Alexander von Humboldt in Antebellum America«, in: *Nineteenth-Century Contexts* 14 (1990) 1, S. 71–98.
58 Williams: *Matthew Fontaine Maury*, S. 165.
59 Dick: *Sky and Ocean Joined*, S. 79.
60 Superintendent of the Coast Survey: Report 1848, 30. Cong., 2. Sess. Sen. Ex. Doc. 1 (Ser. 529), S. 4–5; Dupree: *Science in the Federal Government*, S. 100.
61 Hierzu immer noch Alfred D. Chandler, Jr.: *The Visible Hand. The Managerial Revolution in American Business*, Cambridge, MA 1977; zur Ausbildung moderner Managementstrategien in der Armee in den 1820er Jahren auch Robert Angevine: *The Railroad and the State. War, Politics, and Technology in Nineteenth-Century America*, Stanford 2004. Baches Orientierung am Militär beschreibt Slotten: *Patronage, Practice, and the Culture of American Science*, S. 148–161; siehe auch Jansen: *Alexander Dallas Bache*, S. 50–65.

Verwaltungsapparat, der Wert auf persönliche und finanzielle Rechen-
schaft und funktional ausdifferenzierte Hierarchien mit schriftlich
festgehaltenen Regularien legte.[62] Im Coast Survey, wo arbeitsteilig
und über die gesamte Küste verteilt gearbeitet wurde, kamen ähnliche Verfahren zur Anwendung: Die Angestellten erhielten genaue
Instruktionen, sie trugen ihre Naturbeobachtungen in vorgedruckte
Formulare ein und führten über ihre Arbeitszeit Buch, während die
Abteilungsleiter Monats- und Jahresberichte zu verfassen hatten.[63]

Mit dem Formular, für Maury ebenso unerlässlich wie für Bache,
wurde Naturbeobachtung in einem Medium aufgeschrieben, das For-
malisierungsprozesse und Arbeitsabläufe steuert. Schon im 17. Jahrhundert hatte die Royal Society ihren Beobachtungsanleitungen Formulare beigegeben; im 19. Jahrhundert wurde es, wie die regelmäßigen
Berichte, zu einem Standard des *upward reporting* in Unternehmen.[64]
Aus Vorschriften wurden Vordrucke, die eine Beobachtung zweiter
Ordnung einführten: Die interne Kommunikation über Formulare
und Berichte im Coast Survey ermöglichten gleichermaßen die stan-
dardisierte Beobachtung der Natur und die Beobachtung der Wissenschaftler, die sie beobachteten.[65] Der Historiker Robert Bruce hat
Maury und Bache in seinem Buch über Anfangsjahre amerikanischer
Wissenschaft als »Barone der Bürokratie« bezeichnet.[66]

62 United States War Department: *General Regulations for the Army; or, Mi-
    litary Institutes,* Philadelphia 1821; siehe auch Charles F. O'Connell: »The
    Corps of Engineers and the Rise of Modern Management, 1827–1856«, in:
    Merrit Roe Smith (Hg.): *Military Enterprise and Technological Change. Per-
    spectives on the American Experience,* Cambridge, MA 1985, S. 87–116.
63 Slotten: *Patronage, Practice, and the Culture of American Science,* S. 148.
64 »Directions for Observations and Experiments to Be Made by Masters of
    Ships, Pilots, and Other Fit Persons in Their Sea-Voyages«, in: *Philosophi-
    cal Transactions* 2 (1667), S. 433–448; zum *upward reporting* siehe JoAnne
    Yates: *Control Through Communication. The Rise of System in American
    Management,* Baltimore 1989, S. 77–95.
65 Siehe auch Vismann: *Akten,* S. 161, und Simon Schaffer: »Astronomer's
    Mark Time. Discipline and the Personal Equation«, in: *Science in Context* 2
    (1988) 1, S. 115–145.
66 Bruce: *The Launching of Modern American Science,* S. 171–186. Zur Bü-
    rokratisierung wissenschaftlicher Praktiken siehe auch Anke te Heesen:
    »Die doppelte Verzeichnung. Schriftliche und räumliche Aneignungswei-
    sen von Natur im 18. Jahrhundert«, in: Harald Tausch (Hg.): *Gehäuse der
    Mnemosyne. Architektur als Schriftform der Erinnerung,* Göttingen 2003,
    S. 263–286, und Andre Wakefield: *The Disordered Police State. German
    Cameralism as Science and Practice,* Chicago 2009.

Für die Akteure staatlicher Meereswissenschaften wie Maury, der, wie man mit Richard Sorrenson sagen könnte, Walfangschiffe auf allen Weltmeeren zu wissenschaftlichen Instrumenten machte, und Bache, der die gesamte amerikanische Küste vermessen ließ, galt, was für Staatlichkeit überhaupt gilt: dass Kontrolle durch Kommunikation über große Distanzen und auch in Abwesenheit hergestellt werden musste und dass Schrift auf ›leichten Medien‹ – hier in Form von Abstract Logs – die Anwesenheit der Autorität ersetzte.[67]

Wie in Großbritannien, wo Wissenschaften wie die Biogeographie auf die Praktiken und das Personal des Kolonialismus zurückgriffen, standen auch die Humboldt'schen Wissenschaften amerikanischer Ausprägung häufig im Dienst des Empire. Charles Wilkes' U.S. Ex. Ex. kartierte den Pazifik im Namen eines »empire of commerce and science«, und unter John C. Frémonts Leitung wurde aus der Humboldt'schen Expedition ein wissenschaftliches Unternehmen unter militärischer Ägide.[68] »The tools Humboldt had created«, schreibt Laura Dassow Walls, »opened America to empire.«[69] Im gleichen Zug erschlossen sie den Amerikanern die See.

3. Aufschreibesysteme des Walfangs

In seinem Essay über das Reisen schrieb Francis Bacon 1625: »It is a strange Thing, that in Sea voyages, where there is nothing to be seene, but Sky and Sea, Men should make Diaries; But in Land-Travaile, wherein so much is to be observed, for the most part, they omit it.«[70] Noch gute zweihundert Jahre später führte Herman Melville Tagebuch offenbar nur, wenn er zur See fuhr, ohne viel in ihr zu sehen. Mit

---

67 Sorrenson: »The Ship as a Scientific Instrument in the Eighteenth Century«. Cornelia Vismann: *Das Schöne am Recht*, Berlin 2012, S. 29–30, führt diesen Mechanismus bis auf die Antike zurück, in der Solons ›apodemischer Trick‹ – das »Komme gleich wieder«, das seinen erstmals auf Tafeln aufgeschriebenen Gesetzen eingeschrieben war – Herrschaft auf Schriftlichkeit gründete, die die Abwesenheit des Gesetzgebers kompensierte.
68 Wilkes: *U.S. Ex. Ex. I*, S. xviii; Walls: *The Passage to Cosmos*, S. 139. Siehe auch Janet Browne: »Biogeography and Empire«, in: Nicholas Jardine, James Secord und Emma Spary (Hg.): *Cultures of Natural History*, Cambridge 1996, S. 305–321.
69 Walls: *The Passage to Cosmos*, S. 145.
70 Francis Bacon: Of Travaile, in: *The Essayes or Counsels, Civill and Morall. The Oxford Francis Bacon*, Bd. XV, hg. von Michael Kiernan, Oxford 2000, S. 56.

White-Jacket hatte er gerade seinen fünften Seefahrerroman fertiggestellt, als er am 12. Oktober 1849 auf einer Reise von New York nach London notierte: »Found that the ocean looked the same as ever.«[71] Auch Charles Darwin, der dem Ozean allerdings deutlich mehr abgewinnen konnte, begann erst auf seiner Reise mit der *Beagle*, Tagebuch zu führen. Am 30. Dezember 1831, seinem dritten Tag auf See, erwähnte der seekranke Darwin das Meer zum ersten Mal:

»I staggered for a few minutes on deck & was much struck by the appearance of the sea. – The deep water differs as much from that near shore, as an inland lake does from a little pool. – It is not only the darkness of the blue, but the brilliancy of its tint, when contrasted with the white curling tip that gives such a novel beauty to the scene.«[72]

Diese Art der Aufzeichnung lernte Darwin von Robert FitzRoy, dem Kapitän der *Beagle*, der einen Großteil seiner Zeit an Bord mit *naval paperwork* verbrachte.[73] Nach dem gemeinsamen Mittagessen in der Kapitänskajüte widmete FitzRoy sich dem Logbuch und anschließend seinem privaten Journal, während Darwin Buch über seine naturhistorischen Forschungen führte. Als Kapitän der Royal Navy war FitzRoy verpflichtet, ein Logbuch zu führen. Daran nahm sich Darwin ein Beispiel: Er gewöhnte sich nicht nur an, die Ereignisse des Tages regelmäßig aufzuschreiben, sondern er übertrug die Aufzeichnungen aus seinen *field notebooks* in das heute als *Beagle Diary* bekannte Ta-

---

71 Herman Melville: Journal 1849–50, in: *Journals. The Writings of Herman Melville. The Northwestern-Newberry Edition*, Vol. 15, hg. von Harrison Hayford und G. Thomas Tanselle, Evanston 1987, S. 4. Die einzigen Tagebücher, die Melville geführt zu haben scheint, stammen von zwei Reisen nach Europa in den Jahren 1849–50 und 1856–57 und von einer Reise um Kap Hoorn nach San Francisco im Jahr 1860. Im Vorwort zu Herman Melville: *Omoo. A Narrative of Adventures in the South Seas. The Writings of Herman Melville. The Northwestern-Newberry Edition*, Vol. 2, Evanston 1968, S. xiv steht zu lesen »No journal was kept by the author during his wanderings in the South Seas.« Die Melville-Philologie geht davon aus, dass keines von Melvilles ersten sechs Büchern, die allgemein als von seinen Seereisen inspiriert gelten, auf Tagebüchern basiert. Siehe Howard C. Horsfords »Historical Note« in Melville: Journal 1849–50, S. 165–209.

72 Charles Darwin: *The Beagle Diary, 1831–1836*, hg. von Richard Darwin Keynes, Cambridge 1988, S. 18.

73 Hier und im Folgenden Janet Browne: *Charles Darwin, Vol. 1: Voyaging*, London 2003, S. 191–195.

gebuch, das er selbst als *journal* oder *log book* bezeichnete.[74] Selbst bei Landgängen oder Exkursionen war er bemüht, die regelmäßigen Zeiten, zu denen der Papierkram an Bord erledigt wurde, einzuhalten. »Whenever I enjoy anything«, schrieb er am 8. Februar 1832 an seinen Vater, »I always either look forward to writing it down either in my log Book (which increases in bulk) or in a letter.«[75] Von FitzRoys nautischer Buchführung übernahm Darwin eine bestimmte Aufmerksamkeit für seine Umgebung, die auf einem Katalog an Aufzuzeichnendem basierte, sich nicht allein aufs Gedächtnis verließ und Ereignisse und Beobachtungen deshalb so bald wie möglich in verschiedenen thematischen Notizheften schriftlich festhielt. Laut Janet Browne ist es diese an den bürokratischen Notaten FitzRoys geschulte Aufzeichnungspraxis, mit der Darwin lernte, über die Natur und sich selbst zu schreiben und in der er wie FitzRoy begann, sich selbst als den zentralen Protagonisten seines Textes zu begreifen.[76]

Darwins Fall ist interessant, weil er etwas über die Herkunft ozeanographischer Aufzeichnungspraktiken verrät. Das Reisetagebuch war in den 1830er Jahren keine neue Erfindung. Francis Bacons Forderung »Let Diaries, therefore, be brought in use«[77] aus dem 17. Jahrhundert hatte Gehör gefunden, wie die zahlreichen Apodemiken und Reiseberichte der Frühen Neuzeit belegen.[78] Im 18. Jahrhundert

---

74 Darwin: *Beagle Diary*. Dieses Tagebuch wurde 1839 in überarbeiteter Form als dritter Teil der Berichte über die Reise der *Beagle* veröffentlicht; Charles Darwin: *Narrative of the Surveying Voyages of His Majesty's Ships Adventure and Beagle, Between the Years 1826 and 1836, Describing their Examination of the Southern Shores of South America, and the Beagle's Circumnavigation of the Globe. Volume III: Journal and Remarks, 1832–1836,* London 1839.

75 Charles Darwin: Brief an R.W. Darwin, 8. Februar 1832 (Letter no. 158), in: *The Correspondence of Charles Darwin, Vol. 1: 1821–1836,* hg. von Frederik Burkhardt und Sydney Smith, Cambridge 1985, S. 202.

76 Browne: *Charles Darwin: Voyaging,* S. 194–195. Siehe zu den verschiedenen von Darwin auf der Reise geführten Notizheften »Appendix II. Darwin's Beagle Records«, in: *The Correspondence of Charles Darwin, Vol. 1: 1821–1836,* hg. von Frederik Burkhardt und Sydney Smith, Cambridge 1985. Alistair Sponsel: *Darwin's Evolving Identity. Adventure, Ambition, and the Sin of Speculation,* Chicago 2018, S. 33–46, führt Darwins gesamte Verteilungs- und Diversitätsforschung auf seinen Kontakt mit den hydrographischen Erhebungen an Bord der *Beagle* zurück.

77 Bacon: »Of Travaile«, S. 56.

78 Justin Stagl: *Eine Geschichte der Neugier. Die Kunst des Reisens 1550–1800,* Wien 2002; Daniel Carey: »Compiling Nature's History. Travellers and Travel Narratives in the Early Royal Society«, in: *Annals of Science* 54 (1997) 3, S. 269–292.

führte Daniel Gottlieb Messerschmidt auf seiner Expedition nach Si-
birien ebenfalls zwei parallele Notizbücher und griff dabei auf eine
noch ältere Technik aus dem Rechnungswesen zurück: die doppelte
Buchführung.[79] Auch Darwins Vorbild Humboldt war der Arbeit
mit separaten Notizbüchern vermutlich schon in seinem Studium der
Kameralwissenschaft begegnet. Der Ökonom Johann Beckmann, bei
dem Humboldt studiert hatte, empfahl sie jedenfalls 1785 als »italieni-
sches Buchhalten«, um die Staatsfinanzen in Ordnung zu halten.[80]
    In einer niederländischen Abhandlung über das Logbuch ist schon
am Ende des 16. Jahrhunderts von »Seebuchhaltung« die Rede.[81] Auch
dass Darwin sich von Kapitän FitzRoy zur Tagebuchführung inspirie-
ren ließ, ist ein Beispiel für die Entstehung naturhistorischer Aufzeich-
nungsweisen aus der kaufmännisch-bürokratischen Buchführung. Dabei handelt es sich beim Logbuch, das Darwin zum Vorbild gereichte,
freilich nicht nur um eine Variation auf diese Geschichte, sondern
um einen zentralen Bestandteil des maritimen Aufschreibesystems, in
dem die Ozeanographie entsteht. Es war dieses Netzwerk aus Medien, Techniken und Institutionen, das Akteure aus Seefahrt, Militär
und Politik zusammenbrachte und ihnen erlaubte, maritime Daten zu
verarbeiten, zu speichern und zirkulieren zu lassen, in dem die Ozeanographie entstand. Der Begriff des maritimen Aufschreibesystems
vertritt die Frage, nach welchen Regeln in einem von Medien wie dem
Logbuch und Institutionen wie dem Depot of Charts and Instruments
aufgespannten Raum Wörter und Zahlen aufgeschrieben und gespeichert und darüber zu Daten der Ozeanographie werden.[82]
    Das täglich geführte Logbuch, das verzeichnet, was an Bord ge-
sehen, gemessen und getan wird, stellt somit das medientechnische
Apriori für Maurys Wissenschaft vom Meer dar. Mit diesem Medium
schrieben sich die Forschungsreisenden der Aufklärung ebenso wie
die wissenschaftlichen Expeditionen und die Walfänger des 19. Jahrhunderts in einen Diskurs der Verdatung ein, aus dem die Wissenschaft vom Meer hervorgegangen ist.[83] Seinen Namen verdankt das

79 te Heesen: »Die doppelte Verzeichnung«.
80 Nils Güttler: *Das Kosmoskop. Karten und ihre Benutzer in der Pflanzengeo-
    graphie des 19. Jahrhunderts*, Göttingen 2014, S. 121–122.
81 Adriaen Veen: *Tractaet Vant Zee-bouck-houden op de Ronde gebulte Pas-
    kaert*, Amsterdam 1597.
82 Zum Aufschreibesystem Kittler: *Aufschreibesysteme 1800/1900*. Zur Be-
    griffsklärung auch Friedrich Kittler: »Vorwort zu Aufschreibesysteme 1800/
    1900«, in: *Zeitschrift für Medienwissenschaft* 6 (2012) 1, S. 117–126.
83 Zur frühneuzeitlichen Entwicklung des Logbuchs siehe Margaret Schotte:

Logbuch einem Holzklotz, jenem »logge or peece of wood«,[84] der an einer Leine, in die in regelmäßigen Abständen Knoten geknüpft waren, befestigt war und achteraus vom Hinterschiff ins Wasser gelassen wurde. Die Zahl der Knoten, die dabei in einem bestimmten Zeitraum von der Leine liefen und dem nautischen Geschwindigkeitsmaß seinen Namen gaben, wurde stündlich gemessen und notiert. Dafür wurde zunächst ein Holzbrett verwendet, das im 18. Jahrhundert von einer Schiefertafel, dem sogenannten *log-board* oder *log-slate*, abgelöst wurde.

Mindestens einmal täglich wurden die Eintragungen auf dem *log-board* in ein Buch, das *log-book*, übertragen. Das Logbuch, in dem die Wassertemperatur ebenso verzeichnet wurde wie die Zahl gefangener Wale oder Disziplinarmaßnahmen des Kapitäns gegen seine Matrosen, war wissenschaftliches und administratives Dokument zugleich. Es fungierte als ›Distanztechnologie‹, die Informationen speicherte und damit ihre Zirkulation ermöglichte.[85] Eine der ersten Navigationsanleitungen, die eine sorgfältige Logbuchführung propagierten, war *The Seamans Secrets* von John Davis aus dem Jahr 1594. Sie enthielt eine Tabelle, »shewing the order how the Seaman may keepe his accounts,

»Leçons enrégimentés: l'évolution du journal maritime en France – Regimented Lessons: The Evolution of the Nautical Logbook in France«, in: *Annuaire de droit maritime et océanique* 31 (2013), S. 91–115; Margaret Schotte: »Expert Records: Nautical Logbooks from Columbus to Cook«, in: *Information & Culture* 48 (2013) 3, S. 281–322, und A.R.T. Jonkers: »Logs and Ship's Journals«, in: John B. Hattendorf (Hg.): *The Oxford Encyclopedia of Maritime History*, Bd. 2, Oxford 2007, S. 394–401. Zur Rolle von Journalen und Reiseberichten für die Entdeckungsreisen der Aufklärung siehe Despoix: *Die Welt vermessen*, S. 82–85. Zur Logbuchführung im 19. Jahrhundert Marie-Noëlle Bourguet: »A Portable World: The Notebooks of European Travellers (Eighteenth to Nineteenth Centuries)«, in: *Intellectual History Review* 20 (2010) 3, S. 377–400; Paul Gilje: *To Swear Like a Sailor. Maritime Culture in America, 1750–1850*, Cambridge 2013, S. 56–105; Simon Naylor: »Log Books and the Law of Storms: Maritime Meteorology and the British Admiralty in the Nineteenth Century«, in: *Isis* 106 (2015) 4, S. 771–797, und Barbara Sankey: »Writing the Voyage of Scientific Exploration: The Logbooks, Journals and Notes of the Baudin Expedition (1800–1804)«, in: *Intellectual History Review* 20 (2010) 3, S. 401–413.

84 Zum ersten Mal beschrieben bei William Bourne: *A Regiment for the Sea: Conteyning most profitable Rules, Mathematical experiences, and perfect knovvledge of Nauigation, for all Coastes and Countreys: most needefull and necessarie for all Seafaring men and Trauellers, as Pilotes, Mariners, Marchants. &c.*, London 1574, Kapitel 14, o.S.

85 Bourguet: »A Portable World«, S. 379; Theodore Porter: *Trust in Numbers. The Pursuit of Objectivity in Science and Public Life*, Princeton 1995, S. ix.

whereby he may at all times distinctly examine his former practises«.[86]
In England, wo die Royal Society seit 1666 eine ganze Reihe von Apodemiken publizierte, die Seefahrer zur akkuraten Führung von Pro-
tokollen auf ihren Reisen anhielt, zeigte sich der doppelte Charakter
des Logbuchs auch im Umgang mit ihm nach der Reise. Sie waren
Eigentum der Admiralität, die sie unter rechtlichen und disziplinären
Gesichtspunkten prüfte: Waren die militärischen Befehle erfüllt worden; sind Disziplinarverfahren gegen einzelne Matrosen oder gegen
einen Kapitän einzuleiten, der seine Befugnisse überschritten hatte?
Ebenso wurden die Logbücher der Royal Society vorgelegt, wo sie als
Naturbeobachtung ausgelesen wurden und unter deren Lektüre aus
Beobachtungen Fakten wurden.[87] Frankreich erließ 1689 ein ähnliches
Gesetz, und in den Vereinigten Staaten war die Führung von Logbüchern auf Schiffen der U.S. Navy spätestens seit 1790 verpflichtend,
die ersten erhaltenen Logbücher amerikanischer Walfänger datieren
allerdings schon auf 1751.[88]

Auch auf See wurden in der Regel mehrere Bücher parallel geführt.
Herman Melville nimmt auf die großen Mengen von Schreibarbeit an
Bord Bezug, wenn er den Zahlmeistersteward der *Neversink* in seinem
Roman *White-Jacket* als einen Mann der Buchführung beschreibt:

»[…] he had a regular counting-room, full of ledgers, journals, and
day-books. His desk was as much littered with papers as any Pearl

---

86 John Davis: *The Seamans Secrets. Deuided into 2. partes, wherein is taught
    the three kindes of Sayling, Horizontall, Paradoxall, and Sayling vpon a great
    Circle: also an Horizontall Tyde Table for the easie finding of the ebbing
    and flowing of the Rydes, with a Regiment newly calculated for the finding
    of the Declination of the Sunne, and many other most necessary rules and
    instruments, not heeretofore set foorth by any. Newly corrected by the au-
    thor,* London 1607, S. 281–282. Weitere frühe Beispiele für Anleitungen zur
    Logbüchführung sind etwa Cornelis Lastman: *De Schat-kamer, des grooten
    See-vaerts-kunst,* Amsterdam 1624, John Seller: *Practical Navigation. Or,
    An Introduction to That Whole Art,* London 1669, oder Yves Valois: *La
    science, et la pratique du pilotage, à l'usage des eleves d'hydrographie, dans le
    college royal de la Compagnie de Jésus, à La Rochelle,* Bordeaux 1735.
87 Despoix: *Die Welt vermessen,* S. 82.
88 An Act for the government and regulation of Seamen in the merchants ser-
    vice (1790). U.S. Statutes at Large, Vol. 1, 1st Cong., 2nd Sess., Ch. 29. Stuart
    Sherman vermutet, dass Walfänger mit dem Beginn des Hochseewalfangs um
    1712, schon um ihre Position bestimmen zu können, begannen, Logbücher
    zu führen. Stuart C. Sherman: *The Voice of the Whalemen. With an Account
    of the Nicholson Whaling Collection,* Providence 1965, S. 25. Siehe zur ge-
    setzlichen Regelung von Logbuchführung auch Schotte: »Expert Records«.

Street merchant's, and much time was devoted to his accounts. For hours together you would see him, through the window of his subterranean office, writing by the light of his perpetual lamp.«[89]

Neben den privaten Journalen der Seeleute, »written at sea, on a sailor's chest, amongst seamen, by night and by day«,[90] bildeten die offiziell zu führenden Reiseprotokolle einen funktional ausdifferenzierten Schriftenverbund: Ein Flottenadmiral hielt militärische Begegnungen fest, und Schiffsärzte führten medizinische Journale, während die Wissenschaftler auf Forschungsreisen oftmals eigene, ihren Disziplinen entsprechende Anweisungen bekommen hatten.[91] Die Führung des offiziellen Log- oder Schiffsbuchs oblag dem Ersten Offizier:

>It is the duty of the chief mate to keep the logbook of the ship. This should be neatly and carefully kept, and all interlineations and erasures should be avoided, as they always raise suspicion. The entries should be made as soon as possible after each event takes place, and nothing should be entered which the mate would not be willing to adhere to in a court of justice.«[92]

Damit kam dem Ersten Offizier, vom amerikanischen Juristen und ehemaligen Seefahrer Richard Henry Dana als »journalist of the voyage« charakterisiert, auch ein besonderer rechtlicher Status an Bord zu: Er behielt, anders als die Mannschaft, eine gewisse Unabhängigkeit gegenüber dem Kapitän und fungierte als Schlichter zwischen Kapitän und Besatzung. Das von ihm geführte Logbuch galt als »depository of [...] evidence«, und was in ihm geschrieben stand, konnte »at any one moment« eine Angelegenheit »of great consequence to all

89 Herman Melville: *White-Jacket or The World in a Man-of-War*. *The Writings of Herman Melville*. *The Northwestern-Newberry Edition*, Vol. 5, Evanston 1970, S. 205.

90 William B. Whitecar, Jr.: *Four Years Aboard the Whaleship. Embracing Cruises in the Pacific, the Atlantic, Indian, and Antarctic Oceans, in the Years 1855, '6, '7, '8, '9*, Philadelphia 1860, S. ix.

91 Jonkers: »Logs and Ship's Journals«, S. 395; Sankey: »Writing the Voyage of Scientific Exploration«, S. 411.

92 Richard Henry Dana, Jr.: *The Seaman's Friend. Containing a Treatise on Practical Seamanship, with Plates; A Dictionary of Sea Terms; Customs and Usages of the Merchant Service; Laws Relating to the Practical Duties of Master and Mariners*, Boston ⁶1851, S. 200.

concerned«[93] werden: Das Logbuch konnte im Kriegsfall die Neutralität eines Schiffes belegen und vor Gericht als Beweismittel dienen. Es überwachte dabei nicht nur die Mannschaft, sondern auch den Kapitän, der als »Abwesenheitspfleger des Staates« mit einem Überrest absolutistischer Herrschaft, der sogenannten ›Schiffsgewalt‹, ausgestattet war.[94] Einem amerikanischen Richter zufolge sollte gewissenhafte Logbuchführung die korrekte Ausübung der Schiffsgewalt garantieren: »[t]he compulsion on the [...] keeper of the log book to make the entry was introduced to control the general rule of law«.[95]

Ein Logbucheintrag war »evidence of the fact«.[96] Im Falle desertierter Matrosen etwa galt eine Dokumentation des Vorfalls im Logbuch, wenn nicht als hinreichende, doch als notwendige Bedingung, um aus einer Anschuldigung eine Tatsache zu machen. *Quod non est in actis non est in mundo:* Seefahrer konnten nur für Verfehlungen verurteilt werden, die schriftlich festgehalten worden waren.[97] Es ist daher nur konsequent, wenn zur Meuterei auch die Vernichtung des Logbuchs gehörte.[98] Mit der Tilgung des Bordprotokolls wurde nicht nur die Macht des Schiffs- und Schriftführers gebrochen, sondern auch das Ereignis im Moment seines Vollzugs gleichsam ungeschehen gemacht.

93 Dana: *The Seaman's Friend*, S. 145.

94 Hans Segelken: *Kapitänsrecht*, Hamburg 1967, S. 389; siehe auch Hans Brauckmüller: *Der Kapitän als Angestellter*, Würzburg 1934; Dieter Hanses: *Die rechtliche Stellung des Kapitäns auf deutschen Seeschiffen unter besonderer Berücksichtigung der historischen Entwicklung*, Berlin 1983; Ulrich Welke: *Der Kapitän. Die Erfindung einer Herrschaftsform*, Münster 1997; Jann Markus Witt: *Master next God? Der nordeuropäische Handelsschiffskapitän vom 17. bis zum 19. Jahrhundert*, Bremerhaven 2001; Burkhardt Wolf: »Der Kapitän. Zur Figurenlehre neuzeitlicher Seeherrschaft«, in: *arcadia* 46 (2011) 2, S. 335–356.

95 Henry Gilpin: *Reports of Cases Adjudged in the District Court of the United States for the Eastern District of Pennsylvania*, Philadelphia 1837, S. 215.

96 Ebd., S. 215.

97 Charles Abbot: *A Treatise of the Law relative to Merchant Ships and Seamen. The Second American, from the Third London Edition*, Newburyport 1810, S. 524; Dana: *The Seaman's Friend*, S. 190.

98 Verrill: *The Real Story of the Whaler*, S. 174. Zu Meutereien siehe Clare Anderson [u.a.] (Hg.): *Mutiny and Maritime Radicalism in the Age of Revolution. A Global Survey* (= International Review of Social History, Special Issue 21), Cambridge 2013, und die Hinweise von Jesse Lemisch und Felix Schürmann, dass ›Meuterei‹ oft genug nur Kapitänsvokabular für ›Streik‹ ist. Jesse Lemisch: »Jack Tar in the Streets. Merchant Seamen in the Politics of Revolutionary America«, in: *The William and Mary Quarterly* 25 (1968) 3, S. 371–407, und Schürmann: *Der graue Unterstrom*, S. 25, 217.

Inhalt solcher Logbücher waren Angaben zur geographischen Position des Schiffes, zu Wind und Wetter, zur Zahl der gehissten Segel, kurz, und mit Dana formuliert: zu »anything worthy of note«.[99] Auf Walfangfahrten waren Wale, ob gesichtet oder gefangen, als Zweck der Reise notationswürdig. So wurde am 21. November 1856 auf der *Archer*, einem Walfänger aus New Bedford, notiert:

»Friday Nov 21st. the first part a fine breeze from the East with Smoky weather Stearing S.S.E At 1 p.m. raised Sperm whale on the weather bow heading to the westward Lowered the boats and Struck One took him Long Side at 7. O. Clock and Set boats Crews watches At .6 in the morning commenced Cutting finished at .8 A.M the Latter part of the Crew Employed Clearing up the decks So Ends these 24 hours
Lat by Obs[ervation] 12.01 .N
Long by Chro[nometer] 24.18 .W.«[100]

Walsichtungen wurden wie die unkartierten Inseln mit einem Datum versehen und so als Daten in einem Koordinatensystem adressierbar. Dabei handelte es sich um eine administrative, offenbar jedoch keine lästige Pflicht. Denn die Bücher wurden trotz ihrer bürokratischen Form nicht knapp und hastig, oft nicht einmal nüchtern geführt, sondern wie Briefe oder Geschichten ausgeschmückt. Sowohl offizielle Logbücher, per definitionem schlichte »Ereignisregister«,[101] als auch private Journale wurden dabei von denen, die sie führten, mit Zeichnungen von Szenen aus dem Walfängeralltag illustriert.

Weit verbreitet waren Markierungen am Seitenrand mit einem Stempel in Form verschiedener Walarten, die anzeigten, ob die Mannschaft Wale dieser oder jener Art gesichtet hatte.[102] Die Walfänger fertigten die Stempel aus Holz oder Walzahn selbst und schnitzten häufig eine freie Fläche hinein, in die eingetragen werden konnte, wie viel Öl das gefangene Exemplar abgegeben hatte, manche fügten den gestempelten Walen Harpunen oder blutige Fontänen hinzu. Der Stempel

99 Dana: *The Seaman's Friend*, S. 145.
100 Logbuch der *Archer* (New Bedford), 21. November 1856. Daniel B. Fearing Logbook Collection, F 6870.4, Houghton Library, Harvard University.
101 te Heesen: »Die doppelte Verzeichnung«, S. 271.
102 Zur Logbuchführung auf Walfängern siehe Burnett: *Trying Leviathan*, S. 112–114, und Verrill: *The Real Story of the Whaler*, S. 163–189. Siehe auch die auf der Auswertung zahlreicher Logbücher basierende alltagshistorische Studie von Creighton: *Rites and Passages*.

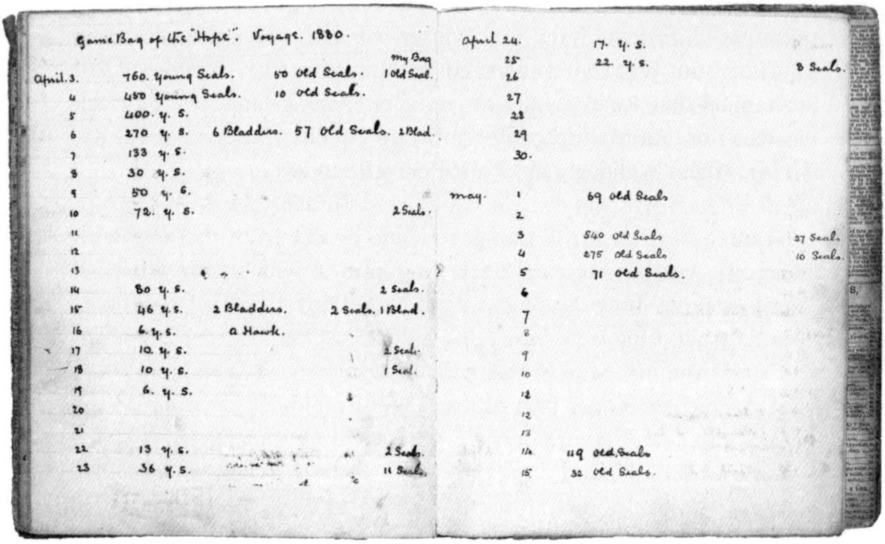

Abb. 10: *Game Bag of* ›*Hope*‹. *Voyage 1880.* Arthur Conan Doyle, 1880.

eines ganzen Wals stand dabei für einen erfolgreichen Fang. War ein Wal nur gesichtet worden oder den Fangboten entwischt, stempelten die Seeleute eine Schwanzflosse ins Logbuch. So setzte George Bliss, erster Offizier auf der *William Baker*, am 22. November 1838 den Stempel einer Schwanzflosse neben die Worte »saw a large sperm whale lowered and chased but did not strike« und notierte neben dem gestempelten Glattwal vom Vortag: »55 bbls.« (Abb. 14, S. 125).

Barrel Öl war dabei nicht nur die Maßeinheit für gefangene Wale, deren Öl in Fässer abgefüllt worden war, sondern diente auch als Größenangabe für Walfangschiffe und für Wale überhaupt, die sich schnell in den Profit in US-Dollar umrechnen ließ, den man sich von einem Tier versprach, so dass ein Walfänger in seinem Journal einen Verlust beklagen konnte von »100 $ that I might have had.«[103]

Auch Walsichtungen erhielten durch die Logbuchführung Tatsachencharakter und hatten, wie die entdeckten Inseln im Pazifik,

103 Journal von Benjamin L. Boodry, *Arnolda* (New Bedford), 2. August 1852. Whaling Journals and Logbooks, ODHS 619A, New Bedford Whaling Museum Research Library; Burnett: *Trying Leviathan*, S. 111–112.

die Tendenz, sich in Listen aufzulösen.[104] Arthur Conan Doyle, der
1880 sein Medizinstudium in Edinburgh unterbrach, um die *Hope* als
Schiffsarzt auf Walfang in die Arktis zu begleiten, legte in seinem Logbuch eine ganze Reihe von Listen an: Der spätere Vater von Sherlock
Holmes hielt die Ausbeute der Fahrt sowohl summarisch nach Art
der Beute und nach Booten als auch chronologisch in mit »game bag«
überschriebenen Listen fest, in denen er auch den eigenen Jagderfolg
verzeichnete (Abb. 10). Zusätzlich führte er Buch über sein »Arctic
museum«, eine im Laufe der Reise angelegte Sammlung von »interesting things«:

> »1. An Esquimeaux pair of sealskin trousers
>   2. An Iceland falcon
>   3. My sealing knife and steel
>   4. Bone of bladdernose – shot myself
>   5. 2 bones of old seals
>   6. 2 foreflippers of a young bladdernose
>   7. 2 foreflippers of a ground seal
>   8. a bear's head
>   9. Bristles of a bladder
>   10. a Burgomaster
>   11. Drums of whale's ears
>   12. 2 King Eider ducks
>   13. Bits of lava found in King Eider duck
>   14. (?) a Unicorn's horn« [105]

Auch zoologische Listen über die arktischen Walarten, eine Syste-
matik über die auf der Reise beobachteten Tiere (»Zoological List of
Whaling Voyage«) und ein Abbildungsverzeichnis für die zahlreichen
Illustrationen legte er an. Ähnlich wie Doyles »game bag« hielten die

---

104 Siehe hierzu Kapitel II.
105 Arthur Conan Doyle: ›*Dangerous Work*‹. *Diary of an Arctic Adventure*, hg.
    von Jon Lellenberg und Daniel Stashower, London 2012, S. 282. Ein Wort
    zur Taxonomie in Doyles Liste: »Bladdernose« ist eine Mützen- (*Cysto-*
    phora cristata), »Ground seal« wahrscheinlich eine Kegelrobbe (*Halicho-*
    erus grypus), hinter dem »Burgomaster« verbirgt sich eine Eismöwe (*Larus*
    hyperboreus) und beim Horn des Einhorns dürfte es sich um den Zahn
    eines Narwals gehandelt haben. Siehe John James Audubon: *Ornithological*
    Biography, or an Account of the Habits of the Birds of the United States of
    America, Vol. V, Edinburgh 1849, S. 59–61; T. Rupert Jones: *Manual of the*
    Natural History, Geology, and Physics of Greenland, and the Neighbouring
    Regions, London 1875, S. 55, 64.

in Listen angeordneten *whale stamps* am Ende von Logbüchern amerikanischer Walfänger (Abb. 11) den Ertrag der Walfangfahrt und damit
das Eigentum des Reeders überblicksartig fest. Auch Charles Darwin
legte in einem seiner Tagebücher eine Fangliste an und verzeichnete
in einem anderen die Exemplare, die er gesammelt hatte, unter Angabe von Breiten- und Längengrad der Fundstelle.[106] Bevor sie von der
Royal Society oder später von Maury oder Darwin selbst als Naturbeobachtung (aus-)gelesen werden kann, ist Logbuchführung schlicht
und ergreifend Buchführung. Die tabellarisch gelisteten *whale stamps*
werden, dem Status des Logbuchs als wissenschaftliches und privat-
wirtschaftlich-administratives Dokument entsprechend, zu Medien
der Übertragung im doppelten Sinne: Sie stehen, einerseits, für die
Umrechnung von Walöl in US-Dollar und damit für den Wal als Gegenstand der Ökonomie. Listen kontrollieren Übertragungsvorgänge:
Sie verwalten, sortieren, lassen zirkulieren und verwandeln Güter in
transferierbare Sachen.[107] Zugleich sind die *whale stamps* bildstatis-
tische Zeichen, in denen Wale als Objekte eines ozeanographischen
Verteilungswissens auftreten, die in Tabellen angeschrieben oder in
Karten abgebildet werden können.

Bis jedoch Walsichtungen in Karten eingezeichnet werden können,
müssen aus den in Logbüchern notierten Tatsachen Daten und aus
Fanggründen Datenmeere werden. Wer das Meer schreiben will, muss
zunächst einmal Logbücher lesen.

4. Datenmeere

Als Maury ans Depot of Charts and Instruments berufen wird, findet
er ein ganzes Archiv alter Logbücher vor, die bis ins Jahr 1796 zu-
rückreichen. Wie die englische und die französische Marine ließ sich
die amerikanische Navy die Bordjournale von Schiffsreisen nach der
Rückkehr ins Depot schicken, wo sie allem Anschein nach ungelesen
verstaubten. Maury allerdings entdeckte in ihnen die Aufzeichnungen, die er ein Jahrzehnt zuvor vergeblich gesucht hatte, als er mit
der *Falmouth* in See stach. Nicht alle Logbücher im Depot waren
sorgfältig geführt worden, manche jedoch enthielten detailreiche Aufzeichnungen über den Kurs der Schiffe und das Wetter zur See. Worin

---

106 Charles Darwin: *Zoology Notes & Specimen Lists from H. M. S. Beagle*, hg.
    von Richard Keynes, Cambridge 2000, S. 54, 92.
107 Vismann: *Akten*, S. 21.

Abb. 11: Aus dem Logbuch der *Hope* (New Bedford, MA), 1845.

seine Vorgänger, zu denen auch Charles Wilkes gehört hatte, nicht viel
mehr als Archivmüll gesehen hatten, erkannte Maury die Grundlage
für seine Ozeanographie.[108]
Maurys *archival turn* läutete ein Comeback des Logbuchs ein.
Margaret Schotte hat herausgearbeitet, dass das Logbuch in der zweiten Hälfte des 17. Jahrhunderts für kurze Zeit als *boundary object* fungierte, das für unterschiedliche Nutzergruppen verschiedene Zwecke
erfüllte: Einerseits stellten Seefahrer mit einem professionell geführten
Logbuch ihre nautischen Fähigkeiten unter Beweis und empfahlen
sich so für Beförderungen, während andererseits die Akademien und
wissenschaftlichen Gesellschaften Englands und Frankreichs den Logbüchern Informationen aus entlegenen Weltteilen entnahmen.[109] Mit
der Erfindung des Chronometers jedoch verlor das Logbuch seine
Bedeutung für die Positionsbestimmung auf See, während gleichzeitig
die behördlich erlassenen Vorschriften zur Logbuchführung immer
umfänglicher und den Seeleuten lästig wurden. Schon mit Ende des
17. Jahrhunderts begann die *trading zone*, in der Seefahrer und Auto-
ritäten sich über die Anfertigung von Logbüchern verständigen konnten, ohne sich über ihre Zwecke einig sein zu müssen, sich aufzulösen,
und die Logbücher verschwanden ungelesen in den Archiven.[110]
    Dem Fokus auf die europäische Seefahrt entgeht freilich, dass der
Bedeutungsverlust des Logbuchs in den Vereinigten Staaten ausblieb.
Zum einen waren nur die hervorragend ausgestatteten europäischen
Entdeckungsreisenden im Besitz von John Harrisons teurer Län-
genuhr; nicht nur amerikanische Walfänger waren nach wie vor auf
Himmelsbeobachtung, Kompass und das *log* aus Holz angewiesen,
um sich auf See zu orientieren.[111] Zum anderen hatten einige neuenglische Seefahrer ihre Logbücher mitnichten vergessen, sondern bereits
in der Mitte des 18. Jahrhundert die ersten Einrichtungen gegründet,
in denen die Aufzeichnungen örtlicher Seefahrer zentral gesammelt
wurden. In Boston entstand noch vor der Revolution eine Marine So-

---

108 Corbin: *A Life of Matthew Fontaine Maury*, S. 53; Hearn: *Tracks in the
     Sea*, S. 92; Williams: *Matthew Fontaine Maury*, S. 148–149.
109 Schotte: »Expert Records«; zum Begriff des *boundary object* siehe James
     Griesemer und Susan Leigh Star: »Institutional Ecology, ›Translations‹
     and Boundary Objects. Amateurs and Professionals in Berkeley's Museum
     of Vertebrate Zoology, 1907–39«, in: *Social Studies of Science* 19 (1989) 4,
     S. 387–420.
110 Siehe zur *trading zone* Peter Galison: *Image and Logic. A Material Culture
     of Microphysics*, Chicago 1997, inbes. S. 803–805.
111 Goetzmann: *New Lands, New Men*, S. 233.

ciety, deren Aufgabe allerdings zuerst im Risikomanagement bestand.
Während in England Organisationen und Fonds geschaffen worden
waren, um die Angehörigen der Opfer von Seeunglücken entschädigen
zu können, und die Kapitänsausbildung der Royal Navy den Eintritt
Letzterer überhaupt verhindern sollte, fehlte in den amerikanischen
Kolonien jede private oder staatliche Initiative dieser Art.[112] Die in
Boston (1754), Newburyport (1772) und Salem (1799) gegründeten
Kapitänsgesellschaften übernahmen diese Funktionen in Neuengland
zumindest für diejenigen Schiffe, deren Kapitäne oder Eigner zu ihren
Mitgliedern gehörten.[113] In Salem war mit der East India Marine So-
ciety eine Gesellschaft gegründet worden, deren Mitgliedschaft auf
solche Kapitäne beschränkt war, die den Pazifik oder den Indischen
Ozean befahren hatten.[114] Artikel XV der Satzung dieser Gesellschaft,
die sich indes weniger um die Wohlfahrt von Kapitänswitwen sorgte
als um die Archivierung nautischer Wissensbestände, verpflichtete die
Mitglieder zur Vorlage ihrer Logbücher:

>»The members returning from sea, shall in all cases present the
Journals of their Voyages to the President for the inspection of the
Committee without any excuse whatever and the Committee shall
direct the Secretary to make such Extracts as they shall judge useful
to the Society.«[115]

---

112 Zu englischen Seefahrerfonds Jon Press: »The Collapse of a Contributory
Pension Scheme. The Merchant Seamen's Fund, 1747–1851«, in: *Journal of
Transport History* 5 (1979), S. 91–104; zur Kapitänsausbildung der Royal
Navy: Harold Dickinson: *Educating the Royal Navy. Eighteenth- and
Nineteenth-Century Education for Officers*, Abingdon 2007. Zu Seefahrt-
versicherungen in Großbritannien und den USA Christopher Kingston:
»Marine Insurance in Britain and America, 1720–1844. A Comparative
Institutional Analysis«, in: *The Journal of Economic History* 67 (2007) 2,
S. 379–409; siehe auch A. B. Leonard: »Underwriting British Trade to India
and China, 1780–1835«, in: *The Historical Journal* 55 (2012) 4, S. 983–1006.
113 Samuel Eliot Morison: *The Maritime History of Massachusetts, 1783–1860*,
Boston 1921; William Baker: *A History of the Boston Marine Society, 1742–
1967*, Boston 1968; William Bayley und Oliver Jones: *History of the Marine
Society of Newburyport, Massachusetts*, o. O. 1906; Walter Muir Whitehill:
The East India Marine Society and the Peabody Museum of Salem, Salem
1949; siehe auch Matthew McKenzie: »Salem as Athanaeum«, in: Dane Anthony Morrison und Nancy Lusignan Schultz (Hg.): *Salem. Place, Myth,
and Memory*, Boston 2004, S. 91–104.
114 Salem East India Marine Society, Act of Incorporation, in: Whitehill: *The
East India Marine Society and the Peabody Museum of Salem*, S. 176.
115 Article XV, Bye Laws and Regulations, East India Marine Society Salem

Bei ihrer Rückkehr hatten Mitglieder der East India Marine Society
der Gesellschaft Mitteilung über auf der Reise gemachte Naturbeobachtungen zu machen:

»Every member upon his arrival from sea, shall communicate in
writing his observations of the bearings and distances of all Capes
and Head Lands, of the Latitudes and Longitude of Islands, rocks
and shoals, of soundings, tides and currents, of unusual occurrences,
storms and accidents, with all other observations, which he may
judge useful to be recorded at the discretion of the Committee, who
shall receive the same at the first meeting.«[116]

Die Gesellschaft stattete ihre Mitglieder mit Vordrucken für Log-
bücher aus und wählte 1804 Nathaniel Bowditch zum Inspector of
Journals. Bowditch, der im selben Jahr eine Stelle als Aktuar der Essex
Fire and Marine Insurance Company antrat, hatte 1802 mit dem *New
American Practical Navigator* das erste Standardwerk amerikanischer
Navigation verfasst, das erst mit Maurys *Sailing Directions* Konkur-
renz bekommen sollte und bis heute in aktualisierter Auflage Teil der
Bordbibliothek aller Schiffe der U.S. Navy ist.[117] Als Logbuchsam-
meldepots kamen die Marine Societies damit einer weiteren Aufgabe
europäischer Institutionen nach, die sich in den jungen Vereinigten
Staaten erst mit dem Depot of Charts and Instruments herausbilden
würde. In Frankreich war schon im 18. Jahrhundert das Dépôt des
Cartes et Plans de la Marine eingerichtet worden, und in Großbritannien übernahm die Admiralität die Funktion eines nautischen Archivs.[118] Die Sammlungen der neuenglischen Gesellschaften blieben
jedoch lokal und ihr Publikum beschränkt. Die Boston Marine Society

Massachusetts, in: Whitehill: *The East India Marine Society and the Peabody Museum of Salem*, S. 179.

116 Article XVI, in: ebd., S. 179–180.

117 Nathaniel Bowditch: *The New American Practical Navigator*, Newburyport 1802; Whitehill: *The East India Marine Society and the Peabody
Museum of Salem*, S. 9–10. Auch die Marine Society in Boston legte eine
Sammlung von Karten und Logbüchern an. Ihr Interesse war jedoch auf
nautische Daten über die neuenglische Küste beschränkt. Matthew McKenzie: *Vocational Science and the Politics of Independence. The Boston Marine
Society, 1754–1812*, Dissertation: University of New Hampshire 2003, insbes. S. 18–47.

118 Siehe zur französischen Hydrographie und ihrer Institutionen Chapuis:
A la Mer comme au Ciel und *James McClellan III und François Regourd:
The Colonial Machine. French Science and Overseas Expansion in the Old*

verpflichtete ihre Mitglieder lediglich zu Aufzeichnungen über die Küste Neuenglands, und selbst die Logbücher, die in den Räumen der East India Marine Society in Salem exzerpiert wurden und Reisen bis in den Pazifik oder den Indischen Ozean protokollierten, entstammten Reisen mit ein und demselben Ausgangspunkt: Salem.

In Maurys Depot hingegen fanden sich Logbücher mit Aufzeichnungen über alle von amerikanischen Schiffen befahrenen Teile der Welt. Auch er ließ die Logbücher nach Reiserouten sortieren und begann, sie zu exzerpieren. Angefangen mit der Route New York – Rio de Janeiro, auf der er mit der *Falmouth* selbst gesegelt war, übertrugen Maury und seine Mitarbeiter die Angaben über Windstärken und -richtungen, Wetterlagen, Strömungen und Walsichtungen sowie die unter diesen Bedingungen zurückgelegten Distanzen in sogenannte Abstract Logs. Zu den Logbüchern, die Maury sich vornahm, gehörte auch das Bordjournal der *Acushnet*, auf der Herman Melville in den Jahren 1841 und 1842 auf Walfang ging. Das Logbuch dieser Reise ist seit über einem Jahrhundert verschollen.[119] Bevor es verschwand, wurde es jedoch in Maurys Depot exzerpiert und in eine Tabelle übertragen (Abb. 12).

Was bei Melville Literatur wurde, wurde bei Maury zu Daten. Mit der Übertragung von Beobachtungen aus Logbüchern in Tabellen werden Wetterlagen, Wind- und Strömungsverhältnisse in ein neues Format gebracht.[120] Wenn die Konventionen der Logbuchführung die Notation von Beobachtungen als Tatsachen begünstigen, zeichnen sich die Daten der Ozeanographie vor allem durch zwei Dinge aus: ihre massenhafte Speicherung und ihre Formalisierung.[121] Von Beginn

Regime, Turnhout 2011; zur britischen Hydrographie siehe Reidy: *Tides of History*; siehe auch Despoix: *Die Welt vermessen*.

119 Zu Melvilles Walfangfahrten siehe Wilson Heflin: *Herman Melville's Whaling Years*, hg. von Mary K. Bercaw Edwards und Thomas Farel, Nashville 2004, hier S. xvii, xxiv.

120 Vismann: *Akten*, S. 208. Dass Daten das Ergebnis von Schreib- und Sammelpraktiken sind, zeigen für Volks- und Pflanzenzählungen im 19. Jahrhundert auch Christine von Oertzen: »Machineries of Data Power. Manual versus Mechanical Census Compilation in Nineteenth-Century Europe«, in: *Osiris* 32 (2017), S. 129–150, und Staffan Müller-Wille: »Names and Numbers. ›Data‹ in Classical Natural History, 1758–1859«, in: ebd., S. 109–128.

121 Zur Wissenschaftsgeschichte von Daten grundlegend Elena Aronova, Christine von Oertzen und David Sepkoski: »Historicizing Big Data«, in: ebd., S. 1–17; Christine von Oertzen: »Die Historizität der Verdatung. Konzepte, Werkzeuge und Praktiken im 19. Jahrhundert«, in: *NTM. Zeitschrift für Geschichte der Wissenschaften, Technik und Medizin* 25 (2017) 4,

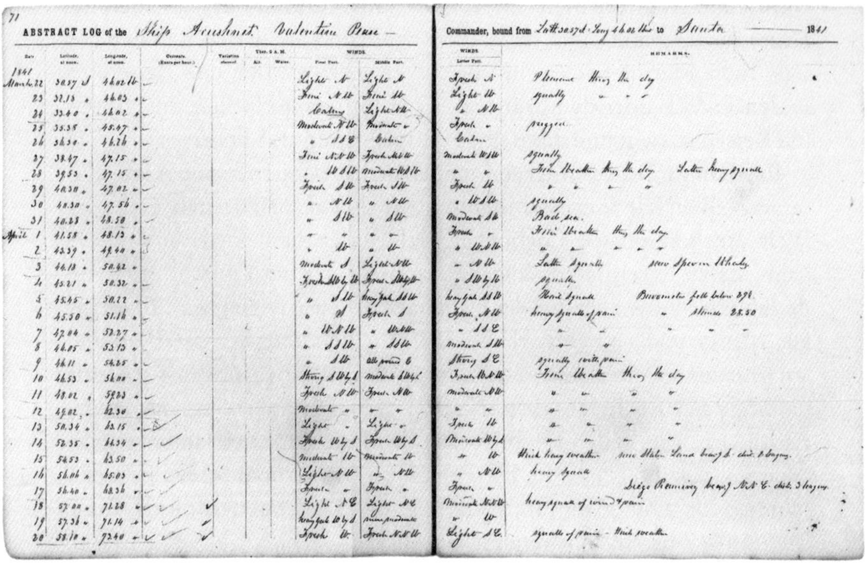

Abb. 12: Abstract Log der *Acushnet*, 1841.

an war Maury daran gelegen, sein Korpus von Logbüchern zu vergrö-
ßern. Er rief die amerikanischen Seeleute dazu auf, alte Logbücher ans
Observatorium zu schicken. Die Folge, berichtete er 1855 in der Einleitung zur *Physical Geography of the Sea*, war ein »flight up into the
garrets, and a ransacking of time-honored sea-chests in all the maritime communities of the country for old log-books and sea journals.«[122]
Was seinen Weg ins National Observatory fand, war jedoch kaum zu-
friedenstellend. »The old records [...] proved to be only outcroppings
to the rich vein which had been struck«, aber die verborgenen Schätze,
auf die sie verwiesen, so Maury, standen dem nautischen Geist klar vor
Augen.[123] Um sein *sample* zu erhöhen, rief Maury die Seefahrer zur
Mitarbeit auf. 1848 veröffentlichte er ein standardisiertes Formular zur
Ausgabe an amerikanische Seefahrer, um genauere Aufzeichnungen zu
erhalten und die mühsame Arbeit des Exzerpierens im Depot zu reduzieren. Im Austausch für ihre Aufzeichnungen sollten die Seeleute

---

S. 407–434, und Daniel Rosenberg: »Data before the Fact«, in: Lisa Gitelman (Hg.): ›Raw Data‹ Is an Oxymoron, Cambridge, MA 2013, S. 15–40.
122 Maury: *The Physical Geography of the Sea*, S.v.
123 Ebd.

ebenjene Karten erhalten, die Maury auf Grundlage ihrer Daten zu
zeichnen gedachte:

>»Every Navigator who, at the end of his voyage, will return to the
Observatory, or to the Bureau of Ordnance and Hydrography, at
Washington, the Abstract Logs of his cruises, kept according the
accompanying form, will be entitled therefor [sic!] to a Copy of
>Maury's Wind and Current< Chart«.[124]

Ausgefüllte Formulare waren bei den Marinevertretungen in den Häfen von Boston, New York, Philadelphia, Baltimore oder Norfolk,
Virginia abzugeben oder per Post an Maury zu schicken – »which
would, perhaps, be the better plan, after tearing off the backs, so
that it may the more conveniently pass through the post office [...],
directed simply >To The Bureau of Ordnance and Hydrography,
Washington<«.[125] Auf Nantucket nahm William Mitchell (der Vater
der Astronomin Maria Mitchell, die gerade als erste Frau in die American Academy of Arts and Sciences aufgenommen worden war) Berichte von Walfängern entgegen, die von Maury besonders aufgerufen
waren, ihn über Strömungen im Pazifik zu unterrichten. Neben der
Navy, die ihre Logbücher schon seit Einrichtung des Depot of Charts
and Instruments im Winter 1830 sammelte, unterstützten nun auch
Seehandelskaufleute und Reeder Maurys Pläne, indem sie ihre Kapitäne dazu verpflichteten, Maurys Formulare auszufüllen.[126]
    Das *Abstract Log, for the Use of American Navigators* bestand aus
Vordrucken und einer zehnseitigen Anleitung, wie sie auszufüllen
waren. Die Vordrucke waren nichts anderes als die von Maury beim
Exzerpieren der Logbücher erstellten Tabellen in Form von For-
mularen. Einzutragen waren: Datum, Längen- und Breitengrad (»at
noon«), Strömungen und ihre Geschwindigkeit in Knoten, Variation
der Kompassnadel, die Temperatur von Luft und Wasser (»9 A.M.«),
Windrichtungen und »Remarks«. Maurys *Abstract Log* steuerte die
Beobachtung zur See, »genauer: [es] programmiert[e] die genauen Ar-
beitsschritte zur Produktion eines Schriftstücks«[127] und verwandelte,
wie man mit Alan Turing sagen könnte, Seefahrer in Papiermaschinen.[128]

124 Maury: *Abstract Log*, S. 3.
125 Ebd.
126 Testimonial Volume. Maury Papers, Box 63, Library of Congress.
127 Vismann: *Akten*, S. 161.
128 »Es ist möglich, den Effekt einer Papiermaschine zu erreichen, indem man
    eine Liste von Handlungsanweisungen niederschreibt und einen Menschen

Maurys Apodemik verlangte faktische Kürze: »Any change of 2° or
more, however, in the temperature of the water, and the time at which
the change is noticed, should be carefully entered with the Remarks, in
few words, thus: W.T., 2, P.M., 68°.«[129] Vor allem die letzte Spalte mit
»Remarks« richtete sich an Walfänger. Unter der Überschrift »Whales
avoid warm currents« instruierte Maury die Seeleute:

> »It is well known that whales will not go into currents of warm
> water. Therefore, whenever whales are seen, or icebergs, or sea
> weed, or drift, or tide rips, note the fact with the temperature of the
> water under the head of Remarks, and include under this head also
> every thing that is worthy of note, or is calculated to be of service to
> those who may hereafter follow in the same trade.«[130]

Die Walfänger hatte Maury zwar schon in der Anleitung von 1848 zu
»most intelligent Navigators«[131] erklärt, doch ließ ihre Bereitschaft,
die Abstract Logs auszufüllen, zunächst zu wünschen übrig. Seine
Mitarbeiter beschwerten sich über die Logbücher der Walfänger, »as
being of so little value on account of their ›no temperatures‹«, und
auch Maury klagte über die wenigen Rücksendungen von Walfängern.
»Thank Capt. Fisher of the Abraham H. Howland for his abstract«,
schrieb er 1851 an den ehemaligen Walfangkapitän Daniel McKenzie,
der ihm Logbücher aus New Bedford schickte, setzte aber hinzu:
»With the temperature columns filled out, it would have been a rich
gem.«[132]
    Maury adressierte die Walfänger mit einem Flugblatt, das er in Hä-
fen verteilen und in *Hunt's Merchant's Magazine* drucken ließ, erneut
und unterstrich die gemeinsamen Interessen von Ozeanograph und
Walfänger:

> »I have reason to believe that the temperature of the sea has much
> to do with the whale, or the growth of its food that the sperm

bittet, sie auszuführen. Eine derartige Kombination eines Menschen mit
geschriebenen Instruktionen wird ›Papiermaschine‹ genannt.« Alan Turing:
»The State of the Art«, in: *Intelligence Service. Schriften*, Berlin 1987,
S. 183–208.
129 Maury: *Abstract Log*, S. 4.
130 Ebd.
131 Ebd., S. 5.
132 Maury an Daniel McKenzie, 4. April 1851, und Maury an McKenzie,
     17. April 1851. RG 78, Letters Sent, Vol. 6, NARA.

whale delights in warm water, and the right whale in cold and those whalemen who are co-operating with me in collecting materials for the ›Wind and Current Charts‹ – and the whale chart belongs to the series – will, therefore, understand and appreciate the importance of keeping a daily record as to the temperature of air and water.«[133]

Das Formular wurde in den folgenden Jahren mehrfach überarbeitet. Weltweit eingesetzt wurde die Version, die im August 1853 auf der internationalen maritimen Konferenz in Brüssel verabschiedet wurde.[134] Die Delegierten der Konferenz schlugen die Verwendung verschiedener Formen der Abstract Logs für Kriegs- und Handelsschiffe vor. Im November desselben Jahres übernahm die U.S. Navy die in Brüssel vorgeschlagene Form für ihre Schiffe auf Befehl des Marinesekretärs James Dobbin. In wichtigen Häfen stationierte Maury Mitarbeiter, die sich die Logbücher der dort eintreffenden Schiffe ausliehen, um sie zu exzerpieren: Eine große Zahl von Abstract Logs fertigte George Manning in New York an, Daniel McKenzie tat dasselbe in New Bedford. Einige vorbildlich geführte Logbücher fanden gleich in Orignalform Eingang in Maurys Sammlung. Der Kapitän John Hammond etwa überließ Maury 13 Logbücher von Schiffen unter seinem Kommando.

Die angelegten Tabellen ließ Maury in Bücher binden. Jedem Band wurde eine Nummer zugewiesen und sein Inhalt wurde in einem Registerband indexikalisiert. Aus diesem Register geht hervor, dass Maury, bis er 1861 von seinem Posten zurücktrat, um für die Konföderation in den Bürgerkrieg zu ziehen, Abstract Logs in 533 Bänden versammelt hatte. Das dieser Art von Maury gesammelte Material bestand hauptsächlich aus abgekürzten Berichten über meteorologische Beobachtungen auf See und, im Fall der inzwischen zahlreichen Abstract Logs von Walfängern, Meldungen über Walsichtungen. Doch auch hier gingen die Logbuchführer über die Aufzeichnung des Nötigsten hinaus: Das Abstract Log der *Dashing Wave* ist um einen Brief des Kapitäns über die politischen Begebenheiten des Jahres 1854 ergänzt.[135] Das Formular des Dampfers *City of Pittsburgh* enthält einen langen

133 Maury: *Explanations and Sailing Directions (1851)*, S. 777.
134 Maury: *Abstract Log*. Die beste Beschreibung der Logbücher und ihrer Abstracts in Maurys Archiv findet sich bei Sharon L. Gibbs: *The Maury Abstract Logs 1796–1861* (National Archives Microfilm Publications Pamphlet Describing M1160), Washington, D.C. 1986. Zur Brüsseler Konferenz siehe *Official Report of the First International Maritime Conference* und Achbari: »Building Networks for Science«.
135 Log der *Dashing Wave* (San Francisco). Records of the Weather Bureau,

und lebendigen Bericht eines Besuchs des brasilianischen Kaisers Dom Pedro II. auf dem Schiff im Jahre 1852.[136] Ein Exzerpt enthält ein Manuskript mit Segelanleitungen entlang der argentinischen Küste bis in die Antarktis.[137] Auch naturhistorische Aufzeichnungen wurden in Form von teilweise recht genauen Berichten und Zeichnungen von Flora und Fauna der befahrenen Gebiete gemacht. Das Log der *Raduga* enthält einen Bericht über Wirbelstürme im Pazifik, und auf dem Walfänger *George Champlain* wurden Walsichtungen und -fänge wie in Logbüchern grafisch festgehalten.[138]

Dass es sich bei Maurys Arbeit im Depot um eine Gründungsszene der Ozeanographie handelt, ist also wörtlich zu verstehen: Er verpasste dem maritimen Aufschreibesystem den Medienverbund von Logbuch, Archiv und Karte, in dem die »Beschreibung der See« System bekam.[139] Im Depot of Charts and Instruments wurden nicht nur Logbücher gelesen, sondern mit der Ausgabe der Abstract Logs wurde ein kollektives Schreiben ins Werk und der Unbeschreibbarkeit des Meeres entgegengesetzt.[140] Der Ozeanographie lag ein ›kollektiver Empirismus‹ zu Grunde, in dessen Zentrum Maury als Superintendent

---

RG 27, Maury Abstract Logs (National Archives Microfilm Publications M1160), Roll #8, Vol. 24, NARA.

136 Log der *City of Pittsburgh* (New York). RG 27, Maury Logs, Roll #11, Vol. 35, NARA.

137 Smyleys Cost [sic!] Pilot from River Plate to Cape Horn Falkland Islands South Shetland Palmersland and Orkney. RG 27, Maury Logs, Roll #32, Vol. 119, NARA.

138 Log der *George Champlain* (Newport, RI). RG 27, Maury Logs, Roll #70, Vol. 241, NARA. Log der *Raduga* (San Francisco). RG 27, Maury Logs, Roll #67, Vol. 223, NARA.

139 Siehe zur Ozeanographie‹ als »Beschreibung der See« Bobrik: *Handbuch der Praktischen Seefahrtskunde*, Bd. 1, S. 79–80; zu Maury als Begründer der Disziplin – jenseits hagiographischer Biographien – etwa Georg von Boguslawski: *Handbuch der Ozeanographie, Bd I: Räumliche, physikalische und chemische Beschaffenheit der Ozeane*, Stuttgart 1884, S. 5–6, und Ernst Mayer: »Kurzer Rückblick auf die Entwicklung der oceanographischen Messungen«, in: Ferdinand Attlmayr u.a. (Hg.): *Handbuch der Oceanographie und maritimen Meteorologie*, Bd. 1, Wien 1883, S. 1–60, wo ihn das Inhaltsverzeichnis als Paradigma ausweist, das die Ozeanographie in eine Zeit vor und nach der »Reformirung der oceanographischen Messungen durch Maury« teilt. Siehe auch Robert Stockhammer: *Kartierung der Erde. Macht und Lust in Karten und Literatur*, München 2007, S. 194.

140 Stockhammer: *Kartierung der Erde*, S. 193–194. Zum als unbeschreibbar beschriebenen Meer Natascha Adamowsky: *Ozeanische Wunder. Entdeckung und Eroberung des Meeres in der Moderne*, Paderborn 2017; Wolf: *Fortuna di mare*.

die Gemeinschaftsanstrengung all derjenigen Seefahrer koordinierte, die mit seinen Abstract Logs und seinen Karten die Weltmeere befuhren. Dank der Entscheidung der Navy, die Kapitäne ihrer Schiffe zur Führung der Abstract Logs zu verpflichten, verfügte Maury über eine buchstäbliche »army of observers«, die mit ›dem Meer‹ ein globales Phänomen vermaß, das nicht nur seiner Ausbreitung, sondern auch der Menge an Beobachtungen wegen, die es hervorbrachte, unmöglich von Washington aus von einem Einzelnen erforscht werden konnte.[141] Auf die Standardisierung der Logbuchführung wurde deshalb großer Wert gelegt: Die kollektiv betriebene Ozeanographie war auf Beobachtungen angewiesen, die sich ihrer direkten Kontrolle entzogen. Maury versah deshalb seine Dankesschreiben an die Kapitäne, die ihm Exzerpte ihrer Logbücher geschickt hatten, mit Lob und, wo nötig, mit Tadel. »Be pleased in your next [log] to record the water thermometer *regularly*«, ermahnte er einen Kapitän im Mai 1851.[142] Einem Walfänger, der gründlichere Aufzeichnungen gemacht hatte, schrieb Maury: »This is a very well-kept log & valuable abstract, & I thank you for it heartily. Please ask Capt. McKenzie for everything in the Chart Line that has been out since you sailed. Your log is worth it all.«[143] Wie Jeremiah Reynolds' Tabelle einen intelligenten Walfänger produzierte, dessen Wissen, wenn nicht immer richtig, zumindest überprüfbar wurde, sorgte das Format, in dem die Seeleute Maury Bericht erstatteten, für eine Legitimation durch Schreibverfahren.[144]

Der wichtigste Ort in Maurys Observatorium war also nicht die Sternwartekuppel, sondern das Archiv. In gewisser Weise blieb Maury über die Namensänderung seiner Behörde hinaus vor allem Leiter eines Depots.[145] Die Ozeanographie entstand nicht nur als Humboldt'sche Verteilungswissenschaft, sondern auch als eine derjenigen archivgestützten Naturwissenschaften, die Lorraine Daston *Sciences of the Archive* nennt.[146] Diese Wissenschaften des Archivs, in

---

141 Zum kollektiven Empirismus Daston: »The Sciences of the Archive«; Lorraine Daston: »The Empire of Observation, 1600–1800«, in: Lorraine Daston und Elizabeth Lunbeck (Hg.): *Histories of Scientific Observation*, Chicago 2011, S. 81–113, und Lorraine Daston und Peter Galison: *Objektivität*, Frankfurt a.M. 2007, S. 22–28.

142 Maury an Capt. Francis Silva, 21. Mai 1851, und Maury an Capt. John W. Norton, 2. April 1851. RG 78, Letters Sent, Vol. 6, NARA.

143 Maury an Capt. Worthen Hall, Ship Majestic, 26. Mai 1851, RG 78, Letters Sent, Vol. 6, NARA.

144 Niklas Luhmann: *Legitimation durch Verfahren*, Frankfurt a.M. 1983.

145 Siehe auch Stockhammer: *Kartierung der Erde*, S. 193.

146 Daston: »The Sciences of the Archive«.

denen die Bibliothek oder das Archiv als Orte der Wissensproduktion nicht weniger bedeutsam sind als das Feld oder das Labor, operieren mit neuen wie alten Aufzeichnungen und Objekten. Sie stützen sich in gleichem Maße auf die archivierten Erkenntnisse und Materialien vorangegangener Forschergenerationen wie sie ihre Archive mit Blick auf eine *imagined community* von Nutznießern ihrer Sammlungen anlegen. Zur vorgestellten Gemeinschaft der Ozeanographie zählten zukünftige Generationen von Meeresforschern ebenso wie die zeitgenössischen Seefahrer und Walfänger, die sich dabei als diejenigen, die Maury mit ihren Aufzeichnungen versorgten, selbst als Teil einer Gemeinschaft von Wissensproduzenten imaginieren konnten.[147]

Die verschiedensten Aufbewahrungsorte für Reichtümer – Kornspeicher, Lagerhäuser, Schatzkammern –, die der Frühen Neuzeit als Metaphern zur Beschreibung ihrer Archive dienten, klingen in Richard Henry Danas Beschreibung vom Logbuch als *depository of evidence* nach. In Maurys Depot hat Danas Metapher ihren wissenschaftshistorischen Grund. Während Leopold von Ranke und seine Schüler die europäischen Staatsarchive entdeckten, entwickelte Maury einen ozeanographischen Spürsinn im Logbuchdepot.[148]

Die Folge war eine Verdatung des Meeres. Maury hat seinen Ansatz als Vervielfältigung von Tatsachen beschrieben: »With a multitude of facts thus brought together and properly discussed, we shall not fail to improve our knowledge as to the navigation of these great Oceans.«[149] Die einzelnen Beobachtungen, aufgeschrieben im Tatsachenformat der Tabelle, gewannen durch ihre schiere Menge eine neue Qualität, ein neues Potential und einen neuen Namen: Daten. Die erste Frage, die Maury an sie richtete, lautet: »Are the observations sufficiently numerous to afford the data for a fair average?«[150]

Dass Maury bislang wertloses Material in wertvolle Daten verwandelte und einen konkreten Nutzen aus der *whaling intelligence* zu

---

147 Siehe etwa die »Letters from Whalemen« in Maury: *Explanations and Sailing Directions (1851)*, S. 180–204. Zum Konzept der vorgestellten Gemeinschaft siehe Benedict Anderson: *Imagined Communities. Reflections on the Origin and Spread of Nationalism. Revised Edition*, London 2006.

148 Daston: »The Sciences of the Archive«, S. 171; Kasper Risbjerg Eskildsen: »Leopold Ranke's Archival Turn. Location and Evidence in Modern Historiography«, in: *Modern Intellectual History* 5 (2008) 3, S. 425–453.

149 Maury: *Abstract Log*, S. 3, 7.

150 Maury: *Explanations and Sailing Directions (1851)*, S. 18. Maurys Gebrauch des Wortes entspricht, dass Daten im ›Datum‹ zwar einen grammatikalischen, im Englischen aber kaum gebrauchten Singular haben. Hierzu auch Rosenberg: »Data before the Fact«, S. 18.

ziehen versprach, die auch Jeremiah Reynolds – in deutlich geringerem Umfang – mit eher vagen Verweisen auf geopolitische Phantasmen gesammelt hatte, ist ihm jüngst als weitere Pioniertat angerechnet worden: Aus dem »Vater der Ozeanographie« wurde der »Pionier der Datafizierung«.[151] Dass Beobachtungen erst als »multitude of facts« brauchbar werden, ist ein Grundsatz von *Big Data*. Die Aufzeichnungen von Seeleuten zu datafizieren, bedeutete, sie zu klassifizieren und in ein Format zu bringen, in dem sie zahlenmäßig erfasst und analysiert werden konnten.[152] Dass Maury zu einer Sammlung von Tatsachen ›Daten‹ sagt, heißt zweierlei: Erstens sind Daten, wenn man ihre Geschichte mit Maurys Arbeit im Depot beginnen lassen will, immer schon Datenmassen, *data* wären also *always already big*. Sie sind jedoch nicht nur zahlreich, sondern haben auch buchstäblich Masse, wie die Bücher, in die Maury die Abstract Logs binden ließ, und die Bibliothek, in der sie verwahrt wurden, zeigen.[153] Um sie in so großer Zahl zu erheben und zu verarbeiten, und das heißt: sie in Tabellen aufzuschreiben, zu korrelieren und in Karten zu visualisieren, war Maury auf ein Netzwerk aus Gehilfen angewiesen, die Logbücher führten, Exzerpte anfertigten und die Tabellen per Post ans Naval Observatory schickten. Der Superintendent Maury wäre dann nicht nur als Vater der Ozeanographie oder als Pionier der Datafizierung zu beschreiben, sondern auch als Systemeffekt.

Zweitens besteht die zentrale Leistung dieses Aufschreibesystems in der Zentralisierung eines Vielfachen, die eine Gleichzeitigkeit von Ungleichzeitigkeiten zur Folge hat: Aufzeichnungen von 1796 finden Eingang ins selbe Dokument wie solche von 1861, Logbucheinträge, die im Südpazifik getätigt wurden, stehen neben solchen aus dem Nordpolarmeer. Maurys Ozeanographie ist wesentlich Datenver-

---

151 John Grady: *Matthew Fontaine Maury, Father of Oceanography. A Biography, 1806–1873*, Jefferson, NC 2015; Kenneth Cukier und Viktor Mayer-Schönberger: *Big Data. Die Revolution, die unser Leben verändern wird*, München 2013, S. 99.

152 Cukier und Mayer-Schöneberger: *Big Data*, S. 98–106. Darauf, dass das 19. Jahrhundert ein Faible für Beobachtungen hatte, die nicht nur zahlreich, sondern auch zahlenförmig waren, hat schon Porter: *Trust in Numbers* hingewiesen. Siehe auch Theodore Porter: *The Rise of Statistical Thinking, 1820–1900*, Princeton 1988, und Ian Hacking: *The Taming of Chance*, Cambridge 1990, S. 95–104.

153 »Data are *things*. They are not just numbers but also numerals, with dimensionality, weight, and texture«, schreibt der Historiker Paul Edwards in *A Vast Machine. Computer Models, Climate Data, and the Politics of Global Warming*, Cambridge, MA 2010, S. 84 (Hervorherbung i.O.).

arbeitung. Ihre Daten erhalten ihre Evidenz durch ihre Masse oder, wie Sabine Höhler es mit Blick auf Maurys frühe ozeanographische Tiefenmessungen formuliert hat, ihre Dichte: »Ozeanischer Raum entstand durch Verdichtung«.[154] Im Logbucharchiv von Maurys Observatorium wird der Erkenntnisgegenstand »Meer« nicht einfach abgebildet, sondern allererst erzeugt. Das Meer wird dem Ozeanographen zur Datenbank, das Aufschreibesystem zur Suchmaschine.[155]

Eine zweite Gleichzeitigkeit von Ungleichzeitigkeiten entstand auf dem Meer, wenn Seeleute mit Maurys Karten zur See fuhren. Die ersten auf den Abstract Logs beruhenden Karten verzeichneten die zurückgelegten Routen einer Vielzahl von Schiffen mit gleichem Heimat- und Zielhafen, »but at different times, in different years, and during all seasons« (Abb. 13).[156] Dank der Wind- und Strömungsangaben wären Seeleute, die diese Karte zu Rate ziehen, mit der »combined experience« all jener ausgestattet, deren Logbücher Maury zuvor exzerpiert hatte und auf deren Grundlage die Karte gezeichnet worden war.[157] So hätte selbst ein junger Seemann jahrzehntelange Erfahrung im Gepäck:

>»Perhaps it might be the first voyage of a young navigator to the given port, when his own personal experience of the winds to be expected, the currents to be encountered by the way, would itself be blank. If so, there would be the wind and current chart. It would spread out before him the tracks of a thousand vessels that had preceded him on the same voyage [...]. Such a chart, it was held, would show him not only the tracks of the vessels, but the experience also of each master as to the winds and currents by the way, the temperature of the ocean, and the variation of the needle [...] and thus the young mariner instead of groping his way along until the lights of experience should come to him by the slow teachings of the dearest of all schools, would here find, at once, that he had already the experience of a thousand navigators to guide him on his

154 Sabine Höhler: »›Dichte Beschreibungen‹. Die Profilierung ozeanischer Tiefe im Lotverfahren von 1850 bis 1930«, in: David Gugerli und Barbara Orland (Hg.): *Ganz normale Bilder. Historische Beiträge zur visuellen Herstellung von Selbstverständlichkeit*, Zürich 2002, S. 19–46.
155 David Gugerli: *Suchmaschinen. Die Welt als Datenbank*, Frankfurt a.M. 2009, S. 15–16; Stockhammer: *Kartierung der Erde*, S. 193.
156 Maury: *The Physical Geography of the Sea*, S.v. Für einen Überblick über Maurys Karten siehe Mark Pinsel: »The Wind and Current Chart Series Produced by Matthew Fontaine Maury«, in: *Navigation* 28 (1981), S. 123–136.
157 Maury: *The Physical Geography of the Sea*, S. 5.

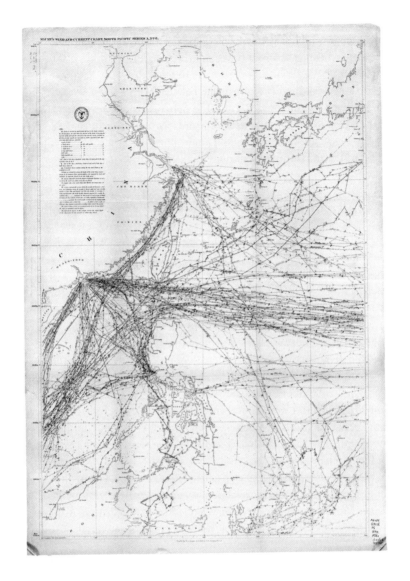

Abb. 13: *Map and Current Chart of the North Pacific*. Matthew Fontaine Maury, 1849.

voyage. He might, therefore, set out upon his first voyage with as much confidence in his knowledge [...], as though he himself had already been that way a thousand times before.«[158]

Maurys Karte, die die Vielheit der Fakten in eine Vielheit der Zeiten verwandelt und mehrere Zeitpunkte nebeneinanderstellt, ist gleichermaßen heterotopisch wie heterochronisch: Sie versetzt den Seemann in die Lage, zu verschiedenen Zeiten gleichzeitig am selben Ort zu sein, und wird damit zur Zeitmaschine.[159]

5. Kurven im Meer

Die Karte, die Maury Humboldt im September 1849 angekündigt hatte und mit der er die Existenz einer Nordwestpassage bewiesen zu haben glaubte, bestand aus vier Blättern von je 66×97 cm. Auf Basis der aus den Logbüchern exzerpierten Informationen verzeichnete sie Walvorkommen in den Weltmeeren und ist damit zunächst eine biogeographische Karte wie sie um die Mitte des 19. Jahrhunderts in großer Zahl gezeichnet wurden. Mit den Humboldt'schen Wissenschaften rückten geographische Verteilungsphänomene in den Blick, und Karten wurden zum bevorzugten Mittel, Forschungsergebnisse grafisch darzustellen. In diesen Karten wurde die geographische Verteilung von Pflanzen und Tieren, Regenfällen und Durchschnittstemperaturen, aber auch von Krankheiten, Eisenbahnstrecken und, im Jahr 1908, sogar von Abonnenten einer geographischen Fachzeitschrift über die Erde verzeichnet.[160]

Eine der ersten biogeographischen Karten – Karten, die die Verteilung von Organismen verzeichnen – war Augustin Pyramus de Candolles *Carte botanique de France*, die 1805 in der dritten Auflage zu Jean-Baptiste de Lamarcks *Flore française* erschienen war, die Candolle

---

158 Ebd., S. v–vi.
159 Michel Foucault: »Von anderen Räumen«, in: *Schriften in vier Bänden. Dits et Ecrits, Bd. IV: 1980–1988*, Frankfurt a.M. 2001, S. 931–942.
160 Siehe zur Geschichte der thematischen Kartographie Arthur Robinson: *Early Thematic Mapping in the History of Cartography*, Chicago 1982. Die Karte über den *Rückgang der Abonnentenzahlen von »Petermanns Mitteilungen«* (1908) ist abgebildet in Güttler: *Das Kosmoskop* (Abb. IV/8), wo auch die stellenweise recht allgemeinen Thesen Robinsons eine Differenzierung erfahren.

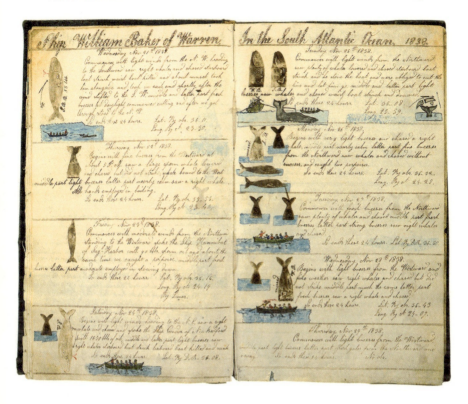

Abb. 14: Aus dem Logbuch der *William Baker* (Warren, RI), 1838.

mitherausgegeben hatte.[161] Statt in politische oder administrative Einheiten war die Karte in fünf verschiedene, unterschiedlich kolorierte
régions botanique eingeteilt: in Räume, »die eine bestimmte Anzahl
von Pflanzen aufweisen, die ihnen eigen sind und die man als wirklich
einheimisch bezeichnen könnte«.[162] Einfärbungen und Schattierungen
bestimmter Regionen nutzte 1848 auch Heinrich Berghaus in seinem

161 Jean-Baptiste de Lamarck und Augustin Pyramus Candolle: *Flore française:
     ou descriptions succinctes de toutes les plantes qui croissent naurellement
     en France*, 5 Bde., Paris ³1805, siehe zur Karte und im Folgenden Güttler:
     »Lebensraum. Frühe pflanzengeographische Karten und die ›natürliche
     Ökonomie‹ der Gewächse«, sowie Güttler: *Das Kosmoskop*, S. 41–46.

162 »[…] des espaces quelconques qui […] offrent un certain nombre de plantes
     qui leur sont particulières et qu'on pourroit nommer véritablement abo-
     rigènes.« Augustin Pyramus de Candolle: »Essai élémentaire de géographie

Abb. 15: *Jagdgebiet der sogenannten Pelzthiere.* Heinrich Berghaus, 1848.

Physikalischen Atlas. Die Karte für das *Jagdgebiet der sogenannten Pelzthiere* enthielt dabei auch Angaben zum »Schauplatz des nordischen Walfisch- und Robbenfangs (Abb. 15).[163] Charles Wilkes brachte von der U.S. Ex. Ex. ebenfalls eine *Map Illustrative of the Currents and Whaling Grounds* mit, die mit Schattierungen arbeitete (Abb. 9, S. 75).

Maury war diese Darstellungsweise nicht fremd, das zeigt vor allem seine 1853 publizierte *Chart Showing the Favorite Resort of the Sperm and Right Whale,* die das Verbreitungsgebiet der Pottwale durch rote und dasjenige der Glattwale durch blaue Einfärbungen darstellte (Abb. 16).[164] Schon seine erste, 1851 gezeichnete *Whale Chart,* die über ihren Status als »preliminary sketch« nie hinausgekommen ist, arbeitete mit dieser Form der Darstellung (Abb. 17). Sie unterteilte die Welt in Rechtecke von je fünf Grad Länge zu fünf Grad Breite und stellte Gebiete, in denen Walfänger Pott- und Glattwale gesichtet hatten, ebenfalls mit roten und blauen Einfärbungen dar.[165] Die grünen

botanique«, in: *Dictionnaire des sciences naturelles,* Bd. 18, Straßburg 1820, S. 359–422; siehe auch Güttler: *Das Kosmoskop,* S. 162.

163 Siehe zu Berghaus' Atlas Jane Camerini: »The Physical Atlas of Heinrich Berghaus. Distributions Maps as Scientifc Knowledge«, in: Renato Mazzolini (Hg.): *Non-Verbal Communication in Science Prior to 1900,* Florenz 1993, S. 479–512.

164 Siehe auch Tafel X in Maury: *The Physical Geography of the Sea.*

165 Ähnlich verfuhr etwa zeitgleich Hewett C. Watson bei seinen botanisch-kartographischen ›Volkszählungen‹ in England, der die politischen Einheiten der Grafschaften in botanische Provinzen ähnlicher Größe unterteilte. Siehe Hewett C. Watson: *Cybele Britannica; or British Plants and their Geographical Relations,* London 1847–1859, und dazu Güttler: *Das Kosmoskop,* S. 186–193.

Abb. 16: *A Chart Showing the Favorite Resort of the Sperm and Right Wale.*
Matthew Fontaine Maury, 1853.

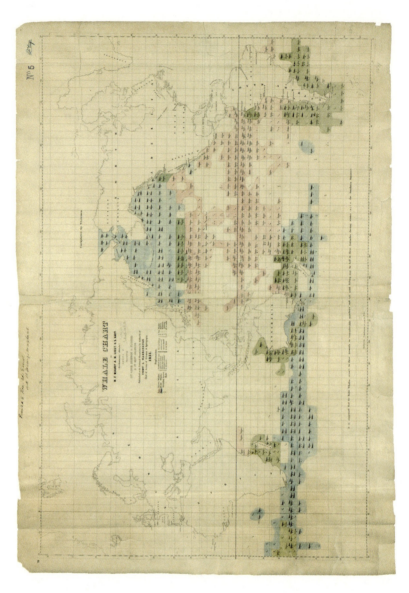

Abb. 17: *Whale Chart (Preliminary Sketch)*. Matthew Fontaine Maury, 1851.

Flächen, die in der Legende zur Karte nicht aufgeschlüsselt werden, bezeichnen die Gegenden, in denen beide Arten anzutreffen waren. In die Rechtecke sind Piktogramme von Pott- und Glattwalen gesetzt, die die Häufigkeit ihres Vorkommens anzeigen:»Two Whales of the same species in a square denote that square to be much frequented by that species«, vermerkt die Legende, und die in ›grünen Gewässern‹ liegenden Rechtecke sind überwiegend mit Piktogrammen von sowohl Pott- als auch Glattwalen versehen.

Die Darstellung von Walsichtungen mit Piktogrammen kannte Maury aus den Logbüchern der Walfänger, die sie mit Stempeln markierten.[166] Auch in den Abstract Logs begegneten ihm Zeichnungen von Walen und anderen marinen Organismen, wo sie allen Versuchen der Standardisierung zum Trotz weiterhin zum Einsatz kamen. Der siebten Auflage seiner *Explanations and Sailing Directions* fügte Maury das mit Zeichnungen mariner Organismen verzierte Abstract Log der *Garrick* an, die 1854 zwischen New York und Liverpool segelte (Abb. 18). Es lässt sich damit eine ikonographische Spur von Maurys Karten zurück zu den Logbüchern verfolgen, aus denen die Daten für seine Karten stammen. Wie in den Logbüchern verweist in den Karten ein *icon* auf einen gesichteten Wal. Die Stempel im Logbuch besitzen insofern auch indexikalischen Charakter, als jeder Stempel auf einen einzelnen Wal verweist, während die lithografierten Wale in der Karte ikonisch blieben, weil sie lediglich für den Umstand stehen, dass überhaupt Wale gesichtet wurden.[167]

Um 1850, als Maury die Arbeit an den *Whale Charts* begann, waren Einfärbungen sogenannter Intervallflächen zwischen Isolinien – Linien, die wie Höhenlinien Punkte desselben Wertes miteinander verbinden – ein übliches Darstellungsmittel für Verteilungskarten. Maury selbst griff für einige seiner Karten darauf zurück. Was seine Karten von vielen anderen Verteilungskarten unterscheidet, ist, dass sie die ihnen zu Grunde liegende Wissensproduktion oft grafisch themati-

---

166 Siehe unter den in Maurys Archiv verwahrten Logbüchern etwa das der *George Champlain* (Newport, RI). RG 27, Maury Logs, Roll #70, Vol. 241, NARA.

167 So in der Terminologie Charles S. Peirces, der mit *icons* bzw. Ikonen Zeichen beschreibt, die in einem Abbildungs- oder Ähnlichkeitsverhältnis zum Bezeichneten stehen, das dabei nicht zwingend als Singularität existieren muss. Indices dagegen sind Zeichen, deren »zeichenkonstitutive Beschaffenheit in einer Zweiheit oder einer existentiellen Relation« zu den bezeichneten Objekten liegt. Sie erfordern die individuelle Existenz sowohl von Zeichen als auch von Bezeichnetem. Charles S. Peirce: *Phänomen und Logik der Zeichen*, Frankfurt a. M. 1983, S. 65–66.

Abstract Log of the Ship Garrick. Captain R. W. Foster.

Date Hour V.		LATITUDE	LONGITUDE	CURRENTS		BAROMETER		THERMR.		FORM AND DIRECTION OF CLOUDS	STATE OF SKY CLEAR	HOURS OF FOG RAIN SNOW CALM'D	MAGNETIC VARIATION OBSERVED	WINDS	
				Direction	Rate	Height	Ther Att'd	Air	Water					Direction	Rate
24	4 PM								53		3				
	9													E.S.E. to E.N.E.	5
Noon 12															
	4 AM					Falling			53			Light showers		E by N to E. S. E.S.E.	5
	7					30 58		62	64						
	4							64	64	Cum from E.S.E. or	Nimbus			E.S.E. light	5 4½
	9					30 2/10		64	64	Light rain					
Noon 12		45° 9'	46° 58'	N 67 E	24				65	Squalls to S°S°E°	4			E.S.E. to East	4 3
25	3								53	Bally Beautifull Cum Str	6				
	8									in the S.W.					
	4 PM					29 2/10			50					East to E.S.E. & E by S.	2 2½
	8								53			almost cloudless			
	6 AM					28		54	52					Eby S to E.S.E. & S.E by E variable	2½
	3														
	8														
	4														
	9 AM	W. blue						56	52	Cum Str splendid in					
Noon 12		44° 4'	46° 53'	N by W	97	Rising		67	58	S° & W°	9				
26	4 PM	W. green				30 2/10			56					E.S.E. to S.E by E	3
	8							69	57						
	5 AM							57	57						
	9													E.S.E.	3
Noon 12															
	3											A from 6 to 7.30 AM		E.S.E. to East	2½
	8														
	4														
	9 AM					30 4/10		60	58	Cum to S° beautifull	9			East to E by S	2½
Noon 12		45° 6'	46° 58'	S 69 W	33					golden yellow					
27	3									Nimbus from E.S.E					
	8														
	4 PM					do		60	58		9			E to E by S	3½
	9					29 2/10						A little white			
Noon 12												B from 8 until 10 PM		S.E to East & E.S.E.	2½ 2
	3														
	8														
	4														
	6 AM								58						
Noon 12															
	3														
	8														
	4														
	9 AM	W. bluish green				29 2/10		64	56					E.S.E. to S.E. & calm	2
Noon 12		44° 3'	45° 56'	W	10	8								Noon S.S.E.	2½
	3									Petrels					
	8														

Abb. 18: Auszug aus dem Log der *Garrick* (New York) in den *Explanations and Sailing Directions* von Matthew Fontaine Maury, 1854.

sierten. Besonders außergewöhnlich ist seine Humboldt angekündigte
Whale Chart of the World (Abb. 1, S. 9). Zwar enthält auch sie das für
Maurys Karten typische Raster von fünf Grad Länge zu fünf Grad
Breite, doch ist in jedes Rechteck des geographischen Koordinaten-
systems ein zweites, mathematisches Koordinatensystem gezeichnet.
In seine y-Achse wurden die im jeweiligen Quadrat des Gradnetzes
verbrachten Fangtage aller Schiffe eingetragen, deren Logbücher im
Depot ausgewertet worden waren. Die x-Achse wurde in regelmä-
ßige Abstände unterteilt, die für die Monate eines Jahres stehen. Weil
auch hier die *combined experience* der Walfänger verzeichnet wurde,
entsprach die Zahl der Fangtage in einem Monat nicht der Zahl der
Kalendertage, sondern der Zahl der Schiffe, die über mehrere Jahre
hinweg zu dieser Jahreszeit in dieser Meeresgegend auf Walfang gewesen waren. So konnten für die Hauptsaison des Walfangs 300 »days
search« in einem Monat verzeichnet werden. Dies geschah mithilfe
von statistischen Kurven, die Sichtungen von Walen anzeigten:

»[...] to tell how many days have been spent by different vessels
searching for whales in the same month of different years, in any
district of 5° square, you have to follow the days of search curve
(black) till you find a horizontal break in it, in the column for
the required month; then counting by tens and hundreds from the
Southern parallel which bounds the district in question, you see the
number of days of search; then following the red curve in the same
manner you see on how many of those days sperm whales were
seen; in like manner the blue curve shows, the number of days on
which Right whales were seen.«[168]

Ein Ausschnitt aus der Karte, den Maury ab der sechsten Auflage im
Kartenteil der *Explanations and Sailing Directions* abdrucken ließ, gibt
sich nur durch die brasilianische Küste in der oberen linken Ecke als
solche zu erkennen (Abb. 19).

Weil der Rest des Kartenausschnitts kein Land, sondern nur die
leere Fläche des Meeres zeigt, sieht sie einem statistischen Kurvendia-
gramm ähnlicher als einer Seekarte. Dass die Kurven auf diese Weise
nicht nur die geographische Verteilung von Glatt- und Pottwalen, sondern auch ihre saisonale Variation und die Suchanfragen der Walfänger
verzeichnet, verweist sowohl auf den Entstehungs- als auch auf den

168 Matthew Fontaine Maury: *Whale Chart of the World*. Wind and Current
     Charts, Series F, Sheet No. 2 (Abb. 1).

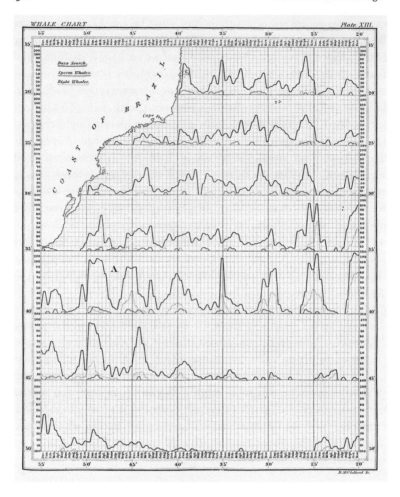

Abb. 19: *Whale Chart*. Matthew Fontaine Maury, 1854.

Verwendungszusammenhang von Maurys Karten. Sie basieren, erstens, auf den von Maury gesammelten Beobachtungen der Walfänger. Die Kurven, die die Fangtage anzeigen, geben zuallererst darüber Auskunft, an wie vielen Tagen Aufzeichnungen in Logbüchern gemacht wurden. Ohne Logbuch keine Daten und keine Kurven in der Karte: »I have not, as yet, found the log book of any whaler that has cruised here at any other season of the year«, schreibt Maury, »and, therefore, my information as to the rest of the year is negative«.[169] Wie es um die Walbestände in bestimmten Regionen zu den Jahreszeiten bestellt ist, zu denen die Jagd in anderen Meeresregionen stattfindet, lässt sich aus seinen Karten nicht erkennen. »We know not as to the other months, because the night and cold then drive the whalemen from this part of the ocean, and we cannot say anything as to the numbers in which the fish resort there then. The charts are, therefore, silent on the subject.«[170] In den Kurven steckt deshalb eine weitere Autorenangabe: Neben den Angaben zu Herausgeber, Zeichner und verantwortlicher Behörde, die in der Legende der Karte genannt werden, werden mit ihnen auch die Walfänger angezeigt, die die Informationen geliefert haben, die in der Karte verzeichnet sind.

Zweitens legt die mathematische Form der Darstellung die statistischen Grundlagen der thematischen Kartographie offen.[171] Maury besteht verschiedentlich darauf, dass seine *Wind and Current Charts*, zu denen auch die Walkarten gehören, keine Garantie, sondern eine Wahrscheinlichkeit angeben, zu bestimmten Zeiten an bestimmten Orten bestimmte Wind- oder Strömungsverhältnisse oder eben Wale anzutreffen.[172] Anders als seine *Chart Showing the Favorite Resort of the Sperm and Right Whale* oder die Karten von Berghaus und Wilkes, in denen lediglich Jagdgebiete eingezeichnet waren, gibt Maurys *Whale Chart of the World* Auskunft auch über die Anzahl gesehener Wale. Sie informiert die Walfänger darüber, »where in each month this animal is most likely to be found«.[173]

Drittens schließlich waren es die Walfänger, für die Maury die Karten anfertigte. Unter der Bedingung, dass sie auf ihrer Reise ein *Abstract Log* nach Maurys Vorgaben führten, bekamen Walfangkapitäne ein Exemplar der *Whale Chart* kostenlos ausgehändigt. Sie

169 Maury: *Explanations and Sailing Directions (1851)*, S. 777.
170 Ebd., S. 776.
171 Hierzu Browne: *The Secular Ark*, S. 58–85, und Robinson: *Early Thematic Mapping in the History of Cartography*, S. 32–35, 68–188.
172 Maury: *Explanations and Sailing Directions (1851)*, S. 92, 179, 216.
173 Ebd., S. 179. Siehe auch Stockhammer: *Kartierung der Erde*, S. 196.

bestätigten dem Observatorium gegenüber den Erhalt einer Wind-
und Strömungskarte

>for and in consideration of which I promise to keep in the manner
and form prescribed, journals of all my voyages, and on my return
to the United States at the end of each voyage, to transmit said
journals to the National Observatory.«[174]

Die Karte, schrieb ein Walfangkapitän aus New Bedford im Oktober
1851 an Maury, habe die Kapitäne und Eigner von Walfängern vom
Nutzen seiner Arbeit »in their behalf« überzeugt: »it is sought for by
all interested in whaling.«[175] Die kartographische Erfassung von Ver-
teilungsphänomenen barg das Versprechen, praktische Interventionen
zu ermöglichen. So übersetzten sich auch die Kurven, die Maury in
seine Karte eintrug, direkt in die Handlungsanleitung, Glattwale in
den Wintermonaten vor der Küste Chiles und Pottwale das ganze Jahr
hindurch in Äquatornähe zu jagen.[176]

Maury veröffentlichte im Anhang seiner *Explanations and Sailing
Directions* und der *Physical Geography of the Sea* mehrere Karten, die
ihren Herstellungsprozess abbildeten und nicht auf den ersten Blick
als Karten erkennbar sind. Während bathymetrische Seekarten Kon-
turen des Meeresbodens anzeigten – und damit als die ersten Karten
gelten, in denen Isolinien zum Einsatz kamen[177] –, scheint die Mee-
resoberfläche, die Maurys *Whale Charts* verzeichneten, trotz der Kerbung durch das Koordinatensystem, zunächst ein glatter, weil kartographisch unterschiedsloser Raum zu sein. Weniger durch ihren Inhalt
als durch ihre Rahmung geben sie sich als Karten zu erkennen. Erst
durch die Angabe von Längen- und Breitengraden in Tabellenkopf
und Vorspalte wird deutlich, dass es sich bei der *Whale Chart*, die als
»Plate IX« den *Sailing Directions* von 1851 beigegeben ist, nicht einfach um eine Tabelle handelt, sondern um eine Karte, die mit anderen

174 Form of Receipt, in: Maury: *Explanations and Sailing Directions (1851)*,
     S. 312.
175 Daniel McKenzie an Maury, 20. Oktober 1851, in: ebd., S. 310.
176 Entsprechend finden sich in Maury: *Explanations and Sailing Directions*
     (1851), etwa auf S. 776, auch Routenbeschreibungen für laut der Karten
     besonders profitable Walfangfahrten. Siehe auch Felsch: »Wie August Pe-
     termann den Nordpol erfand«, S. 110–111.
177 Arthur Robinson: »The Genealoy of the Isopleth«, in: *The Cartographic
     Journal* 8 (1971) 1, S. 49–53; Uwe Schwarz: »Die Darstellung der dritten
     Dimension. Ein Beitrag zur Geschichte der Kartographie«, in: *Geowissen-
     schaften in unserer Zeit* 5 (1987) 5, S. 157–165.

WHALE CHART.   Plate IX.

Lat. North	Dec.	Jan.	Feb.	March	April	May	June	July	Aug.	Sept.	Oct.	Nov.		Dec.	Jan.	Feb.	March	April	May	June	July	Aug.	Sept.	Oct.	Nov.	Lat. South Equator
60° N.º days of search													D	10	89	110	65	44	74	77	82	29	10	13	8	0°
N.º days on which found whales													S		9 N.	N N.	N	1 N N N.	N N.	N N.	1 N.			1	N	
													R													S.Lat. 5°
55° N.º days of search								2					D	3		8	4	4		2			5			
N.º days on which found whales													S													
								1					R													10°
50° N.º days of search							7	13					D	15			8			2	3	1				
N.º days on which found whales						10							S				1									15°
45° N.º days of search						10	5	17	2				D	12		2	4		4	3	3	2				
N.º days on which found whales						12	10						S													20°
40° N.º days of search						9	7	11	8	4			D	11	9		8		16		3					
N.º days on which found whales							10						S													25°
35° N.º days of search							9	9	3				D	4	20	34		6	15	4		5				
N.º days on which found whales													S			1										30°
30° N.º days of search	28	7					4	5	3				D		16	7		4				2	2			
N.º days on which found whales													S													35°
25° N.º days of search	3		2	5		2	1	3				4	D			3	3		2							
N.º days on which found whales													S													40°
20° N.º days of search	4	5	6	2	5							2	D	2	2	9	4		4			3				
N.º days on which found whales													S													45°
15° N.º days of search	3	3		4	6	2						2	D	7	9	12	1	1	2	3	2	2				
N.º days on which found whales													S													50°
10° N.º days of search	2	7	6	4	4		5	3	6				D			4	5							2		
N.º days on which found whales	0		1		1			1					S													55°
5° N.º days of search	5	25	25	23	45	37	4		4	6	7	2	D													
N.º days on which found whales		1 N.	6 N.	1	2 N.	N.							S													
0° Equator													R													60°

D. M'Clelland Sc.

Mitteln die gleichen Informationen aufbereitet wie die *Whale Chart of the World*, die Maury in seinem Schreiben an Humboldt angekündigt hatte (Abb. 20). Was dort in Kurven dargestellt wird, steht in dieser Karte in Zeilen:

»The three horizontal lines [...] marked D.R.S. [...] stand: D. for days; R. and S. for the number of days, each, in which whales, right and sperm, have been seen. The days of search are expressed in figures; the days on which whales are seen are expressed by the system of ›fives and tallies‹.«[178]

In *fives and tallies* – Strichlisten – tritt der Herstellungsprozess der Karten noch einmal hervor. Anders als bei arabischen Ziffern steht in Strichlisten jeder Strich für einen einzelnen Logbucheintrag.

»As the compiler wades through Log book after Log book, and scores down in column after column, and upon line after line, mark after mark, he at last finds that under the month and from the course upon which he is about to make an entry, he has already made four marks thus: (||||). The one that he has now to enter will make the fifth, and he ›scores and tallies‹, and so on, until all the abstracts relating to that part of the ocean upon which he is at work has been gone over, and his materials exhausted.«[179]

Maurys Striche stellen eine buchstäbliche Kerbung des Meeres dar. Strichlisten gehen auf das Kerbholz zurück, wie die »Rechnungstafel der Wirthe [hieß], auf welcher durch Einschnitte die Posten der Gäste notirt wurden.«[180] In der Geschichte der Schrift gelten sie als die ersten Spuren des Graphismus.[181] Zwar stehen sie am Anfang der abstrakten Schrift, doch verweist jede Kerbe oder jeder Strich stets auf einen konkreten Referenten; in Maurys Karte also auf einen Wal, oder genauer: auf einen eine Walsichtung verzeichnenden Logbucheintrag. André

---

178 Maury: *Explanations and Sailing Directions (1851)*, S. 178.
179 Ebd., S. 17.
180 Art. »Kerbe«, in: *Herders Conversations-Lexikon*, Bd. 3, Freiburg i. Br. 1855, S. 579.
181 Graham Flegg: *Numbers Through the Ages*, Basingstoke 1989, S. 37–55; Roy Harris: *The Origin of Writing*, London 1986, S. 137; Georges Ifrah: *Universalgeschichte der Zahlen*, Frankfurt a.M. 1991, S. 110–116; siehe auch André Leroi-Gourhan: *Hand und Wort. Die Evolution von Technik, Sprache und Kunst*, Frankfurt a.M. 1988, S. 238–239.

THUS:— (EXTRACT FROM THE WHALE CHART.)

A.

85° W.	Dec.	Jan.	Feb.	March.	April.	May.	June.	July.	Aug.	Sept.	Oct.	Nov.
5° N.												**80° W.**
Days of search.........	125	11	2	7	72	90	155	148	183	188	112	94
No. of days {Sperm....	18	0	0	1	21	13	20	30	41	37	38	.9
whales seen {Right.....	0	0	0	N.	0	0	0	0	0	0	0	0
Equator.												**Equator.**
Days of search.........	53	81	108	180	138	97	157	179	160	189	139	81
No. of days {Sperm...	5	8	10	17	8	3	23	22	10	14	5	9
whales seen {Right.....	0	0	0	M.	0	0	0	0	0	0	0	0
5° S.												**5° S.**
Days of search.........	45	111	70	56	56	50	91	125	119	95	94	97
No. of days {Sperm....	3	9	2	1	5	2	6	8	13	10	8	3
whales seen {Right....	0	3	0	P.	0	0	0	0	0	0	0	0
10° S.												**10° S.**

B.

80° W.	Dec.	Jan.	Feb.	March.	April.	May.	June.	July.	Aug.	Sept.	Oct.	Nov.
40° S.												**75° W.**
Days of search.........	148	96	39	54	25	5	8	0	26	116	222	255
No. of days {Sperm....	2	3	0	16	2	0	0	0	1	4	10	0
whales seen {Right.....	27	7	1	Q.	2	0	0	0	7	21	76	105
45° S.												
Days of search..........	48	58	16	8	3	0	6	0	0	5	4	23
No. of days {Sperm....	5	0	3	R.	0	0	0	0	0	0	0	1
50° S. whales seen {Right.....	5	1	0	0	0	0	0	0	0	0	0	10
85° W.												

Abb. 21: *Extract from the Whale Chart.* Matthew Fontaine Maury, 1851.

Leroi-Gourhan hat die Dynamik der Kerbenfolgen betont, die auch in Maurys Karten hervortritt: Sie zeichnen die Datenverarbeitung und den Kartierungsprozess im Archiv ebenso auf wie die Sichtung der Wale im Meer.[182]

Was aussieht wie Kurvendiagramme oder Tabellen, sind also *charts* im engeren Sinne: Karten. Sie verzeichnen die Verteilung von Walen in einer gegebenen Meeresregion. Die *Encylopædia Americana* von 1851 definiert Karten als »projection[s] on a plane surface of the whole world or a part of the spherical surface of the world«.[183] Ein wichtiges Merkmal dieser »Zeichenverbundsysteme« ist, dass das Gelände, das sie darstellen, »als bereisbar vorgestellt wird«.[184] In seiner *Notice to Whalemen* treibt Maury seine textuelle Topographie noch weiter und überschreibt eine Kolumne von Zahlen »Extracts from the Whale Chart« (Abb. 21). Auch hier handelt es sich um ein aufgespanntes Netz von Koordinaten, wie die Angaben »5° N«, »85° W« oder »Äquator« zeigen, innerhalb dessen geographische Positionen angesteuert werden

---

182 Leroi-Gourhan: *Hand und Wort*, S. 391.

183 Art. »Map«, in: Francis Lieber: *Encylopædia Americana*, Bd. VIII, Boston 1851, S. 263.

184 Stockhammer: *Kartierung der Erde*, S. 13.

können. Es geht hier also weniger darum, Karten als Texte, sondern Texte als Karten zu erkennen.[185]

Maurys *Whale Charts*, die von ihrer eigenen Herstellung handeln und in denen Wale als statistische und geographische Daten angeschrieben werden und zugleich als ökonomische Ressource auftreten, der die Vereinigten Staaten ihren Wohlstand verdanken, sind Abbildungen der Suchmaschine, die das Aufschreibesystem aus Logbüchern, dem Archiv des Observatoriums und dem Medium der Kartographie bildet. Folgt man David Gugerli, zeichnen sich Suchmaschinen durch die vier basalen Operationen der Objektivierung, der Adressierung, der Programmierung und der Simulation aus.[186] Auf das cetologische Aufschreibesystem gewendet bedeutet das erstens, dass die gesuchten Wale als Ziele objektivierbar waren und als numerischer Wert in Logbüchern, Abstract Logs und auch in den Karten aufgeschrieben werden konnten. Es heißt zweitens, dass sie adressierbar waren: Die Suche nach Walen wurde durch das geographische Koordinatensystem organisiert, in dem die Fanggebiete genau beschrieben waren. Zwar blieb diese Suche stochastisch, weil die lebendigen Wale nicht einzeln beschriftet waren und nicht individuell lokalisiert werden konnten, doch war der Walfang auch keine Suche nach Individuen. Außerdem folgten drittens die mit den Karten segelnden Walfänger einem Suchprogramm, das ihre Reise strukturierte, indem es sie in die als *whaling grounds* identifizierten Meeresregionen schickte, ihr Ergebnis – die Fangquote – aber grundsätzlich offen hielt. Viertens schließlich zeigt auch Maurys Suchmaschine eine Nähe zur Simulation, wenn sie Erfahrungswerte kombiniert und zum Zweck einer spekulativen Geographie im Archiv zusammenbringt. Suchmaschinen, so Gugerli, »stellten unerwartete Verknüpfungen her, machten Muster erkennbar«.[187] Es ist Maurys Suchmaschine, die geographische und kalendarische Daten korreliert, der sich die Erkenntnis saisonaler Fanggebiete und ihre Darstellbarkeit im Medium der Karte erst verdanken.

Maurys Ozeanographie des Wals ist sich selbst schreibende Biogeographie, Verteilungslehre und Statistik. Die Wale, die das maritime Aufschreibesystem hervorbrachte, sind damit seit Maurys Intendanz im Depot of Charts and Instruments nicht einfach die gefangenen,

185 Vgl. zur Karte als Text John B. Harley und David Woodward: *The History of Cartography, Vol. 1: Cartography in Prehistoric, Ancient, and Medieval Europe and the Mediterranean*, Chicago 1987, S. 7–8.
186 Gugerli: *Suchmaschinen*, S. 16.
187 Ebd., S. 89.

gesichteten und in Logbüchern gestempelten Wale, sondern Wissensobjekte des Virtuellen. Als Ereignisse einer Statistik des Walfangs
ereigneten sich Walfänge wie -sichtungen stets mit einer gewissen
Wahrscheinlichkeit, wie Maury, der den Seefahrern trotz seines Log-
buchstudiums keinen Fangerfolg garantieren konnte, wiederholt
betonte. Die Wale, die auftauchten, und die, die nicht auftauchten,
unterscheiden sich deshalb nicht in ihrem Realitätscharakter, sondern
waren vielmehr von derselben ontologischen Qualität.[188]

188 Joseph Vogl: »Grinsen ohne Katze. Vom Wissen virtueller Objekte«, in:
    Hans-Christian von Hermann und Matthias Middell (Hg.): *Orte der Kul-
    turwissenschaft*, Leipzig 1998, S. 41–53.

IV. Der Wal als taxonomische Anomalie: Kleine Klassifikationsgeschichte des Wals

»But when Leviathan is the text, the case is altered.«[1]

»First: The uncertain, unsettled condition of this science of Cetology is in the very vestibule attested by the fact, that in some quarters it still remains a moot point whether a whale be a fish. In his System of Nature, A.D. 1776, Linnaeus declares, ›I hereby separate the whales from the fish.‹ But of my own knowledge, I know that down to the year 1850, sharks and shad, alewives and herring, against Linnaeus's express edict, were still found dividing the possession of the same seas with the Leviathan. [...] Next: how shall we define the whale, by his obvious externals, so as conspicuously to label him for all time to come? To be short, then, a whale is *a spouting fish with a horizontal tail.*«[2]

Also sprach Ishmael. Entscheidend für diese Klassifikation, die Herman Melville dem Erzähler aus *Moby-Dick* in den Mund legt, sind der Aufenthaltsort des Tieres und seine äußere Form: Weil der Wal im Meer lebt wie die Fische, denen er ähnlich sieht, ist er ein Fisch. Wenn die wissenschaftliche Walkunde dies anders sah – davon, dass es innerhalb der Naturforschung immer noch ein strittiger Punkt ist, ob Wale Fische seien oder nicht, konnte 1851, als *Moby-Dick* erschien, keine Rede mehr sein – so, weil sie anderen Leitdifferenzen folgte. Der Wandel dieser Differenzen lässt sich historisch beschreiben und präzise datieren.[3] Dass Wale im Laufe des 18. Jahrhunderts aufhörten,

---

1 Melville: *Moby-Dick*, S. 455.

2 Ebd., S. 136–137 (Hervorhebung im Original). Die Herausgeber der Northwestern-Newberry Edition haben das Erscheinungsjahr von Linnés *Systema Naturæ* mit Verweis auf die von Melville konsultierte *Penny Cyclopædia*, Bd. 27 (London 1843) und ohne Rücksicht auf die im Jahr 1776 tatsächlich erfolgte Trennung der amerikanischen Kolonien von der englischen Krone in 1766 geändert. Korrigiert wurde damit nichts: Der Wal wird bei Linné schon seit 1758 als Säugetier geführt. Siehe »Discussions of Adopted Readings«, in: Melville: *Moby-Dick*, S. 856, sowie weiter unten im Kapitel.

3 Dies ist in den klassischen Untersuchungen zur Geschichte der Naturgeschichte und der Biologie mehrfach geschehen; siehe etwa, um nur die wichtigsten zu nennen, Toby Appel: *The Cuvier-Geoffroy Debate. French Biology in the Decades before Darwin*, New York 1987; Daudin: *Cuvier*

Fische zu sein, verdankte sich der Entstehung einer neuen zoologischen Klasse: den Säugetieren.

Ähnlich wie Ishmael argumentierte der englische Theologe und Naturforscher John Ray schon am Ende des 17. Jahrhunderts. 1693 klassifizierte er Wale in seiner *Synopsis Methodica* als Fische. Obwohl die entscheidende Differenz für die Klassifikation von Tieren für Ray diejenige zwischen Lungen- und Kiemenatmung war – womit, wie er feststellte, Wale in dieselbe Klasse gehörten wie warmblütige Landtiere –, hielt er an der Ordnung fest, für die er sich in seiner gemeinsam mit dem Fisch- und Vogelforscher Francis Willughby verfassten *De Historia Piscium* (1686) entschieden hatte. Dieses Werk galt bis weit ins 18. Jahrhundert hinein als Standardwerk der Ichthyologie, wie sich die Wissenschaft von den Fischen nennt. Es ordnete die »Walfische« (*piscis cetaceis*) als eine von drei Abteilungen der Klasse der Fische zu.[4] 1693 schreibt Ray:

> »Um nicht zu weit von der unter den Menschen verbreiteten Meinung abzuweichen & um Vorwürfe willkürlicher Neueinführung zu vermeiden, werden wir das Walgeschlecht der Wassertiere zusammen mit den Fischen einordnen, auch wenn sie den lebendgebärenden Vierbeinern in allen wesentlichen Punkten zu entsprechen scheinen, abgesehen von Haaren & Füßen & dem Element, in dem sie leben.«[5]

et Lamarck; Ilse Jahn (Hg.): *Geschichte der Biologie. Theorien, Methoden, Institutionen, Kurzbiographien*, Jena ³1998; Timothy Lenoir: *The Strategy of Life. Teleology and Mechanics in Nineteenth-Century German Biology*, Chicago 1982; Nyhart: *Modern Nature*. Ich kann hier nur Schlaglichter auf die Klassifikationskarriere des Wals werfen.

4 Francis Willughby und John Ray: *De Historia Piscium Libri Quatuor*, London 1686, Liber Secundus de Piscibus Cetaceis seu Belluis Marinis, S. 26–43. Zur Geschichte der Cetologie und der Klassifikation von Walen durch die Jahrhunderte Burnett: *Trying Leviathan*, S. 62–66, und L. Harrison Matthews: *The Natural History of the Whale*, New York 1978, S. 1–22.

5 »Nos nè à communi hominum opinione nimis recedamus; & ut affectatæ novitatis notam evitemus. Cetaceum Aquatilium genus, quamvis cum Quadrupedibus viviparis in omnibus ferè præterquam in pilis & pedibus & elemento in quo degunt, convenire videantur, Pscibus annumerabimus.« John Ray: *Synopsis Methodica Animalium Quadrupedum et Serpentini Generis*, London 1693, S. 55. Allerdings widerspricht Ray dieser Klassifikation zwei Seiten früher, wenn er die Wale in der *Animalium Tabula generalis* eindeutig als lebendgebärende, warmblütige und durch Lungen atmende Tiere klassifiziert, die sich von den Vierfüßlern nur durch ihren Aufenthaltsort, das Wasser, unterscheiden. Den Vierfüßlern ordnet er sie, wie Schiebinger: *Am Busen der Natur*, S. 73, behauptet, jedoch nicht zu.

Diese Entscheidung hatte Konsequenzen für die ganze Klasse. Dass von Kiemen keine Rede ist, als Willughby und Ray ihren Gegenstand in der *Historia Piscium* definieren, ist eine Konzession an die Anatomie des Wals. Sie definieren den Fisch als »Wassertier ohne Füße, schuppig oder von nackter Haut bedeckt, das mit Flossen schwimmt, stets im Wasser lebt und nicht von selbst irgendeinmal auf das trockene Land herausgeht«, und haben so die Möglichkeit, Wale, die »durch Lungen atmen & sich nach Art der Vierfüßler paaren & lebendige Junge gebären, und in jedem Teil der inneren Struktur & Einrichtung mit denen der lebendgebärenden Vierfüßler übereinstimmen«, zu Fischen zu erklären.[6]

Auch Carl von Linné, der heute dafür bekannt ist, die Wale den Säugetieren zugeschlagen zu haben – was er allerdings schon 1758 tat und nicht erst 1776, wie in *Moby-Dick* zu lesen ist –, folgte in den ersten neun Auflagen seiner *Systema Naturæ* der Ray'schen Logik. Linné, der in der 1744 erschienenen vierten Auflage seiner Systematik milchgebende Brüste zum entscheidenden Merkmal der Quadrupeden erklärte, wusste, dass Wale und Seekühe ihre Jungen säugen. Dennoch fasst er sie noch 1756 in der neunten Auflage der *Systema Naturæ* als »Plagiuri« in einer zur Klasse der Fische gehörigen Ordnung zusammen. Wie Ray hält er diese Entscheidung für erklärungsbedürftig:

»Alle Tiere dieser Ordnung erinnern der inneren Struktur nach eher an Vierfüßler als an Fische; Lungen, Atmung, Brüste, Penis, Lebendgeburt usw., legen dies dar. Wir ordnen sie dennoch den Fischen zu, wegen ihres Verhaltens, ihres Elementes, ihrer Flossen usw. Wir trennen die Ordnung von den Amphibien und den Reptilien, um nicht aus der Charybdis in die Scylla zu geraten.«[7]

6 »Quo a *cetaceum* genus seu *belluas marinas* dictas attinet, quamvis pulmonibus respirent, & quadrupedum more coeant, & vivos fœtus pariant, partiumque omnium internarum structura & constitutione cum Quadrupedibus viviparis convenient [...]. Est ergo, nobis definientibus, Piscis *Animal aquatile, pedibus carens, vel squammis vel cute nuda contectum, pinnis natans, in aquis perpetuo degens, nec sponte unquam in siccum exiens.*« Willughby und Ray: *De Historia Piscium*, S. 1 (Hervorhebung im Original).

7 »Ordinis bujus omnia animalia, potius *quadrupedia* quam pisces structura interna referunt; pulmones, respiratio, mammæ, penis, partus vivus &c. hoc evincunt. Nihilominus ad pisces referimus ob habitum, elementum, pinnas &c. uti sequentem ordinem ab *amphibiis repitilibus* separamus, ne Scyllam incidamus cupientes vitare Charybdin.« Carl von Linné: *Systema naturæ sistens regna tria naturæ in classes et ordines, genera et species redacta, tabulisque æneis illustrata. Accedunt vocabula gallica. Editio multo auctior & emendatior*, Leiden 1756, S. 39 (Hervorhebung im Original).

Die Verwandtschaften und Ähnlichkeiten der Tiere zueinander waren vielfältig, und die Aufgabe des Taxonomen war es, die Lebewesen in ein System einzuordnen, das möglichst vielen dieser Verbindungen Rechnung trug. Linné träumte sogar davon, sie nicht nur mit Hilfe der Schrift zu beschreiben, sondern den Anblick eines Lebewesens in Schrift zu übersetzen. Die Gestalt einer Pflanze sollte sich bis ins Textbild in der Beschreibung durch den Naturhistoriker wiederfinden:»Man müßte die Beschreibung in so viele Absätze aufteilen, wie die Pflanze Teile hat, und in großen Buchstaben das drucken, was die Hauptteile betrifft, in kleinen Buchstaben die Analyse der ›Teile von Teilen‹«, beschreibt Michel Foucault den Traum des Carl von Linné.[8] Ob Wale Fische oder Säugetiere waren, war für Linné und Ray keine Frage von Tatsachen, sondern der Gewichtung von Unterschieden und Ähnlichkeiten innerhalb der taxonomischen Ordnung.[9]

Es waren deshalb auch keine neuen Erkenntnisse über das Tier, die den Wal zum Säugetier machten, sondern neue Organisationsformen naturhistorischen Wissens. Dass Wale nicht durch Kiemen, sondern durch Lungen atmen, schrieb schon Aristoteles, der sie deshalb als eine eigene Gattung blutführender Lebewesen neben die Fische stellte.[10] Der erste moderne Naturforscher, der Wale nicht mehr als Fische klassifizierte, war der französische Zoologe Jacques Brisson. In *Le Règne animal divisé en IX classes* (1756) wies er den Walen eine eigene Klasse vom gleichen Rang wie den Vierfüßlern und den Fischen zu (die er in Knorpelfische und »eigentliche Fische« unterteilte).[11] Noch weiter ging zwei Jahre später Linné in der zehnten Auflage der *Systema Naturæ*: Er löste die Wale nicht nur aus der Klasse der Fische heraus, sondern gliederte sie in die Klasse ein, die bisher *Quadrupedia* geheißen hatte und fortan *Mammalia* heißen würde. Wale hörten in dem Moment auf Fische zu sein, als die Säugetiere das Tierreich be-

---

8 Foucault: *Die Ordnung der Dinge*, S. 177. Siehe auch Staffan Müller-Wille: »Vom Sexualsystem zur Karteikarte. Carl von Linnés Papiertechnologien«, in: Thomas Bäumler, Benjamin Bühler und Stefan Rieger (Hg.): *Nicht Fisch – nicht Fleisch. Ordnungssysteme und ihre Störfälle*, Zürich 2011, S. 33–50.

9 Burnett: *Trying Leviathan*, S. 64.

10 Aristoteles: *Hist. an.* I 6.490 b 7–491 a 6.

11 Jacques Brisson: *Le regne animal divisé en IX classes, ou, Méthode contenant la division generale des animaux en IX classes & la division particuliere des deux premieres classes, sçavoir de celle des quadrupedes & de celle des cetacées, en ordres, sections, genres & espéces aux quelles on a joint une courte description de chaque espéce, avec les citations des auteurs qui en ont traité, les noms qu'ils les différentes nations, & les noms vulgaires*, Paris 1756, S. 7, 341–382.

traten. Genau genommen fingen sie überhaupt erst an, zu existieren: Bis zur zehnten Auflage der *Systema Naturæ* gab es bei Linné ›die Wale‹ nicht, sondern nur unter der Ordnung ›Plagiuri‹ gemeinsam mit den Rundschwanzseekühen subsumierte Gattungen wie ›Balæna‹ oder ›Physeter‹, die 1758 als Angehörige der neuen Ordnung ›Cete‹ zur neuen Klasse der *Mammalia* umzogen.

Die Bezeichnung *Mammalia* für Lebewesen, die »milchgebend« (*lactantes*) sind,[12] erlaubte es Linné, Wale wegen »›ihres warmblütigen Herzens mit zwei Kammern, ihrer Lungen, ihrer beweglichen Augenlieder, ihrer hohlen Ohren, penem intrantem feminam mammis lactantem‹, und schließlich, ›ex lege naturae jure meritoque‹« – wie Ishmael ihn zitiert[13] – gemeinsam mit den Landsäugern einzuordnen. Der Begriff erleichterte Linné darüber hinaus die Eingliederung des Menschen in sein System der Natur, die, solange sie unter dem Etikett »Vierfüßler« geschah, starker Kritik ausgesetzt war.[14] *Mammalia* setzte sich als alternative Bezeichnung zu den *Quadrupedia* schnell durch und so wurde der Wal im Fahrwasser der einflussreichen zehnten Auflage von Linnés *Systema Naturæ* im Laufe des 18. Jahrhunderts zum Säugetier.

Der Chirurg John Hunter, der selbst einige kleinere Wale seziert hatte, wendete das Argument John Rays, dem auch Linné bis in die neunte Auflage seiner Systematik gefolgt war, 1787 in sein Gegenteil;

12 Carl von Linné: *Systema naturæ per regna tria naturæ, secundum classes, ordines, genera, species cum characteribus, differentiis, synonymis, locis. Tomus I. Editio decima, reformata*, Stockholm 1758, S. 12.

13 Melville: *Moby-Dick* (2001), S. 230; Linné: *Systema Naturæ* (10. Aufl. 1758), S. 17. Die Anmerkungen von Daniel Göske in Matthias Jendis' deutscher Übersetzung von *Moby-Dick* legen nahe, dass Melville auf die lateinischen Originalzitate zurückgriff, um der Zensur zu entgehen. Die bei Melville lateinischen Stellen lauten in der deutschen Übersetzung der 12. Auflage der *Systema Naturæ*: »Fünftens gehet die Ruthe der Männgen in die Mutter des Weibgens, und Sechstens haben die Weibgen Brüste«, Carl von Linné: *Des Ritters Carl von Linné vollständiges Natursystem nach der zwölften lateinischen Ausgabe nach Anleitung des holländischen Houttuynischen Werks mit einer ausführlichen Erklärung ausgefertigt von Philipp Ludwig Statius Müller. Erster Theil. Von den saugenden Thieren*, Nürnberg 1773, S. 56; Melville: *Moby-Dick* (2001), S. 955.

14 Gunnar Broberg: »Homo sapiens. Linnaeus's Classification of Man«, in: Tore Frängsmyr (Hg.): *Linnaeus. The Man and His Work*, Canton, MA 1994, S. 156–194; Daudin: *Cuvier et Lamarck*, S. 122–130; Jahn (Hg.): *Geschichte der Biologie*, S. 240. Schiebinger: *Am Busen der Natur*, S. 111, hat darauf hingewiesen, dass Linné mit seiner Begriffsschöpfung darüber hinaus Geschlechter- und Familienpolitik betrieb: Er hielt »nachdrücklich fest, daß es für das weibliche Geschlecht (bei Menschen wie Tieren) etwas ganz Natürliches sei, die eigenen Kinder zu stillen und großzuziehen«.

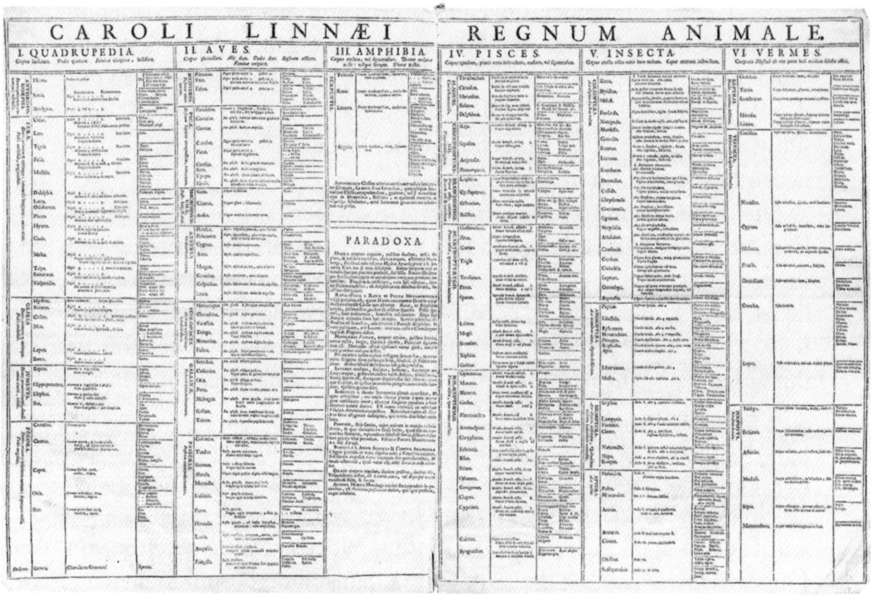
CAROLI LINNÆI REGNUM ANIMALE.

I. QUADRUPEDIA. | II. AVES. | III. AMPHIBIA. | IV. PISCES. | V. INSECTA. | VI. VERMES.

PARADOXA

Abb. 22: Aus der ersten Auflage von Carl von Linnés *Systema Naturae*, 1735. Wale werden als ›Plagiuri‹ zu den Fischen gezählt.

Wale seien eben keine Fische, schrieb er, die viele Eigenschaften mit Vierfüßlern teilten, sondern Säugetiere, die kaum Ähnlichkeiten mit Fischen hätten: »This order of animals has nothing peculiar to fish, except living in the same element, and being endowed with the same powers of progressive motion as those fish that are intended to move with a considerable velocity.«[15] Dass Wale im Wasser leben, war von einer Eigenschaft, die ihre Zugehörigkeit zu einer Klasse bestimmte, zu einem sekundären Merkmal geworden, das nicht mehr ausreichte, sie als Fische zu klassifizieren. Das Tableau der Naturgeschichte isolierte die Wale von ihrem Habitat. Erst in den diagrammatischen Darstellungen der klassischen Naturgeschichte, wo sie nicht von Wasser, sondern von anderen Gattungen und weißem Papier umgeben waren, konnten sie zu Säugetieren werden (Abb. 22, 23).[16]

15 John Hunter: »Observations on the Structure and Oeconomy of Whales«, in: *Philosophical Transactions* 77 (1787), S. 371–450.

16 Siehe zur Tabelle, die den einzelnen Einträgen neue Kontexte verschafft,

Abb. 23: Aus der zehnten Auflage von Carl von Linnés *Systema Naturae*, 1758. Wale werden als eigene Ordnung ›Cete‹ zu den Säugetieren gezählt.

Trotzdem weigerten sich bis in die letzten Jahre des 18. Jahrhunderts hinein zahlreiche Naturforscher, den Wal umstandslos Linné und seinen Säugetieren zu überlassen. Der Abbé Bonnaterre, dem die Cetologie ihren Namen verdankt, musste 1789 in der Einleitung seines Bandes über Wale für das *Tableau Encyclopédique et Méthodique* noch einmal in aller Deutlichkeit darauf hinweisen, dass zwischen Walen und Fischen klar zu unterscheiden sei: »La plus légère attention suffit pour apercevoir les caractères qui les distinguent.«[17] Es verdankt sich vor allem dem Einfluss von Georges-Louis Leclerc, Comte de

Kapitel II.2. Auf die Bedeutung von Papiertechnologien für naturhistorische Klassifikationen bei Linné ist in den vergangenen Jahren mehrfach hingewiesen worden; siehe Isabelle Charmantier und Staffan Müller-Wille: »Natural History and Information Overload: The Case of Linnaeus«, in: *Studies in History and Philosophy of Biological and Biomedical Sciences* 43 (2012) 1, S. 4–15; Müller-Wille: »Vom Sexsystem zur Karteikarte«.

17 Pierre Joseph Bonnaterre: *Tableau encyclopédique et méthodique des trois règnes de la nature: Cétologie*, Paris 1789, S. vii–viii.

Buffon, dass Bonnaterre, der sich allerdings am Begriff der ›Walfische‹ (*poissons cetacés*) nicht zu stören schien, den *différences entre les cetacés et les poissons* einen Abschnitt in seiner Einleitung widmen musste. Die Weggefährten und Schüler Buffons, den eine ständige Gegnerschaft mit Linné verbunden hatte, zogen diese Unterscheidung und die Zugehörigkeit der Wale zu den Säugetieren immer wieder in Zweifel. Sie waren der Meinung, dass der strenge Rahmen der Taxonomie der Diversität und Reichhaltigkeit der Natur nicht gerecht wurde.[18] Duhamel du Monceau definierte Wale 1772 als luftamtende und lebendgebärende Fische, 1796 unterschied Louis Jean-Marie Daubenton die Klasse der »Cétacées« von derjenigen der »Quadrupèdes viviparès«. Bernard-Germain de Lacépède, dessen zweibändige *Histoire naturelle des cétacées* 1804 erschien und die von Buffon begonnene Naturgeschichte fortführte, unterschied die Wale zwar noch 1799 von den »quadrupèdes proprement dits« als diejenigen, »que la nature en a réellement écartés par les formes, et encore plus par les habitudes«, ordnete sie aber den Säugetieren zu.[19]

Erst Georges Cuviers um die Jahrhundertwende vorgebrachtes Plädoyer für die vergleichende Anatomie wies der Klassifikation der Tiere neue Wege, auf denen die Wale ihren Platz nachhaltig bei den Säugetieren fanden. Das »Studium der Gesetze der Organisation der Thiere, und der Modificationen, welche diese bei den verschiedenen Gattungen erleidet«, wie Cuvier sein Programm formulierte, erforderte eine Systematik des Tierreichs, die auf dem Bauplan der Lebewesen basierte, »so daß man sich im Stande befände, unter ein und demselben Namen, Klasse, Ordnung, Geschlecht u.s.w. alle Gattungen kurz zu befassen, die sowohl in ihrer äußeren wie inneren Bildung unter einander mehr oder minder allgemeine oder specielle Beziehungen zeigten.«[20] Cuviers Blick richtete sich nicht nur auf das Innere der Tierkörper, sondern

18 Foucault: *Die Ordnung der Dinge*, S. 166; Lepenies: *Das Ende der Naturgeschichte*, S. 151–160.

19 Henri-Louis Duhamel du Monceau: *Traité général des pesches et histoire des poissons*, Paris 1772, S. 5; Bernard-Germain de Lacépède: *Oeuvres 1: Discours*, Paris 1826, S. 556, 580; Daudin: *Cuvier et Lamarck*, S. 129.

20 Georges Cuvier: *Le règne animal distribué d'après son organisation: pour servir de base a l'histoire naturelle des animaux et d'introduction a l'anatomie comparée*, Bd. 1, Paris 1817, S. 5; dt. Übersetzung nach Georges Cuvier: *Das Thierreich, geordnet nach seiner Organisation. Als Grundlage der Naturgeschichte der Thiere und Einleitung in die vergleichende Anatomie. Nach der zweiten, vermehrten Ausgabe übersetzt und durch Zusätze erweitert von F.S. Vogt. Erster Band, die Säugethiere und Vögel enthaltend*, Leipzig 1831, S. xvii.

auch auf das Zusammenspiel der Körperteile in ihrer Gesamtheit: »Alle Theile eines lebenden Körpers sind untereinander verbunden«, schreibt er in seinen *Vorlesungen über Vergleichende Anatomie*, »sie können nur insofern wirken, als sie alle in Gemeinschaft wirken: einen vom Ganzen trennen heisst, ihn in die Reihe der todten Stoffe zurücksetzen«.[21] Maßgebliches Ordnungsprinzip für die Systematik der Tiere in der Naturgeschichte Cuviers war damit nicht länger die Form der animalischen Struktur, sondern ihre Funktion. Man muss, schreibt er, »die Aufmerksamkeit mehr auf die Verrichtung selbst, als auf ihre Organe wenden«.[22]

Dieser Primat der Funktion erzeugte Verwandtschaften zwischen verschiedenen Spezies, deren Organe keine sichtbaren Ähnlichkeiten aufweisen, und sorgte dafür, dass etwa der Unterschied zwischen Kiemen und Lungen vernachlässigt werden konnte, weil sie zwei Varianten eines abstrakten Organs sind, »das *allgemein zum Atmen* dient. [...] Die Kiemen sind für die Atmung im Wasser das, was Lungen für die Atmung in der Luft sind.«[23] Dass Wale darüber nicht wieder zu Fischen wurden, lag daran, dass sie insgesamt dem Organisationsplan der Säugetiere unterlagen.

Wale, definiert Cuvier im ersten Band seines *Règne animal* von 1817,

»sind Säugetiere ohne Hinterfüße; ihr Rumpf setzt sich in einem dicken Schwanz fort, den eine knorpelige horizontale Flosse abschließt, und ihr Kopf verbindet sich ohne Verengung mit dem Rumpf durch einen kurzen und dicken Hals, der aus sehr dünnen, teilweise zusammengewachsenen Halswirbeln besteht. Schließlich reduzieren sich ihre vorderen Extremitäten auf echte Flossen: die Knochen sind verkürzt, abgeflacht und in eine sehnige Membran eingewickelt. Ihre äußere Form ist im Ganzen die der Fische, außer dass diese eine vertikale Schwanzflosse haben. Wale halten sich auch stets im Wasser auf; aber da sie durch Lungen atmen, sind sie gezwungen, oft an die Oberfläche zurückzukehren, um Luft zu holen. Außerdem unterscheiden ihr warmes Blut, ihre nach außen, wenn auch nur durch sehr kleine Löcher, offenen Ohren, ihre Fortpflanzung durch Gebären von lebenden Jungen, die Brüste, mit denen sie ihre Jungen stillen, und alle Einzelheiten ihrer Anatomie, sie hinreichend von den Fischen.«[24]

21 Cuvier: *Vorlesungen über vergleichende Anatomie*, S. viii.
22 Ebd., S. 52. Siehe hierzu William Coleman: *Georges Cuvier. Zoologist*, Cambridge, MA 1964, S. 44–73; Foucault: *Die Ordnung der Dinge*, S. 322–341.
23 Foucault: *Die Ordnung der Dinge*, S. 324 (Hervorhebung im Original).
24 »Les cétacés [s]ont les mammifères sans pieds de derrière; leur tronc se

Es ist ihre ganze Anatomie, die Wale und Fische voneinander trennt. Willughby und Ray hatten ähnlich argumentiert, den Wal aber noch den Fischen zugeschlagen. Cuvier hingegen erkennt selbst in den Fortbewegungsorganen der Wale, die an diejenigen der Fische erinnern, den Bauplan der Säugetiere. Als sekundäre Merkmale der Klassifikation können sie innerhalb einer Klasse variieren, jedoch sind sie »niemals völlig aufgehoben, noch fehlen sie oder sind ersetzt«.[25] Stattdessen sind sie »manchmal verborgen, wie die Flügel von Fledermäusen oder die hinteren Flossen von Seehunden, oder bei Gebrauch denaturiert, wie im Falle der Brustflossen der Wale.« Die Natur, schreibt Cuvier, »hat aus einem Arm eine Flosse gemacht«.[26]

Neu ist nicht seine Klassifikation des Wals oder ihre Begründung, sondern der systematische Hintergrund, vor dem sie geschieht. Im Einzelnen finden sich die Argumente Cuviers auch schon beim Chirurgen Hunter und dem Abbé Bonnaterre. Doch ist bei Cuvier der taxonomische Status von Walen nicht länger von der Gewichtung von Unterschieden und Ähnlichkeiten zu anderen Lebewesen abhängig, sondern eine eindeutig zu entscheidende Frage des Bauplans: Die Zugehörigkeit zu einer Klasse ergab sich nicht mehr aus bestimmten Merkmalen, die ein Lebewesen der einen Art mit den Lebewesen anderer Arten teilte, sondern aus seiner präzisen Organisation: Lunge oder Kiemen, lebendgebärend oder eierlegend, säugend oder nicht säugend. »[D]ie Zugehörigkeit zu einer Gattung, einer Klasse oder Ordnung«,

continue avec une queue épaisse que termine une nageoire cartilagineuse horizontale, et leur tête se joint au tronc par un cou si court et si gros qu'on n'y aperçoit aucun rétrécissement, et composé de vertèbres cervicales très-minces et en partie soudées entre elles. Enfin, leurs extrémités antérieures ont les os raccourcis, aplatis et enveloppés dans une membrane tendineuse qui les réduit à de véritables nageoires. C'est presque en tout la forme extérieure des poissons, excepté que ceux-ci ont la nageoire de la queue verticale. Aussi les cétacés se tiennent-ils constamment dans les eaux; mais comme ils respirent par des poumons, ils sont obligés des revenir souvent à la surface pour y prendre de l'air. Leur sang chaud, leurs oreilles ouvertes à l'extérieur, quoique par des trous fort petits, leur génération vivipare, les mamelles au moyen desquelles ils allaitent leurs petits, et tous les détails de leur anatomie les distingue d'ailleurs suffisamment des poissons.« Cuvier: *Le règne animal*, S. 271–272.

25 Foucault: *Die Ordnung der Dinge*, S. 327.

26 Georges Cuvier: »Second Mémoire sur l'organisation et les rapports des animaux à sang blanc, dans lequel on traite de la structure des Mollusques et de leur division en ordre, lu à la société d'Histoire Naturelle de Paris, le 11 prairial an troisième«, in: *Magazin Encyclopédique, ou Journal des Sciences, des Lettres et des Arts* 1 (1795) 2, S. 434–435.

schreibt Foucault über das Klassifikationssystem Cuviers, »bedeutet,
in seiner Anatomie, in seinen Funktionen, in seiner Physiologie, in seiner Existenzweise eine bestimmte vollständig analysierbare Struktur
zu besitzen, eine Struktur, die somit ihre Positivität besitzt.«[27] Cuviers
Gattungen, Ordnungen oder Klassen sind damit nicht künstlicher oder
abstrakter als Arten oder Individuen. Für die Cetologie kann nach
Cuvier kein Zweifel mehr daran bestehen, dass Wale Säugetiere sind.[28]

Als Charles Darwin 1859 die *Entstehung der Arten* publizierte,
hielt er schon den Vergleich von Walen mit Fischen nicht mehr für
zwingend und ihre äußere Ähnlichkeit für belanglos: »No one regards
the external similarity [...] of a whale to a fish, as of any importance.«
Denn, so Darwin weiter, »the shape of the body and fin-like limbs
are only analogical when whales are compared with fishes.«[29] Mit der
vergleichenden Anatomie Cuviers richtete sich der Blick der Naturhistoriker weg von den Sichtbarkeiten der äußeren Gestalt der Lebewesen und hin zu den Unsichtbarkeiten ihrer Funktionen und dem
Zusammenspiel der Organe in ihrem Körperinneren. Paradoxerweise
impliziert dieser Blick auf das Innere der Organismen eine Aufmerksamkeit für ihre äußere Umgebung. Cuvier spricht von einem »Vernunftprincip«, mit dem er die Naturgeschichte auf eine wissenschaftliche Basis stellen will. Es führt das Konzept der Existenzbedingung,
oder, in seinen eigenen Worten, der »conditions d'existence«, in die
Naturgeschichte ein:

»Da nichts existieren kann, wenn es in sich nicht die Bedingungen
vereinigt, welche seine Existenz möglich machen, so müssen die
verschiedenen Theile eines jeden Naturkörpers so zusammengeord-
net seyn, daß das Gesammtwesen derselben nicht nur in sich selbst,

27 Michel Foucault: »Die Situation Cuviers in der Geschichte der Biologie
    (Vortrag)«, in: *Schriften in vier Bänden. Dits et Ecrits, Bd. II: 1970–1975*,
    Frankfurt a.M. 2002, S. 37–82.
28 Folglich war spätestens seit 1817, als Cuvier sein *Règne animal* publizierte,
    der 1851 von Ishmael in *Moby-Dick* behauptete ›streitige Punkt‹ innerhalb
    der Cetologie keiner mehr. Dass Wale 1851 »nur mit nahezu pedantischer
    Präzision« nicht als Fische klassifiziert werden konnten, lässt sich klassifi-
    kationsgeschichtlich nicht belegen, vgl. Robert Stockhammer: »Warum der
    Wal ein Fisch ist: Melvilles ›Moby-Dick‹ und die zeitgenössische Biologie«,
    in: Bernhard J. Dotzler und Sigrid Weigel (Hg.): »fülle der combination«.
    Literaturforschung und Wissenschaftsgeschichte, München 2005, S. 143–171.
29 Charles Darwin: *On the Origin of Species by Means of Natural Selection, or
    the Preservation of Favoured Races in the Struggle for Life*, London 1859,
    S. 414, 428.

sondern auch in Beziehung auf seine Umgebung möglich sey; und die Analyse dieser Bedingungen führt oft auf eben so erwiesene allgemeine Gesetze, als diejenigen sind, welche aus dem Experiment oder der Berechnung entspringen.«[30]

Die Existenzbedingungen verschalten das innere, organische Milieu mit dem äußeren Milieu der Lebewesen. Mit Cuvier wurde die Naturgeschichte von einer Wissenschaft der Lebewesen zu einer Wissenschaft des Lebens, die am Übergang vom 18. zum 19. Jahrhundert ihr Tätigkeitsfeld neu bestimmte und sich den Namen Biologie gab.[31] ›Das Leben‹, das sich dabei als Untersuchungsgegenstand herausbildete, wurde als die gelungene Kommunikation zwischen innerem und äußerem Milieu bestimmt: Cuvier zufolge besteht es »in der Fähigkeit gewisser körperlicher Verbindungen [...], eine gewisse Zeit hindurch und unter einer bestimmten Form zu bestehen, indem es unaufhörlich in diese Verbindungen einen Theil der umgebenden Substanzen hineinzieht, und den Elementen dagegen wieder Theile ihrer eigenen Substanz abgiebt«.[32] Das Leben ist dem Organismus gleichermaßen äußerlich, wie es sich in ihm manifestiert; sein Raum ist ein doppelter: der Innenraum des Organismus, in dem seine einzelnen Teile ein funktionierendes Ganzes bilden müssen, und das Außen der ihn »umgebenden Substanzen«. Bedingung des Lebens ist die kontinuierliche Beziehung zwischen diesen beiden Räumen, in der die Substanzen »immer hinein- oder hinaustreten« können.[33]

Mit dem Interesse am Leben als Gesamtheit der Austauschbeziehungen zwischen Innen- und Außenwelt der Tiere stellten sich der Cetologie neue Fragen. Als die taxonomischen Probleme über den Ort des Wals im Tableau der Natur gelöst waren, fingen die biologischen erst an: Wale waren nach 1800 keine Fische mehr, ihr Status als Säugetiere war geklärt. Aus der ›biologischen Perspektive‹, die moderne Biologie und Naturgeschichte voneinander unterscheidet, stellt sich das im Wasser lebende Säugetier namens Wal jedoch auf andere Art als prekär dar.[34]

---

30 Cuvier: *Le règne animal*, S. 6; Cuvier: *Das Thierreich*, S. 3–4.
31 Foucault: *Die Ordnung der Dinge*, S. 207; Lepenies: *Das Ende der Naturgeschichte*, S. 29. Zur Geschichte des Begriffs der Biologie siehe Canguilhem: *Regulation und Leben* und den Eintrag »Biologie«, in: Georg Toepfer: *Historisches Wörterbuch der Biologie. Geschichte und Theorie der biologischen Grundbegriffe*, Bd. 1, Stuttgart 2011, S. 254–295.
32 Cuvier: *Das Thierreich*, S. 7.
33 Ebd., S. 88; Foucault: *Die Ordnung der Dinge*, S. 334–335.
34 Nyhart: *Modern Nature*.

V. Jäger und Sammler:
Unmögliche Forschung

>»So there is no earthly way of finding out
>precisely what the whale really looks like.«[1]

Mit der Bestimmung des Wals als Säugetier war zwar eine grundlegende systematische Frage geklärt, doch blieb innerhalb der Klasse der Säugetiere und auf der Ebene der Arten Raum für weitere taxonomische Unstimmigkeiten. »Some pretend to see a difference between the Greenland whale of the English and the right whale of the Americans«, schreibt Ishmael. »But they precisely agree in all their grand features; nor has there yet been presented a single determinate fact upon which to ground a radical distinction.«[2] Dass Wale Wale waren und damit Säugetiere, wurde – mit Moby-Dick als die Regel bestätigende Ausnahme – im 19. Jahrhundert kaum noch bestritten. Darüber aber, wie viele Arten zu einer Gattung gehörten, herrschte lange keine Einigkeit. Wale, schrieb der dänische Zoologe Daniel Frederik Eschricht zwei Jahre bevor Moby-Dick erschien, gehörten »gegenwärtig noch zu den am wenigsten gekannten« Säugetieren und eine »Vertheilung in eine gewisse Zahl bestimmter Species« habe bisher nicht erfolgen können.[3] »Die Arten der Pottfische sind noch nicht gehörig bestimmt«, stellte auch Georges Cuvier fest, der, anders als Lacépède, nicht zwischen zwei verschiedenen Pottwalarten unterschied.[4] Selbst der forschende Walfänger William Scoresby gab frei heraus zu, im arktischen Ozean Walen begegnet zu sein, die er – »although I have seen them more than once« – nicht bestimmen und infolgedessen in seiner Zusammenstellung der arktischen Fauna nicht erwähnen konnte: »[…] the distinguishing characters of many of the Cetacea are so imperfectly known and

---

1 Melville: Moby-Dick, S. 264.
2 Ebd., S. 138–139.
3 Daniel Frederik Eschricht: Zoologisch-Anatomisch-Physiologische Untersuchungen über die nordischen Wallthiere, Leipzig 1849, S. 1–2.
4 »Les espèces de cachalots ne sont rient moins que bien déterminées.« Cuvier: Le règne animal, S. 283–284, dt. Übersetzung nach Georges Cuvier: Das Thierreich, eingetheilt nach dem Bau der Thiere als Grundlage ihrer Naturgeschichte und der vergleichenden Anatomie von dem Herrn Ritter von Cuvier. Aus dem Französischen frey übersetzt und mit vielen Zusätzen versehen von H. R. Schinz, Stuttgart 1821, S. 426.

described, that when any species, not very familiar, comes under the eye of the naturalist, he is often at a loss to find its place in any system of Cetology.«⁵ Melville nimmt also eine naturhistorische Debatte auf, wenn er Ishmael fortfahren lässt: »It is by endless subdivisions based upon the most inconclusive differences, that some departments of natural history have become so repellingly intricate.«⁶

Der englische Schiffsarzt Thomas Beale, dessen *Natural History of the Sperm Whale* eine der wichtigsten Quellen für Melvilles *Moby-Dick* war, stellte 1839 eine »utter confusion [...] among the historians of this animal« fest, die er mit »a few published opinions on the supposed species of the spermaceti whale« illustrierte: Carl von Linné habe vier, der Abbé Bonnaterre sechs, Jacques Brisson sieben, Bernard-Germain de Lacépède acht und Anselme Gaëtan Desmarest sogar neun verschiedenen Arten von Pottwalen unterschieden. Dabei zogen sie mal Betrachtungen über die Gestalt der Flossen, mal solche über die Form der Zähne heran und Desmarest habe sich, so Beale, gar von »some chinese drawing, upon the fidelity of which no dependence can of course be placed« von der Existenz einer Art überzeugen lassen.⁷ Beale selbst hält diesem Wuchern der Pottwalarten entgegen: »I can assert in contradiction to Lacapedé [sic!], and others of the foregoing authorities, that there is no more than one species of sperm whale.«⁸ Auf der Ebene der Arten ging es weniger um systematische als um empirische Fragen, die sich aus den Schwierigkeiten ergaben, an Walen zu forschen. »[I]l n'est possible de connoître et de distinguer que les espèces que l'on a pu voir de près et comparer soigneusement les unes avec les autres«,⁹ schrieb Georges Cuvier und benannte damit ein zentrales Problem der Cetologie des 19. Jahrhunderts: Angewiesen auf

5 Scoresby: *An Account of the Arctic Regions*, Bd. 1, S. 446–447.
6 Melville: *Moby-Dick*, S. 138–139.
7 Thomas Beale: *The Natural History of the Sperm Whale*, London 1839, S. 9–10. Leserinnen und Lesern von *Moby-Dick* wird der Verweis auf die chinesische Zeichnung aus Kapitel 55 über die »Ungeheuren Zerrbilder von Walen« bekannt vorkommen, siehe Melville: *Moby-Dick*, S. 263, zu Melvilles Beale Lektüren auch Howard P. Vincent: *The Trying-out of Moby-Dick*, Kent 1949.
8 Beale: *The Natural History of the Sperm Whale*, S. 12.
9 »Wir können nur diejenigen Arten kennen und voneinander unterscheiden, die wir genau betrachten und sorgfältig miteinander vergleichen konnten.« Georges Cuvier: *Recherches sur les ossemens fossiles, où l'on rétablit les caractères de plusieurs animaux dont les révolutions du globe ont détruit les espèces. Nouvelle édition*, Bd. V.1, Paris 1823, S. 273.

gestrandete Exemplare, war sie im Wesentlichen eine Wissenschaft an Individuen.

Georges' jüngerer Bruder Frédéric Cuvier formulierte 1836 in der Vorrede zu seiner *Histoire naturelle des cetacés* für die Tiere im Allgemeinen, was für seinen Untersuchungsgegenstand erst recht galt: »[D]ie Tiere meiden uns und meistens wird man ihrer Herr nur dadurch, dass man ihnen das Leben nimmt, das heißt, ihnen zu entziehen, was einige der wichtigsten Eigenschaften ihrer Natur ausmacht.«[10] Auch im anbrechenden Zeitalter der Experimentalisierung des Lebens war dem Wal nicht Herr zu werden, der nicht zuletzt seiner Körpergröße wegen lebendig nicht zu haben war. Die Bedeutung der ›Funktion‹ und der mit ihr einhergehende Fokus auf die Lebendigkeit von Tieren erteilten im 19. Jahrhundert einer zunehmend experimentell verfahrenden Disziplin ein Mandat zur Leitwissenschaft: der Physiologie. Statt sich mit dem Aufbau und der Organisation von Lebewesen zu befassen, wie es die vergleichenden Anatomen und in ihrer Nachfolge die Morphologen taten, konzentrierten sich die Physiologen auf die Wirkungsgesetze physikalischer und chemischer Vorgänge im Körper der Organismen. Sie waren, wie es Johannes Müller in seinem *Handbuch der Physiologie* formulierte, an den »Grundkräften des organischen Lebens« interessiert.[11] Um die physikalischen und chemischen Prozesse messen zu können, die im Körper eines Tieres stattfinden und mit seinem Tod enden, war die Physiologie auf die experimentelle Erforschung *lebendiger* Tiere angewiesen. Der Umzug vom Museum ins Labor, den die zoologischen Lebenswissenschaften im 19. Jahrhundert vollzogen, hatte zur Folge, dass ›das Leben‹ in experimentell beobachtbare und beeinflussbare Prozesse zerfiel, und gerade deshalb an einem Organismus wie dem Wal, der sich nicht experimentalisieren ließ, kaum zu erforschen war.[12]

---

10 »[L]es animaux nous fuient, et le plus souvent on ne s'en rend maître qu'en leur ôtant la vie, c'est-à-dire en les privant de ce qui fait une des principales essences de leur nature.« Frédéric Cuvier: *De l'histoire naturelle des cétacés, ou recueil et examen des faits dont se compose l'histoire naturelle de ces animaux*, Paris 1836, S. iii.

11 Johannes Müller: *Handbuch der Physiologie des Menschen für Vorlesungen. Erster Band, dritte verbesserte Auflage*, Koblenz 1837, S. 1.

12 Lynn Nyhart: *Biology Takes Form. Animal Morphology and the German Universities 1800–1900*, Chicago 1995, S. 65–103; für den Begriff der ›Experimentalisierung des Lebens‹ siehe Michael Hagner und Hans-Jörg Rheinberger: *Experimentalisierung des Lebens. Experimentalsysteme in den biologischen Wissenschaften 1850/1950*, Berlin 1995; zum zoologischen Experiment siehe auch Canguilhem: »Theorie und Technik des Experimentie-

Der deutsch-niederländische Zoologe Max Weber sprach noch 1886 davon, dass »die Cetaceen wie fossile Thiere« behandelt würden, »indem man sie fast ausschließlich auf ihr Knochengerüst hin besprach und mit anderen Säugethieren verglich«.[13] Wale glichen damit auf doppelte Weise Fossilien: Erstens wurden sie hauptsächlich anhand ihres ›toten‹ Knochenmaterials untersucht, das nur wenig Erkenntnisse über ihre Lebensfunktionen versprach und keine experimentelle Erforschung des Lebens erlaubte; und zweitens war ihre Untersuchung in gleichem Maße von gestrandeten Individuen abhängig wie Paläontologen auf fossile Funde angewiesen waren.[14] An gestrandeten Walen sei, so Weber,

»recht wenig zu lernen […]. Wenn man nicht über ganz aussergewöhnliche Mittel, Zeit und Hülfe verfügt, sind diese Colosse eigentlich in jeder Beziehung unhandelbar. Ein Herz oder Magen, wozu man vier bis sechs Mann nöthig hat, nur um sie fortzubewegen, sind keine Studienobjekte mehr.«[15]

Gleichwohl sind Wale das ganze 19. Jahrhundert hindurch studiert worden. Dieses Kapitel widmet sich der Wissenschaftsgeschichte des Wals nach seiner Klassifizierung als Säugetier. Mit dem Strand, dem Walfangschiff und dem Museum handelt es von den Orten, an denen cetologische Forschung am Objekt betrieben wurde. Während die existierende Forschung zur Geschichte der Cetologie vor allem den »philosophical whale« und damit wissenschaftliches Bücherwissen über Wale untersucht hat, geht es im Folgenden um gestrandete, gejagte und ausgestellte Wale.[16]

rens bei Claude Bernard« und Georges Canguilhem: »Das Experimentieren in der Tierbiologie«, in: *Die Erkenntnis des Lebens*, Berlin 2009, S. 27–71.

13 Max C.W. Weber: *Studien über Säugethiere. Ein Beitrag zur Frage nach dem Ursprung der Cetaceen*, Jena 1886, S. 22. Auch der dänische Zoologe Daniel Frederik Eschricht stellte fest, dass es »in der Regel nur Sekelete [sic!] dieser kolossalen Thiere oder einzelne ihrer Knochen sind, woran sie [die Forscher, FL] sich zu halten haben, und dass in so fern das Studium der grossen Wallthiere mit dem der fossilen Thiere eine gewisse Ähnlichkeit erhält.« Eschricht: *Zoologisch-Anatomisch-Physiologische Untersuchungen über die nordischen Wallthiere*, S. 3.

14 Zur Debatte über die Paläontologie als Wissenschaft von Einzelfällen siehe Marco Tamborini: »Die Wurzeln der Idiographischen Paläontologie. Karl Alfred von Zittels Praxis und sein Begriff des Fossils«, in: *NTM. Zeitschrift für Geschichte der Wissenschaften, Technik und Medizin* 23 (2015) 3, S. 117–142.

15 Weber: *Ursprung der Cetaceen*, S. 25.

16 Vgl. Burnett: *Trying Leviathan*, insbes. S. 44–94.

1. Strandgut, Spektakel

Am 28. April 1825 wurde ein Pottwal an den Strand des englischen Dorfes Tunstall gespült. Die Lokalzeitung, die über die Kuriosität berichtete, bezog den Fund sogleich auf die Naturforscher in der Gegend: »The naturalists of this neighbourhood, may now have the gratification of seeing an animal, which it very rarely falls to the lot of the landsman to have an opportunity of witnessing namely a whale of extraordinary magnitude.«[17] Befriedigung erfuhren die örtlichen Naturhistoriker allerdings nur bedingt. Denn, so meldete der *Hull Advertiser* weiter, nicht weniger als tausend Schaulustige hätten sich am folgenden Sonntag an den Strand begeben, um das tote Tier zu begutachten. Ungehinderter Zugang zum gestrandeten Wal hätte die Sache jedoch kaum leichter gemacht. Eine Woche später berichtete ein Anwohner im *Hull Rockingham*:

> »[...] the dissection of this stupendous animal was far from complete, and far from satisfactory to the scientific gentlemen who took so much interest investigating its structure. This was partly from the fact that it had been three or four days on the beach before the event was generally known in Hull, whereby time was lost: partly from the novelty of the event itself (such an opportunity of examining anatomically one of these monsters of the deep being entirely new to the whole medical profession in this neighbourhood), and partly from the enormous mass of matter of which it was composed, which requires to be removed with greater care than was used, so that a complete view could not be taken of its vascular structure and internal economy.«[18]

Ein Angehöriger dieser lokalen medizinischen Intelligenz, die keinerlei cetologische Erfahrung besaß und sich die Gelegenheit, das Tier zu vermessen, doch nicht entgehen lassen wollte, war der junge Arzt James Alderson. Wenige Wochen nachdem der Wal vor Tunstall gestrandet war, erstattete er der Cambridge Philosophical Society darüber Bericht: »So little is still known with respect to the natural history and anatomy of whales, that any opportunity of contributing a

---

17 *Hull Advertiser*, 6. Mai 1825. Siehe zur Geschichte dieser Walstrandung Arthur Credland: »Some Notes on the Development of Cetology, Popular Interest in the Whale Tribe, and a Famous Literary Whale«, in: *Scottish Naturalist* 111 (1999), S. 93–126.
18 *Hull Rockingham*, 14. Mai 1825.

few facts to the information already ascertained, is extremely desirable. It is this which has induced me to communicate what I have seen.« ›Gesehen‹ hatte Alderson vor allem Zahlen: Der Wal maß 58,5 Fuß (knapp 18 Meter), trug 47 sichtbare und zwei unsichtbare Zähne im Unterkiefer, sein Herz wog 171 Pfund (beinahe 78 Kilogramm), die Epidermis war schwarz und blieb es auch, wenn man sie in Schichten schnitt. Andere Körperteile ließen sich schlechter vermessen: »The urinary and genital organs were not examined; they were removed [...] during the time I was occupied in the examination of the head«. Auch der Magen war von Neugierigen geöffnet worden, die, statt ihn wissenschaftlich zu untersuchen, Ambra in ihm zu finden hofften. Die Inspektion des Auges gestaltete sich aus weiteren Gründen schwierig: »This organ was not examined until the 8th of May [...]. The connexions with the adjoining parts had all been removed through the ignorance of workmen. [...] The color of the iris, as well as could be judged from its decomposed state, was bluish-brown [...].«[19]

Walstrandungen waren zwar zu selten, um konstante cetologische Forschungen zu ermöglichen, aber die Schwierigkeiten des jungen Arztes aus der Provinz waren kein Einzelfall. Auch Daniel Frederik Eschricht, der bei Georges Cuvier studiert und sich als Walforscher profiliert hatte, klagte über die Bedingungen, unter denen gestrandete Wale untersucht werden konnten:

»Das Stranden der grossen Wallthiere [...] geschieht [...] meist bei stürmischem Wetter an in's Meer vorspringenden, vom Lande aus schwer zugänglichen Stellen der Küste [...]. Die Küstenbewohner finden dort den Koloss mit dem Rückentheile mehr oder weniger vom Sande verschüttet oder im Wasser verborgen, von der Brandung überspült. Am häufigsten ist es nur ein bereits verfaulter, von den Wellen aufgeworfener Körper. Wenn es aber auch ein beim Stranden noch lebendes Tier ist, so dauert es doch nicht lange, bis der Tod und gleich darauf die Fäulniss sich in dem grossen, sehr blutreichen und warmen Thierkörper einstellt. Der Naturforscher kömmt unvorbereitet oder, von dem seltenen Falle oft aus weiter Ferne unterrichtet, erst dann an, wenn der kolossale Körper bereits

19 James Alderson: »An Account of a Whale of the Spermaceti Tribe Cast on the Yorkshire Coast on the 28th of April 1825«, in: *Transactions of the Cambridge Philosophical Society* 2 (1827), S. 253–266. Siehe für Verfärbungen, die taxonomische Verwirrungen zur Folge haben konnten, auch Gary Kroll: *America's Ocean Wilderness. A Cultural History of Twentieth-Century Exploration*, Lawrence, KS 2008, S. 33–34.

verfault und verstümmelt ist. Die ungünstige, unabänderliche Lage desselben macht es ihm vollends unmöglich, von den äusseren Formen ein hinlänglich klares Bild zu gewinnen.«²⁰

Nicht zuletzt weil sich die Eigentümer gestrandeter Wale – je nach Rechtslage die Fischer, die ihn gefunden hatten, der Grundbesitzer, auf dessen Land er angespült wurde, oder, wie in den meisten Teilen Englands, das Königshaus – einigen Profit von Öl und Fleisch des Wals erhofften, blieben dem Naturforscher am Ende häufig nur noch »die Knochen, mehr oder weniger verstümmelt und ganz aus ihrer natürlichen Verbindung gebracht«.²¹

Naturforscher, denen ein Wal vor die Füße geschwemmt worden war, hatten es mit toten oder sterbenden Tieren zu tun. Was für das Tier eine existentielle Bedrohung darstellte, war für Frédéric Cuvier, der die Sorgen Aldersons und Eschrichts teilte, zunächst ein ästhetisches Problem:

>»Ein anderer Grund für Schwierigkeiten ist, dass wir normalerweise nur Gelegenheit haben, diese Wale zu studieren, wenn sie gestrandet sind, und dass ihre riesige Masse so sehr unter ihrem unermesslichen Gewicht zusammensinkt, dass im selben Augenblick alle Formen, die ihnen natürlich waren, sich verzerren, verschwinden.«²²

Ein gestrandeter Wal, zumal ein Pottwal wie der in Tunstall angeschwemmte, erliegt buchstäblich seinen Verletzungen am Strand. Für Cuvier entfernt sich das Objekt ›Wal‹ damit ein zweites Mal von der Natur: Es ist zum einen nicht mehr lebendig, zum anderen ist es verzerrt, verformt, »halb verfallen durch Verwesung«.²³ Selbst verhält-

---

20 Eschricht: *Zoologisch-Anatomisch-Physiologische Untersuchungen über die nordischen Wallthiere*, S. 4.
21 Ebd. Siehe zum Eigentumsrecht an gestrandeten Walen Robert Deal: *The Law of the Whale Hunt. Dispute Resolution, Property Law, and American Whalers, 1780–1880*, Cambridge 2016, S. 63–65; Ethel Matala de Mazza: »Der König unter den Fischen. Kapitel 90: Heads or Tails«, in: *Neue Rundschau* 124 (2013) 2, S. 148–157.
22 »Une autre cause de difficultés qui ajoute beaucoup à celle qui résulte de la grandeur de la taille, c'est que nous n'avons ordinairement l'occasion d'étudier ces cétacés que quand ils sont échoués, et qu'alors leur énorme masse s'affaisse tellement sous son poids immense, qu'à l'instant même toutes les formes qui leur étaient naturelles s'altèrent, disparaissent.« Cuvier: *De l'histoire naturelle des cetacés*, S. 259.
23 Ebd., S. iii.

nismäßig unkomplizierte Forschung wie vergleichende Anatomie ließ
sich an den großen Tieren kaum betreiben: Man konnte sie nicht »aus
der Nähe mit einem Blick erfassen«. Dann jedoch

> »wird es unmöglich, die allgemeine Physiognomie eines Tieres
> zu erfassen; und ohne sie kann man eben jene Tiere nicht verglei-
> chen, deren Ähnlichkeiten und Unterschiede man feststellen will,
> geschweige denn, die Arten von einander unterscheiden [...], und
> es liegt zu einem großen Teil daran, dass diese Methode für die
> Pottwale, die für gewöhnlich eine Länge von sechzig bis achtzig
> Fuß und eine entsprechende Leibesfülle haben, nicht anwendbar
> ist, dass noch so viel Unsicherheit in der Unterscheidung der Arten
> [...] besteht.«[24]

Walstrandungen konfrontierten die Cetologen mit einem Sichtbarkeitsproblem. Zu den streitigen Punkten innerhalb der Cetologie des
19. Jahrhunderts gehörten deswegen an prominenter Stelle ihre Bilder.
Die Illustratoren naturhistorischer Bücher waren offenbar ähnlich un-
einig über die äußere Gestalt von Walen wie die Naturforscher über die
Zahl ihrer Arten. Naturgeschichten waren jedoch auf Bilder angewiesen, weil die Gegenstände, die sie behandelten, oft zu fragil, zu groß,
zu selten oder zu wertvoll waren, um sie zu transportieren. Nicht nur
in Publikationen stand deshalb das Bild für das Tier, sondern auch für
die Bestimmung neuer Arten wurde das fragliche Exemplar mit Zeichnungen verglichen.[25] Das Versprechen, Tiere auf Papier untersuchbar
zu machen, konnten Illustrationen von Walen jedoch nicht halten. Es

24 »[...] il devient impossible de saisir la physionomie générale d'un animal; et
    sans elle on ne peut comparer exactement les animaux dont on veut apprécier
    les ressemblances et les différences, ni par conséquent distinguer les espèces
    l'une de l'autre [...] et c'est en grande partie parce que ce procédé est abso-
    lument impracticable pour les cachalots, qui on communément des soixante
    à quatre-vingts pieds de long, avec une grosseur proportionnelle, qu'il reste
    encore tant d'incertitude sur la distinction des espèces [...].« Ebd., S. 259.
25 Alexander Gall: »Lebende Tiere und inszenierte Natur. Zeichnung und
    Fotografie in der populären Zoologie zwischen 1860 und 1910«, in: NTM.
    Zeitschrift für Geschichte der Wissenschaften, Technik und Medizin 25
    (2017) 2, S. 169–209; Charlotte Sleigh: The Paper Zoo. 500 Years of Animals
    in Art, Chicago 2017, S. 28–29; siehe auch Anne Shelby Blum: Picturing
    Nature. American Nineteenth-Century Zoological Illustration, Princeton
    1993; Claus Nissen: Die Zoologische Illustration. Ihre Bibliographie und
    Geschichte, Bd. II: Geschichte, Stuttgart 1978, und Hans-Jörg Wilke: Die
    Geschichte der Tierillustration in Deutschland 1850–1950, Rangsdorf 2018.

setzte voraus, dass man Wale überhaupt erst einmal zu Gesicht bekam, bevor Verformungs- und Verwesungsprozesse eingesetzt hatten. Am Strand jedoch, wo sie sich zeichnen ließen, waren Wale ihrer ›Natur‹ immer schon entrissen und ihrer Form beraubt. Die Wahrnehmungs-, Beschreibungs- und Unterscheidungsschwierigkeiten, die Alderson, Cuvier und Eschricht beklagen, setzen sich in den Abbildungen in cetologischen Werken fort.

In *Moby-Dick* widmete Herman Melville den »ungeheuren Zerr-bildern« von Walen ein ganzes Kapitel.[26] Es überrascht dabei kaum, dass seinem Erzähler Ishmael fast alle dieser bildlichen Darstellungen missfallen. Denn zum einen hat er bis zu dieser Stelle des Romans mehrfach betont, dass ihm scholastische Gelehrsamkeit ohne prakti-sche Erfahrung nichts gilt; zwar habe er ganze Bibliotheken durch-schwommen, doch bekennt er: »a whale-ship was my Yale College and my Harvard.«[27] Vor allem aber orientiert sich die polemische Auseinandersetzung mit den naturhistorischen Illustrationen von Wa-len in *Moby-Dick* an einem ikonoklastischen Diskurs der Cetologie selbst. Fast wörtlich übernimmt Ishmael die Kritik an bestimmten Il-lustrationen aus den Arbeiten Thomas Beales und William Scoresbys. *Moby-Dick* führt somit eine Problemstellung der zeitgenössischen Wissenschaft vor, die mit der Darstellung ihrer Objekte ebenso hadert wie mit ihrer Erforschung.[28]

Ishmael kritisiert: Die Illustration eines Wals aus Oliver Goldsmiths *History of the Earth and Animated Nature* sehe »einer beinamputier-ten Sau zum Verwechseln ähnlich«[29] und die Abbildungen in Lacépè-des *Histoire naturelle des cétacées* seien »allesamt fehlerhaft«. In seiner

---

26 Melville: *Moby-Dick*, S. 260–264. Grundlegend für jede Auseinandersetzung mit Bildern in *Moby-Dick* ist Stuart M. Frank: *Herman Melville's Picture Gallery. Sources and Types of the ›Pictorial‹ Chapters of Moby-Dick*, Fairha-ven, MA 1986. Siehe außerdem Lars Friedrich und Bernhard Siegert: »›Fai-tiches‹. Kapitel 57: Of Whales in Paint; in Teeth; in Wood; in Sheet-Iron; in Stone; in Mountains; in Stars«, in: *Neue Rundschau* 125 (2014) 1, S. 242–257; Bernhard Siegert: »Sine imagine. Kapitel 55: Of the Monstrous Pictures of Whales«, in: *Neue Rundschau* 125 (2014) 1, S. 223–233; Niels Werber: »Ma-len ohne Leinwand. Kapitel 56: Of the Less Erroneous Pictures of Whales and the True Pictures of Whaling Scenes«, in: *Neue Rundschau* 125 (2014) 1, S. 234–241.

27 Melville: *Moby-Dick*, S. 112, 136.

28 Hierzu auch Felix Lüttge: »Weniger schlechte Bilder. Walfängerwissen in Naturgeschichte, Ozeanographie und Literatur im 19. Jahrhundert«, in: *Be-richte zur Wissenschaftsgeschichte* 39 (2016) 2, S. 127–142.

29 Melville: *Moby-Dick* (*2001*), S. 426.

Kritik der Illustrationen von Desmarest, der wohl eine chinesische Zeichnung als Vorbild für »eine seiner wahrheitsgetreuen Mißgeburten« genommen habe, zeigen sich die Spuren von Melvilles Beale-Lektüre: Denn dass Melville die Abbildungen Desmarests gesehen hat, ist unwahrscheinlich. Ishmael bezieht sich in seiner Beschreibung der Abbildungen auf die Kritik William Scoresbys aus dem Jahr 1820, die sich auf die Erstausgabe des Lacépède von 1804 bezieht. Er datiert sie fälschlicherweise auf 1825, Lacépèdes Todesjahr. Eine Neuauflage mit neuen Illustrationen, die Desmarest 1838 besorgte, hat Melville, dessen Französischkenntnisse dafür nicht ausreichten, vermutlich nicht gesehen. Ishmaels Kritik folgt der von Melville gründlich studierten *Natural History of the Sperm Whale* von Thomas Beale fast im Wortlaut.[30] Schließlich, fährt Ishmael fort, bleibe es bei »all diesen dilettantischen Unternehmen [...] Frederick [sic!] Cuvier, dem Bruder des berühmten Barons, vorbehalten, den Vogel abzuschießen«: Die Abbildung eines Pottwals aus Cuviers *Histoire naturelle des cétacés* (Abb. 24) zeige »kein[en] Pottwal, sondern ein[en] Kürbis«.[31] Dass es Cuvier nie vergönnt gewesen sei, auf Walfang zu gehen, wie Ishmael hinzufügt, hat eine Entsprechung in der Quellenbasis des Romans: Melville hat auch Cuviers Buch und die Illustration mit großer Wahrscheinlichkeit nie gesehen – was erklären könnte, warum Ishmael Cuviers Wal mit einem Kürbis vergleicht.

Der Wal, der in den sogenannten ›pictorial chapters‹ von *Moby-Dick*, die die Darstellungen von Walen in Bildern zum Thema haben, ebenso hervortritt wie in den Naturgeschichten Frédéric Cuviers oder Daniel Frederik Eschrichts, ist ein Wissensobjekt, das sich nicht darstellen lässt und das sich allen Versuchen, es zu zeichnen oder sich vor Augen zu führen, es überhaupt zum Gegenstand einer Repräsentation zu machen, verweigert. In den Worten Ishmaels:

»Though elephants have stood for their full-lengths, the living Leviathan has never yet fairly floated himself for his portrait. The living whale, in his full majesty and significance, is only to be seen at sea in unfathomable waters; and afloat the vast bulk of him is out of sight [...].«[32]

30 Melville: *Moby-Dick*, S. 263, und Beale: *The Natural History of the Sperm Whale*, S. 9–10. Siehe auch die Anmerkungen von Daniel Göske in Melville: *Moby-Dick* (2001), S. 982, und Vincent: *The Trying-out of Moby-Dick*, S. 216.
31 Melville: *Moby-Dick* (2001), S. 427.
32 Melville: *Moby-Dick*, S. 263.

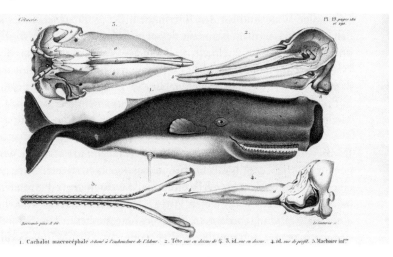

Abb. 24: *Cachalot macrocéphale* aus *De l'histoire naturelle des cétacés* von
Frédéric Cuvier, 1836.

Ähnliches schrieb der Zoologe Hermann Schlegel 1849 in einem Text
über »Zweck und Eigenschaften naturkundlicher Abbildungen«:

»Das Zeichnen der großen walfischartigen Tiere bietet noch be-
sondere Schwierigkeiten. Man kann sie gewöhnlich nur wahrneh-
men, wenn der Zufall sie ans Meeresufer gespült hat. Meist sind sie
riesenhaft groß und um so weniger zu überblicken, als sie immer
durch ihre Schwere teilweise im Sand begraben oder auch wohl
von Wasser umgeben sind. Sie liegen nicht immer in einer für das
Zeichnen wünschenswerten oder günstigen Stellung; sie sind nicht
selten teilweise verstümmelt und ihre Farben sind vergangen oder
ihr Körper ist auf eine unnatürliche Weise durch Gase aufgebläht.
Das bloße Skizzieren solcher Kolosse erfordert dann oftmals mehrere Tage Arbeit, viele Hilfsmittel, einen gegen die Elemente abge-
härteten Körper; und dennoch wird solche Skizze, erhalten nach
vielen Ausmessungen und Verbesserungen, meist lediglich als ein
Schema zu betrachten sein.«[33]

---

33 Hermann Schlegel: »Zweck und Eigenschaften naturkundlicher Abbildungen« (1849), in: Nissen: *Die Zoologische Illustration II*, S. 236.

Lebendige Wale sind für den Illustrator nicht (gut) zu sehen. Es handelt sich gewissermaßen um ein doppeltes Medienproblem: Weil Wal und Illustrator an verschiedene »Medien« – wie die zeitgenössische Naturforschung die stoffliche Umgebung der Lebewesen nennt – und damit an ihre je eigene Umwelt gebunden sind, kann eine Begegnung, in der der Wal »Porträt schwimmen« könnte, nicht stattfinden.[34] Das Medium ›Wasser‹ verhindert die Darstellung im Medium ›Bild‹.

Bilder *gestrandeter* Wale sind seit dem 15. Jahrhundert immer wieder gemalt worden.[35] Stilprägend war dabei Jacob Mathams Stich nach einer Zeichnung von Hendrik Goltzius, die einen am 3. Februar 1598 bei Scheveningen gestrandeten Pottwal zeigte und das Spektakel, das eine Walstrandung bedeutete, eindrücklich darstellt: Der Strand ist voller Leute, die sich um den Wal versammeln, zwei Männer sind auf seinen Rücken geklettert und hacken mit einer Axt ein Loch hinein (Abb. 25). Der Penis des Wals dient einem weiteren Mann als Rampe, über die er das tote Tier zu erklimmen versucht, während zwei andere Männer sich daranmachen, ihn auszumessen. Noch 1827, als ein Blauwal an den Strand von Ostende gespült wurde, wirkte die Darstellung des Scheveninger Wals in einer Pariser Darstellung von L. P. Jacquemain nach (Abb. 26). Um das gestrandete Tier hat sich ein Zirkus versammelt, auf seinem Rücken ist eine Manege errichtet worden und spätestens Elefant und Giraffe verraten die Untreue gegenüber jedem Maßstab und die zeichnerische Fiktion: Die Größe des Wals ist maßlos übertrieben und die um ihn herum gezeichneten Menschen und Tiere sind nie am Strand von Ostende gewesen. Vielmehr handelt

34 Peter Berz: »Die Lebewesen und ihre Medien«, in: Thomas Brandstetter, Karin Harrasser und Günther Friesinger (Hg.): *Ambiente. Das Leben und seine Räume*, Wien 2010, S. 23–49; Canguilhem: »Das Lebendige und sein Milieu«.

35 Hierzu Klaus Barthelmess und Ingvar Svanberg: »A Watercolour of a Stranded Sperm Whale From the Late Seventeenth Century«, in: *Archives of Natural History* 40 (2013) 1, S. 38–44; Andreia Sousa und Cristina Brito: »Historical Strandings of Cetaceans on the Portuguese Coast. Anecdotes, People, and Naturalists«, in: *Marine Biodiversity Records* 5 (2012) 2, S. 1–8; A. Jacob Dijkstra: »Gestrandete Wale, reisende Walzirkusse und Walskelett-Schaustellungen. Dargestellt auf Grafiken, Ansichts- und ›Gruß aus‹-Karten des 19. und 20. Jahrhunderts«, in: *Deutsches Schiffahrtsarchiv* 12 (1989), S. 265–284; Ariane Koller und Anna Pawlak: »Spektakel der Neugier. Strandung und Tod eines Wals als mediales Ereignis in der niederländischen Kunst der Frühen Neuzeit«, in: *Tierstudien* 5 (2014), S. 15–29; Werner Timm: »Der gestrandete Wal, eine motivkundliche Studie«, in: *Forschungen und Berichte* 3 (1961), S. 76–93.

Abb. 25: *Een Walvisch. Lang 70 voeten, gestrandt op de Hollandse zee-kust, tusschen Schevelingen en Katwyk, in Sprokkelmaandt 1598.* Jacob Matham, Stich nach einer Zeichnung von Hendrik Goltzius, 1598.

Abb. 26: *La Baleine d'Ostende, Visitée par l'Elephant, la Giraffe, les Osages et les Chinois*, L. P. Jacquemain, 1829.

es sich um Verkörperungen exotistischer Imaginationen des 19. Jahrhunderts. Der Titel der Lithografie, *La Baleine d'Ostende, Visitée par l'Elephant, la Giraffe, les Osages et les Chinois*, reiht den Wal von Ostende in eine Reihe bekannter Figuren aus Pariser Tier- und Völkerschauen ein: Die Giraffe war ein Geschenk des Gouverneurs von Ägypten an den französischen König gewesen, und die Angehörigen des Osage-Stammes waren 1827 von einem Pariser Geschäftsmann gegen Eintritt in der Stadt herumgezeigt worden.[36] Auch der Blauwal wurde zu einem Exponat (Abb. 27). Der englische Schiffsarzt Henry Dewhurst hatte sein Skelett gesehen, als es 1831 in Charing Cross in London ausgestellt wurde, und widmete ihm einige Jahre später ein Kapitel in seiner Naturgeschichte der Wale. Dewhurst beschreibt die »great sensation«, die die Strandung dieses Exemplars der größten Walart darstellte, sowie den Weg, auf dem das Tier vom Strandgut zum Museumsexponat wurde.[37] Herman Kessels, ein geschäftstüchtiger Bürger aus Ostende, kaufte den gestrandeten Wal, über dessen Art sich die örtlichen Naturhistoriker nicht einig wurden, für 6230 Francs und fuhr mit Zeichnungen des Wals nach Paris, wo er Georges Cuvier um eine Klassifikation seines neu erworbenen Eigentums ersuchte. Cuvier bestimmte das Tier als Furchenwal. Anders als manche seiner Zeitgenossen und heutige Taxonomen unterschied er nicht zwischen verschiedenen Furchenwalen, und auch Henry Dewhurst wollte sich nicht endgültig festlegen: »To whatever species the individual specimen in question belongs, it is doubtless the largest animal that has ever been captured, and I do not hesitate to say that the skeleton is the most perfect in Europe.« Unter Aufsicht eines Ostender Arztes wurde der Wal »in the presence of a great number of medical and other scientific men« seziert. 62 Arbeiter waren fünf Tage und Nächte lang damit beschäftigt, das Skelett freizulegen. Doch erst im April 1828, fünf Monate, nachdem der Wal an den Strand gespült

36 Ian Coller: *Arab France. Islam and the Making of Modern Europe, 1798–1831*, Berkeley 2011, S. 176–181; Tracy N. Leavelle: »The Osage in Europe. Romanticism, the Vanishing Indian, and French Civilization during the Restoration«, in: William L. Chew (Hg.): *National Stereotypes in Perspective. Americans in France, Frenchmen in America*, Amsterdam 2001, S. 89–112; zur Lithografie siehe Daniel Harkett: »The Giraffe's Keepers and the (Dis)play of Differences«, in: Sue Ann Price (Hg.): *Of Elephants & Roses. French Natural History, 1790–1830*, Philadelphia 2013, S. 149–158, zur Strandung in Ostende Mathieu-Benoît-Félix Bernaert: *Notice sur la baleine échouée près d'Ostende, le 5 novembre 1827*, Paris 1829.

37 Henry William Dewhurst: *The Natural History of the Order Cetacea and the Oceanic Inhabitants of the Arctic Regions*, London 1834, S. 108–129.

Abb. 27: Das Skelett des in Ostende gestrandeten Wals in Charing Cross. *The Mirror*, 16. Juli 1831.

worden war, war das Skelett soweit gereinigt und zusammengesetzt, dass es ausgestellt werden konnte. Für diesen Zweck war eine Hütte gebaut worden, die sich auf- und abbauen ließ und den Wal auf seiner Reise begleitete, die ihn durch ganz Europa und bis in die Vereinigten Staaten führte. Kessels und sein Wal machten nicht nur in Rotterdam, Dresden, Berlin und Wien Station, sondern auch in Paris, wo im Vorjahr die Giraffe des Gouverneurs von Ägypten und die Osage zu besichtigen gewesen waren.[38] Jacquemains Lithografie bezeugt die Kuriosität von Walstrandungen und die Sensation, zu der ein Walskelett im 19. Jahrhundert taugte, aber sie genügt kaum den Ansprüchen einer Wissensformation des 19. Jahrhunderts, die zunehmend das Leben in den Blick zu nehmen beginnt.

Abbildungen gestrandeter Wale in naturhistorischen Werken verzichteten zwar darauf, den Walen einen Zirkus zur Seite zu stellen, doch auch sie enthielten Fiktionen. Wie die erste Zeichnung des vor Tull gestrandeten und von Alderson sezierten Wals den Zeichner Richard Iveson selbst enthielt, der, sein Sujet vermessend, auf ihm auf- und abschreitet (Abb. 28), waren in die Abbildungen der Naturgeschichten von Desmarest/Lacépède und Robert Hamilton Menschen eingezeichnet, die die Größe der Tiere unterstrichen (Abb. 29). Nicht nur die Zeichnung, die James Alderson seinem Bericht über den Wal von Tull beigab, belegte glaubhaft seine Schwierigkeiten, sich einen Eindruck des Tieres zu verschaffen (Abb. 30). Auch für gelungenere Illustrationen galt: Der gestrandete Wal wird zwar anschaulich, bleibt dabei aber unansehnlich, weil er zu viele Eigenschaften verliert, die ihn als Lebewesen ausmachen: von der äußeren Form bis zur Lebendigkeit

38 Dewhurst: *The Natural History of the Order Cetacea*, S. 111–112.

Abb. 28: Der Zeichner Richard Iveson vermisst den Wal von Burton Constable.
Stich von R. Fenner, 1825.

im Wasser. Wo die Natur des Tieres an seine Lebendigkeit gebunden
wird, die wiederum an ein Milieu gebunden ist, außerhalb dessen sie
keinen Bestand hat, muss der Wal »bis zuletzt ohne Bildnis bleiben«.[39]
Weil obendrein in der Regel keine Walfänger anwesend sind, die diese
schlecht zu zeichnenden Tieren auf Anhieb klassifizieren könnten,
wenn Naturforscher einen Wal zu sehen bekommen, befindet Daniel
Frederik Eschricht, kann die »grosse Aufgabe der Wallthierkunde
[...] durch diese Quelle nicht gelöst werden.«[40] Wer eine »leidlich
genaue Vorstellung« von der Gestalt eines lebenden Wals gewinnen
will, schlussfolgert auch Ishmael, muss selbst auf Walfang gehen und
riskiert damit, »von ihm in alle Ewigkeit zerschmettert und versenkt
zu werden«.[41]

2. Beuteforschung

Diejenigen, die Walen am nächsten kamen, gehörten zur Besatzung
der Walfangschiffe. Das Wissen über Wale, das an Bord der Walfänger
gesammelt, notiert und weitergeben wurde, ging dabei über die von
Matthew Fontaine Maury geforderten Logbucheinträge hinaus. Auch
die naturgeschichtliche und biologische Walforschung war, wie die
Probleme mit gestrandeten Walen gezeigt haben, auf die Mitarbeit der
Walfänger angewiesen, wollten sie ›das Leben‹ der Wale in den Blick

39 Melville: *Moby-Dick* (*2001*), S. 429.
40 Eschricht: *Zoologisch-Anatomisch-Physiologische Untersuchungen über die
    nordischen Wallthiere*, S. 4.
41 Melville: *Moby-Dick* (*2001*), S. 429.

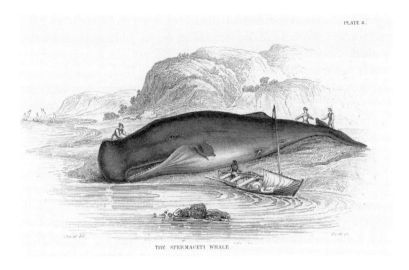

Abb. 29: *The Spermaceti Whale.* James Hope Stewart, 1837.

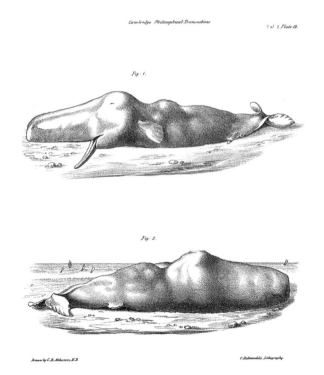

Abb. 30: Der Wal von Burton Constable. C. R. Alderson, 1827.

nehmen. Zu den Produzenten eines cetologischen Wissens an Bord und auf See gehörten in der ersten Hälfte des 19. Jahrhunderts an erster Stelle die Schiffsärzte auf englischen Walfängern; doch auch die Walfänger selbst entwickelten ein Jägerwissen vom Wal, das nicht immer streng vom biologischen Interesse an den Tieren zu trennen ist; gegen Ende des 19. Jahrhunderts hat es, vor allem in Norwegen, vereinzelt Naturforscher auf Walfänger und in Walfangstationen verschlagen, die sich zum Tier hinwagten, wenn es sich ihnen selbst nicht zur Verfügung stellen wollte.

Das Wissen über Wale, das sie hervorbringen, ist untrennbar mit der Jagd verbunden, die hier als ökonomisches Dispositiv erscheint, das eigene Epistemologien, Medien und Praktiken ausbildet. Auf Walfängern ist sie weniger Herrschafts- oder Repräsentationspraxis als »die Reihe von Bemühungen und Geschicklichkeiten, die der Jäger aufwenden muß, um mit ausreichender Häufigkeit über die Gegenwirkungen des gejagten Tieres Herr zu werden« und bestimmt so auch das Verhältnis von Forschern und Jägern zum individuellen Tier.[42] Sie alle hatten es mit einem ökonomischen Tier zu tun, das einen der wichtigsten Rohstoffe des 19. Jahrhunderts lieferte und ihren Lebensunterhalt sicherte. Das Lohnsystem auf englischen und amerikanischen Walfängern, das die Besatzung anteilig am Gewinn bezahlte, sorgte dafür, dass jedes einzelne Tier zum wertvollen Gut wurde, das nicht verschenkt wurde.[43] Lebendigkeit war auf Walfängern keine entscheidende Kategorie.

Jagende Forschung I: Schiffsärzte

Zwei Autoren nimmt Ishmael von seiner Generalkritik an der Cetologie aus, zu der das 32. Kapitel von *Moby-Dick* ansetzt: Thomas Beale und Frederick Debell Bennett. »There are only two books in being

---

42 José Ortega y Gasset: »Meditationen über die Jagd«, in: *Gesammelte Werke*, Bd. IV, Stuttgart, 1978, S. 516. Vgl. zur Jagd als Repräsentationspraxis Werner Rösener: *Die Geschichte der Jagd. Kultur, Gesellschaft und Jagdwesen im Wandel der Zeit*, Düsseldorf/Zürich 2004, und Bernhard Gissibl: »Jagd und Herrschaft. Zur politischen Ökologie des deutschen Kolonialismus in Ostafrika«, in: *Zeitschrift für Geschichtswissenschaft* 56 (2008) 2, S. 502–520.
43 Siehe zum Lohnsystem von Walfängern Davis, Gallman und Hutchins: *Risk Sharing, Crew Quality, Labor Shares and Wages in the Nineteenth-Century American Whaling Industry*, und Hohman: »Wages, Risk, and Profits in the Whaling Industry«.

which at all pretend to put the living sperm whale before you, and at the same time, in the remotest degree succeed in the attempt. Those books are Beale's and Bennett's; both in their time surgeons to the English South-Sea whale-ships.«[44] Beale und Bennett, die von Ishmael gelobten Autoren, waren englische Schiffsärzte, die auf englischen Walfängern den Pazifik befuhren – und damit ebenjener Tätigkeit in ebenjenem Raum nachgingen, von denen es nicht nur in *Moby-Dick* mehrfach heißt, sie seien amerikanisch dominiert. Dass nicht nur Ishmael, sondern auch Herman Melville, wie die Anmerkungen in seinem Handexemplar von Thomas Beales *Natural History of the Sperm Whale* belegen, sich zur Hochzeit des amerikanischen Walfangs, der die englische Konkurrenz weit hinter sich gelassen hat, auf die Werke englischer Ärzte beruft,[45] verweist auf einen wichtigen Unterschied in der Besatzung der Walfangflotten Alt- und Neuenglands: Anders als amerikanische Walfänger waren britische Walfangexpeditionen dazu verpflichtet, einen Schiffsarzt mitzuführen.[46]

Lange bevor die Anwesenheit von Ärzten auf britischen Schiffen zum gesetzlichen Regelfall wurde, war sie auf Walfängern üblich. Passagierschiffe ab einer bestimmten Größe durften britische Häfen seit 1823 nicht mehr ohne Arzt an Bord verlassen, 1854 verfügte der *Merchant Shipping Act* Ähnliches für größere Handelsschiffe.[47] Während hinter diesen Gesetzen nicht nur hygienische Absichten standen, sondern auch die Lobbyarbeit schottischer Grundbesitzer, die erfolg-

---

44 Melville: *Moby-Dick*, S. 135.

45 Herman Melvilles Exemplar von Beales *Natural History of the Sperm Whale* findet sich unter der Signatur *AC85.M4977.Zz839b in der Houghton Library, Harvard University. Siehe auch Steven Olsen-Smith: »Melville's Copy of Thomas Beale's The Natural History of the Sperm Whale and the Composition of Moby-Dick«, in: *Harvard Library Bulletin* 21 (2010) 3, S. 1–77.

46 Zu Schiffsärzten auf britischen Walfängern siehe Ian A.D. Bouchier: »Whales and Whaling: Contributions by the Medical Profession«, in: *Medical History* 27 (1983) 2, S. 182–184; Joan Druett: *Rough Medicine. Surgeons at Sea in the Age of Sail*, New York 2000; Martin Evans: »Stautory Requirements Regarding Surgeons on British Whale-Ships«, in: *The Mariner's Mirror* 91 (2005) 1, S. 7–12; Honore Forster: »British Whaling Surgeons in the South Seas, 1823–1843«, in: *The Mariner's Mirror* 74 (1988) 4, S. 401–415.

47 An Act to repeal the Laws for regulating Vessels carrying Passengers from the United Kingdom to Foreign Parts, and to make other Provisions in lieu thereof, 1823 (4 Geo. IV, c.84); The Merchant Shipping Act, 1854 (17 & 18 Vict., c. 104). Zu britischen Schiffsärzten siehe Zachary Friedenberg: *Medicine Under Sail*, Annapolis 2002, und Christopher Lloyd und Jack Coulter: *Medicine and the Navy, 1200–1900. Volume IV: 1815–1900*, Edinburgh 1963.

reich darauf sannen, durch höhere Standards an Bord die Preise für Schiffsreisen in die Höhe zu treiben und somit der Auswanderung nach Britisch-Nordamerika (heute: Kanada) entgegenzuwirken, zielte die den Walfang betreffende Verfügung unmittelbar auf den Erhalt der Arbeitskraft der Walfänger selbst.[48] Der von Großbritannien aus betriebene Walfang in der Arktis galt seit dem 17. Jahrhundert als riskant. Die Wetterlage vor der Küste Spitzbergens, in der Grönlandsee und in der Davisstraße war auch in den Sommermonaten nicht immer günstig und das Geschäft der Walfänger, die große Tiere in kalten Gewässern und von kleinen Booten aus jagten, nicht ungefährlich. Schon seit 1733, als die ersten Gesetze zur Subvention des arktischen Walfangs die Anwesenheit eines Arztes an Bord der Walfänger zur Bedingung für die Auszahlung von Prämien für gefangene Wale machten, gehörten die sogenannten *whaling surgeons* regelmäßig zur Besatzung britischer Walfänger.[49] Daran änderte sich auch mit dem Vorstoß der britischen Walfänger in den Pazifik zu Beginn des 19. Jahrhunderts nichts.

Auf amerikanischen Walfangschiffen hingegen fiel die medizinische Verantwortung für die Besatzung dem Kapitän zu.[50] Ein Medizinschrank und ein Handbuch wie Joseph Bonds *Master-Mariners Guide in the Management of the Ship's Company with Respect to their Health Being Designed to Accompany a Ship's Medicine Chest* ersetzten dabei medizinisches Fachwissen. Die Anweisungen, wie Medikamente zu verabreichen waren, ging dabei oft nicht über die Paarung nummerierter Flaschen mit den Symptomen hinaus, die sie beheben sollten. Eine Anleitung aus dem Jahr 1800 etwa empfahl: »No. 10 – Elixir of Vitriol. From 10 to 20 drops of this medicine may be taken in wine and water, Bitters or the Bark, in cases of debility, or in putrid disorders. It is also an excellent medicine to create appetite.«[51]

---

48 J.M. Bumsted: *The People's Clearance. Highland Emigration to British North America, 1770–1815*, Edinburgh 1982, S. 129–154.

49 An act for the further encouragement of the whale fishery carried on by his Majesty's British subjects, 1733 (6 Geo. II, c. 33, s. 2); Forster: »British Whaling Surgeons in the South Seas«, S. 404.

50 An Act for the government and regulation of Seamen in the merchants service, sec. 8, 20. Juli 1790, United States Statutes at Large, Vol. 1, 1st Cong., 2nd Sess, Chapter 29, S. 135.

51 Samuel Hemenway: *Medicine Chest, with Particular Directions*, Salem 1800, o.P. Zur medizinischen Versorgung auf amerikanischen Walfängern siehe auch Eleanora Gordon: »Sailors' Physicians. Medical Guides for Merchant Ships and Whalers, 1774–1864«, in: *Journal of the History of Medicine* 47 (1993), S. 139–156.

Obwohl die medizinische Versorgung auf englischen Walfängern gründlicher ausfiel, scheinen die englischen Schiffsärzte auf den langen Walfangfahrten in den Pazifik nicht übermäßig von ihren Pflichten in Anspruch genommen worden zu sein. Herman Melville schrieb 1847 in *Omoo*: »All English whalemen are bound by law to carry a physician, who, of course, is rated a gentleman, and lives in the cabin, with nothing but his professional duties to attend to; but incidentally he drinks ›flip‹ and plays cards with the captain.«[52] Ähnliches stellte noch 1880 Arthur Conan Doyle fest, der als Schiffsarzt mit der *Hope* nach Grönland aufbrach: »I speedily found that the chief duty of the surgeon was to be the companion of the captain.« Dies geschah, wie Doyle, der gerade sein drittes Studienjahr in Edinburgh absolvierte, freimütig zugab, zu seiner Erleichterung und zum Glück der Mannschaft: »I went in the capacity of surgeon, but as I was only twenty years of age when I started, and as my knowledge of medicine was that of an average third year's student, I have often thought that it was as well that there was no very serious call upon my services.«[53]

In den Reiseberichten, die Beale, Bennett und Dewhurst nach ihren Reisen in den Zwanziger- und Dreißigerjahren des 19. Jahrhunderts veröffentlichten, werden medizinische Eingriffe und Krankheiten äußerst selten erwähnt, stattdessen verraten sie ein ausgeprägtes wissenschaftliches Interesse an den Bewohnerinnen und Bewohnern der pazifischen Inseln, an denen ihre Schiffe vor Anker gingen, und den Tieren, die ihre Mannschaften jagten. Thomas Beale etwa begleitete die Crew auf kleineren Exkursionen auf Inseln oder zum Robbenfang, »to observe their doings for my own gratification«, während er die Waljagd meistens von Bord des Schiffes mit einem Fernrohr beobachtete.[54] Die Rezensenten seines Buches zeigten sich von der »originality of its information« angetan und hoben seine Beschreibungen der Jagdszenen hervor.[55]

Frederick Debell Bennett erklärt im Vorwort zu seinem *Narrative of a Whaling Voyage Round the Globe*, seine Reise sei »chiefly« erfolgt,

»to investigate the anatomy and habits of Southern Whales, and the mode of conducting the Sperm Whale Fishery […] and to make as

---

52 Melville: *Omoo*, S. 11.
53 Doyle: *Dangerous Work*, S. 34.
54 Beale: *The Natural History of the Sperm Whale*, S. 167–168.
55 *The London Quarterly Review* 63 (1839) 126, S. 176–190; *The Magazine of Natural History* 2 (1839) 29, S. 249–252; *The Naturalist* 4 (1839) 30, S. 323–332.

many observations on the state of the Polynesian, or other lands we might visit, and to collect as many facts and examples in Natural History, as opportunities might offer.«[56]

Mit dieser Beschreibung seines Vorhabens markiert Bennett einen wichtigen Unterschied zwischen der naturhistorischen Beobachtung der Schiffsärzte und den Untersuchungen der Naturforscher an Stränden und in Museen. Mit den Büchern von Beale, Bennett, Dewhurst und anderen Schiffsärzten, die Reisebericht und naturhistorische Darstellung miteinander verbanden, wurde ein Phänomen zum Gegenstand des cetologischen Interesses, das in den Arbeiten von Naturhistorikern wie Georges und Frédéric Cuvier völlig fehlte: das Verhalten. Als »habit« taucht es in Kapitelüberschriften und als Erkenntnisinteresse in den Büchern der *whaling surgeons* auf. Ihre Beobachtungen haben wenig mit der biologischen Verhaltensforschung zu tun, die ihr Interesse ab etwa 1900 als »behaviour« bestimmte, und tierische Intelligenz und Instinkte untersuchte und dabei auf Tierversuche unter Laborbedingungen setzte.[57] Und doch stellten sich auf der Jagd auch Fragen nach Sozialverhalten und Lernfähigkeit von Walen, deren Verwissenschaftlichung später zum Programm des Behaviorismus gehören würde. Das Verhalten, für das Beale und Bennett sich interessierten, das sie »habits« – ›Gewohnheiten‹ – nannten und über das die Naturforscher auf dem Festland nichts zu sagen hatten, hat der Meeresbiologe Anton Dohrn später »Lebensweise« genannt und als Forschungsinteresse dem Studium von »äußerem und innerem Körperbau« entgegengesetzt.[58] Beale verstand darunter vor allem die Nahrungsaufnahme und die Fortbewegung der Wale sowie ihre Atmung und das Zusammenleben in Gruppen. »Habits« sind die Dinge, die lebendige Wale im Wasser tun (»actions«, wie Beale sie nennt), sie spielen sich nicht innerhalb des Organismus ab, sondern im Wechselspiel mit seiner Umgebung und anderen Organismen.[59] Das Verhalten

56 Bennett: *Narrative of a Whaling Voyage*, Bd. I, S. v.
57 Richard W. Burkhardt: *Patterns of Behavior. Konrad Lorenz, Niko Tinbergen, and the Founding of Ethology*, Chicago 2005; Jahn (Hg.): *Geschichte der Biologie*, S. 580–600.
58 Anton Dohrn: »Der gegenwärtige Stand der Zoologie und die Gründung zoologischer Stationen [1872]«, in: *Die Naturwissenschaften* 14 (1926) 19, S. 412–424.
59 Beale: *The Natural History of the Sperm Whale*, S. 8. Als »Gesamtheit der Aktivitäten eines Organismus, die das Verhältnis zu seiner Umwelt betreffen«, wird »Verhalten« auch von Georg Toepfer bestimmt, siehe Art. »Verhalten«, in: Toepfer: *Historisches Wörterbuch der Biologie*, Bd. 3, S. 653.

der Wale, das die Schiffsärzte beschreiben, ließ sich von Bord eines Walfängers beobachten und war fast immer ein vom Beobachter provoziertes Verhalten. Wo die Beobachter auf Walfängern standen, stand mehr auf dem Spiel als durch Beobachtung verursachte Unschärfen. Das Walverhalten, das Beale und seine Kollegen beschreiben, war vor allem Fluchtverhalten.

Bennett gibt die Geschwindigkeit an, mit der ein Wal schwimmt, »[w]hen first pierced by the harpoon«, und es besteht wenig Zweifel daran, was die Ursache für die Gefahr ist, wenn er beschreibt, dass ein Walbulle seine ›Schule‹, wie Gruppen von Walen genannt werden, im Gefährdungsfall verteidigt. Die paradoxe Formulierung »ordinary cirumstances of alarm« verrät viel über die Umstände, unter denen ein Arzt auf einem Walfänger Gelegenheit hat, Walverhalten zu beobachten: Für gewöhnlich befindet sich der Wal, auf den man trifft, im Ausnahmezustand. Während Bennett wenig über Wale zu sagen hat, die nicht von Walfängern behelligt werden, kann er »two degrees of alarm« unterscheiden, in die die Tiere versetzt werden, wenn man sie jagt.[60]

Nicht nur als Möglichkeitsbedingung der Ozeanographie und ihrer von Walfängern notierten Daten zeigte sich der Walfang als Apriori eines Wissens von lebendigen Walen. Auch der Schiffsarzt Bennett beruft sich auf »intelligent whalers«, die ihn mit Informationen über Wale versorgen. Ob über Schwimmgeschwindigkeiten der Wale auf der Flucht vor ihren Jägern oder über die als Nahrung dienenden verschiedenen Tintenfischarten, »which are rejected from the stomach of the whale when the latter is attacked by the boats as well as after death, and during the process of removing the blubber«: Bennett berichtet von einem Wissen, das erst, ausschließlich und unvermeidlich auf der Jagd entsteht.[61] Darüber hinaus bekommt man es mit einer Art cetologischem Feedback zu tun: Wenn Wale in einem viel frequentierten Jagdgebiet »exceedingly watchful« werden, geht die Jagd der Beobachtung schon deshalb voraus, weil der jagende Beobachter immer schon in das beobachtete System eingegriffen hat. Im Umkehrschluss ist über den gefährlichen Riesenhai, den Walfänger meiden, noch weniger zu sagen als über Wale, wenn sie nicht gejagt werden: »Since whalers

60 Bennett: *Narrative of a Whaling Voyage*, Bd. II, S. 171–172, 177.
61 Ebd., S. 175; 177; siehe auch Beale: *The Natural History of the Sperm Whale*, S. 34.

religiously avoid an encounter with these troublesome creatures, it follows that their real form and structure are but little, if at all known.«[62]
Die Schiffsärzte, die Jahre auf See und der Jagd nach Walen verbracht hatten, brachten ihr Erfahrungswissen gegenüber der Buchgelehrsamkeit der Naturhistoriker in Stellung. Thomas Beale beruft sich auf »the thousands of sperm whales which I have seen during my wanderings in the south and north Pacific Oceans«, wenn er, anders als die Naturhistoriker von Plinius bis Frédéric Cuvier, nicht glaubt, dass der Pottwal eine Wasserfontäne ausbläst: »I have seen them at a distance, and I have been within a few yards of several hundreds of them, and I never saw water pass from the spout-hole.«[63] Die Gelegenheit zur genaueren anatomischen und physiologischen Untersuchung bot sich jedoch auch den Schiffsärzten nicht oft und so blieben sie ebenfalls individuellen Exemplaren verpflichtet. Bennett, der an Bord einige Male Gelegenheit hatte, gefangene Tiere genauer zu untersuchen, bindet seine Messungen und Zählungen der Zähne ebenso an individuelle Exemplare zurück wie die Naturhistoriker am Strand: »In one example, the number of teeth was 39–39, 39–39; in a second, 40–41, 40–41.«[64] Thomas Beale entscheidet sich gar, die Anatomie des Pottwals anhand des Skelettes von Burton Constable zu beschreiben, das er erst nach seiner Reise besichtigte.

Die Cetologie der Schiffsärzte, die den Wal entweder im Wasser oder schon halb zerlegt zu sehen bekamen, war wenig abstraktionsfähig. Der Wal, den die Naturgeschichten und Reiseberichte Thomas Beales und Frederick Debell Bennetts beschrieben, war ein Wal-für-den-Jäger; das Wissen über ihn Jagdwissen: Die Lungenkapazität eines Pottwals interessierte nicht nur den Naturforscher, sondern auch den Walfänger, der sich ausrechnen konnte, wann ein gerade abgetauchter Wal das nächste Mal zum Atmen an die Wasseroberfläche kommen muss.[65] Charles Melville Scammon, ein kalifornischer Walfänger, der zum Naturforscher geworden war, präsentierte sein Buch The Marine Mammals of the North-Western Coast of North America zwar als Zoologie, doch lieferte er darin weniger systematische Beschreibungen mariner Organismen als die Erzählung eines Walfängers, der aufschreibt, was er bei der Jagd auf seine Beute herausgefunden hat.[66]

62 Bennett: *Narrative of a Whaling Voyage*, Bd. II, S. 177, 240.
63 Beale: *The Natural History of the Sperm Whale*, S. 16.
64 Bennett: *Narrative of a Whaling Voyage*, Bd. II, S. 236.
65 Beale: *The Natural History of the Sperm Whale*, S. 43.
66 Charles Melville Scammon: *The Marine Mammals of the North-Western*

Die Wale der Walfänger waren in einen Jagd- und Verwertungs-
zusammenhang eingebunden: Bennett weist in seinem Reisebericht
selbst auf die Abhängigkeit cetologischer Wissensproduktion vom
Walfang hin. Ähnlich wie Matthew Fontaine Maury betont er, dass
die Geographie des Walfangs die Migrationswege weniger der Wale als
der Walfänger beschreibt. Die Biogeographie des gejagten Tieres war
vor allem Wirtschaftsgeographie des Menschen:

»[…] when *seasons* are spoken of in this fishery, the term applies less
to the periodic presence of whales in the regions referred to, than to
the convenience of whale ships, in regard to weather, &c. […] there
is no reason to doubt, that whales continue in its waters during the
entire year. While driven by winter weather from the north, the
whaler occupies his time in the more genial climates of Southern
America and the Equator, or ›takes the off-shore season.‹«[67]

Welchen Stellenwert die Jagd auf den Wal für die Zoologie der Schiffsärzte hatte, zeigen auch die naturhistorischen Kapitel, die sie ihren
Reiseberichten vor- oder nachschalteten. In den als Naturgeschichten
betitelten und damit wissenschaftlich paratextualisierten Büchern sind
zwischen anatomischen und physiologischen Beschreibungen immer
wieder auch solche des Walfangs oder kurze Abhandlungen über die
aus dem Wal gewonnenen Rohstoffe zu finden. Aus dem Inhaltsverzeichnis von Henry William Dewhursts *Natural History of the Order
Cetacea, and the Oceanic Inhabitants of the Arctic Regions*:

»General history of whales – Natural History of the Balæna Mys-
ticetus – General remarks on the economy of the whale – Methods
employed to capture the whale – Early history of the British Whale
Fishery – Probable success of ditto – Dangers attending ditto –
Natural History of the Balæna Icelandica.«[68]

Auch das achte Kapitel aus Bennetts Anhang über die Zoologie der
südlichen Wale beschreibt die Fanggebiete und -methoden kaum we-

---

*Coast of North America, Described and Illustrated. Together with an Ac-
count of the American Whale-Fishery*, San Francisco 1874.

67 Bennett: *Narrative of a Whaling Voyage*, Bd. II, S. 182 (Hervorhebung im
   Original).
68 Dewhurst: *The Natural History of the Order Cetacea*, S. ixx; siehe zum
   Begriff des Paratextes Gérard Genette: *Paratexte. Das Buch vom Beiwerk
   des Buches*, Frankfurt a. M. 2001.

niger genau als ihre Anatomie. Noch bevor er den Körperbau des Südkapers beschreibt, hält Bennett fest:»In commercial value this species is second only to the Sperm Whale.«[69] Dazu gehört auch die Verwendung ökonomischer Größen als Maßeinheiten für Wale. Die Schiffsärzte gaben, wie die Walfänger in ihren Logbüchern, die Größe eines Exemplars in Barrel Öl an und vergaßen beim Vermessen eines Walkopfes nie zu notieren, wieviel Öl das Tier abgegeben hatte. Als Bennett eine Schule von Pottwalen beobachtet, hält er nicht die Anzahl der Tiere fest, sondern die geschätzte Frachtmenge ihres Öls:

>»At particular times and places, however, we have seen the ocean, for several miles around the ship, strewn with a constant succession of spouts, denoting a greater number of Cachalots than, could they all have been secured, would have afforded a full cargo of oil for three or four ships.«[70]

Bezeichnenderweise steht auch in Thomas Beales *Natural History of the Sperm Whale* das Kapitel über die geographische Verteilung von Pottwalen nicht neben dem Verhalten, der Ernährung oder eben Anatomie und Physiologie im zoologischen Teil des Buches, sondern anschließend an die Kapitel über»Chase and capture of the Sperm Whale« und»Of the ›cutting in‹ and ›trying out‹«. Bis in die Namensgebung hinein schreibt sich der Kontext dieser Cetologie an Bord der Walfänger in die Naturgeschichte ein: Der englische Name für den Pottwal, *sperm whale*, nennt ihn nach dem Rohstoff, der aus ihm gewonnen wird: Walrat; und auch das *Deutsche Wörterbuch*, das erklärt, man habe die Substanz aus dem Kopf des Pottwals»früher für den samen des pottwals gehalten, daher die bezeichnung ›sperma ceti‹«, verzeichnet einen»Walratfisch: m. der pottfisch, physeter macrocephalus.«[71]
    Sowenig die Produktion von Wissen über Wale vom Walfang zu abstrahieren war, so präsent blieben die Umstände in seiner Darstellung. Walfang und Walfangtechniken, die aus seinem Öl und seinen Barten hergestellten Produkte und die Geschichte des Walfangs waren nicht nur bei Bennett Teil der Zoologie. Thomas Beale stellte dem Kapitel über die»external form and peculiarities of the sperm whale« die Zeichnung eines Pottwals voran, in die Linien eingezeichnet sind,

69 Bennett: *Narrative of a Whaling Voyage*, Bd. II, S. 229.
70 Ebd., S. 172.
71 Jacob und Wilhelm Grimm: *Deutsches Wörterbuch*, Bd. 27, Leipzig 1922, Sp. 1325.

entlang derer Walfänger ihren Fang zerlegen (Abb. 31).[72] Teil der Illustration, die die »short description of [the whale's] external form« unterstützen soll, sind »B, a harpoon« und »C, a lance«. Sie gehört zu einem Bildertyp, der als *cutting-in pattern* bezeichnet wird und dessen Name auf den Prozess des Flensens verweist, bei dem Streifen in die Haut des erlegten Wals geschnitten werden und dann mithilfe eines sogenannten Flenshakens und einer Taukonstruktion »wie man eine Apfelsine manchmal in Spiralen schält, [...] der Speck vom Kadaver des Wales gezogen« wird.[73] Nicht nur Herman Melville hat diesem Vorgang in *Moby-Dick* ein ganzes Kapitel gewidmet, sondern auch Beale und Bennett beschreiben sehr genau, wie ein gefangener Wal ausgenommen wird.[74] Für die Schiffsärzte gehörte zur anatomischen Beschreibung des Wals die schematische Darstellung alltäglicher Handgriffe zu seiner Verwertung an Bord eines Walfängers, die zu ihrer Verrichtung benötigten Instrumente inklusive.

Das erste ›Schnittmuster‹ dieser Art erschien 1798 in Captain James Colnetts *A Voyage to the South Atlantic and Round Cape Horn into the Pacific Ocean, for the Purpose of Extending the Spermaceti Whale Fisheries and Other Objects of Commerce*.[75] Colnett, Captain der Royal Navy, war von der Admiralität beauftragt worden, im Pazifik nach Walfanggründen zu suchen, nachdem Londoner Unternehmer beim Handelsministerium darauf gedrängt hatten. Zur Illustration in seinem Reisebericht gehört ein Text, der beschreibt, wie beim *cutting-in* vorzugehen ist. Die Abbildungen, die bald zum Standardrepertoire walkundlicher Werke gehörten, dienten zunächst dazu, europäischen Walfängern, die nicht die Expertise der Amerikaner hatten, den Prozess des *cutting-in* zu erläutern. Als Protokolle einer täglichen Arbeit an Bord von Walfängern stehen die *cutting-in patterns* für ein anatomisches Wissen, das wenig mit dem Wissen der Naturgeschichte des 19. Jahrhunderts zu tun hat. Während Georges Cuviers ›Vernunftprincip der Naturgeschichte‹ für eine Verschiebung

72 Beale: *The Natural History of the Sperm Whale*, S. 23.

73 Melville: *Moby-Dick* (2001), S. 483.

74 Beale: *The Natural History of the Sperm Whale*, S. 185–187; Bennett: *Narrative of a Whaling Voyage*, Bd. II, S. 202–213.

75 James Colnett: *A Voyage to the South Atlantic and Round Cape Horn into the Pacific Ocean for the Purpose of Extending the Spermaceti Whale Fisheries and Other Objects of Commerce*, London 1798; Michael P. Dyer: »An Interpretive Analysis of Illustrations in American Whaling Narratives, 1836–1927«, in: *The New England Journal of History* 53 (1996) 1, S. 57–77; Michael P. Dyer: »The Historical Evolution of the Cutting-in Pattern, 1798–1967«, in: *American Neptune* 59 (1999) 2, S. 137–149.

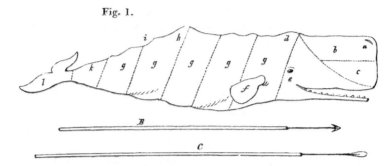

Fig. 1 represents the outline of the entire form.

Fig. 2, that of the anterior aspect of the head.

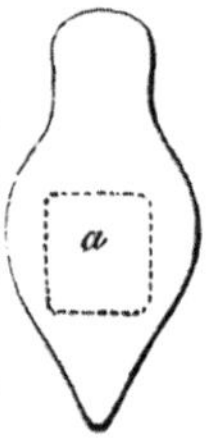

Fig. 1—*a*, the nostril or spout-hole; *b*, the situation of the case; *c*, the junk; *d*, the bunch of the neck; *e*, the eye; *f*, the fin; *g*, the spiral strips, or blanket pieces; *h*, the hump; *i*, the ridge; *k*, the small; *l*, the tail or flukes; *B*, a harpoon; *C*, a lance.

Fig. 2—*a*, the lines forming the square are intended to represent the flat anterior part of the head.

Abb. 31: *Cutting-in pattern* aus *The Natural History of the Sperm Whale* von Thomas Beale, 1839.

der Aufmerksamkeit auf die Organisation der Lebewesen, und damit auf das Körperinnere, steht, verkörpern sie ein Wissen, das Graham Burnett eine buchstäblich »oberflächliche Anatomie« genannt hat.[76] Es geht ihr genau nicht um den lebendigen Wal der Biologen, sondern um sein Nachleben: Das *cutting-in pattern* verweist auf die an seinem Kadaver vorgenommenen Einschnitte, die am Beginn seiner industriellen Verwertung stehen.

Forschende Jagd: Walfänger

Frederick Bennett weist darauf hin, dass Walfänger auch ihre Erkenntnisse über die Sinne des Wals für die Jagd zu nutzen wissen: »The senses of the Sperm Whale are not despised by the whaler, nor disregarded in his tactics«.[77] Tatsächlich geht der Walfänger William

76 Burnett: *Trying Leviathan*, S. 121–125.
77 Bennett: *Narrative of a Whaling Voyage*, Bd. II, S. 180.

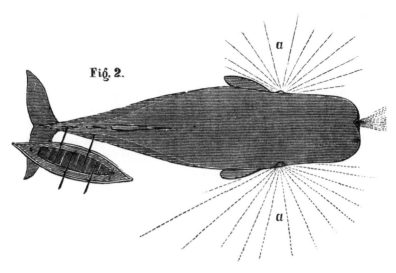

Abb. 32: Navigationshinweise von William Morris Davis, 1874.

Morris Davis in seinem Reisebericht noch genauer auf die Jagd- und Tötungsaspekte ein als die verschiedenen *cutting-in patterns*, wenn er eine Illustration, die das Sichtfeld eines Wals verzeichnet, dazu nutzt, auf den toten Winkel hinzuweisen, in dem sich die Walfänger dem Tier am besten nähern (Abb. 32). Von Walfängern betrieben, war die Sinnesphysiologie des Wals immer auch Sinnesphysiologie seiner Jagd. Davis war in den 1830er Jahren auf einem Walfänger zur See gefahren und publizierte 1874 ein Buch mit Titel *Nimrod of the Sea; or, The American Whaleman*, das Reisebericht, Walkunde und Geschichte des Walfangs auf eine Weise vereint, die die Leserinnen und Lesern von *Moby-Dick* nicht unbekannt sein dürfte.[78] Die Zeit zwischen seiner Rückkehr und der Publikation seines Buches nutze Davis offensichtlich zur gründlichen Lektüre naturhistorischer Schriften, die er in *Nimrod of the Sea* ausgiebig zitiert und kritisiert. Auch bei Davis stößt man auf die Figur des intelligenten Walfängers. Ähnlich wie Jeremiah Reynolds und Matthew Fontaine Maury holte er bei den Walfangka-

---

78 Bis in die ungewöhnliche Zeichensetzung im Titel lassen sich die Ähnlichkeiten zwischen den Büchern verfolgen. Dass Davis *Moby-Dick* kannte, lässt sich jedoch nicht eindeutig belegen. Eine zeitgenössische Rezension hält es für »readable [...], but [...] inferior to Herman Melville's ›Moby Dick‹«. *The Nation*, 29. Oktober 1847, S. 290.

pitänen Informationen über Wale ein. Wie Beale und Bennett ging es ihm dabei jedoch vor allem um die »habits« der Tiere. Kein Ort sei besser geeignet »for receiving information regarding the business« als die Rückseite von *Kelley's watch-maker's shop* in New Bedford, wo sich die Walfangkapitäne der Stadt, »men of the largest experience«, versammelten. »Wishing to obtain their views regarding the habits, etc., of whales«, schreibt Davis, »I addressed a series of questions to Captain G. A. Covill, with the request that they should be submitted to the captains of New Bedford.« Davis druckte die Antworten der Kapitäne im Anhang seines Reiseberichts ab und zeigte sich zufrieden, seine eigenen Beobachtungen durch die Expertise der Kapitäne weitestgehend bestätigt zu finden und eigene Erkenntnisse, wo sie abwichen, zu korrigieren: »It will be noticed that a whale leaping clear of the water is rare, yet it must be admitted that it is occasionally seen.«[79]

Die Naturgeschichte dieser Walfänger ist es, die ihn in *Nimrod of the Sea* interessiert. »[B]ooks in the libraries will show you what savants think on the points I have touched. I only write of what the sailor sees, thinks, and believes.«[80] Der Walfänger, hat der Historiker Elmo Paul Hohman geschrieben, »knew very little, and cared less, about scientific description and classification. [...] His business, after all, was not to observe, describe, and classify, but to kill whales, to secure a cargo of oil and whalebone.«[81] Dagegen lässt sich einwenden, dass viele Walfänger so uninteressiert nicht gewesen sind: Graham Burnett hat gezeigt, dass zwischen naturhistorischem Bücherwissen und dem Erfahrungswissen der Walfänger reziproke Lese-, Kommentar- und Korrekturbeziehungen bestanden.[82]

Darüber hinaus ist die Gruppe der Walfänger zu divers, um danach fragen zu können, was ›der Walfänger‹ im Allgemeinen wusste: Zu den Crews von Walfangschiffen gehörten die Sprosse neuenglischer Walfangdynastien wie George Washington Gardner ebenso wie Afroamerikaner wie Prince Boston, der als erster Sklave in Massachusetts seinen Lohn und seine Freiheit vor Gericht erstritt, und sein Neffe Absalom Boston, der in den 1820er Jahren als Kapitän der *Industry* bekannt wurde. Auch Söhne aus bürgerlichen Familien wie Herman Melville und Richard Henry Dana gingen als Mitglieder der Crew

79 William Morris Davis: *Nimrod of the Sea; or, The American Whaleman*, New York 1874, S. 397.
80 Ebd., S. 268.
81 Hohman: *The American Whaleman*, S. 134–144.
82 Burnett: *Trying Leviathan*, S. 95–144.

auf Walfang, und *native americans* waren längst nicht nur als Harpuniere gefragt, als die Melville sie in Form von Tashtego in *Moby-Dick* portraitiert.[83]

Naturhistorische Vorbildung war unter ihnen unterschiedlich verteilt, und doch haben sich ihr Diskurs und ihre Arbeit in den Büchern der Schiffsärzte niedergeschlagen. Statt jedoch nach den intelligenten Walfängern zu suchen, die ›wahres Wissen‹ gelesen hatten und wussten, dass es sich beim Wal um ein Säugetier und nicht um einen Fisch handelte, erscheint es für eine Wissensgeschichte des Walfangs ergiebiger, danach zu fragen, welches Wissen an Bord von Walfängern gebraucht, erarbeitet und aufgeschrieben wurde; inwiefern es sich vom ›wissenschaftlichen Wissen‹ unterschied; und wo und auf welche Weise es sich schließlich in den Diskurs der Naturhistoriker einschrieb.

»Cutting figures with a pen ain't cutting blubber«, bekommt John Ross Browne, der als Journalist auf einem Walfänger mitgefahren war, um Bericht über die Lebens- und Arbeitsbedingung der »most oppressed class of men in existence« zu erstatten, von einem erfahrenen Walfänger zu hören.[84] Dem *cutting-in*, das am Anfang der Zerlegung eines getöteten Wals stand, ging genau jene ›Wissenschaftlichkeit‹ ab, die die *cutting-in patterns* in den Naturgeschichten der Schiffsärzte suggerieren mochten. »While these operations continue«, beschreibt es Frederick Bennett knapp, »the ship is hove to; the surrounding sea is red with blood; and crowds of brown and blue sharks prowl about,

83 Siehe zur demographischen Zusammensetzung von Walfang-Crews, zu denen auch Männer von den Kapverden und Azoren gehörten, James Farr: »A Slow Boat to Nowhere. The Multi-Racial Crews of the American Whaling Industry«, in: *The Journal of Negro History* 68 (1983) 2, S. 159–170; zur afroamerikanischen Seefahrt Jeffrey Bolster: *Black Jacks. African American Seamen in the Age of Sail*, Cambridge, MA 1997, zu *native americans* auf Walfängern Nancy Shoemaker: »Mr. Tashtego. Native American Whalemen in Antebellum New England«, in: *Journal of the Early Republic* 33 (2013) 1, S. 109–132, und Shoemaker: *Native American Whalemen and the World*.

84 J. Ross Browne: *Etchings of a Whaling Cruise, with Notes of a Soujourn on the Island of Zanzibar to which is Appended a Brief History of the Whale Fishery, its Past and Present Condition*, New York 1846, S. iv. Browne leiste mit seinem Bericht zur Lage der walfangenden Klasse, so Herman Melville in seiner Rezension des Buches, für die Walfangindustrie, was Richard Henry Dana für die Handelsmarine geleistet habe, Herman Melville: »Etchings of a Whaling Cruise«, in: *The Writings of Herman Melville. The Northwestern-Newberry Edition*, Vol. 9: The Piazza Tales and Other Prose Pieces 1839–1860, hg. von Harrison Hayford und G. Thomas Tanselle, Evanston 1987, S. 205.

eagerly seizing upon every drifting portion of the fat, but daintily refusing to devour the flesh of the whale. Many of these voracious fish are killed by the spade of the whaler«.[85] Es ist eine von wenigen Bemerkungen, aus denen hervorgeht, welch ein blutiger Prozess das ›Flensen‹ gewesen ist. Eine andere steht am Anfang von Kapitel 67 in *Moby-Dick:* »The ivory Pequod was turned into what seemed a shamble; every sailor a butcher. You would have thought we were offering up ten thousand red oxen to the sea gods.«[86] Die Verarbeitung des toten Wals musste so schnell wie möglich erfolgen, um ihn nicht an die Haie zu verlieren, die sich um den Kadaver versammelten. Dafür wurde das Tier steuerbords am Schiff vertaut. Die Mannschaft installierte eine »cutting stage«, eine Art Schaukel, die vom Schiff über den Wal gehängt wurde, und schnitt mit Spaten und Messern an langen Stielen, »similar to the common knives used by butchers«,[87] die Speckschicht aus dem Tier heraus. Das Fett wurde in Stücke von ungefähr einer Tonne Gewicht geschnitten und mit Seilwinden an Bord gehoben. Dort wurde es in kleinere Stücke geschnitten, »horse pieces« oder, weil sie Büchern ähnlich sahen, »bible leaves« genannt. Die Verarbeitung eines Wals war nicht viel ungefährlicher als die Jagd. Das Deck wurde von Öl und Blut so glatt, dass die Walfänger Gefahr liefen, über Bord zu rutschen und unter den Haien zu landen. Abhängig vom Seegang und vom Wetter konnte das *cutting-in* Stunden oder Tage dauern. »My arm became weary of the slaughter«, schreibt William Davis, »and when the stripped carcass floated away, the sharks held high carnival. A flock of mollemokes also attended at the feast.«[88] Nachdem das Fett in den »try-works«, den Öfen am Vormast, ausgekocht und das Öl in Fässern unter Deck verstaut war, wurden Schiff und Mannschaft gereinigt, um auf das Signal des Ausgucks »There she blows« dem nächsten Wal hinterherzujagen.

Weil Walfänger nicht sezieren (auch wenn sie das Wort gelegentlich schreiben), sondern ausnehmen, kann Ishmael sagen: »Wie ich ihn auch sezier, ich komm nicht tiefer als die Haut.«[89] Die Haut kannten die Walfänger dafür umso besser und sie produzierte eigene Taxo-

---

85 Bennett: *Narrative of a Whaling Voyage*, Bd. II, S. 210. Auch diese Beschreibung praktischer Handgriffe erfolgt übrigens im zoologischen Anhang von Bennetts Reisebericht.

86 Melville: *Moby-Dick*, S. 303.

87 Browne: *Etchings of a Whaling Cruise*, S. 55.

88 Davis: *Nimrod of the Sea*, S. 328, 330.

89 Melville: *Moby-Dick (2001)*, S. 592. »It is surgery, or dissection, in a gigantic scale«, schreibt auch Davis: *Nimrod of the Sea*, S. 77.

nomien: ein »dry-skin whale« etwa bezeichnete einen Wal, dessen Körper wenig Fett enthält, »headskin« wurde die Haut am Kopf des Pottwals genannt, die mit Harpunen kaum zu durchstoßen war, und als »slack blubber« wurde eine ähnlich harpunenresistente Fettschicht bezeichnet, die Glattwale als eine Art Schutzschild ausbilden können. Die Wale voneinander zu unterscheiden – das, was die Naturhistoriker am Strand nicht vermochten –, war die »Lebensaufgabe« der Walfänger, die derjenigen Stelle, an der die größte Chance besteht, den Wal tödlich zu verletzen, ausgerechnet den Namen »life« gaben.[90] Das Leben, das als Lebendigkeit zunehmend in den Fokus zoologischer Forschung rückte, bezeichnet hier den Punkt, an dem der Wal getötet wird.

Auf den Fang ausgerichtetes Jägerwissen, das seinen Weg aus den Logbüchern der Walfänger in Reiseberichte und Naturgeschichten fand, stellte auch die Deutung des Spauts dar. Das Wichtigste im Walfang, so John Ross Browne, sei Wale zu sehen »when they appear above the surface of the water, so it is the chief qualification of a good whaleman to understand thoroughly the different species of whales and how to distinguish them«.[91] Auch Daniel Frederik Eschricht war der Auffassung, Walfänger wüssten »die für sie als Fänger ›richtigen‹ Walle (Right-whales, d. h. Glattwalle) von allen übrigen zu unterscheiden«, und zwar »bereits in weiter Ferne an den Bewegungen des Körpers, der Art und Weise wie sie untertauchen und wie sie Dampfsäulen ausstoßen«.[92] Damit die Fangboote nicht für die wenig ertragreichen und zu schnellen Finnwale heruntergelassen wurden, musste ein Walfänger im Ausguck die Flosse oder den Blas nicht nur sehen, sondern auch zu deuten und einer bestimmten Art zuzuweisen wissen. In den – teilweise an naturhistorischen Werken orientierten – Darstellungen von Walen in ihren Journalen beweisen die Walfänger Sensibilität für die unterschiedlichen Formen der Spauts verschiedener Walarten.[93] Zu

90 Eschricht: Zoologisch-Anatomisch-Physiologische Untersuchungen über die nordischen Wallthiere, S. 9; Hohman: The American Whaleman, S. 180; Burnett: Trying Leviathan, S. 124. Dass unterschiedliche communities je eigene Klassifikationen hervorgebracht haben, betont auch Secord: »Science in the Pub«.

91 Browne: Etchings of a Whaling Cruise, S. iv, 163; siehe auch Burnett: Trying Leviathan, S. 125.

92 Eschricht: Zoologisch-Anatomisch-Physiologische Untersuchungen über die nordischen Wallthiere, S. 5.

93 Ein bekanntes Beispiel ist das Journal von John F. Martin: Around the World in Search for Whales. A Journal of the Lucy Ann Voyage, 1841–1844, hg. von Kenneth Martin, New Bedford 2016.

den Abbildungen, die Thomas Beales Kapitel über die »habits of the
sperm whale« einleiten, gehört neben einem auftauchenden und einem
springenden Pottwal auch ein ausatmender Wal mit entsprechendem
Spaut.[94] Im Reisebericht von John Ross Browne wächst es sich gar zu
einer cetologischen Zeichenkunde aus: Über dem Eintrag vom 25. Dezember 1842 ist eine Typologie des Spauts gezeichnet (Abb. 33). Die
vom Ausguck aus zu erspähende ›Fontäne‹ verweist dabei indexikalisch auf den noch unerkannten Wal, dessen größter Teil unter Wasser
bleibt.

Auf See wurden Wale in erste Linie gefangen, nicht erforscht. Naturhistorisch interessierte Walfänger machten beim Fang dennoch
Beobachtungen, für die sich Wissenschaftler auf dem Festland interessierten. In aller Regel schlugen sie sich jedoch nicht in Log- und Tagebüchern nieder, sondern kamen erst auf Nachfragen wie diejenigen
ans Licht, die William Morris Davis an die Kapitäne in New Bedford
richtete. Auch in Matthew Fontaine Maurys Briefwechsel mit seinem
Assistenten David McKenzie, einem Walfänger im Ruhestand, findet
sich ein naturhistorisches Q&A, indem vor allem McKenzies langjäh-
rige Berufserfahrung zu intellektuellem Kapital wurde. McKenzie gibt
sich als Experte von Berufs wegen, der naturhistorische Erkenntnisse
nicht anzweifelt, aber auf seine eigene Erfahrung nichts kommen lässt:
»I can only judge from what I have seen«, schrieb er an Maury, betonte
aber, dass es sich dabei um »hundreds of instances« handelte: »I have
often opened the stomach, and never noticed anything but squid«,
äußerte er sich etwa zur Ernährungsfrage von Pottwalen.[95] McKenzie
schickte Maury auch die Anmerkungen zu einer *Natural History of
the Sperm Whale*, die ein Captain Francis Post, »an intelligent sailor«,
wie er betont, auf See geschrieben hat. Post übt in seinem Text deutli-
chere Kritik an den Naturhistorikern auf dem Festland: »Naturalists in
their closets often make ridiculous mistakes in describing animals that
are found in regions where they never venture themselves.«[96] Auch er
bringt seine Erfahrung ins Spiel:

94 Beale: *The Natural History of the Sperm Whale*, S. 33. »Fig. 2«, die den
    springenden Wal darstellt, ist von Herman Melville in seinem Exemplar von
    Beales Buch kritisch annotiert worden: »There is some sort of mistake in
    the drawing of Fig: 2. The tail part is wretchedly crippled & dwarfed, &
    looks altogether unnatural. The head is good.« Houghton Library, Harvard
    University, *AC85 M4977 Zz839b.
95 Daniel McKenzie an Maury, in: Maury: *Explanations and Sailing Directions*
    (*1851*), S. 180–182.
96 Franics Post: »Natural History of the Spermaceti Whale«, in: ebd., S. 197.

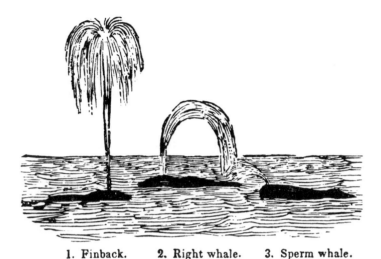

1. Finback. 2. Right whale. 3. Sperm whale.

Abb. 33: Spaut von Finn-, Glatt- und Pottwal. J. Ross Browne, 1846.

»The writer had one of these nursling cubs hoisted on deck whole
[…]. This afforded an excellent opportunity of examining the internal structure of the whale, and on an occasion like this, the young whaler is never backwards in doing so, as by observing the position of the seat of life, he is enabled afterward to point his lance with a more deadly aim.«[97]

Captain Post gelangt in einem Satz von der Naturgeschichte zur Jagd: Die Beziehungen zwischen den Organen im Inneren des Wals interessieren ihn nur im Hinblick auf ihre möglichst effektive Störung. Er nutzt die Möglichkeiten zur Forschung, die sich ihm bieten und die den Naturhistorikern verwehrt bleiben, aus eigenem, ökonomischem Interesse. Das macht ihn zu der Sorte Walfänger, den Robert Hamilton sich in seinem Band über Wale für William Jardines *Naturalist's Library* wünschte. In der Hoffnung, die praktischen Kenntnisse der Walfänger und das theoretische Wissen der Naturforscher zusammenzubringen, schrieb er 1837:

97 Ebd., S. 186.

»We indulge the hope, that our little volume may become a *vade mecum* to many a mariner and fisherman, and that beguiling over it the tedium of a sea voyage, he may thereby be excited to improve some of those opportunities which frequently present themselves to him, though not to us; and that by making pertinent and judicious observations, he may thus add to the stock of our interesting and important information.«[98]

Hamilton setzt die Cetologie in ein ähnliches Verhältnis zum Walfang wie Reynolds die Entdeckungsreisen und Maury die Ozeanographie: Er will Walfänger naturhistorisch bilden, damit sie Wissenschaftler mit Erkenntnissen versorgen, die sich nur beim Walfang auf hoher See gewinnen lassen. Auch bei Georges Cuvier findet sich die zoologisch gewendete Figur des intelligenten Walfängers. Er forderte, die Walfänger darüber in Kenntnis zu setzen, »dass die Wissenschaft ihrer ganzen Aufmerksamkeit bedarf, und dass selbst das, über das man zu diesem Thema verfügt, den Namen der Wissenschaft nur durch die Beobachtungen verdient, die man von ihnen erwartet.«[99]

Jagende Forschung II: Zoologen

Im Namen der Wissenschaft fuhren gegen Ende des 19. Jahrhunderts einige Zoologen selbst auf Walfang. Zu den ersten von ihnen gehörte Willy Kükenthal, ein Schüler Ernst Haeckels, der in Jena mit einer Arbeit über Ringelwürmer promoviert worden war und in den Jahren 1885/86 an der Zoologischen Station in Neapel geforscht hatte. Im Frühjahr 1886 schiffte er sich in Tromsø auf der *Hvidfisken*, einem kleinen norwegischen Walfänger unter der Leitung von Kapitän Ingebrichtsen, in Richtung Arktis ein. »Als Zoologe bin ich ins Eismeer gefahren«, erklärte Kükenthal nach seiner Rückkehr in den *Deutschen Geographischen Blättern*, »sowohl um einen allgemeinen Eindruck der polaren Tierwelt zu erhalten, als auch zur Lösung spezi-

---

98 Robert Hamilton: *The Natural History of the Ordinary Cetacea or Whales* (= *The Naturalist's Library Series VI*, hg. von Sir William Jardine), Edinburgh 1837, S. 42 (Hervorhebung im Original).

99 »[…] que la science a besoin encore de toute leur attention, et que même ce que l'on possède sur ce sujet, ne pourra mériter le nom de science que par les observations que l'on attend de leur part.« Cuvier: *Recherches sur les ossemens fossiles*, S. 367.

eller zoologischer Probleme.«[100] Das erste dieser speziellen Probleme, das Kükenthal zu lösen hatte, war die Beschaffung von Material. Sein Interesse lag genau nicht auf der Oberfläche des Meeres oder der Wale, sondern in ihrem Inneren, präziser: auf dem »merkwürdige[n] kleine[n] Gehirn« der Entenwale.[101] Schon in Neapel, wo Kükenthal das Nervensystem von Opheliaceen erforschte, hatte er festgestellt, dass »am lebenden Tier wenig vom Nervensystem zu sehen war«, und so »wurde die Untersuchung an konserviertem Materiale geführt.«[102] Kükenthals aus diesen Forschungen hervorgegangene Habilitationsschrift beginnt mit einer Beschreibung des Konservierungsprozesses. Dabei ist zu verfolgen, wie Kükenthal darum bemüht war, die Unterschiede zwischen totem und lebendigem Organismus möglichst gering zu halten. Um die lebenden Tiere behutsam in den Status eines möglichst ›lebendigen Todes‹ zu überführen, wurden sie zunächst in einer Lösung von Chloralhydrat in Seewasser betäubt, bevor sie mit Alkohol oder Sublimat abgetötet wurden. Die Herstellung von Präparaten beschreibt Kükenthal als eine Reihe aufeinander folgender Medienwechsel:

»Die aus dem Meerwasser entnommenen Tiere wurden auf dem Rücken aufgeschnitten, mit Kakteennadeln in einem Paraffinbecken aufgesteckt und mit zehnprozentiger Salpetersäure übergossen. Hierin blieben sie zehn bis zwölf Tage, dann wurden sie mit destilliertem Wasser gut ausgewaschen und kamen dann auf 15 Minuten in eine einprozentige Lösung von Goldchlorid, der einige Tropfen Salz-

---

100 Willy Kükenthal: »Bericht über eine Reise in das nördliche Eismeer und nach Spitzbergen im Jahre 1886«, in: *Deutsche Geographische Blätter* XI (1888) 1, S. 1–43. Die Biologiegeschichte hat Kükenthal bisher wenig Beachtung geschenkt, obwohl sein *Zoologisches Praktikum* im Biologiestudium bis heute zum Einsatz kommt (27. Aufl. 2014). Siehe jedoch die biographischen Skizzen bei Georg Uschmann: *Geschichte der Zoologie und der zoologischen Anstalten in Jena 1779–1919*, Jena 1959, und in der Einleitung zu Willy Kükenthal: *Tagebuch geführt an Bord des »Hvidsfisken«. Polarreise vom 28. April bis 2.t. Sept.* [*1886*], hg. von Sybille Bauer, Berlin 2016, S. 1–22.

101 Kükenthal: »Bericht über eine Reise in das nördliche Eismeer«, S. 10.

102 Willy Kükenthal: »Über das Nervensystem der Opheliaceen«, in: *Jenaische Zeitschrift für Medizin und Naturwissenschaft* 20 (N.F. 13) (1886), S. 511– 580. Siehe zur Konservierung von Organismen auch Robert McCracken Peck: »Preserving Nature for Study and Display«, in: Sue Ann Price (Hg.): *Stuffing Birds, Pressing Plants, Shaping Knowledge*, Philadelphia 2003, S. 11–25, und Robert McCracken Peck: »Alcohol and Arsenic, Pepper and Pitch. Brief Histories of Preservation Techniques«, in: ebd., S. 27–53.

säure hinzugefügt wurden. Dann wurden sie wieder in destilliertem
Wasser ausgewaschen und in fünfprozentige Ameisensäure einge-
legt, wo sie vierundzwanzig Stunden verblieben. Nach abermaligem
Waschen mit destilliertem Wasser erfolgte die eigentliche Präpara-
tion durch Abheben des Darmtractus und vorsichtige Entfernung
der Muskulatur. Ein feiner Pinsel, sowie das Aufspritzen von Wasser
durch eine Spritzflasche leisten hierbei gute Dienste. Nachdem dann
das Präparat durch die verschiedenen Alkoholgrade in Terpentinöl
überführt worden war, wurden die Nadeln entfernt und das fertige
Präparat auf dem Objektträger in Kanadabalsam übertragen.«[103]

Seitenweise beschreibt Kükenthal seine Versuche, Organismen so
frisch wie möglich zu konservieren und gleichsam einen quasi-leben-
digen Zustand auf Dauer zu stellen.

Darum, eine naturhistorische Sammlung anzulegen, ging es auch
auf der *Hvidfisken,* und so war Kükenthal viel mit der Konservierung
von Walorganen befasst: »Von wissenschaftl. Arbeiten ist zu erwähnen Umlegen des Gehirns u. d. Augen in eine 2 prozentige Chrom
Kalilösung«, notierte er am 10. Mai in sein Tagebuch. Der 23. Mai
war ein »langweiliger Tag. Windstille mit andauerndem Regen. Am
Morgen conservirte ich meine Schätze in Alkohol.«[104] Wo Kükenthal
jedoch in Neapel auf die Infrastruktur einer biologischen Forschungsstation und namentlich die Hilfe eines Präparators zählen konnte,
der die Fangfahrten in der zoologischen Station organisierte und den
Wissenschaftlern die Organismen verschaffte, an denen sie forschten,
musste er für die Erforschung von Walen, ganz wie Melvilles Ishmael
prophezeit hatte, selbst auf Walfang gehen.[105]

Das hatte wenig mit der Arbeit im Labor einer zoologischen Station
zu tun und war, trotz aller Hilfestellung, die er an Bord von Walfängern bekam, »mit mancherlei Schwierigkeiten verbunden«.[106] Schon

---

103 Kükenthal: »Über das Nervensystem der Opheliaceen«, S. 514. Den Begriff
     des Medienwechsels entnehme ich Wessely: »Wässrige Milieus«.
104 Kükenthal: *Tagebuch,* S. 57, 70, 71.
105 Zur Rolle des Präparators in Neapel siehe Raf de Bont: *Stations in the
     Field. A History of Place-Based Animal Research, 1870–1930,* Chicago
     2015, S. 68–69. Ernst Jünger, der in den 1920er Jahren in Neapel an Tin-
     tenfischen forschte, berichtete noch 1929: »Jeden Nachmittag sammelt ein
     Diener Zettel ein, auf denen man, wie der recht trockene Ausdruck lautet,
     das *Material* verzeichnet, das man zu sehen verwünscht.« Ernst Jünger: *Das
     abenteuerliche Herz. Sämtliche Werke 11: Essays III,* Stuttgart 2015, S. 101
     (Hervorhebung im Original).
106 Kükenthal: »Bericht über eine Reise in das nördliche Eismeer«, S. 10.

der Größenunterschied zwischen einem Ringelwurm und einem – verhältnismäßig kleinen – Entenwal bedeutete ein anderes Maß an körperlicher Arbeit. »[I]ch bekam einen großen Schöpflöffel und hatte das im Kopfe angesammelte flüssige Fett in ein Faß einzuschöpfen«, schreibt Kükenthal über die erste Untersuchung an einem gefangenen Wal auf der *Hvidfisken.*

»[A]ls diese Arbeit beendet war, schnitt ich die Augen heraus, während Gustaf mit einer Axt den Schädel zu spalten begann. In stundenlanger mühseliger Arbeit legten wir beide das Gehirn frei, und bekamen es endlich aus seiner Kapsel heraus. Alles dies geschah natürlich auf offenem Deck, bei starkem Seegang, heftigem Wind und Schneegestöber, gewiß keine leichte anatomische Arbeit. Das Schwierigste ist das Gehirn vollständig unverletzt in seinen Hüllen eingeschlossen zu erhalten. Gegen Abend kam es dann nebst Augen in 2 % Chromsaures Kali.«[107]

Hatte Kükenthal in seinem Reisebericht für die *Deutschen Geographischen Blätter* noch die Forschungsmöglichkeiten betont, die die Walfangfahrt für ihn bot, formulierte er in seinem Buch *Vergleichend-anatomische und entwicklungsgeschichtliche Untersuchungen an Walthieren*, das 1889 erschien, deutlich nüchterner:

»Auf einem solchen Schiffe kann man naturgemäss wissenschaftliche Interessen nur in ganz geringem Grade geltend machen. Es erfordert in den meisten Fällen bereits eine grosse Anstrengung, den Wal zu erlegen und an das Schiff heran zu bugsiren, dann folgt unmittelbar darauf die nicht minder schwere Arbeit des Abspeckens. [...] Man denke sich zu dieser Arbeit ein fast stets stürmisches Meer, eine eisige, durchdringende Kälte, Schnee- und Hagelböen, und man wird begreifen, dass die Leute nicht viel Lust haben, länger dabei zu verweilen, als absolut nothwendig ist. [...] Natürlich konnten eingehende Studien an Ort und Stelle schon der erstarrenden Kälte wegen nicht gemacht werden, es kam eben darauf an, in kurzer Zeit das Werthvollste, in diesem Falle das Gehirn, zu bergen und zu conserviren.«[108]

107 Kükenthal: *Tagebuch*, S. 66.
108 Kükenthal: *Vergleichend-anatomische und entwicklungsgeschichtliche Untersuchungen an Walthieren*, Jena 1889 S. VIII.

Um die Beobachtung lebendiger Tiere ging es nach wie vor nicht, aber es war schwierig genug, den getöteten Walen Organe für eine spätere Untersuchung zu entnehmen, vom Studium der Tiere an Deck ganz zu schweigen. »Eifrig wurde an der Winde gearbeitet«, beschreibt Kükenthal den Fang eines Wals, »nach drei Stunden war der erste Teil der Arbeit vollbracht und unsre Beute, ein stattlicher Bottlenos, lag mit Ketten fest verankert an der Steuerbordseite. Ich hatte jetzt Musse, ihn näher zu betrachten. [...] Es wurde mir jedoch nicht lange Zeit zur Beobachtung überlassen.«[109] Wenn nicht die Arbeitsabläufe an Bord eine eingehende Untersuchung der Eingeweide der Wale verhinderten, machte starker Seegang sie unmöglich, so dass Kükenthal sich auf den Kopf und die Herausnahme des Gehirns konzentrierte. Er orientierte sich dabei an den Hinweisen, die Gustav Guldberg in seiner Schrift *Ueber das Centralnervensystem der Bartenwale* gegeben hatte. Der Norweger Guldberg hatte in den frühen 1880er Jahren Bartenwale in norwegischen Walfangstationen seziert und dabei einige Angaben zur Methode gemacht. Er war der Meinung, das Gehirn eines Bartenwales herauszupräparieren, gehöre zu den schwierigsten Operationen, die ein Anatom vornehmen könne: »Abgesehen von den groben Werkzeugen, auf welche man angewiesen ist, gilt es nämlich hier, die Entfaltung grosser physischer Kraft mit der höchsten Vorsicht und äussersten Genauigkeit zu vereinigen.«[110] Dass Kükenthal die Operationen auf See durchführte, machte die Sache nicht leichter. »Sobald der mächtige Kopf an Bord gewunden war, musste für seine Befestigung gesorgt werden, da er sonst durch Umherrutschen auf Deck in Folge der Schwankungen leicht zu Unglücksfällen hätte Anlass geben können.« Mit einer großen Säge und »halbflache[n] Beilhiebe[n], die äusserst vorsichtig geführt werden müssen«, machte er sich am Walschädel zu schaffen. Das Gehirn wurde an einer Stelle freigelegt und diese Öffnung so weit vergrößert,

»bis es möglich geworden ist, eine Hand einzuführen, mit welcher man die Dura vom Knochen ablöst. Durch schwache Hiebe mit dem Rücken des Beiles wird das fetthaltige spongiöse Knochengewebe zertrümmert und die Oeffnung dadurch vergrössert. Die

109 Kükenthal: »Bericht über eine Reise in das nördliche Eismeer«, S. 6–7. Als »Bottlenos« bezeichnet Kükenthal den Entenwal (*Hyperoodon*), der im Englischen »bottlenose whale« heißt.

110 Gustav Guldberg: *Ueber das Centralnervensystem der Bartenwale (Forhandlinger i Videnskabs-Selskabet i Christiania 1885, No. 4)*, Christiania 1886, S. 10.

Nerven werden mit einem Scalpell abgeschnitten, und auf diese Weise gelangt man auf die Basalfläche, bis man endlich das Gehirn herausnehmen kann.«[111]

»Bei guter Hülfe«, fügte Kükenthal hinzu, »lässt sich die Arbeit in 4–5 Stunden bewerkstelligen.«[112] Es empfahl sich dabei, wie er in seinem Tagebuch notierte, in den publizierten Berichten jedoch diskret verschwieg, »sich die Hände mit Fett und Blut einzuschmieren, sie bleiben als dann geschmeidig«.[113] Kükenthal, der Gehirne aus erlegten Walen herausschnitt und konservierte, der, wo er konnte, Mägen aufschnitt und ihren Inhalt untersuchte, berichtete von einem anderen Wal als die Schiffsärzte oder die Walfänger selbst. Kükenthals Wal schien vor allem ein Behältnis für Dinge zu sein, die man ihm entnehmen konnte, ganz gleich ob es sich dabei um wirtschaftlich wertvolles Fett oder das wissenschaftlich interessantere Gehirn handelt. Obwohl Kükenthal in seinen nach der Fang- und Forschungsreise publizierten *Vergleichend-anatomischen und entwicklungsgeschichtlichen Untersuchungen an Walthieren* sich vor allem den Gehirnen widmete, die er detailliert beschrieb, sind es die von ihm konservierten Embryos, an die die Biologiegeschichte sich erinnert.[114] Kükenthal war einer der ersten Zoologen, dem eine hinreichend große Zahl an kleinen Walembryonen frühester Entwicklungszeit in gut konserviertem Zustand vorlag. Bisher waren einzelne Exemplare von Museen als Raritäten gehütet worden und der Forschung nicht leicht zugänglich gewesen. Anhand dieses Materials, das er nach seiner Rückkehr im Labor der von Otto Binswanger geleiteten Großherzoglichen Sächsischen Landes-Irrenanstalt in Jena untersuchte, konnte er feststellen, dass die waltypischen Merkmale eines ungeborenen Wals sich erst allmählich entwickeln und die Embryonen in frühen Entwicklungsstadien denen anderer Säugetiere ähnelten.[115]

111 Kükenthal: *Vergleichend-anatomische und entwicklungsgeschichtliche Untersuchungen an Walthieren*, S. VIII, IX.
112 Ebd.
113 Kükenthal: *Tagebuch*, S. 53.
114 Siehe zuletzt Nick Hopwood: *Haeckel's Embryos. Images, Evolution, and Fraud*, Chicago 2015, S. 157.
115 Kükenthal: *Vergleichend-anatomische und entwicklungsgeschichtliche Untersuchungen an Walthieren*, Kapitel II; Karl Heider: »Gedächtnisrede des Hrn. Karl Heider auf Willy Georg Kükenthal«, in: *Sitzungsberichte der Preussischen Akademie der Wissenschaften. Philosophisch-Historische Klasse* (1924), S. XCIX–CIII.

Über das Auf- und Abtauchen von Walen oder über ihren Spaut
hingegen, dem auf Walfangschiffen so viel Aufmerksam galt, erfährt
man von ihm nichts. Kükenthal war, von einer vielsagenden Ausnahme abgesehen, am Verhalten der Wale nicht interessiert: Der Wal
»sieht und hört [...] ausgezeichnet«, stellt er fest. Das »merkt man
besonders beim Jagen des Wales; einige Ruderschläge vermögen ihn
bereits zu eiliger Flucht bewegen«. Auch der Zoologe betrieb jagende
Forschung, auch er beobachtete Verhalten nur als Fluchtverhalten. Als
Wissenschaftler auf einem Walfänger lernte er nicht nur »manches aus
dem Leben dieser Tiere kennen«, sondern insbesondere »die mannig-
fachen Arten der Jagd auf dieselben«. Kükenthal bekam seinen »Anteil
an der Beute. Speck und Fell gehörte den Fangsleuten, der Kadaver
mir.«[116] Nicht nur fuhr Kükenthal einige Male in den Fangboten mit,
um »die Art und Weise näher kennen zu lernen, wie die Tiere getötet
werden«, sondern es kam auch vor, dass der Kapitän ihn als Teil der
Mannschaft zur Waljagd abstellte: »Da unter diesen Verhältnissen jeder Mann kostbar ist, erhalte ich Befehl mit dem ältesten Matrosen
[...] das große Fangs boot [sic!] zu nehmen und ihm wo möglich zu
folgen. [...] jede Minute ist kostbar und unter Umständen Tausende
von Kronen werth«.[117]

Der walfangende Zoologe, der »von dem herum spritzenden Blut
und Wasser gründlich durchnäßt« wurde, stellte fest, dass es nicht
leicht war, »ein Tagebuch unter diesen Verhältnissen zu führen«.[118] In
der Einleitung zu dem Buch, das aus seiner Walfangexpedition hervorgegangen war, wurde daraus ein darstellungstheoretisches Statement:
»Die Reihenfolge der einzelnen Kapitel ist eine durchaus willkürliche,
wer sich indes jemals mit Cetaceen beschäftigt hat und die Schwierigkeiten kennt, welche mit der Erlangung geeigneten Materiales ver-
knüpft sind, wird diese Willkür begreifen und entschuldigen.«[119]

In großer Zahl bekam Willy Kükenthal die lebendigen Wale zu
sehen, von denen Frédéric Cuvier nur träumen konnte. Dennoch
brachte er seine Zeit mit der Konservierung von Partialobjekten zu.
An Bord der *Hvidfisken* ging es ihm nicht um die Untersuchung lebendiger Tiere, sondern vielmehr um die Herstellung und Konservierung eines möglichst frischen Todes. Kurz vor dem Ende seiner Reise
legt er in seinem Tagebuch eine Liste mit gesammeltem »Material zu

116 Kükenthal: »Bericht über eine Reise in das nördliche Eismeer«, S. 2, 39.
117 Ebd., S. 9; Kükenthal: *Tagebuch*, S. 148.
118 Kükenthal: *Tagebuch*, S. 157, 142.
119 Kükenthal: *Vergleichend-anatomische und entwicklungsgeschichtliche Untersuchungen an Walthieren*, S. VII.

exakten anatomisch histologischen Arbeiten« an.[120] Die konservierten
Gehirne der Entenwale und die in Alkohol und Chromosmiumessig-
säure fixierten Embryonen, die ihm ein Massaker an einer Herde von
Weißwalen in einer Bucht vor Spitzbergen einbrachte, wurden in seine
Sammlung überführt. Der Körperbau der Wale, so viel wird auch aus
Kükenthals Beschreibung deutlich, stellte sich auf hoher See nicht bes-
ser dar als am Strand.

3. Zerlegen und Zusammensetzen

Um untersuchbar zu werden, mussten Wale Artefakte werden. Erst als
Skelett oder Präparat wurden sie beschreibbar. Georges Canguilhem
hat einmal geschrieben, »dass die moderne Wissenschaft eher das
Erforschen einer Paranatur oder einer Übernatur ist als der Natur
selbst«.[121] Walskelette mussten, bevor sie ausgestellt werden konnten,
in ihre Einzelteile zerlegt, gereinigt und wieder zusammengesetzt werden. William Dewhurst hat diesen Prozess in seiner Naturgeschichte
der Wale für den Ostender Blauwal festgehalten.[122] Und auch Thomas
Beale, der auf der Jagd nach Walen bis in den Pazifik gekommen war
und den die Begegnung mit tausenden lebendigen Exemplaren zu einer
Autorität in der Pottwalforschung gemacht hatte, kehrte, um den Pottwal anatomisch und physiologisch zu beschreiben, aufs Festland zurück. Seine Beschreibung des Skelettes des bei Hull gestrandeten Pottwals ist der einzige Teil seines Kapitels zur Anatomie und Physiologie
des Pottwals, den er nicht bei John Hunter abgeschrieben hat. Walskelette waren damit keine einfachen Fundstücke mehr, sondern zusam-
mengesetzte Objekte, deren Qualität nicht nur von der Vollständigkeit
der erhaltenen Knochen, sondern auch von allerlei Entscheidungen,
der Kenntnis und der Sorgfalt derjenigen abhing, die sie montierten.

Die Knochen des in Hull angeschwemmten Wals, den James
Alderson inspiziert hatte, waren zunächst nach Burton Constable
Hall gebracht worden, dem Adelssitz Sir Clifford Constables, dem
der gestrandete Wal nach britischem Recht zustand. Sie lagen dort
erst einmal »in an irregular heap, in the middle of a field«,[123] sieben
Jahre später fand ein Geologe Wirbel, Schulterblatt, Unterkieferkno-

---

120 Kükenthal: *Tagebuch*, S. 171–172.
121 Canguilhem: »Das Experimentieren in der Tierbiologie«, S. 49–50.
122 Dewhurst: *The Natural History of the Order Cetacea*, S. 112.
123 Thomas Thompson: »Physèter catòdon«, in: *The Magazine of Natural History* 2 (1829), S. 477.

chen, Rippen, Brustbein und Teile des Schädels in einer Scheune, die
Schwanzknochen hingen in einem Baum. Erst 1836, elf Jahre nachdem der Wal an den Strand von Hull gespült worden war, wurde das
Skelett wieder zusammengesetzt: Die Wirbel wurden auf eine Eisen-
stange gesteckt und Kopf und Wirbelsäule des Wals von einer Reihe
Pfosten getragen.[124] Derart installiert bekam Thomas Beale das Skelett
zu sehen, erwähnte allerdings das tragende Gestell in seiner Beschreibung mit keinem Wort.[125] Melvilles Ishmael hingegen macht – wenn
auch durch Übertreibung – auf die Apparatur aufmerksam, die die
Knochen zusammenhält:»Sir Clifford's whale has been articulated
throughout; so that, like a great chest of drawers, you can open and
shut him, in all his bony cavities – spread out his ribs like a gigantic
fan – and swing all day upon his lower jaw.«[126]

Auch der britische Anatom und spätere Direktor des Natural History Museum in London, William Henry Flower, zeigte Interesse an
der Konstruktion des Skeletts. In einem Text, der die Beschreibung
der Knochen eines 1864 an der Südwestküste Tasmaniens gefangenen Pottwals zum Anlass nimmt, einige Pottwalskelette miteinander
zu vergleichen, und in seiner Kritik an ihnen einem Literaturbericht
gleicht, bespricht er auch den Wal von Burton Constable und seine
Beschreibung durch Thomas Beale.[127] 1866 war er selbst auf dem
Landsitz von Sir Constable gewesen, um das Skelett zu vermessen und
Zeichnungen anzufertigen. Dabei stellte er Fehler in der Art und Weise
fest, in der die Knochen zusammengesetzt waren. So war etwa das
Schulterblatt falsch herum installiert worden, andere Knochen fehlten
oder waren von Beale falsch beschrieben worden:»Certain errors in
the articulation of the skeleton, particularly of the hyoid bones, ster-
num, pelvis, and carpus, not detected by Beale, necessarily introduced
confusion into his description of these parts.«[128] Auch sei zweifelhaft,
ob Beales Angabe über die Zähne des Wals sich tatsächlich auf Zähne
bezögen oder nicht doch auf die hölzernen Zahnmodelle, »on which of
course it is impossible to place absolute reliance«. Trotz einiger Kon-
struktionsfehler war Flower sehr angetan von diesem »noble-looking

124 Credland: »Some Notes on the Development of Cetology«, S. 109; Nicho-
     las Redman: *Whales' Bones of the British Isles*, Teddington 2004, S. 35–38.
125 Thomas Beale: *A Few Observations on the Natural History of the Sperm
     Whale*, London 1835, S. 77–88.
126 Melville: *Moby-Dick*, S. 451.
127 William Henry Flower: »On the Osteology of the Cachalot or Sperm-Whale
     (Physeter macrocephalus)«, in: *Journal of Zoology* 6 (1867) 6, S. 309–372.
128 Ebd., S. 309, 313.

specimen« eines Pottwalskeletts. Auch im anatomischen Vergleich
verschiedener Skelette blieben die Exemplare individuell genug, um in
ihre Beschreibung Anekdotisches aufzunehmen, das auf den Moment
ihrer Untersuchung verweist:

>»I cannot forbear mentioning as a curious incident connected with
> it, that at the time of my visit a Starling had formed her nest and
> was rearing her young brood in the cavity (certainly now most
> convenient for her purpose, but) which once contained the brain of
> this monster of the deep.«[129]

Georges Cuvier hatte seine Beschreibungen ebenfalls einzelnen Walskeletten zugeordnet und die Museen, in denen sie zu besichtigen
sind, genannt. Wo die Beschreibung der Art nicht mehr ist als die
Beschreibung des einzelnen gestrandeten oder präparierten Exemplars, gehören in die Forschungs- und Klassifikationsgeschichte eines
Organismus nicht nur die forschenden Naturhistoriker, sondern auch
die Exemplare oder Skelette, an denen sie geforscht haben.[130]

Selbst Modelle, nachgebaute Wale aus Pappmaché oder Holz, waren
keine Modelle eines generischen Wals, sondern Replikationen eines
spezifischen Tieres, dessen ebenso spezifische Fang-, Strandungs-,
oder Konservierungsgeschichte erzählt werden konnte. »The original
of this specimen was captured in Newfoundland, and the model is
accurately reproduced from careful measurements«, informierte das
American Museum of Natural History seine Besucher über das le-
bensgroße Modell eines Blauwals, das 1907 unter die Decke der Hall
of the Biology of Mammals gehängt wurde.[131] Museen, die nicht nur
Skelette, sondern auch die äußere Gestalt von Walen ausstellen wollten, verlegten sich auf Modelle, da auch die Taxidermie dieser Tiere
unmöglich blieb: »[M]an erreicht nie die geschmeidige Glätte der
ursprünglichen Körperform«, schrieb der Direktor des Königlichen
Zoologischen und Anthropologisch-Ethnographischen Museums zu

129 Ebd., S. 312–313, 325.
130 Cuvier: *Recherches sur les ossemens fossiles*, S. 368, 375. Ähnlich argumen-
    tiert Canguilhem: »Das Experimentieren in der Tierbiologie«, S. 46, für die
    Experimentalbiologie.
131 George Sherwood: *General Guide to the Exhibition Halls of the American
    Museum of Natural History*, New York 1911, S. 70; Michael Rossi: »Fabri-
    cating Authenticity. Modeling a Whale at the American Museum of Natural
    History, 1906–1974«, in: *Isis* 101 (2010) 2, S. 338–361.

Dresden, Arnold Jacobi, noch 1914. »[D]er speckige Glanz der Haut geht beim Trocknen spurlos verloren. Statt dessen schwitzt unfehlbar noch lange nachher Tran heraus.«[132] Ihre Glaubwürdigkeit als Ersatz für einen biologischen Wal gewannen diese Nachbildungen über verschiedene Beobachtungs- und Modellierungstechniken, die sich gegenseitig absicherten und auf ein und dasselbe beobachtete Individuum verwiesen: An erster Stelle stand die Vermessung eines zumeist in einer Walfangstation gefangenen Exemplars, häufig ergänzt durch Fotografien des Kadavers. Glaubwürdig wurden diese Aufzeichnungen erst dadurch, dass sie von einem Experten angefertigt wurden, der auch den weiteren Modellierungsprozess begleitete. Abgüsse des Tieres oder seiner Teile garantierten die exakte Reproduktion seiner äußeren Formen, blieben aber, wie es hieß, ›leblos‹ im Anblick. Lebensnähe mussten deshalb bildhauerische Eingriffe herstellen, Manipulationen der Objekte also, die gerade erst über jene Verfahren hergestellt worden waren, die als Garanten für Objektivität zur Anwendung kamen. Diese ebenso künstlichen wie künstlerischen Eingriffe beriefen sich deshalb selbst wiederum auf Messungen, Fotografien und die Aussagen von Wissenschaftlern, die das nachzubildende Exemplar gesehen hatten, um als authentisch gelten zu können.[133] Kurz: Modelle beriefen sich auf ebenjene Informationen, die zu beschaffen eines der größten Probleme der Cetologie blieb.

Auf die Seltenheit von Walstrandungen, die Schwierigkeiten, gestrandete Wale zu untersuchen und zu beschreiben und die dabei gebotene Eile reagierte die Smithsonian Institution in den 1880er Jahren. Wie schon Matthew Fontaine Maury im National Observatory und Alexander Dallas Bache im U.S. Coast Survey setzte ihr Vorsitzender Spencer Fullerton Baird auf staatlich-bürokratische Infrastrukturen:

132 Arnold Jacobi: »Modelle von Waltieren und ihre Herstellung«, in: *Abhandlungen und Berichte des Königl. Zoologischen und Anthropologisch-Ethnographischen Museums zu Dresden* XIV (1914) 4, S. 1–8; zur Rolle der Taxidermie in Naturkundemuseen Haraway: *Primate Visions*, S. 26–58; Nyhart: *Modern Nature*, S. 35–78, und Susan Leigh Star: »Craft vs. Commodity, Mess vs. Transcendence. How the Right Tool Became the Wrong One in the Case of Taxidermy and Natural History«, in: Adele Clarke und Joan Fujimura (Hg.): *The Right Tools for the Job. At Work in Twentieth-Century Life Sciences*, Princeton 2014, S. 257–286.

133 Rossi: »Fabricating Authenticity«. Man hat es gewissermaßen mit einem ins Dreidimensionale übertragenen Versuch zu tun, Naturwahrheit und mechanische Objektivität zu vereinen, siehe Daston und Galison: *Objektivität*, S. 172–183.

In seiner Nebenfunktion als U.S. Commissioner of Fish and Fisheries wandte er sich 1882 an die Vorsitzenden der Seenotrettung und der Leuchtturmbehörde und bat um Unterstützung seiner cetologischen Forschung. Er plante, eine Sammlung von Illustrationen selten gefangener Meerestiere anzulegen und war dabei besonders an Walen interessiert. »These are frequently thrown ashore by the storms [...] but, beyond exciting a passing interest on the part of the bystanders, very little further is heard of them.« Baird bat deshalb darum, dass Angestellte in Seenotrettungsstationen und Leuchttürmen angehalten würden, ihn per Telegrafen über Walstrandungen in ihrer Nähe zu informieren und die Tiere in untersuchungsfähigem Zustand zu erhalten, bis das Museum weitere Anweisungen erteilen konnte. Um die Finder davon abzuhalten, den Wal auszunehmen, bot Baird »cheerfully« an, »the full value of the oil or blubber of these animals« zu erstatten.

»On receipt of this communication, which should give some idea of the nature and condition of the specimen, I will at once respond – in some cases sending an expert to prepare the specimen for the Museum. Some of these animals, if not too large, can be forwarded directly to Washington; others I may wish to have cast in plaster on the spot and the skeleton only removed.«[134]

Frederick William True, der Kurator für Säugetiere am National Museum, übernahm es, die Lebensretter und Leuchtturmwärter in die Kunst der Walbeschreibung einzuweisen. 1884 publizierte er eine Broschüre mit dem Titel *Suggestions to the Keepers of the U.S. Life-Saving Stations, Light-houses, and Light-ships; and to Other Observers, Relative to the Best Means of Collecting and Preserving Specimens of Whales and Porpoises.* Dieses Heft von 26 Seiten war eine Anleitung zur richtigen Konservierung und Beschreibung gestrandeter Wale. True ging es dabei nicht viel anders als den Brüdern Cuvier oder Daniel Frederik Eschricht. Die Datenlage über Wale war ein halbes Jahrhundert später noch immer defizitär, und wo Beobachtungen gemacht und notiert wurden, blieben sie unvollständig. Auch True stellt noch fest, dass »many of these great beasts have been entirely neglected«.

134 »Circular. Assistance to Commission of Fish and Fisheries«, abgedruckt in: Frederick W. True: *Suggestions to the Keepers of the U.S. Life-Saving Stations, Light-Houses, and Light-Ships; and to Other Observers Relative to the Best Means of Collecting and Preserving Specimens of Whales and Porpoises,* Washington, D.C. 1884, S. 3.

»One great source of difficulty which zoölogists encounter in the study of whales and porpoises lies in the fact that in a large number of instances the external form of a species is known while the skeleton is not; or that the skeleton has been collected but no notice taken of the external appearance.«[135]

Indem Staatsbedienstete an den Küsten in die korrekte Beobachtung von Walen ein- und angewiesen wurden, ihre Beobachtungen zu melden, wurde nicht nur Bairds Sammlung im National Museum vervollständigt, sondern zuerst einmal das *sample* an zu untersuchenden und beschreibenden Exemplaren erhöht. Nach wie vor stand die anatomische Beschreibung der Tiere und die Feststellung unterschiedlicher Arten von Walen im Zentrum cetologischer Aufmerksamkeit. Dass True seinen Beobachtungsleitfaden mit einem Absatz zu »observations on living specimens« beginnt und darin vor allem nach dem Verhalten der Tiere fragt, verrät dabei allerdings die Rezeption der Arbeiten von Schiffsärzten wie Beale und Bennett in der akademischen Cetologie auf dem Festland.

True unternahm in seiner Broschüre auf dem Papier nichts anderes als die Präparatoren von Walskeletten in Museen: Gleich mehrfach zerlegte er Wale in ihre Einzelteile und setzte sie wieder zusammen. Der erste Fall dieser papiernen Sektion diente der telegrafischen Kommunikation zwischen Strand und Museum. True bestimmte einen »Telegraphic Code«, der einzelne Merkmale gestrandeter Wale über den Verbund von Bild, Schrift, Zahl bestimmen und übertragen sollte. Einzelne Körperteile unterschiedlicher Walarten waren als Merkmale ihrer Spezies bildlich dargestellt, mit einer Nummer versehen und knapp beschrieben: »1. Whalebone in the mouth«; »2. Teeth in both jaws«; »9. Back with a hump« oder »10. Back with a fin« (Abb. 34). Zusätzlich benannten Buchstaben die Maße des gestrandeten Exemplars. Dabei gab die Größe ›A‹ die Gesamtlänge des Tieres an, doch auch hier wurden die Tiere in verschiedene Maßabschnitte zergliedert: ›B‹ gab etwa die Länge des Kiefers an und ›F‹ die Höhe der Rückenflosse (Abb. 35). Ein Telegramm ans Museum konnte daher in aller Kürze lauten: »Female porpoise stranded near Station Ten this morning. Numbers four, seven, ten, thirteen. A, twelve feet eight inches; Z, two.« und wurde von True und Baird folgendermaßen gelesen:

---

135 True: *Suggestions to the Keepers of the U.S. Life-Saving Stations*, S. 7, 9.

»A female porpoise stranded near Life-Saving Station No. 10 this morning. It has (4) teeth to the number of two or four in the lower jaw only. (7) The belly is smooth. (10) The back carries a fin. (13) The head is beaked. (A) Total length 12 feet 8 inches. (z) Whole number of teeth, two.«[136]

Die bild- und schriftliche Zerlegung des Wals in seine Teile diente der leichteren Beschreibung durch Laien. Die Kürze der Beschreibung mithilfe des Codes dagegen war vom Medium erzwungene Präzision. Wenn ›Stil‹ nach Buffon und für die Naturgeschichte des 18. Jahrhunderts »l'homme même« war, war er für die kollektiv-bürokratisch operierende Cetologie am Ende des 19. Jahrhunderts das Medium, in dem sie kommunizierte. Die Telegrafie ließ für wissenschaftliche Autorschaft keinen Raum, sondern musste stattdessen schriftliche Nachrichten erst in telegrafischen Code übersetzen. Am Strand fündig gewordene Laien und die Zoologen im National Museum kommunizierten im Telegrammstil. Die Sprachregelungen Trues waren – wie in Pressemeldungen der ersten Zeitungskorrespondenten – ein Mittel, um Missverständnisse beim Encodieren und Decodieren der Nachrichten durch das Telegrafenpersonal zu vermeiden.[137]

Zahlen und Buchstaben zerlegten die gestrandeten Wale auch in Trues »key for the identification of specimens«. Darin wurden die Wale nicht, wie in systematischen Darstellungen verschiedener Walarten, nach Verwandtschaft sortiert, sondern in ein nach Ähnlichkeiten sortiertes Verweissystem aus Minuskeln und hochgestellten Ziffern eingefügt. Wie schon im »telegraphic code« konnten die Seenotretter und Leuchtturmwärter sich von einem Merkmal zum nächsten vorarbeiten:

»To use this key begin at a¹, and if the specimen in hand *agrees* with the description there given, pass to the letter with the *next* figure which stands *immediately underneath*. If the specimen does

---

136 Ebd., S. 12.

137 Friedrich Kittler: »Im Telegrammstil«, in: Hans Ulrich Gumbrecht und K. Ludwig Pfeiffer (Hg.): *Stil. Geschichten und Funktionen eines kulturwissenschaftlichen Diskurselements*, Frankfurt a.M. 1986, S. 359–370. Siehe zum Stil Buffons Lepenies: *Das Ende der Naturgeschichte*, S. 133–168; zu demjenigen des Telegramms auch Robert Lincoln O'Brien: »Machinery and English Style«, in: *The Atlantic Monthly* 94 (1904), S. 464–472.

not agree with the description pass instead to the *next letter of the alphabet* which bears the *same* number.«[138]

Trues Broschüre sollte ein streng formalisiertes Reden – medientechnisch präzise: ein Schreiben – über Wale etablieren. Diese Telecetographie, die eine Fragmentierung gestrandeter Wale auf Papier und ihre Rekonstruktion in einer Kombinatorik von Bild, Schrift und Zahl vornahm, konnte die Zahl der untersuchten Tiere erhöhen und schneller auf Strandungen reagieren als der herbeigerufene Naturgelehrte. Sie garantierte jedoch noch immer keine Untersuchung lebendiger Wale. Die bei Baird und True im Museum eingehenden Wale waren unterschiedlich gut be- und geschrieben, aber auch nicht lebendiger als die sterbenden Wale an den europäischen Stränden.

Während die Systematiker des 18. Jahrhunderts Wale zu Säugetieren erklären konnten, gerade weil sie die Lebewesen von ihren Habitaten entkoppelten und in Tabellen hineinschrieben, hatten die Cetologen des 19. Jahrhunderts ein Sichtbarkeitsproblem, weil sie sich zunehmend für den Wal in Beziehung zu seiner marinen Umgebung interessierten. Außerhalb des Wassers, am Strand und im Museum, wo sie den Wal zu sehen bekamen, war er seinem Milieu entrissen, verformt, nicht mehr lebendig – er war, wie Frédéric Cuvier sagen würde, seiner Natur beraubt. Im Wasser jedoch, wo Naturforscher Walen begegneten, wenn sie selbst auf Walfang gingen, galt das Leben der Tiere nichts und der Zweck des Unternehmens bestand darin, sie aus ihrer Umgebung herauszuholen und zu Öl zu verarbeiten. Der Wal der Naturgeschichte blieb ein ökonomisches und ein gejagtes Tier, dessen Erforschung von der Hilfe und Mitarbeit der Walfänger abhing und dessen Tod deshalb immer schon eingetreten oder das Ziel der Begegnung mit ihm war.

---

138 True: *Suggestions to the Keepers of the U.S. Life-Saving Stations*, S. 16–17 (Hervorhebungen im Original).

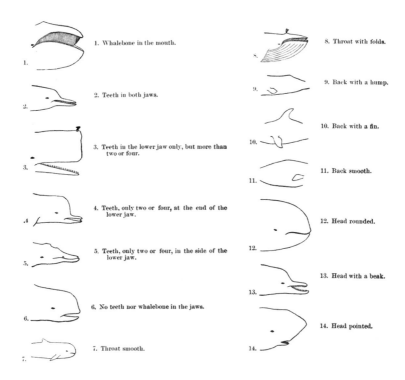

1. Whalebone in the mouth.

2. Teeth in both jaws.

3. Teeth in the lower jaw only, but more than two or four.

4. Teeth, only two or four, at the end of the lower jaw.

5. Teeth, only two or four, in the side of the lower jaw.

6. No teeth nor whalebone in the jaws.

7. Throat smooth.

8. Throat with folds.

9. Back with a hump.

10. Back with a fin.

11. Back smooth.

12. Head rounded.

13. Head with a beak.

14. Head pointed.

Abb. 34: Telegraphischer Code I. Frederick W. True, 1884.

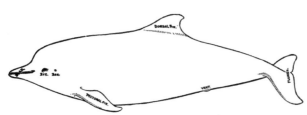

FIG. 1. —Showing the organs and regions of the body to which special names are applied.

Measurements in feet and inches.

* A. Length over all (total)...
* B. Length of the mouth.... ....
C. Breadth across the flukes from tip to tip (straight).................
D. Depth of flukes from before backward.............................
* E. Length of flipper (pectoral fin)....................................
* F. Height of back-fin..
G. Girth at largest part ....
H. Distance from the tip of the snout to the base of the back-fin.......
I. Length of longest whalebone (when present).......................

* These are the most important measurements.

Abb. 35: Telegraphischer Code II. Frederick W. True, 1884.

VI. Elementare Obdachlosigkeit: Unmögliches Leben

»Oh, man! admire and model thyself after the whale! Do thou, too, remain warm among ice. Do thou, too, live in this world without being of it.«[1]

»Um doch etwas von dem zu sehen was die Welt Londoner Sehenswürdigkeiten nennt, schlich ich Abends ins Royal Aquarium, eines jener vielen Rieseninstitute, wo man 1 Shilling zahlt, um plötzlich in eine Art von höchst conzentrirter Messe oder Jahrmarkt versetzt zu sein [...]. Das Centrum der Länge nimmt ein Conzert ein, wo Romanzen gesungen und Tänze gespielt werden; der Rest ist Alles: Trödelbuden verlegener eleganter Waare, Mädichen, Kneiptische, zuletzt in einem zwar verschämten, aber endlosen hintern Gang eine Kunstausstellung, wo dasjenige hinkömmt, was kein vernünftiger Mensch gratis begehrt [...]. Endlich – da das Institut einst als Aquarium angefangen hat, schwimmen und krebsen noch Schandenhalber hinter einigen grossen Glasscheiben mit Gaslicht von oben so und so viele hundert Fische, vom Turbot bis zum Hecht, und ganz riesige Krabben herum. Zuletzt kann man noch mit Hülfe des Billets zu sehr reducirtem Preis in ein anstoßendes Öperlein gehen [...]. Hätte ich Jemanden hier, so wäre Schindluders wegen dieß Royal Aquarium ein ganz angenehmer Ort für einen Abend. Da es royal heißt, geht ja wohl die Königin auch hie und da hin?«[2]

Jacob Burckhardt ist spät dran, als er auf seiner großen Galeriereise 1878 in London ein Aquarium besucht. Das Aquariumfieber, das die europäischen Städte in der Mitte des 19. Jahrhunderts erfasst hatte, scheint fast schon wieder abgeklungen. Im Mai 1853 hatte im Londoner Regent's Park das erste Publikumsaquarium der Welt, das »Fish House«, eröffnet und eine ganze Reihe von Gründungen öffentlicher Aquarien in europäischen Großstädten nach sich gezogen. Als das Königliche Aquarium, das Burckhardt besuchte, 1876 in Westminster eröffnete, waren nicht nur in Paris (1860), Wien (1860), Hamburg

---

1 Melville: *Moby-Dick*, S. 307.
2 Jacob Burckhardt: *Briefe. Vollständige und kritische Ausgabe. Mit Benützung des handschriftlichen Nachlasses bearbeitet von Max Burckhardt*, Bd. VII, Basel 1969, S. 66–67.

(1865) und Berlin (1869) »Marine-Aquariums-Tempel« längst zu Pub-
likumsmagneten geworden.[3] Wie zoologische Gärten, Panoramen und
Panoptiken oder Naturkundemuseen mit ihren Dioramen boten sie
dem Stadtpublikum Ausflüge in fremde und fantastisch anmutende
Welten mit Wahrhaftigkeitsanspruch.[4] Trotz aller Verspätung verrät
Burckhardts Bericht Entscheidendes über den Charakter dieser Orte:
Sie waren Spektakel. Die mit Wasser gefüllten Glaskästen, in denen
Meerestiere ausgestellt werden, kommen Burckhardt nur zwei Jahre
nach Eröffnung des Aquariums schon wie Relikte aus längst vergangenen Tagen vor. Deutlicher bleibt ihm ein »anstoßendes Öperlein«
in Erinnerung. Die größte Sensation, die jede Oper in den Schatten
zu stellen versprochen hatte, war dem Aquarium zwei Jahre vorher
missglückt. Ein aus den Vereinigten Staaten gelieferter Wal war unmittelbar nach seiner Ankunft im Aquarium gestorben.

Dabei hatte man sich in London auf die Ankunft des Weißwals im
Herbst 1877 gut vorbereitet. Die *Times* hatte die Verschiffung eines
lebendigen Wals von New York auf einem norddeutschen Dampfschiff Tage im Voraus angekündigt.[5] Im Königlichen Aquarium war
ein Walbecken installiert worden. Der Leiter des Aquariums in Brighton war nach London gereist, um die Ankunft des Wals zu verfolgen,
und berichtete von den Vorbereitungen. Die Faszination der großen
Zahlen, die aus den Beschreibungen von Walskeletten bekannt ist,
überträgt sich in seiner Beschreibung des Bassins vom Wal auf seinen
Behälter.

»This gigantic tank is forty feet long, twenty feet wide, and six feet
deep, and it is calculated that it holds about 45.000 gallons of water,
weighing 200 tons. The weight of the iron plates alone is thirty
tons. Thirty thousand holes had to be drilled in them to receive

---

3 So der Titel der *Gartenlaube* für das Hamburger Aquarium, siehe Johann
   Heinrich Bettziech: »Das Meer im Glashause«, in: *Die Gartenlaube* 25 (1865),
   S. 388–391. Siehe zur Geschichte öffentlicher Aquarien auch Bernd Brunner:
   Wie das Meer nach Hause kam. Die Erfindung des Aquariums, Berlin 2011,
   S. 91–113, und Mareike Vennen: *Das Aquarium. Praktiken, Techniken und
   Medien der Wissensproduktion (1840–1910)*, Göttingen 2018.
4 Lynn Nyhart: »Science, Art, and Authenticity in Natural History Displays«,
   in: Soraya de Chadarevian und Nick Hopwood (Hg.): *Models. The Third Di-
   mension of Science*, Stanford 2004, S. 307–338; Christina Wessely: *Künstliche
   Tiere. Zoologische Gärten und urbane Moderne*, Berlin 2008, S. 37–43.
5 *The Times*, 25. September 1877, S. 1.

16.000 rivets, and yet this immense receptacle was commenced and finished within eleven days.«[6]

Das Becken wurde in den Boden eingelassen und an seinen Stirnseiten wurden Besuchertribünen aufgestellt. »A better view of the animal's movements in the water might, no doubt, have been obtained if the sides of the tank could have been of glass, and above the level of the floor«, stellte der Besucher aus Brighton fest, sah aber ein, dass ein Glasaquarium aus Kosten-, Stabilitäts- und Zeitgründen »quite impractible« gewesen wäre.[7] Als der Wal Westminster erreichte, wurde er in sein neues Becken gekippt und konnte noch am Abend dem Publikum als neue, über Tage hinweg angekündigte Attraktion vorgeführt werden. Vier Tage später war er tot.[8]

Der Wal, der ein Weibchen gewesen war, war nicht das erste Opfer dieser Ausstellungspraxis aus den Vereinigten Staaten. Der New Yorker Aussteller P. T. Barnum verschliss bereits in den 1860er Jahren eine ganze Reihe von Weißwalen, die er im Sankt-Lorenz-Strom hatte fangen lassen, und die in ihrem Becken in seinem American Museum nicht lange überlebten.[9] Aus diesen Fanggründen und dieser Linie von Walausstellern stammt auch das Londoner Weißwalweibchen. Sein Leben und Sterben im Aquarium verweist einmal mehr auf die neuen biologischen Fragen nach den Beziehungen der Organismen zu ihren Umgebungen – und auf die Schwierigkeiten, vor die Wale eine solcherart interessierte Biologie stellten.

Dieses Kapitel verschiebt den Blick von der Frage nach dem Ort des Wals im Tableau der Arten zu derjenigen nach seinem Ort in der Natur und von den Problemen der Forschung hin zum Problem des Lebens. Während sich Betreiber öffentlicher und wissenschaftlicher Aquarien seit der zweiten Hälfte des 19. Jahrhunderts an der Anpassung der

6 Henry Lee: *The White Whale*, London 1878, S. 1. Zur Ästhetik großer Zahlen in der Naturgeschichte siehe Jennifer J. Baker: »Dead Bones and Honest Wonders: The Aesthetics of Natural Science in ›Moby-Dick‹«, in: Samuel Otter und Geoffrey Sanborn (Hg.): *Melville and Aesthetics*, New York 2011, S. 85–102.

7 Lee: *The White Whale*, S. 1–2.

8 *The Times*, 1. Oktober 1877, S. 9.

9 P. T. Barnum: *The Humbugs of the World. An Account of Humbugs, Delusions, Impositions, Quackeries, Deceits and Deceivers Generally, in All Ages*, New York 1866, S. 54; siehe auch Christoph Irmscher: *The Poetics of Natural History. From John Bartram to William James*, New Brunswick 1999, S. 142; Philipp B. Kunhardt, Jr., Philipp B. Kunhardt III. und Peter W. Kunhardt: *P. T. Barnum. America's Greatest Showman*, New York 1995, S. 158.

Umwelt an das Leben versuchten, stand die Cetologie vor dem Rätsel der Anpassung des Lebens an seine Umwelt. Der Wal wurde dabei zum Beispiel für das Leben in feindlichen Umwelten und damit von einem epistemisch-ökonomischen auch zu einem politischen Tier und somit zum Gegenstand politischer Zoologie.

1. Weißwale am Broadway

Das Aquarium wurde in der zweiten Hälfte des 19. Jahrhunderts zu einer der wichtigsten Voraussetzungen für die experimentelle Erforschung lebendiger Tiere im Labor. Es war vor allem in den seit den 1870er Jahren an den europäischen Küsten eingerichteten meeresbiologischen Stationen, in denen die Experimentalisierung des Lebens als Forschungsprogramm auf Dauer gestellt wurde.[10] Was sie neben ihrer Lage, die den Zugang zu marinen Organismen wesentlich erleichterte, dafür prädestinierte, waren ihre Aquarien, in denen ›natürliche Milieus‹ künstlich eingerichtet und so die Voraussetzungen für die experimentalbiologische Erforschung von Organismen und ihren Umweltbeziehungen geschaffen werden konnten. Aquarien schufen Überlebenswelten. Marine Organismen, schrieb der Gründer der Zoologischen Station zu Neapel, Anton Dohrn, 1872 in einem Artikel für *Nature*, »require a constant stream of salt water to keep them alive, a stream which is only to be had by the help of an aquarium. It is principally due to the absence of such aquariums that our knowledge of the development of fishes is still so rudimentary.«[11] Dass aus der Arbeit mit Aquarien ökologisches Wissen hervorgehen musste, bevor Fischkunde getrieben werden konnte, und Aquarien so zum technologischen Apriori ökologischer Theoriebildung wurden, galt in ähnlicher Weise auch für die Publikumsaquarien in den europäischen und amerikanischen Großstädten.[12]

Zwischen Publikums- und Forschungsaquarium ist dabei zum einen nicht immer klar zu trennen gewesen: Die Zoologische Station in Neapel eröffnete ein großes Schauaquarium, um über seine Eintrittsgelder die Forschung zu finanzieren, das Berliner Aquarium unterhielt ab

---

10   Bernardino Fantini: »The ›Stazione Zoologica Anton Dohrn‹ and the History of Embryology«, in: *International Journal of Developmental Biology* 44 (2000) 6, S. 523–535; Wessely: »Wässrige Milieus«.

11   Anton Dohrn: »The Foundation of Zoological Stations«, in: *Nature* 55 (1872) 119, S. 277–280.

12   Vennen: *Das Aquarium*; Wessely: »Wässrige Milieus«.

1891 eine Forschungsstation in Rovigno, und im New Yorker Aquarium waren im ersten Stock eine Bibliothek und ein Forschungslabor untergebracht.[13] Zum anderen waren die Fragen der Akklimatisierung der Organismen und der Stabilisierung künstlich-natürlicher Milieus dieselben: Überleben sollten die Tiere in den Glaskästen hier wie dort. Aquarien jedweder Größe und Wissenschaftlichkeit mussten an bestehende infrastrukturelle Netze angeschlossen, Milieus mit Milieus verschaltet und so die Lebensbedingungen der ausgestellten Organismen gesichert werden. Wenn modernes Leben ein Leben »within and by means of infrastructures« ist, wie Paul Edwards geschrieben hat, mussten Aquarien ihrerseits systemerhaltende Verkehrswege und Kreisläufe ausbilden und damit selbst zu Infrastrukturen werden, die das Leben der Organismen im Zeitalter der modernen Biologie ermöglichten.[14] Man hat es also mit einem medientechnischen Dispositiv zu tun, das ein Forschungsparadigma materialisierte und ermöglichte, als Erkenntnismodell mit Weltbildcharakter fungierte und als Glaskasten, der dem Publikum die submarine Welt und ihre Bewohner buchstäblich vor Augen stellte, neue Sichtbarkeiten schuf.[15]

Von diesem Dispositiv, seinen Infrastrukturen und der Mobilisierung von Milieus handelt auch die Geschichte des Weißwalweibchens aus Westminster und der Aquarien, die es beherbergten. 1876 hatte William C. Coupe, ein ehemaliger Geschäftspartner Barnums, ge-

13 W.S. Ward: »The New York Aquarium«, in: *Scribner's Monthly* 13 (1877) 5, S. 577–591; siehe für ein weiteres Beispiel für den Weg »from practice to theory« auch Nyhart: *Modern Nature*, S. 125–160, über Karl Möbius und das Hamburger Aquarium.

14 Paul Edwards: »Infrastructure and Modernity. Force, Time, and Social Organization in the History of Sociotechnical Systems«, in: Thomas Misa, Philip Brey und Andrew Feenberg (Hg.): *Modernity and Technology*, Cambridge, MA 2003, S. 186; siehe auch Christian Reiss: »Gateway, Instrument, Environment. The Aquarium as a Hybrid Space between Animal Fancying and Experimental Zoology«, in: *NTM. Zeitschrift für Geschichte der Wissenschaften, Technik und Medizin* 20 (2012) 4, S. 309–336, und Mareike Vennen: »Die Hygiene der Stadtfische und das wilde Leben in der Wasserleitung. Zum Verhältnis von Aquarium und Stadt im 19. Jahrhundert«, in: *Berichte zur Wissenschaftsgeschichte* 36 (2013) 2, S. 148–171.

15 Adamowsky: *Ozeanische Wunder*, S. 222–228; Vennen: *Das Aquarium*; in Jakob von Uexküll: *Bausteine zu einer biologischen Weltanschauung. Gesammelte Aufsätze herausgegeben und eingeleitet von Felix Groß*, München 1913, dessen dritter Teil »Das neue Weltbild« mit einem Kapitel über das Aquarium eingeleitet wird, wird der Weltbildcharakter des Aquariums zu Beginn des 20. Jahrhunderts explizit; siehe Wessely: »Wässrige Milieus«, S. 129.

meinsam mit dem Tierhändler Charles Reiche das New York Aquarium am Broadway eröffnet. Wie schon bei der Walbeschaffung für
Barnums Museum ließen sie Weißwale in kanadischen Gewässern
fangen, mit einem Schiff nach Montreal und von dort mit dem Zug
nach New York bringen, wo die Wale in ein hochtechnisches System integriert werden mussten. Denn die im Aquarium ausgestellten
Tiere atmeten die gleiche Luft wie die Männer und Frauen, die sie
betrachteten, wie ein Artikel in *Scribner's Monthly* zur Bewerbung
des Aquariums bemerkte. Dem großen Problem, das Konstrukteure
von Aquarien bei der Reproduktion maritimer Umwelten zu lösen
hatten – die konstante Sauerstoff- und Frischwasserversorgung seiner
Bewohner –, widmete der Autor dann auch die größte Aufmerksamkeit. In der Natur sorgten Gezeiten, Wellen, Strömungen und das
Wetter für die nötige Belüftung der Gewässer. In den geschlossenen
und geschützten Becken des Aquariums jedoch, die Naturkräfte ausschlossen, müssten ihre Dienste durch künstliche Prozesse ersetzt
werden.[16] Bei ausreichender Filterung unproblematisch war dabei die
Süßwasserzufuhr, die über den Anschluss des Aquariums an das städtische Wassernetz erfolgte. Die Salzwasserbassins jedoch wurden von
einem eigens mit Reservoirs und Pumpen ausgestatteten Dampfschiff
aus dem Meer befüllt, das in großen unterirdische Vorratsbehältern im
Aquarium gespeichert und in die darüberliegenden Becken gepumpt
wurde. Mithilfe von Pumpen und einem komplizierten System von
Verteilungs- und Rückführleitungen wurde die nötige Zirkulation von
Luft und Wasser sichergestellt (Abb. 36). »It therefore appears«, hielt
der Autor des Artikels fest, »that upon the proper construction and
maintenance of this circulating system the whole success of the aquarium scheme depends.«[17]

Über die sorgfältige Verschaltung von Schiff und Schiene gelangten nicht nur Wale, sondern auch Wassermassen ins Aquarium. Wo
das Aquarium dabei an Infrastrukturen angeschlossen war und wo es
selbst als Infrastruktur die Lebensbedingungen der Tiere, die es ausstellte, stabilisierte und so künstliche Umwelten schuf, lässt sich dabei
nicht immer unterscheiden. Ein Problem schien das fein kalibrierte
Tier-, Luft- und Wasserzirkulationssystem ›New York Aquarium‹
trotz allem nicht zu lösen: Wale wurden am Broadway nicht alt. Wie
in P.T. Barnums American Museum überlebten die Weißwale nicht
lang in ihrem Becken und mussten nach kurzer Zeit ausgetauscht wer

16 Ward: »The New York Aquarium«, S. 579–580.
17 Ebd., S. 581.

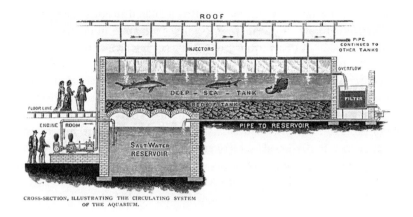

CROSS-SECTION, ILLUSTRATING THE CIRCULATING SYSTEM
OF THE AQUARIUM.

Abb. 36: Zirkulation im New York Aquarium, 1877.

den. Es wurden deswegen nicht nur Wasser-, sondern im Ableger des
Aquariums, der 1877 auf Coney Island eröffnete, auch Walreserven
angelegt.[18] Dort verbrachte auch das Weißwalweibchen, das schließlich im Royal Aquarium in Westminster gezeigt werden sollte, den
Sommer in einem Becken, das ein Bierfassfabrikant gebaut hatte.[19] Für
die Schiffsreise von New York nach England wurde es in eine große,
mit Algen ausgelegte Holzkiste verfrachtet und alle drei Minuten mit
Salzwasser benetzt. In Southampton wurden Wal und Kiste auf die
Schiene gesetzt und schließlich im Königlichen Aquarium in London
ab- und ausgestellt.[20]

Nach seinem Tod fiel der Wal dem Kurator am Museum des Royal College of Surgeons, William Henry Flower, zu, der auch Thomas Beales Beschreibung des Skeletts in Burton Constable kritisiert
hatte. Unter Zuhilfenahme von einem Dutzend Fleischerhaken nahm
Flower die Obduktion vor und notierte als Todesursache: »plastic
pneumonia«.[21] Das Weißwalweibchen war an einer Lungenentzün-
dung gestorben und damit dem gleichen Schicksal erlegen wie die
meisten seiner Artgenossen aus dem Sankt-Lorenz-Strom, die in den
New Yorker Becken den Tod fanden. Zum Verhängnis wurde ihnen,

18 Fred Mather: »White Whales in Confinement«, in: *Appleton's Popular Science Monthly* 55 (1898), S. 362–371.
19 Ebd., S. 365.
20 *The Times*, 27. September 1877, S. 11.
21 Lee: *The White Whale*, S. 5.

wenn nicht schon der Transport, der sie gänzlich aus ihrer gewohnten Umgebung heraushob, die Temperaturschwankung in den Aquarien, wie der Leiter des Aquariums auf Coney Island vermutete.[22] Es gelang den Aquariumsbetreibern nicht nur unter den erschwerten Bedingungen der Reise nicht, den Walen »ein Milieu zu schaffen, das dem natürlichen glich und sich doch notwendigerweise davon unterschied.«[23] Es ist nicht ausgeschlossen, dass damit ein Weltverhältnis vorgeführt wurde, das auch den Aquariumsbesucherinnen und -besuchern bekannt war: In der Londoner *Times* heißt es im Nachruf auf das Weißwalweibchen, es habe das Stadtleben nicht ertragen.[24]

Dabei hatte es bereits einige Monate in New York verbracht, wo der Leiter des Aquariums auf Coney Island, Fred Mather, Gelegenheit hatte, es zu beobachten. Der Wal, den Mather vor sich hatte, erweist sich dabei als nicht nur taxonomisch verschieden von den Pottwalen, die Beale und Bennett zu Gesicht bekamen. Wo die Wale der Schiffsärzte immer schon gejagte Wale waren, die nichts als Fluchtverhalten zeigten, hatte der Aquariumsleiter es mit einem Wal-im-Tank zu tun. Auch dies zeigt sich in der Beobachtung des Verhaltens, die durch das Aquarium ebenso ermöglicht wie gestört wurde. Während es Mather, der zwischenzeitlich zwei Weißwale in einem Becken hielt, einerseits die Möglichkeit bot, das Sozialverhalten der Tiere ausgiebig zu beobachten, konnte andererseits nicht ausgeschlossen werden, dass das beobachtete Verhalten der Gefangenschaft im Aquarium allererst geschuldet war. Mather stellte fest, dass die Walkuh sich des schwächelnden und schließlich sterbenden Walbullen annahm. Auch er zitierte die Erfahrung von Walfängern heran, doch zögerte er, seine Beobachtung zu verallgemeinern:

»The female slackened her pace day by day to accommodate it to that of her constantly weakening companion, and as the end neared she put her broad transverse under his and propelled him along. [...] I have consulted many old whalemen, and they all say that whales

---

22 Mather: »White Whales in Confinement«, S. 368–370.
23 Wessely: »Wässrige Milieus«, S. 135.
24 *The Times*, 1. Oktober 1877, S. 9. Zur Parallelisierung von Aquarium- und Stadtklima siehe auch Vennen: »Die Hygiene der Stadtfische«; zur Humanisierung mariner Organismen und ihrer Zurückwendung auf den bürgerlichen Betrachter siehe Isabel Kranz: »›Parlor oceans‹, ›crystal prisons‹. Das Aquarium als bürgerlicher Innenraum«, in: Thomas Brandstetter, Karin Harrasser und Günther Friesinger (Hg.): *Ambiente. Das Leben und seine Räume*, Wien 2010, S. 155–174.

of all kinds take their babies on their flukes and sculled them along
as my female sculled her dying and dead partner. [...] But another
question arises: Is this purely a female instinct to provide for its
young, which was, in the case of my pair, developed into a desire to
preserve a companion? or, in other words, would a male have done
this, or would a female have done it if she were free and had other
companions? Was it love for her mate, or a feeling of selfishness at
her lonely position?«[25]

Allerdings ergaben sich bei der Beobachtung im Aquarium auch Fragen, die sich bei Feldbeobachtungen nie gestellt hätten. Wie alle Weißwale, die Mather in seinem Aquarium beherbergt hatte, schwamm
auch das Weibchen, das sich um seinen Gefährten gekümmert hatte
und später nach Westminster verschifft werden sollte, stets im Kreis –
was an Walen im Meer nicht beobachtet worden war. »The whale does
not always swim in circles to the left when free, and why it does so
in confinement is a question.« Die Regelmäßigkeit, mit der sich gefangene Wale als linksdrehend entpuppten, führte zu einer paradoxen
Naturalisierung ihres Verhaltens im künstlichen Milieu: Mather, hier
zur Generalisierung bereit, formuliert so etwas wie ein Naturgesetz
walischer Rotation:

»Perhaps wiser men know why perfectly still water in a washbowl
will rotate to the left with an accelerated motion when the plug
is withdrawn, but I do not. As the motion to the left is invariable
there must be a rule for it, but, granting that this motion has some
relation to the motion of the earth, the question of how this affects
the voluntary movements of an animal remains to be answered. I
have watched over a dozen white whales in captivity, dumped into
tanks from the most convenient side without regard to the direction
of their heads, and every one turned to the left. The question arises,
Why do they do this?«[26]

Eine drängende Frage der Cetologie wurde daraus nicht. Und doch
wurde das Aquarium in der Walforschung ästhetisch produktiv: Während Wale sich ihrer Festsetzung und Erforschung darin durch Able-
ben widersetzten, fungierte das Aquarium auch in der Cetologie als

25 Mather: »White Whales in Confinement«, S. 368–369.
26 Ebd., S. 367–368.

»optische Maschine«.[27] Im medientechnischen Dispositiv des Aquariums fanden sich nicht nur Aquariumsbesucherinnen und -besucher
heterotopisch unter Wasser gesetzt: Die in öffentlichen Aquarien etablierte Wahrnehmungsanordnung, in der Menschen Fischen auf dem
Meeresgrund gegenübertreten konnten, hatte eine Mobilisierung des
Blicks zur Folge, die dem wissenschaftlichen Anspruch, Organismen
in ihrer Umgebung zu studieren, Ausdruck verlieh und sich in einer
neuen Perspektive in naturhistorischen Illustrationen niederschlug.
Während sowohl wissenschaftliche als auch populäre Darstellungen
von Walen aus der ersten Hälfte des 19. Jahrhunderts ausschließlich
gestrandete oder völlig aus der Natur herausgelöste Wale zeigten und
damit auf den Strand und das Museum als die einzigen Orte verwiesen,
an denen Wale gezeichnet werden konnten, hatte das Aquarienfieber
der 1850er Jahre, in dessen Zuge nicht nur große Schauaquarien eröff-
neten, sondern auch tausendfach kleinere Aquarien in bürgerlichen
Wohnzimmern eingerichtet wurden, die Entstehung und Verbreitung
von Unterwasseransichten zur Folge.[28]

Wohl nicht zufällig erschienen Gustav Mützels Illustrationen, die
Wale aus der Perspektive eines fiktiven Beobachters im Wasser zeigten,
im zoologischen Nachschlagewerk des Direktors des Berliner Aquariums, Alfred Brehm (Abb. 37). Die ersten Illustrationen dieser Art
stammten aus Charles Melville Scammons *The Marine Mammals of
the North-Western Coast of North America* und hatten Mützels Darstellungen in *Brehms Thierleben* offensichtlich inspiriert (Abb. 38).
Sie erschienen nicht nur nach der Eröffnung zahlreicher Aquarien in
New York, Boston und Washington, D.C., sondern auch nachdem
in ersten naturhistorischen Werken aquaristische Darstellungen von
Unterwasserszenen abgedruckt worden waren. 1864 hatte Luis Figuier in der vierten Auflage seines populären Buches *La terre avant le
déluge* eine Zeichnung drucken lassen, die, »grace à l'artifice d'une
sorte d'*aquarium* idéal«, einige marine Organismen des Karbonzeit-

27 Gilles Deleuze: »Was ist ein Dispositiv?«, in: François Ewald und Bernhard
    Waldenfels (Hg.): *Spiele der Wahrheit. Michel Foucaults Denken*, Frank-
    furt a. M. 1991, S. 153–170.
28 Martin Rudwick: *Scenes From Deep Time. Early Pictorial Representaions
    of the Prehistoric World*, Chicago 1992, S. 178–180, 231–232, hat zuerst auf
    das Aquarium als medientechnisches Apriori der Unterwasseransicht hinge-
    wiesen. Siehe auch Adamowsky: *Ozeanische Wunder*, S. 278; Stephen Jay
    Gould: *Leonardo's Mountain of Clams and the Diet of Worms. Essays on
    Natural History*, Cambridge, MA 2011, S. 57–72, und Vennen: *Das Aqua-
    rium*, S. 136–143.

Potwal (Catodon macrocephalus). 1/192 natürl. Größe.

Abb. 37: *Potwal (sic!). (Catodon macrocephalus). 1/192 natürl. Größe* aus *Brehms Thierleben*, 1886.

Abb. 38: *Sperm Whale in Search for Food*, aus *The Marine Mammals of the North-Western Coast of North America* von Charles Melville Scammon, 1847.

Abb. 39: *Animaux marins de la periode du calcaire carbonifere*, aus *La terre avant le déluge* von Louis Figuier, 1864.

alters auf unwahrscheinlich eng anmutendem Raum zusammenbrachte (Abb. 39).[29] Daran anschließend bewegten sich die Illustratoren naturkundlicher Werke in der zweiten Hälfte des 19. Jahrhunderts zunehmend in imaginierten Unterseeboten durch die Gewässer der Welt, die wie Jules Vernes ›Nautilus‹ »durch ein Fenster« den Blick »in unerforschte Abgründe« freigaben, »als wäre das blanke Glas die Scheibe eines gewaltigen Aquariums«.[30] Abgedruckt in populären naturkundlichen Werken wie *Brehms Thierleben* erfuhren aquaristische Darstellungen submariner Welten einige Verbreitung (Abb. 40). Dass diese Bilder Fische zeigen, die den Blick direkt auf die Betrachterinnen und Betrachter richten, lässt nur einen Standort des Illustrators zu: unter Wasser bei den Fischen – oder ihnen gegenüber im Aquarium. Die aquaristische Perspektive löste die Probleme bei der Darstellung von Walen nur scheinbar. Nicht zuletzt Alfred Brehm verwies auf die den Illustrationen notwendigerweise zu Grunde liegende Fiktion: »Im Wasser ruhig liegende Pottfische bekommt nur der Walfänger zu

29 Louis Figuier: *La terre avant le déluge*, Paris [4]1865, S. 93 (Hervorhebung im Original); siehe auch Rudwick: *Scenes From Deep Time*, S. 178–180.
30 Jules Verne: *Zwanzigtausend Meilen unter dem Meer. Erster Teil*, Wien 2002, S. 194.

Abb. 40: *Seebader (Acanthrus chirurgus). 1/4 natürl. Größe* aus *Brehms Thierleben,* 1884.

sehen, wenn ihm das Jagdglück günstig sein sollte; allein er hat dann wichtigeres zu thun, als zu zeichnen.«[31]

Als ein Gefüge von Forschungsinstrumenten und -praktiken, die nicht anders als ökologisch sein konnten, und als in Infrastrukturen eingebettete Infrastruktur zur Lebenserhaltung mariner Organismen, der es um technologische Einhegung und Reproduktion von ›Natur‹

31 Alfred Edmund Brehm: »Walthiere (Cetacea)«, in: *Brehms Thierleben. Allgemeine Kunde des Thierreichs. Zweite umgearbeitete und vermehrte Auflage,* Bd. 3, Leipzig 1886, S. 717–718.

ging und die ein »Wuchern der Milieus«[32] zur Folge hatte, einerseits; als urbane, populäre Einrichtung, andererseits, die ein Blickregime einsetzte, unter dem das Publikum den Meeresbewohnern in ihrem eigenen Habitat auf Augenhöhe entgegentreten konnte, verwies das Aquarium Walaussteller und Cetologen doch immer vor allem auf die Unmöglichkeit, die Lebensbedingungen von Walen zu reproduzieren. Und ein Leben, das nicht zuletzt mit der Einführung von Aquarien in die zoologische Forschung zunehmend von seinen Umgebungen her gedacht wurde und dessen Bedingungen sich in den künstlichen Milieus der Aquarien nicht reproduzieren ließen, das also durch Infrastrukturen nicht zu erhalten war, war nicht nur kein modernes, sondern unmögliches Leben.

2. Zu Gast im Meer

Aquarien passten Umwelten an Organismen an. In den Glaskästen wurde die Lebenserhaltung der Organismen zu einer Frage der Ökologie. Damit wurde ein Gedanke in sein Gegenteil verkehrt, der seit Beginn des 19. Jahrhunderts mit dem Bestreben der Biologie, Wissenschaft vom Leben zu werden und insbesondere in ihren entwicklungsgeschichtlichen Ausprägungen an Bedeutung gewann: die Anpassung der Lebewesen an ihre Umwelt.[33] Jean-Baptiste de Lamarck schrieb 1809 in der *Zoologischen Philosophie*: »les milieux dans lesquels vivent habituellement les animaux, les lieux particuliers d'habitation, les habitudes forcées par les circonstances, les manières de vivre, etc. ayant une grande puissance pour modifier les organes«. Weil Tiere für ihn Produkte des Einflusses des Milieus darstellten, in dem sie leben, führte er auch die Gestalt der Wale auf ihren Aufenthaltsort, das Wasser, zurück: »Sans doute, leur forme générale, leur défaut d'étranglement entre la tête et le corps, pour former un cou, et les différentes nageoires qui leur tiennent lieu de membres, sont les résultats de l'influence du milieu dense qu'ils habitent«.[34] Bei Auguste Comte, der für sich in

32 Wessely: »Wässrige Milieus«, S. 129.
33 Zur bis in die Antike zurückreichenden Geschichte des Anpassungsgedankens siehe den Artikel »Anpassung«, in: Toepfer: *Historisches Wörterbuch der Biologie*, Bd. 1, S. 22–60.
34 »[...] die Media, in denen die Tiere gewohnheitsmäßig leben, die besonderen Wohnorte, die durch die Verhältnisse aufgezwungenen Gewohnheiten, die Lebensweise usw. [haben] einen mächtigen Einfluß auf die Veränderung der Organe«; »Ihre allgemeine Gestalt, das Fehlen der den Hals bildenden Ein-

Anspruch nahm, den Begriff des ›Milieus‹ in die Biologie eingeführt zu haben, wird die Idee des Lebens überhaupt von seinem »milieu correspondant« her gedacht, während Charles Darwins Evolutionstheorie das Konzept der Anpassung prozessualisierte und den Organismus zwar aus einem radikalen Umweltdeterminismus befreite, ihn aber weiterhin als »adapted to the conditions of life« entwarf. Auch hier waren die äußeren Formen der Wale »adaptations« an die äußere Umgebung.[35] Der Diskurs über die naturhistorische Anomalie des Wals findet hier seine Fortsetzung. Als Säugetier mit Lungen ausgestattet und Landtieren klassifiziert, schien der Wal im Meer am falschen Ort. »Aus dem Meer hat die älteste Vorstellung zwar alles Lebendige hervorgehen lassen«, schreibt Hegel in der *Enzyklopädie der philosophischen Wissenschaften*, doch hätten die höher entwickelten Lebewesen sich auf dem Land angesiedelt. »In seiner Flüssigkeit bleibt das Meer [...] beim elementarischen Leben, und das subjektive Leben, in dasselbe wieder zurückgeworfen, und zurückgezogen, wie bei Walfischen, die doch Säugetiere sind, fühlt auch bei ausgebildeterer Organisation diese Erhaltung der unentwickelten Dumpfheit.«[36] Auch der französische Wissenschaftsautor Arthur Mangin leitet aus der hierarchischen Vorstellung einer Stufenleiter des Lebendigen ab, dass das Meer nur ein prekärer Aufenthaltsort für Wale sein kann. »Der Ozean ist nicht ihr Element, sondern nur ihr Wohnsitz«, schreibt er in seinem Buch *Der Ocean, seine Geheimnisse und Wunder.* »Sie finden hier ihre Nahrung; indes zur Verrichtung der wichtigsten Lebenstätigkeit, des Atmens, bedürfen sie der freien Luft [...]. Mit einem Worte, sie sind mehr die Gäste als die Angehörigen des Ozeans.«[37]

schnürung zwischen Kopf und Körper und die verschiedenen Schwimm-flossen, die ihnen die Gliedmaßen ersetzen, sind ohne Zweifel das Resultat des Einflusses des dichten Mediums, in dem sie leben«. Jean-Baptiste de Lamarck: *Philosophie Zoologique*, Bd. 1, Paris 1809, S. 144, 156, deutsche Übersetzung nach Jean-Baptiste de Lamarck: *Zoologische Philosophie*, Bd. 1, Leipzig 1990, S. 135–136, 142.

35 Auguste Comte: *Cours de philosophie positive*, Bd. 3: *La philosophie chimique et la philosophie biologique*, Paris 1838, S. 289; Darwin: *On the Origin of Species* (*1859*), S. 173; Charles Darwin: *On the Origin of Species by Means of Natural Selection, or the Preservation of Favoured Races in the Struggle for Life*, London ⁶1872, S. 374. Siehe auch Canguilhem: »Das Lebendige und sein Milieu«, und Toepfer: Art. »Anpassung«, S. 25.

36 Georg Wilhelm Friedrich Hegel: *Enzyklopädie der philosophischen Wissenschaften im Grundrisse (1830). Zweiter Teil: Die Naturphilosophie. Mit den mündlichen Zusätzen*, Frankfurt a.M. 1986, S. 365.

37 »L'Océan n'est point leur élément: c'est leur demeure. Ils y trouvent leur nourriture; mais pour l'accomplissement de la fonction la plus importante

Die Frage nach dem Ort des Lebens und der elementaren Zugehörigkeit des Wals hat sich auch der französische Historiker Jules
Michelet gestellt.[38] Der Staatsstreich vom 2. Dezember 1851, der den
Untergang des parlamentarischen Regimes in Frankreich besiegelte
und Louis Bonaparte zum Kaiser machte, trieb Michelet, den Historiker der Revolution, aus Paris und der Geschichtswissenschaft heraus.
Weil Michelet, ein Anhänger der Republik, sich geweigert hatte, den
Eid auf das *Second Empire* zu schwören, verlor er seine Professur
am Collège de France und seinen Posten als Direktor der Archives
Nationales. »[…] j'enfermai ma bibliothèque avec une joie amère, je
mis sous la clef mes livres, les compagnons de ma vie, qui avaient cru
certainement me tenir pour toujours«, beschreibt er wenige Jahre später seinen Weg ins Exil. »J'allai tant que terre me porta, et ne m'arrêtai
qu'à Nantes, non loin de la mer, sur une colline qui voit les eaux jaunes
de Bretagne aller joindre, dans la Loire, les eaux grises de Vendée.«[39]
Es ist ein zweifacher Weg in die Natur, den der Verfasser einer bereits damals monumentalen *Histoire de France* und einer fünfbändigen
Geschichte der Revolution zurücklegt, dessen Vorlesungen so beliebt
waren, dass Heinrich Heine, der für die *Augsburger Allgemeine* aus
Paris berichtete, »den Hörsaal immer überfüllt [fand] von Studenten,
die mit Begeisterung sich um den Gefeyerten drängten«.[40] Der neue

de la vie, la respiration, il leur faut l'air libre […]. En un mot […] ils sont
plutôt les hôtes que les citoyens de l'Océan.« Arthur Mangin: *Les mystères
de l'océan*, Tours 1864, S. 328; dt. Übersetzung nach Arthur Mangin: *Der
Ocean, seine Geheimnisse und Wunder*, Berlin 1866, S. 226.

38 Erste Überlegungen hierzu sind erschienen in Felix Lüttge: »Walverwandt-
    schaften. Leben in feindlichen Milieus«, in: Florian Huber und Christina
    Wessely (Hg.): *Milieu. Umgebungen des Lebendigen in der Moderne*, Pader-
    born 2017, S. 88–104.

39 »[…] ich verschloss meine Bibliothek mit bitterer Freude, brachte meine
    Bücher, meine Lebensgefährten, die sicher geglaubt hatten, mich für immer
    zu halten, hinter Schloss und Riegel. Ich ging so weit die Erde mich trug
    und hielt in Nantes, nicht weit vom Meer, auf einem Hügel, der die gelben
    Wasser der Bretagne mit den grauen Wassern der Vendée in der Loire sich
    verbinden sieht.« Jules Michelet: *Œuvres Complètes XVII: 1855–1857*, hg.
    von Paul Viallaneix, Paris 1986, S. 57. Siehe auch Arthur Mitzman: *Michelet,
    Historian. Rebirth and Romanticism in Nineteenth-Century France*, New
    Haven 1990, S. 249–260; Paule Petitier: *Jules Michelet. L'homme histoire*,
    Paris 2006, S. 235–254.

40 Heinrich Heine: *Lutezia. Berichte über Politik, Kultur und Volksleben.
    Zweiter Theil*, in: *Historisch-kritische Gesamtausgabe der Werke*, Bd. 14/1,
    hg. von Manfred Windfuhr, Hamburg 1990, S. 93. Bis 1855 waren bereits
    sieben Bände von Michelets *Histoire de France* erschienen, die Ausgabe bei
    Flammarion umfasst heute 16 Bände.

Wohnsitz in der Nähe von Nantes ist ebenso gemeint wie das neue
Publikationsfeld, wenn Michelet 1856 in der Einleitung zu *L'Oiseau*
(*Der Vogel*) begründet, warum er sich der Natur zuwendet:

>»Le temps pèse, la vie, le travail, les violentes péripéties de nôtre
>âge, la dispersion d'un monde d'intelligence où nous vécûmes, et
>auquel rien n'a succédé. Les rudes labeurs de l'histoire avaient pour
>délassement l'enseignement, qui fut l'amitié. Leurs haltes ne sont
>plus que le silence. A qui demander le repos, le rafraîchissement
>moral, si ce n'est à la nature?«[41]

Aus dem Staatsdienst entlassen, war Michelet seit 1852 darauf angewiesen, seinen Lebensunterhalt mit Buchverkäufen zu bestreiten. Eine
Reihe von populären naturhistorischen Werken erfüllte diesen Zweck
leidlich. Sie gehörten zu seinen finanziell erfolgreichsten Büchern und
wurden unmittelbar nach Erscheinen ins Deutsche und Englische übersetzt, während der größte Teil des historischen Werks Michelets bis
heute unübersetzt geblieben ist. Der Name ›Jules Michelet‹ auf ihren
Titelblättern ist dabei nur die halbe Wahrheit, denn sie waren gemeinsam mit seiner zweiten Frau Athénaïs, geborene Mialaret, verfasst worden. Schon die Einleitung zu *L'Oiseau*, dem ersten der Bücher über die
Natur, spricht die doppelte Urheberschaft offen an, wenn »zwei See-
len« unterschieden werden, auf die das Unterfangen zurückgeht.[42] Die
achte Auflage des Buches von 1867 enthält eine Widmung für »Ma-
dame Michelet«, in der der Autor das Buch seiner Autorin zurückgibt.

>»Je te dédie ce que est tien: trois livres du foyer, de nos doux entre-
>tiens du soir […]. Tu seule les inspiras. Sans toi, j'aurais suivi, tou-
>jours sur mon sillon, la rude voie de l'histoire humaine. Toi seules
>les préparas. Je reçus de ta main la riche moisson de la nature. Et
>tu les couronnas, y mettant sur le faîte la fleur sacrée qui les bénit.
>J. Michelet.«[43]

41 »Die Zeit lastete schwer auf uns, auch das Leben, die Arbeit, die gewaltsamen
   Ereignisse unserer Zeit, die Auflösung einer intellektuellen Welt, in der wir
   gelebt hatten und an deren Stelle sich nichts gesetzt hatte. Die mühsamen Arbeiten der Geschichte hatten zur Entspannung die Lehre, die Freundschaft
   war. Die Rast ist nun nichts als Stille. Wohin uns wenden für Erholung und
   moralische Erbauung, wenn nicht an die Natur?« Michelet: *Œuvres Complètes XVII*, S. 45.
42 Ebd., S. 46.
43 »Ich widme Dir, was Dein ist: drei Bücher des Heimes, unserer süßen

Schließlich hält Jules in seinem Testament unmissverständlich fest, dass das Vermögen der Michelets auf die kontinuierliche Zusammenarbeit der Eheleute zurückzuführen sei. Athénaïs habe ihm beim Verfassen der naturhistorischen Bücher mehr als nur zugearbeitet: »Et même elle a écrit des parties considerable de ces livres.«[44] Damit gesteht Jules Athénaïs mehr Autorschaft zu als ein Großteil der Interpreten der mit ›Michelet‹ gezeichneten naturhistorischen Schriften.[45]

Als dritter Teil dieser Reihe erschien 1861 *Das Meer*, dessen zwölftes Kapitel dem »Walfisch« gewidmet ist. Dem Ehepaar Michelet ist es darin ein »physiologisches Räthsel«, wie der Wal, das Tier mit warmem Blut, das durch Lungen atmet, im Wasser überlebt. Er erstickt, schreiben sie, »auf dem Lande, wo er athmen könnte, wie in dem Wasser, wo er nicht athmen kann«. Und ein paar Zeilen später: »Sobald [er] aus dem Wasser, seinem Feinde, kommt, findet [er] auf dem Lande einen neuen Feind.« Schließlich stellen sie fest: »Sein Leben war ein Problem.«[46] Problematisch ist jedoch nicht nur dieses Leben, sondern auch die Erzeugung neuen Lebens, die Walfänger beobachtet haben wollen und von den Michelets fantasievoll aufgeschrieben wird:

> »Die Einsamkeit ihrer Rendezvousplätze kann nicht vollständiger sein. Ein seltsames todtenhaftes, schweigendes Theater für dieses Schauspiel glühenden Lebens. Ein weißer Bär, ein Seehund, ein blauer Fuchs vielleicht sind die ehrfurchtsvollen, diskreten Zeugen. An Lüstern und Girandolen und phantastischen Spiegeln fehlt es nicht. Bläuliche Eisberge, mit glänzend weißen Zacken besetzt, schauen aus der Ferne herüber.
>
> Was diese Ehe rührend und ernst macht, ist, daß es der besonderen Einwilligung des Weibchens bedarf. Das Männchen hat kein

---

Abendgespräche. Du allein hast sie inspiriert. Ohne Dich wäre ich, immer in meiner Spur, dem rauen Pfad der menschlichen Geschichte gefolgt. Du allein hast sie auf den Weg gebracht. Ich habe von Deiner Hand die reiche Ernte der Natur empfangen. Und Du hast sie gekrönt, auf den Gipfel die heilige Blume gelegt, die sie gesegnet hat. J. Michelet.« Ebd.

44 Siehe Paul Viallaneix' Anmerkungen über »La Collaboration de Michelet et de Mme Michelet dans *L'Oiseau*«, ebd., S. 188.

45 Sogar Lionel Gossman: »Michelet and Natural History. The Alibi of Nature«, in: *Proceeding of the American Philosophical Society* 145 (2001) 3, S. 283–333, der Viallaneix' Quellenstudie über die Zusammenarbeit der Eheleute referiert, degradiert Athénaïs zu einer wissenschaftlichen Hilfskraft. Für ein besonders krasses Beispiel historiographischer Misogynie siehe Anatole de Monzie: *Les veuves abusives*, Paris 1937.

46 Michelet: *Das Meer*, S. 186–187.

Mittel, es zu halten. Sie trennen sich, werden getrennt, ohne daß
sie es wollen. Die innigste Vereinigung scheint ein Kampf. Wal-
fischjäger behaupten, dies einzige Schauspiel beobachtet zu haben.
Die Liebenden richteten sich auf Augenblicke wie die Thürme von
Notre-dame steil in die Höhe, vergeblich strebend, sich mit den
allzukurzen Armen zu umfangen, und so fielen sie wieder krachend
in das Wasser zurück.«[47]

Ein Lebewesen aber, dessen Existenz ein steter Kampf gegen seine
eigenen Bedingungen ist, kommt den Michelets wie ein Fehler der
Schöpfung vor, und so wird »aus dem großartigen Schöpfungsver-
such der Säugethiere«, als der ihnen der Wal erscheint, »ein unmögliches Wesen«. Ein zwar bewunderungswürdiges Geschöpf, das alles
besitzt – »Größe, Stärke, warmes Blut, süße Milch, sanften Charakter« –, dem jedoch eine entscheidende Eigenschaft fehlt: »die Möglichkeit zu leben«.[48]
 Eine im gesamten Michelet'schen Werk zweifellos vorhandene und
geradezu obsessiv vertretene Metaphysik des Femininen hat vor allem
psychoanalytische Interpretationen provoziert.[49] So naheliegend diese
Lektüren vor dem Hintergrund der französischen Homophone ›Meer‹
und ›Mutter‹, *la mer* und *la mère*, auch und gerade für die Naturgeschichten sein mögen, übersehen sie, dass es ein zeitgenössischer
naturhistorischer Diskurs ist, der Athénaïs – Leserin Lamarcks und
Maurys – und Jules Michelet in *La Mer* zu einer politischen Zoologie
gerät: Der Wal der Michelets ist ein politisches Tier, das Fragen nach
dem Leben in feindlichen Umwelten provoziert.[50]

47 Ebd., S. 185.
48 Ebd., S. 186.
49 Vieles davon im Fahrwasser von Gaston Bachelard: *L'eau and les rêves. Essai
 sur l'imagination de la matière*, Paris 1942. Vor allem der Reichtum an diag-
 nostizierten Perversionen bei Jeanne Calo: *La création de la femme chez Michelet*, Paris 1975, ist bemerkenswert. Siehe aber auch Gossman: »Michelet
 and Natural History«, Mitzman: *Michelet, Historian* und Thérèse Moreau:
 Le sang de l'histoire. Michelet, l'histoire et l'idée de la femme au XIXe siècle,
 Paris 1982.
50 Die Recherche und das Exzerpieren von Literatur in Bibliotheken erledigte
 i.d.R. Athénaïs; die Verweise auf Lamarck und Maury in *La Mer* dürften
 maßgeblich auf ihre Lektüren zurückzuführen sein, siehe Michelet: *Œuvres
 Complètes XVII*, S. 188–189. Im Kontext zeitgenössischer Wissenschaft
 lesen die Texte Michelets Michel Serres: »Michelet, la soupe«, in: *Revue
 d'Histoire littéraire de la France* 74 (1974) 5, S. 787–802; Michel Serres:
 Hermes IV. Verteilung, Berlin 1993, S. 152–179, und Antonia von Schöning:
 Die Administration der Dinge. Technik in Imagination im Paris des 19. Jahr-

Das Leben des Wals kam auch den Cetologen problematisch vor. Thomas Beale schrieb in seiner Naturgeschichte des Pottwals: »the animals of this order do not live in the medium which they inspire«.[51] Was bei den Michelets, bei Arthur Mangin und in Hegels Naturphilosophie »Elemente« heißt; von Lamarck im Plural »milieux« genannt und synonym mit den Umständen – »les circonstances« – verwendet wird, unter denen ein Organismus überleben kann; und bei Darwin zu »conditions« wird, beschreibt Umgebungen als Modi »der Erfassung von Erfahrung und Existenz der Lebewesen«.[52] Arnold Lang, der Lamarck ins Deutsche übersetzte, schreibt, wo im Original »milieux« stand, »Medien«.[53] Er machte damit eine Übersetzung rückgängig, die den Begriff des Milieus allererst erschaffen hatte: Zunächst nämlich ist *milieu* nur die französische Übersetzung für das lateinische *medium*. Damit beschrieb Newton das Fluidum, das als »Träger von Fernwirkung« diente: *medium* war in Newtons Physik der Träger der Gravitationskraft oder der Äther, der Licht transportiert; ein stofflicher Wirkungsträger zwischen zwei Körpern. Im 18. Jahrhundert wurde daraus in der französischen Übersetzung *milieu*; im gleichen Sinne als einerseits die Mitte – *le milieu* – zwischen den Dingen und andererseits die Stofflichkeit, inmitten der – *au milieu de* – sie sich befinden.[54] Zu Beginn des 19. Jahrhunderts hielt der Begriff Einzug in die Biologie, wie eben bei Lamarck oder Comte, der mit *milieu* nicht nur das physikalische Medium bezeichnete, in dem ein Lebewesen sich aufhält, in das es, wie Comte schreibt, »eingetaucht« (*plongé*) ist, sondern, »ganz allgemein das gesamte Ensemble von äußeren Umständen, jedweder Art, die notwendig sind für die Existenz eines jeden

hunderts, Zürich 2018, S. 163–226. Zur politischen Zoologie siehe Anne von der Heiden und Joseph Vogl (Hg.): *Politische Zoologie*, Zürich 2007.

51 Beale: *The Natural History of the Sperm Whale*, S. 110.

52 Canguilhem: »Das Lebendige und sein Milieu«, S. 233.

53 Siehe die Übersetzung der oben zitierten Passagen aus der *Philosophie Zoologique* in Lamarck: *Zoologische Philosophie I*, S. 135–136, 142 sowie 158.

54 Canguilhem: »Das Lebendige und sein Milieu«, S. 235; Leo Spitzer: »*Milieu* and *Ambiance*. An Essay in Historical Semantics«, in: *Philosophical and Phenomenological Resarch* 3 (1942) 1/2, S. 1–42, 169–218; siehe auch Florian Huber und Christina Wessely: »Milieu. Zirkulationen und Transformationen eines Begriffs«, in: Florian Huber und Christina Wessely (Hg.): *Milieu. Umgebungen des Lebendigen in der Moderne*, Paderborn 2017, S. 9–19; Nicolas Pethes: »Milieu. Die Exploration selbstgenerierter Umwelten in Wissenschaft und Ästhetik des 19. Jahrhunderts«, in: *Archiv für Begriffsgeschichte* 59 (2017), S. 139–156, und Art. »Umwelt«, in: Toepfer: *Historisches Wörterbuch der Biologie*, Bd. 3, S. 583–586.

bestimmten Organismus«.[55] Wie bei Arnold Lang, dem Übersetzer Lamarcks, ist bei Cetologen wie Beale und Bennett das Wasser, in dem der Wal lebt, »the medium it inhabits«.[56]

Dass der Wal in einem Medium lebt, das und in dem er nicht atmen kann, verweist auf eine Vorstellung ›des Lebens‹ als gelungene Austauschbeziehungen zwischen Innen und Außen des Organismus im Sinne Cuviers: Die Organe des Wals, die Luft in die Lungen führen, seien, »in some sort« speziell gebaut, schreibt Beale, denn »the water in which they live may not interfere with the air they breathe«.[57] Sein inneres Milieu sorgt für eine Trennung der Elemente ›Luft‹ und ›Wasser‹ im Wal selbst, und dient damit der Organisation von Liminalität. ›Leben‹ bedeutete insofern auch die Lösung eines Problems.[58] Dass es den Michelets im Falle des Wals selbst wie ein Problem vorkommt, liegt daran, dass – nicht nur ihnen – unklar blieb, wie genau der Walorganismus es löst: Der englische Zoologe Frank Beddard stellt noch 1900 fest: »to inhabit the water is a mode of life entirely foreign to their organization« und »the medium in which the animal lives must have something to do« mit ihrer Fettleibigkeit, allerdings würde es »increasingly difficult to decide such matters«.[59] Obwohl Alfred Edmund Brehm ihm bescheinigte, ein »Weltbürger« zu sein, den alle Meere der Erde beherbergen, schien der Wal im Meer doch nicht zu Hause zu sein. Er war in einem elementaren Sinne obdachlos.

Das Problem, zwei Elemente in einem Lebewesen – oder, was aufs Gleiche herauskommt, ein Lebewesen in zwei Elementen – zu organisieren, drückte sich funktional vor allem in der Atmung des Wals aus. Zwar seien, wie *Brehms Thierleben* bemerkt, die »Nasenlöcher […] so günstig gelegen, daß der Wal beim Auftauchen immer mit ihnen zuerst ins Freie kommt« und »somit wird ihm das Athmen ebenso bequem wie anderen Tieren«; zwar behaupteten »erfahrene Walfänger […] übereinstimmend, daß gewisse Wale, wenn verwundet, bis achtzig Minuten unter Wasser aushalten können«; schlussendlich aber »macht sich das Säugethier doch geltend, und der Wal muß wieder zur Oberfläche emporsteigen, um dem unvermeidlichen Erstickungstode zu entrinnen.« Denn »[b]ei unterbrochenem Luftwechsel stirbt der

55 Comte: *Cours de philosophie positive*, S. 301.
56 Bennett: *Narrative of a Whaling Voyage*, Bd. II, S. 147.
57 Beale: *The Natural History of the Sperm Whale*, S. 110.
58 Gilles Deleuze: *Differenz und Wiederholung*, München 1992, S. 267.
59 Frank Beddard: *A Book of Whales*, New York 1900, S. viii, 3, 53.

Wal so sicher wie jeder andere Säuger an Erstickung«.[60] Die Michelets nennen ihn deshalb *souffleur essoufflé*, atemlosen Bläser.[61] Hinzukommt, dass die Atmung ebenso lebenserhaltend wie gefährdend ist. Sie stellt den Kontakt zwischen Wal und Walfänger her, sie verrät den Organismus, den sie erhält, weil Walfänger ihre Beute an der Atmung erkennen. Nur auftauchende Wale können von Bord eines Walfängers aus gesehen und gejagt werden: »this necessity for the whale's rising exposes him to all the fatal hazards of the chase«, formuliert es Ishmael in *Moby-Dick*.[62] Die Regelmäßigkeit, mit der Wale aus dem Wasser auftauchen, um Luft zu holen, ermöglichte es Walfängern sogar, den Zeitpunkt vorauszusagen, wann sich ihnen ein einmal entdecktes Tier das nächste Mal zeigen würde. Von einer »well-known regularity« spricht Thomas Beale, die »of considerable use to the fishers« sei, »for when a whaler has once noticed the periods of any particular sperm whale, which is not alarmed, he knows to a minute when to expect it again at the surface, and how long it will remain there.«[63]

Die Anpassung des Wals an seine Umgebung scheint, entgegen aller biologischen Theorie, nicht perfekt; er lebt gerade nicht »in harmony with its animal nature«, sondern gegen die Natur an.[64] Darin ist der Wal den Akteuren der menschlichen Geschichte verwandt. Dass Jules Michelet diese als Kampf des Menschen gegen die Natur verstand, hatte er 1831 in der *Introduction à l'histoire universelle* programmatisch dargelegt.[65] Er bestimmte den Menschen mit Giambattista Vico, dessen *Scienzia Nuova* er 1827 übersetzt und in Frankreich bekannt gemacht hatte und den er noch vierzig Jahre später seinen einzigen Lehrer nannte, als das Wesen, das sich mithilfe mythischer Erzählungen von den Bedingungen seiner Umwelt emanzipierte.[66] Für den

---

60 Brehm: »Walthiere (Cetacea)«, S. 678.

61 Michelet: *La Mer*, S. 244.

62 Melville: *Moby-Dick*, S. 371. Siehe auch Christoph Neubert: »Die Medien des Wals. Kapitel 85: The Fountain«, in: *Neue Rundschau* 126 (2015) 1, S. 178–194.

63 Beale: *The Natural History of the Sperm Whale*, S. 43.

64 Vgl. Lionel Gossman: »The Go-Between: Jules Michelet, 1798–1874«, in: *MLN* 89 (1974) 4, S. 513.

65 Jules Michelet: *Introduction à l'histoire universelle*, Paris 1831, siehe auch Gossman: »Michelet and Natural History«, S. 306–307.

66 »Je n'eus de maître de que Vico.« Jules Michelet: *Œuvres Complètes IV. Histoire de France (Livres I–IV)*, hg. von Paul Viallaneix, Paris 1986; siehe auch Patrick Hutton: »Vico's Theory of History and the French Revolutionary Tradition«, in: *Journal of the History of Ideas* 37 (1976) 2, S. 241–256, und Philipp Müller: »Geschichtsreligion in der historischen Erzählung. Jules

Historiker der Revolution konnte die Ordnung der Dinge keine natürliche, in einem fernen Ursprung begründete sein; sie musste stattdessen gegen die existierenden Bedingungen konstruiert werden. Im
Meer kämpft den menschlichen Kampf der Wal, der dem Menschen
auch biologisch an die Seite gestellt wird: »Das Weibchen«, schreiben
Jules und Athénaïs Michelet, »trägt neun Monate« und seine Milch
habe »die milde Wärme der Frauenmilch«. Der Wal der Michelets ist
ein Blutsverwandter des Menschen: »Das Blut, das uns tropfenweise
zufloß, empfing er in Strömen.«[67]

Es lohnt sich deshalb, an Jules Michelets verweigerten Treueschwur
auf den Kaiser, an den Verlust seiner Posten am Collège de France und
in den Archives Nationales und an den Umzug des Ehepaars von Paris
in die Bretagne zu denken, wenn man in *La Mer* von der »amour fur-
tif« und der sowohl im Wasser wie an Land unmöglichen Atmung der
Wale liest: »les deux grands actes de la vie presque impossibles [...]!
Quelles conditions d'existence!«[68] In der Zeit der Restauration wurde
den Michelets die Natur selbst zum *Ancien Régime*, das im Namen der
Freiheit zu bekämpfen war.[69] Die Bretagne, in der Jules und Athénaïs
Michelet nach dem Staatsstreich vom 2. Dezember 1851 ein Haus aus
der Zeit Louis XV. bezogen, stand in Jules' historischem Werk mehr
als jede andere Region dem historischen Fortschritt entgegen. Das
Tableau de la France, die geographische Studie der französischen Re-
gionen am Anfang des dritten Buches der *Histoire de France*, beginnt
mit der Beschreibung von »la pauvre et dure Bretagne, l'élément résis-
tant de la France [...] qu'il est resté trop fidèle à notre état primitif«.
Der Widerstand, der in ihr gedeihe, sei blind, wie der im bretonischen
Morlaix geborene Jean-Victor Moreau, Gegner des Revolutionshelden
Napoleon Bonaparte, bezeuge.[70]

Im Hinterland der Restauration richteten sich die Michelets ein und
begannen ihre Arbeit an *L'Oiseau*. In einem Abschnitt über den Nest-
bau der Vögel heißt es darin: »Recréer les circonstances d'habitation,

    Michelets Geschichte der Französischen Revolution«, in: Martin Baumeis-
    ter, Moritz Föllmer und Philipp Müller (Hg.): *Die Kunst der Geschichte.
    Historiographie, Ästhetik, Erzählung*, Göttingen 2009, S. 169–187.

67 Michelet: *Das Meer*, S. 184. Siehe über *Das Meer* als politische Utopie auch
    von Schöning: *Die Administration der Dinge*, S. 186–207.

68 »[...] die beiden großen Tätigkeiten des Lebens fast unmöglich [...]! Welche
    Existenzbedingungen!« Michelet: *La Mer*, S. 244.

69 Gossman: »Michelet and Natural History«, S. 304.

70 Michelet: *Œuvres Complètes IV*, S. 334; Gossman: »Michelet and Natural
    History«, S. 327.

de nourriture, l'entourage végétal, les harmonies de toute espèce, qui pourront tromper l'exilé et faire oublier la patrie, c'est chose non seulement de science, mais d'ingénieuse invention.«[71] Genau beschreibt Jules Michelet das Haus, das sie in der Nähe von Nantes bezogen, in Briefen an seinen Schwiegersohn, den Historiker Alfred Dumésnil, und den Schriftsteller Eugène Noel.[72] Auf ähnliche Weise werden Fragen des Wohnens in der Fremde auch in *La Mer* verhandelt. Auch den Michelets ist das Meer, aus dem alles Leben kommt, die Ursuppe allen Lebens.[73] Für den Menschen jedoch ist das »élément universel de la vie« – und auch darin ist ihm der Wal verwandt – zugleich »das nicht zu atmende Element und das Element der Erstickung«.[74] Es ist, wenn man aus dem Landesinneren die Reise dorthin antritt, zunächst ein »kaltes Milieu«, in dem »keinerlei Leben aufgehen wird«.[75] Eines der letzten Kapitel der Michelet'schen Meeresschrift ist überschrieben mit »Wohnung« (*L'habitation*). Darin wird ein Rat erteilt »an eine Kranke, die sich unterrichten möchte«. Eine ernsthafte Krankheit liegt nicht vor, doch Winter und Frühling haben ihr zugesetzt und sie leidet an einer allgemeinen »Schwierigkeit zu leben«. Der Rat ergeht so genau und mit so viel Sorge darum, dass die Kranke, die zur Kur ans Meer fährt, um der »städtischen Frivolität und Vulgarität« zu entkommen, sich einen Kurschatten zulegen könnte, dass man versucht ist, in ihr die kränkliche Athénaïs zu erkennen. Um die Risiken des Reisens in Gesellschaft zu vermeiden – »man inkommodiert sich gegenseitig, man erzürnt sich, man verfeindet sich oder (was noch schlimmer ist) befreundet sich allzusehr« –, empfiehlt das Kapitel der jungen Frau, allein zu reisen.[76]

Auch hier stellt sich die Frage nach dem Milieuwechsel: »Kann man ohne Vorbereitung, ohne vorhergegangene Veränderung der Lebensweise plötzlich das Klima des Binnenlandes mit einem Küstenklima vertauschen?« Hinzukommt die hohe Geschwindigkeit der Eisenbahnreise, die den Michelets »une chose antimédicale« zu sein scheint.

---

71 »Die Umstände der Behausung, der Ernährung, der pflanzlichen Umgebung, Harmonien jeder Art neu zu erschaffen, die den Exilanten täuschen und die Heimat vergessen machen können, ist eine Sache nicht nur der Wissenschaft, sondern genialer Erfindung.« Michelet: *Œuvres Complètes XVII*, S. 168.

72 Jules Michelet: *Lettres inédites à Alfred Dumesnil et à Eugène Noël*, hg. von Paul Sirven, Paris 1924, S. 173–175, 178–180.

73 Serres: »Michelet, la soupe«, S. 788.

74 Michelet: *La Mer*, S. 113; Michelet: *Das Meer*, S. 3.

75 Michelet: *Œuvres Complètes IV*, S. 18; siehe auch Roland Barthes: *Michelet*, Frankfurt a. M. 1997, S. 216.

76 Michelet: *La Mer*, S. 281–283.

Die Meeresluft, an die sich die Angereiste erst noch gewöhnen muss, macht sogar das Atmen, das große Existenzproblem des Wals, zum Thema.[77] Schließlich wird die erfolgreiche Kur zu einer Frage des Wohnens. Fast wie ein Auftrag für einen Architekten beschreibt das Kapitel ein Haus, das möglichst solide und wohnlich ist: Es braucht eine ausreichende »Dicke der Mauern, welche es unmöglich macht, daß man die Erschütterungen der Brandung mit empfindet, welche bewirkt, daß die furchtsamste Frau sich beim größten Sturm behaglich fühlt«. Es soll eine Form haben,

»welche dem Winde am wenigsten Zugang gewährt, d. h. die halbrunde Form, die Halbmondform, deren konvexe Seite einen vielfachen Blick auf das Meer erlaubt [...]. Die konkave Seite würde dann durch die Hörner des Halbmondes geschützt, so daß der kleine Garten der Hausherrin hier seinen Platz fände.«

Es lohnt sich, auf das Personalpronomen zu achten, wenn die Beschreibung fortfährt: »Ich möchte, daß an den Tagen, wo das Meer für die zarte Frau zu heftig ist, sie hier in ihrem Garten säße und arbeite oder lese.«[78] En detail werden Haus und Garten beschrieben, und die Architektur des Hauses lässt keinen Zweifel daran, dass, was hier entworfen wird, eine Festung ist; ein Schutz gegen eine feindliche Umwelt. Wie der Wal, dessen Leben im Wasser ebenso unmöglich ist wie an Land, kommt die junge Frau aus der Stadt, die sie krank gemacht hat, an die Küste, wo sie zunächst nicht überlebensfähig scheint. Wie für das Überleben der Fische im Aquarium müssen gründliche Vorkehrungen getroffen werden, damit sie es dort aushalten kann.

Das Restaurationsfrankreich ist kein Land zum Leben, und so ist das im bretonischen Exil geschriebene Buch über das Meer ein Buch über das richtige Leben im falschen geworden, das nicht nur die Umgebungen des Lebens, sondern das Leben selbst in Frage stellt. Sein dritter Teil, der die Eroberung des Meeres behandelt, beginnt mit einem Kapitel über den arktischen Walfang. Es setzt mit der Beschreibung eines Einzelgängers ein, der in der »endlos langen Finsternis« der Polarnacht, auf dem »öden, sterilen, mit undurchdringlichem Eis bedecktem Boden« umherwandert und hartnäckig darauf besteht, »dort – in den Schrecken einer unmöglichen Welt – leben zu wollen.« Von weitem betrachtet, so die Michelets, wirkt er »wie ein aufrecht

---

77 Michelet: *Das Meer*, S. 370.
78 Ebd., S. 286–287.

auf seiner Schwanzflosse stehender Fisch, ein diesem Leben wenig an-
gepaßter, linkischer Fisch mit lang herunterhängenden Flossen.« Sie
beschreiben ein zweites problematisches Leben elementarer Obdach-
losigkeit. Es ist nicht nur dem des Wals verwandt, dem falschen Fisch
mit horizontaler Schwanzflosse und warmem Blut, sondern auch demjenigen der Kurpatientin an der Küste. Und so erkennt, wer sich dem
Einzelgänger nähert: »Jener falsche Fisch ist der Mensch.«[79]

---

79 Jules Michelet: *Das Meer*. Mit einem Vorwort von Michael Krüger. Übersetzt, herausgegeben und mit einem Nachwort von Rolf Wintermeyer,
Frankfurt a. M. 1987, S. 190.

VII. Schluss

»Has the Sperm Whale ever written a book [...]?«[1]

Auf den Spuren der Wale durchkreuzten Walfänger im 19. Jahrhundert die Meere der Welt. Auf den Spuren der Walfänger erschlossen Kartographen die Nordwestpassage und den Südpazifik, während Naturhistoriker und Zoologen sie in die Lebensräume der Wale begleiteten. Den Walfängern, die den Walen, und den Wissenschaftlern, die den Walfängern folgten, ist schließlich dieses Buch selbst gefolgt. Wenn die Pottwale und Glattwale, die Grönlandwale und Buckelwale, Weißwale und Schweinswale, die den Leserinnen und Lesern auf seinen Seiten begegnet sind, als solche dabei oft unerkennbar hinter dem synekdochischen »Wal« verborgen blieben, so hat dies seinen Grund in dem Interesse für eine andere Ordnung der Dinge: Entscheidend dafür, was unterschiedliche Walarten trennt und verbindet, waren für die Frage nach den Geographien des Lebens nicht so sehr ihr Bauplan oder ihr Ort im taxonomischen System als vielmehr die Orte, an denen Wale zu Gegenständen des Wissens wurden, und die Räume und Milieus, von denen dieses Wissen handelte.

Alle diese Arten, Gattungen, Familien und Unterordnungen der *Cetacea* lieferten den amerikanischen und europäischen Gesellschaften auf dem Weg in die Industrialisierung wichtige Ressourcen und wurden von Walfängern gejagt. Sie alle waren im Wasser lebende Säugetiere, die die Neugier nicht nur von Naturforschern weckten, und keines von ihnen war leicht zu untersuchen. Die Wale, von denen diese Untersuchung handelt, sind auch, aber nicht zuerst Teile einer Natur, die es zu ordnen galt. Sie sind Rohstofflieferanten und epistemische Objekte, und sie mussten erst mithilfe bestimmter Praktiken und Medien hervorgebracht werden. Die Unterscheidung zwischen den verschiedenen Walarten, von denen dieses Buch erzählt hat, verläuft quer zu den biologischen Taxa und richtet sich nach den Differenzen, die zwischen den immer ›Wal‹ genannten Wissensobjekten unterschiedlicher Forschungsprogramme und -bedingungen bestanden.

Einer solchen Taxonomie folgend sind vier Arten von Walen zu unterscheiden, denen im Laufe dieser Untersuchung zentrale Bedeutung zukam. Zu ihnen zählt erstens der ozeanographische Wal. Bei den Angehörigen dieser Art handelte es sich um trockene und saubere

---

1 Melville: *Moby-Dick*, S. 346.

Wale, um Wissensobjekte des Virtuellen, die ihre Existenz dem Aufschreibesystem des Walfangs verdankten. Die Medientechniken der Logbuchführung und der thematischen Kartographie, die Matthew Fontaine Maury in den 1850er Jahren im Archiv des Naval Observatory in Washington, D.C. zusammenbrachte, haben stochastische Wale hervorgebracht, die gesehen oder nicht gesehen, gefangen oder nicht gefangen werden konnten und die, einerseits, nicht mehr als die Wahrscheinlichkeit ausdrückten, in bestimmten Meeresregionen zu bestimmten Jahreszeiten auf Wale zu stoßen. Andererseits waren sie in der Lage, Kartographen über hydrographische und geographische Phänomene aufzuklären. Die statistische Häufung von Glattwalen auf beiden Seiten des amerikanischen Kontinents und ihre völlige Abwesenheit in tropischen Gewässern um den Äquator waren Matthew Fontaine Maury erst Indiz und dann Beweis für die Existenz einer Nordwestpassage, über die Wale vom Atlantik in den Pazifik gelangten.

Zweitens handelte die Studie von gestrandeten Walen. Die meisten Naturhistoriker des 19. Jahrhunderts bekamen es mit Walen nur am Strand zu tun, mit toten oder sterbenden Tieren außerhalb ihres ›Lebenselementes‹. Diese Wale waren immobile Tiere an der Grenze zweier Milieus, an der weder der Wal noch der Mensch, der ihn untersucht, zu Hause ist. Der gestrandete Wal ist einerseits Spektakel und glücklicher Zufall: Er bietet die Chance auf schnelles Geld für einen cleveren Finder, der ihn ausstellen oder ausnehmen und sein Öl und seine Knochen verkaufen kann, und auf wissenschaftliche Reputation für einen Naturhistoriker, der rechtzeitig vor Ort ist, um ihn zu vermessen, zu beschreiben und vielleicht eine Zeichnung anfertigen zu lassen. Zugleich und vor allem jedoch sind gestrandete Wale in Auflösung begriffene Wale, verwesende Tiere, die sich nur schwer einer biologischen Art zuordnen lassen; äußerlich verformt und mit ihrer Umwelt auch ihrer Natur beraubt. Sie boten die seltene Gelegenheit, Zeichnungen von Walen anzufertigen, doch die Kritik, die nicht nur Herman Melville, sondern auch Cetologen wie Thomas Beale an diesen Darstellungen formulierten, führt den gestrandeten Wal als ein Wissensobjekt vor, das sich nicht darstellen lässt und das sich allen Versuchen, es zum Gegenstand einer Repräsentation zu machen, verweigert.

Der dritte hier beschriebene Wal ist der Wal-für-den-Jäger. Dies ist der Wal, auf den Walfänger, Schiffsärzte und Zoologen, die Walfänger auf Fangfahrt begleiteten, in den Fanggründen im Pazifik und im arktischen Ozean trafen. Er ist Gegenstand eines Wissens, das auf der Jagd entsteht. Dieser Wal ist ein gefährlicher und ein blutiger Wal und er ist vor allem: Beute. Die *cutting-in pattern*, die Schiffsärzte in ihre Naturgeschichten und Reiseberichte drucken ließen, enthalten das Schlachtungsprotokoll für die Verarbeitung der Wale zu Öl an Bord; und in den für seine Vermessung verwendeten Einheiten kann zwischen wissenschaftlichen und ökonomischen Größen nicht mehr unterschieden werden. Mit dieser dritten Walart entstand ein cetologisches Interesse am Verhalten der Tiere, das nur als Fluchtverhalten zu beobachten war, weil die Jagd auf den Wal seiner Beobachtung immer schon vorausging. Das Wissen vom Wal-für-den-Jäger war ein Jagd- oder Jägerwissen, ein Wissen vom Lebendigen mit Blick auf seinen Tod, das in den Büchern der Schiffsärzte und Zoologen zu einem Tötungswissen im Namen einer Wissenschaft des Lebens wurde.

Viertens schließlich waren diejenigen Wale Gegenstand der Untersuchung, deren Leben unmöglich ist. Zu ihnen gehören die Weißwale, die in den Sechziger- und Siebzigerjahren des 19. Jahrhunderts in Aquarien ausgestellt wurden. Der Wal-im-Tank, wie man diese Subspezies der vierten Walart nennen könnte, ist ein Wal, dessen Umwelt im Aquarium rekonstruiert und der selbst am Leben gehalten werden muss. Die aquaristischen Infrastrukturen, die sein Überleben gewährleisten sollten, konnten ein Milieu nicht ersetzen, und so legt dieser Wal nicht nur ein Verhalten an den Tag, dessen Beobachtung durch das Aquarium ebenso ermöglicht wie gestört wurde, sondern er überlebt darüber hinaus nicht lange in der künstlichen Umwelt. Der Wal, der im Aquarium gehalten wird, ist so heimatlos und sein Leben ebenso prekär wie das des Wals im Ozean, der in den Blick der biologischen Perspektive gerät und dessen Leben über die Beziehungen zu seiner Umgebung erklärt werden soll. Dieser zweite Wal, der zwar deutlich älter wird als Wale in Aquarien, aber als luftatmendes Säugetier im Wasser gleichfalls ein milieutheoretisch unmögliches Leben führt, war, herausgelöst aus der Klasse der üblicherweise dem Wasser zugerechneten Tiere, elementar obdachlos geworden. Im Ozean nur noch zu Gast, auf dem Land und an der Luft, die er atmet, nicht lebensfähig, gab seine Existenz den Zoologen neue Rätsel auf und wurde bei Jules und Athénaïs Michelet als politisches Tier zum Modell problematischen Lebens.

Wer heute Wale fängt, forscht nicht. Dass das Moratorium der Internationalen Walfangkommission, das die Jagd auf Wale seit 1982 aussetzt, nicht für den Walfang zu wissenschaftlichen Zwecken gilt, ist kaum mehr als ein Zugeständnis an die Rhetorik der letzten Walfangnationen. Die Wissenschaftlichkeit des japanischen Walfangprogramms

JARPA II stand schon vor dem Austritt Japans aus der Walfangkommission in Zweifel; nicht zuletzt, weil es kaum Forschungsergebnisse vorweisen konnte.[2] So ist die Wissenschaft von einer realhistorischen Begleiterscheinung des Walfangs zu einem durchschaubaren Vorwand geworden, ihn zu betreiben: das eine Mal als Tragödie, das andere Mal als Farce.

Wale blieben politische Tiere. Sie waren es für die meiste Zeit des 20. Jahrhunderts und sind es noch im einundzwanzigsten. In den ersten Jahrzehnten nach 1900 folgte die Cetologie den Walfängern in die südatlantischen Walfangstationen kurz vor dem Südpol. Sie war noch in mancher Hinsicht jagende Forschung, wenn sie Walen Marker ins Fleisch schoss, über die sie – nicht viel anders als die Spurenleser Matthew Fontaine Maury und William Scoresby – Migrationsrouten zu errechnen gedachte. Angetreten war sie jedoch, um den Erhalt von Walen zu sichern. Flankiert von Studien über *interspecies communication* und der kalifornischen Kombination von erweitertem und ökologischem Bewusstsein wurde der Wal in den Jahren nach 1960 zum Wappentier des Umweltschutzes.[3] Die Intelligenz war von den Walfängern auf die Wale selbst übergegangen.

Die Wissenschaft der Wale hatte sich von ihrer Jagd gelöst. Dass sie die Tiere weniger als Bestand denn als Population adressiert, markiert einen Unterschied ums Ganze: Wo Maurys Karten die Aufforderung enthielten, in bestimmten Meeresregionen Wale zu fangen, ist der Cetologie seit Beginn des 20. Jahrhunderts der Imperativ eingeschrieben, sie zu schützen. Der Blick der Wissenschaftler auf die Lebensdauer, auf Fortpflanzungsraten und später auf die Gesundheit von Walen machte sie zu Gegenständen jener eingreifenden Maßnahmen und regulierenden Kontrollen, die Michel Foucault ›Biopolitik‹ genannt hat.[4] Heute sind es die Überwachungstechnologien der Kontrollgesellschaft wie GPS und UAV, mit denen sich die Walbiologie ihre Forschungs-

---

2 Rachel Nussbaum Wichert und Martha Nussbaum: »Scientific Whaling? The Scientific Research Exception and the Future of the International Whaling Commission«, in: *Journal of Human Development and Capabilities* 18 (2017) 3, S. 356–369.

3 John C. Lilly: »Interspecies Communcation«, in: *McGraw-Hill Yearbook of Science and Technology* (1962), S. 279–281; Burnett: *The Sounding of the Whale*; Ellis: *Men and Whales*, S. 434–439.

4 Michel Foucault: *Der Wille zum Wissen. Sexualität und Wahrheit 1*, Frankfurt a.M. [17]2008, S. 135. Beispielhaft zuletzt etwa Darren P. Croft [u.a.]: »Reproductive Conflict and the Evolution of Menopause in Killer Whales«, in: *Current Biology* 27 (2017) 2, S. 298–304.

objekte vor Augen stellt.⁵ In der Herkunft solcher Mittel aus der Militärtechnik verbirgt sich ein letzter Hinweis auf die Geschichte cetologischer Forschung, die sich den Medien und Praktiken und einem Wissen der Jagd verdankt.

5 Hinter der Abkürzung ›UAV‹ verbergen sich *unmanned aerial vehicles*, besser bekannt als Drohnen. Siehe etwa J.W. Durban [u.a.]: »Photogrammetry of Killer Whales using a Small Hexacopter Launched at Sea«, in: *Journal of Unmanned Vehicle Systems* 3 (2016) 3, S. 131–135; für eine erste und notwendigerweise unvollständige Klassifikation von Walen als epistemischen Objekten einer zeitgenössischen Walkunde Stefan Helmreich: »Cetology Now. A Sketch for the Twenty-First Century«, in: *Melville Society Extracts* 129 (2005), S. 10–12.

Epilog: Gattungsfragen

>»It will be a strange sort of a book, tho', I fear; blubber is
>blubber you know; tho' you may get oil out of it, the poetry
>runs as hard as sap from a frozen maple tree [...].«[1]

Herman Melvilles *Moby-Dick; or, The Whale* enthält eine Walkunde,
die weit über die Naturgeschichte des Wals hinausgeht. Der Erzähler
schreibt einer Wirklichkeit des Wals hinterher (oder entgegen), sein
erklärtes Programm ist es, »so gut das ohne Leinwand geht, ein an-
nähernd wahres Bild des Wales [zu] malen«.[2] Das Buch verwendet
deshalb etliche Kapitel auf die enzyklopädische Erfassung des Wals,
der als Gegenstand der Jagd und der Wissenschaft ebenso Thema
wird wie als Sujet der Kunst, als Speise, Rohstoff, politisches Symbol und als einiges mehr. Entsprechend unschlüssig waren die Rezensenten, die *Moby-Dick* im Winter 1851/52 zur Hand nahmen: Der
Text, lautete der Befund im *Evening Traveller* aus Boston, »appears
to be a sort of hermaphrodite craft – half fact and half fiction«. Die
Literaturzeitschrift *To-day* beklagte »a curious mixture of fact and
fancy«, und die Londoner *Literary Gazette* hatte »an odd book, pro-
fessing to be a novel« gelesen. Das vielzitierte Urteil im *Athenæum* aus
London lautete: »This is an ill-compounded mixture of romance and
matter-of-fact.«[3]

Sie hätten es wissen können. Als Autor des Buches zeichnet auf
dem Titelblatt der amerikanischen Erstausgabe: »Herman Melville,
author of ›Typee‹, ›Omoo‹, ›Redburn‹, ›Mardi‹, ›White-Jacket‹.« Nur
eines von Melvilles früheren Büchern war ohne paratextuelle Notiz
erschienen, die den ihr nachfolgenden Text an »facts« zurückbindet.
Schon Melvilles Debüt, *Typee* (1846), dessen Untertitel es als *A Peep
at Polynesian Life. During a Four Months' Residence in a Valley of the
Marquesas with Notices of the French Occupation of Tahiti and the*

---

1 Herman Melville: Letter to R.H. Dana, Jr., 1 May 1850, in: *The Writings of
Herman Melville. The Northwestern-Newberry Edition*, Vol. 14: Correspondence, hg. von Harrison Hayford und G. Thomas Tanselle, Evanston 1993,
S. 162.
2 Melville: *Moby-Dick* (2001), S. 423.
3 *Evening Traveller*, 15. November 1851; *To-day, a Boston Literary Journal*,
10. Januar 1852, S. 20; *Literary Gazette*, 6. Dezember 1851, S. 841; *Athenæum*,
25. Oktober 1851, S. 1112; siehe auch Brian Higgins und Hershel Parker
(Hg.): *Herman Melville: The Contemporary Reviews*, Cambridge 1995.

Provisional Cession of the Sandwich Islands to Lord Paulet ausweist,
ist keinesfalls ein entschieden fiktionaler Text. Im Gegenteil: Das Vorwort setzt ihn in Beziehung zu Reiseberichten anderer Weltreisender
und kündigt an, dass *Typee* ihnen auf Grundlage von »facts admitting
of no contradiction« hin und wieder widersprechen wird.⁴

Auch *Omoo* (1847), als *Narrative of Adventures in the South Seas*
untertitelt und damit nicht anders klassifiziert als Charles Wilkes'
Berichte über die U.S. Exploring Expedition oder Frederick Debell
Bennetts cetologischer Walfangbericht, gibt »the oldest books of
South Sea voyages« und die 1823 erschienenen *Polynesian Researches*
des englischen Forschungsreisenden William Ellis als Quellen für die
faktengetreue Darstellung polynesischer Geschichte und Gebräuche
an.⁵ *Mardi: And a Voyage Thither* (1849) schließlich präzisiert die
Gattungsbezeichnung für die beiden ersten Bücher:

> »Not long ago, having published two narratives of voyages in the
> Pacific, which, in many quarters, were received with incredulity the
> thought occurred to me, of indeed writing a romance of Polynesian
> adventure, and publishing it as such; to see whether, the fiction
> might not, possibly be received for a verity: in some degree the
> reverse of my previous experience.«⁶

Zwar ist Melvilles drittes Buch das erste, das sich im Vorwort explizit
›Fiktion‹ nennt, doch unterläuft es die Gegenüberstellung von Fakt
und Fabel noch im selben Satz, indem es sich in ein Verhältnis zur
Wahrheit setzt, das demjenigen der beiden früheren Texte genau ent-
gegensteht: *Mardi* ist der Versuch, dem Publikum, das die den Tatsachen entsprechenden Reiseberichte aus der Südsee für unglaubwürdig
hielt, in der Fiktion die Wahrheit zu sagen.

Während *Redburn: His First Voyage; Being the Sailor-boy Confessions and Reminiscences of the Son-of-a-Gentleman, in the Merchant
Service* (1849) auf jede Ein- oder Ausleitung verzichtet und über den
Untertitel hinaus keine Gattungszuweisung vornimmt, präsentiert
sich *White-Jacket; or, The World in a Man-of-War* (1850) als fiktio-
nale Schilderung des Lebens in der Navy, die sich streng an die Tat-

---

4 Herman Melville: *Typee. A Peep at Polynesian Life. The Writings of Herman
   Melville. The Northwestern-Newberry Edition*, Vol. 1, Evanston 1968, S. xiv.
   Zu Gattungsangaben siehe auch Genette: *Paratexte*, S. 95–102.
5 Melville: *Omoo*, S. xiv.
6 Herman Melville: *Mardi: And a Voyage Thither. The Writings of Herman
   Melville. The Northwestern-Newberry Edition*, Vol. 3, Evanston 1970, S. xvii.

sachen hält und sich auf die Erfahrung ihres Autors berufen kann, der
»[i]n the year 1843« auf einem amerikanischen Kriegsschiff angeheuert
hatte.[7] Offenkundig war das Verhältnis von Fakt und Fiktion in den Büchern Herman Melvilles immer schon prekär; in *Moby-Dick* wird
es thematisch. Es ist also viel Wissen in *Moby-Dick*, das dabei auch
ein Buch über den Wirklichkeitswert dieses Wissens vom Wal ist.[8]
Eine Geschichte des Wissens und seiner Darstellungsweisen ist daher
gut beraten, *Moby-Dick*, das ebenfalls ohne Gattungsbezeichnung
erschien, nicht nur als literarische, sondern auch als epistemische Gattung zu bestimmen.[9] Schon sein Anfang weist das Buch als Bestandteil
einer ganzen Reihe von Büchern zu einem Thema aus: Es beginnt mit
einer »Etymology« überschriebenen Zusammenstellung von Wörter-
bucheinträgen zum Lemma ›Wal‹ und einer Tabelle, die das Wort in
unterschiedlichen Sprachen auflistet.[10]
Der erste Satz von *Moby-Dick* ist nicht »Call me Ishmael.«[11] Auf
die etymologische Begriffsklärung folgen mehrere Seiten mit Zitaten

---

7 Melville: *White-Jacket*, S. ix, 487.
8 Hans Blumenberg: »Wirklichkeitsbegriff und Möglichkeit des Romans«, in:
   Ästhetische und metaphorologische Schriften, Frankfurt a. M. 2001, S. 47–73.
   Grundlegend zum Wissen in und von Literatur Vogl: »Für eine Poetolo-
   gie des Wissens«, in: Karl Richter, Jörg Schönert und Michael Titzmann
   (Hg.): *Die Literatur und die Wissenschaften. Festschrift zum 75. Geburtstag
   von Walter Müller-Seidel*, Stuttgart 1997, S. 107–127, sowie, mit Bezug auf
   Moby-Dick, Stockhammer: »Warum der Wal ein Fisch ist« und Burkhardt
   Wolf: »Livyatan melvillei. ›Moby-Dick‹ und das überhistorische Wissen vom
   Wal«, in: Hans Jürgen Scheuer und Ulrike Vedder (Hg.): *Tier im Text. Exemplarität und Allegorizität literarischer Lebewesen*, Berlin 2015, S. 97–111.
9 Zum Begriff der ›epistemischen Gattung‹ siehe Gianna Pomata: »Observation Rising. Birth of an Epistemic Genre, 1500–1650«, in: Lorraine Daston
   und Elizabeth Lunbeck (Hg.): *Histories of Scientific Observation*, Chicago
   2011, S. 45–80. Dass Romane, wie Genette bemerkt, sich generell erst ab der
   zweiten Hälfte des 19. Jahrhunderts als solche ausgaben, wird, wie auch der
   Befund, dass »Jane Austen, die gemeinsam mit Scott die kurzen Titel ein-
   führt, […] sich ebenfalls nicht verpflichtet [fühlt], sie mit einer autonomen
   Gattungsangabe zu versehen« (Genette: *Paratexte*, S. 96), sowohl von *Pride
   & Prejudice* (1813), als auch von *Mansfield Park* (1814) und *Emma* (1816)
   widerlegt, die auf ihren Titelblättern sämtlich als »Novel in Three Volumes«
   bezeichnet werden. Auch Melvilles Freund Nathaniel Hawthorne wies seine
   Bücher im Titel oder Untertitel als »Romance« aus.
10 Melville: *Moby-Dick*, S. xv–xvi.
11 So lautet der häufig als erster Satz des Buches bezeichnete erste Satz des
   ersten Kapitels. Die Wiederholung des Schmutztitels vor dem ersten Kapitel,
   die diese Lesart begünstigen mag, ist eine Erfindung der Herausgeber der

aus literarischen und wissenschaftlichen Werken, aus der Bibel, aus Reiseberichten, Zeitungen und Seemannsliedern. Der Titel dieser Zusammenstellung von »random allusions to whales«[12] lautet »Extracts« und verweist damit auf das Exzerpt, jener Forschungspraxis, die Zitate oder paraphrasierte Inhalte aus Büchern auf Zetteln oder in Notizbüchern zusammenträgt. Die Kultur und Praxis des Exzerpts verbreitete sich vor allem zwischen dem 16. und 18. Jahrhundert und reagierte nicht zuletzt auf den wachsenden Literaturbestand des Gutenbergzeitalters: Sie zog – extrahierte – Formulierungen oder ganze Abschnitte aus Büchern und hielt sie gesammelt in einem Notizbuch fest.[13]

Gelehrte Texte – oftmals unter Zuhilfenahme von Exzerpten entstanden – wurden in der Frühen Neuzeit unter der Gattungsbezeichnung *historia* veröffentlicht. Der Schweizer Naturforscher Conrad Gessner etwa, der früh bei seinen Kollegen dafür warb, Exzerptsammlungen anzulegen und zwecks Wiederauffindbarkeit einzelner Exzerpte zu indexikalisieren, publizierte seine zoologischen Arbeiten zwischen 1551 und 1558 als vierbändige *Historia animalium*.[14] Das Genre der *historia* umfasste in der Frühen Neuzeit sowohl Darstellungen der Natur als auch Berichte über menschliches Handeln und es unterschied dabei nicht zwischen Gesehenem und Gelesenem, zwischen selbst Beobachtetem und von anderen Berichtetem.[15] Michel Foucault hat das Vorgehen dieser Texte eindrücklich anhand von Ulisse Aldrovandis *Serpentum, et draconum historiae* (1640) beschrieben. Er stellt fest,

»daß das Kapitel ›Über die Schlange im Allgemeinen‹ sich nach folgenden Rubriken aufgliedert: Doppeldeutigkeit (das heißt die

Northwestern-Newberry Edition. In der amerikanischen Originalausgabe schließt das erste Kapitel direkt an die »Etymology« und die »Extracts« an. Das Buch beginnt mit den Worten: »The pale Usher – threadbare in coat, heart, body, and brain; I see him now.« Melville: *Moby-Dick*, S. xv–xvi; siehe aber Herman Melville: *Moby-Dick; or, The Whale*, New York 1851.

12   Melville: *Moby-Dick*, S. xvii.

13   Anne Blair: *Too Much To Know. Managing Scholarly Information before the Modern Age*, New Haven 2010, S. 62–116, und Anke te Heesen: *Der Zeitungsausschnitt. Ein Papierobjekt der Moderne*, Frankfurt a.M. 2006, S. 25–45.

14   Conrad Gessner: *Historia animalium*, Zürich 1551–1558. Zu Gessners Exzerptsammlung und -sortierung Markus Krajewski: *Zettelwirtschaft. Die Geburt der Kartei aus dem Geiste der Bibliothek*, Berlin 2002, S. 16–34.

15   Gianna Pomata und Nancy Siraisi (Hg.): *Historia. Empiricism and Erudition in Early Modern Europe*, Cambridge, MA 2005; siehe zur Begriffsgeschichte der *historia* Arno Seifert: *Cognitio Historica. Die Geschichte als Namensgeberin der frühneuzeitlichen Empirie*, Berlin 1976.

verschiedenen Bedeutungen des Wortes *Schlange*), Synonyme und
Etymologien, Unterschiede, Form und Beschreibung, Anatomie,
Natur und Gewohnheiten, Temperament, Zeugung und Fortpflan-
zung, Stimme, Bewegungen, Vorkommen, Ernährung, Physiogno-
mie, Antipathie, Sympathie, Fangweisen, Tod und Verwundungen
durch die Schlange, Arten und Zeichen der Vergiftung, Heilmittel,
Beiwörter, Bezeichnungen, Wunder und Vorzeichen, Monstren,
Mythologie, Götter, denen die Schlange heilig ist, Lehrfabeln, Al-
legorien und Mysterien, Hieroglyphen, Embleme und Symbole,
Sprichwörter, Münzen, rätselhafte Wunder, Devisen, heraldische
Zeichen, historische Fakten, Träume, Heiligtümer und Statuen,
Gebrauch bei der Nahrung, Gebrauch in der Medizin, verschiedene
Gebräuche.«[16]

Wie die frühneuzeitliche *historia* nicht zwischen der Erforschung
der Natur und der Erforschung der Kultur unterschied, macht auch
Moby-Dick keinen Unterschied zwischen der Natur- und der Kulturgeschichte des Wals. Der Wal, von dem das Buch erzählt, ist als
Wissensobjekt weder dem einen noch dem anderen Gebiet zuzuschla-
gen. Der Walknochen ist natürliches Objekt, Arbeitsgegenstand und
Ware zugleich; die Harpune und der Walfang gehören zum Wal nicht
weniger als seine Haut und sein Skelett; der Nahrung des Wals kommt
dieselbe Wichtigkeit zu wie den Bildern, die von ihm gemalt werden.

Ishmaels Kritik an den auf verschiedenste Weise misslungenen bildlichen Darstellungen von Walen folgt die Beschreibung zweier Ge-
mälde, die er für gelungener hält. Das »beste« Bild vom Walfang wird
als »erstaunlich gut und wahrheitsgetreu« gelobt:

»Die halbleere Leinbalje treibt auf dem weißkochenden Meere;
die hölzernen Schäfte der fehlgegangenen Harpunen tanzen schräg
darin auf und ab; die Köpfe der im Wasser schwimmenden Boots-
mannschaft ragen rings um den Wal hier und dort aus der Gischt;
ihre Mienen Spielarten des Entsetzens, derweil aus sturmschwarzer
Ferne das Schiff auf den Schauplatz zusteuert. Zwar wäre an anatomischen Einzelheiten des Wales ernsthaft Kritik zu üben, doch will
ich das durchgehen lassen, weil ich für mein Leben keinen so guten
Wal zeichnen könnte.«[17]

16 Foucault: *Die Ordnung der Dinge*, S. 70–71.
17 Melville: *Moby-Dick (2001)*, S. 431.

Ishmaels Unfähigkeit zu zeichnen hat ihn nicht davon abgehalten, gegen wissenschaftliche Illustrationen zu polemisieren. Doch weil im hier beschriebenen Bild allerlei zum Fang benötigtes Gerät und das Entsetzen der über Bord gegangenen Walfänger gut getroffen ist, lässt er in dieser Szene gegenüber einem anatomisch fehlerhaft gezeichneten Wal Nachsicht walten. Noch deutlicher macht es ein zweites von Ishmael gelobtes Bild, dessen Beschreibung das Programm seines eigenen Textes enthält: Es zeigt eine »ruhige Mittagsszene vor einer Südseeinsel: Ein französischer Walfänger ankert nahe am Lande in der bekalmten See und übernimmt gerade in aller Ruhe frisches Wasser; matt hängen die langen Palmwedel im Hintergrund in der von keinem Hauch bewegten Luft.« Es zeigt nicht: einen Wal. Ishmael jedoch hebt hervor, dass einer der »wenigen Augenblicke orientalischen Nichtstuns« zu sehen sei, die eben auch zum Walfang gehörten.[18] Einerseits redet er einer Epistemologie der Erfahrung, des Handwerks und der Praxis das Wort und betont, dass der Weg zum Wissen über den Wal nur über den Walfang führt: »Only in the heart of quickest perils; only when within the eddyings of his angry flukes; only on the profound unbounded sea, can the fully invested whale be truly and livingly found out«, heißt es etwa in Kapitel 103.

Andererseits zählt und vermisst Ishmael nicht nur gewissenhaft die Knochen eines toten Exemplars und lässt sich die Maße auf den rechten Arm tätowieren, damit die »valuable statistics« nicht verloren gehen, sondern er liest, wie der Unter-Unter-Bibliothekar, der die »Extracts« zusammengestellt hat, jedes Buch über den Wal, das ihm in die Hände fällt. »I have swam through libraries and sailed through oceans«:[19] In *Moby-Dick* besteht zwischen der Welt der Bücher und der Welt der Natur, zwischen Erfahrungswissen und Bücherwissen kein kategorialer Unterschied.

Es ist daher mehr als eine Parodie auf die frühneuzeitliche Vorstellung vom Buch der Natur, wenn das 32. Kapitel eine Systematik des Wals aufstellt und die Arten nicht nur in Bücher einteilt, sondern dabei auch, nach Größen sortiert, Buchformaten zuweist: Die Ordnung der Wale teilt sich bei Ishmael in die Bücher »I. The Folio Whale«, »II. the Octavo Whale« und »III. the Duodecimo Whale«.[20] Wo Wale Texte und Texte Wale werden, lässt sich nicht nur Moby Dick, der weiße

---

18 Ebd., S. 434.
19 Melville: *Moby-Dick*, S. 136, 451, 453–454.
20 Ebd., S. 137. Zu Lektüre und Buch als Metaphern für Welterfahrung siehe Hans Blumenberg: *Die Lesbarkeit der Welt*, Frankfurt a.M. 1986.

von der *Pequod* gejagte Pottwal als Folio-Wal klassifizieren, sondern auch Melvilles Buch *Moby-Dick* in das System integrieren: Am 4. Oktober 1851 erschien in der *New York Evening Post* eine kleine Notiz: »Herman Mellville's [sic!] forthcoming book is announced by Harpers. Its title is simply ›The Whale‹. It will be published in octavo.«[21]

Ishmael, der Cetograph, der es in einem umfassenden Sinne unternimmt, den Wal zu schreiben, hätte es freilich lieber gesehen, wäre *Moby-Dick* im Foliantenformat erschienen: Vom Wal, betont er, lässt sich nicht anders als »allwissend und erschöpfend« berichten. Selbst seine Handschrift passt sich dem Gegenstand an: »Unwillkürlich expandiert meine Chirographie, und ich schreibe nur noch in plakativen Großbuchstaben. Gebt mir eine Kondorfeder! Den Krater des Vesuv als Tintenfaß!«[22] Was er zu sagen hat, umfasst »den ganzen weiten Kreis der Wissenschaften [...], dazu sämtliche Geschlechter von Walen und Menschen und Mastodons, die waren, sind und sein werden, mitsamt der Rollpanoramen von Macht und Herrlichkeit, auf Erden wie auch im ganzen Universum, einschließlich seiner Vorstädte.«[23] Es ist deshalb »nutzlos und unmöglich, zwischen dem Gewerbe eines Naturwissenschaftlers und eines Kompilatoren zu wählen«. Ishmael muss »in ein und derselben Form des Denkens all das zusammensuchen, was durch die Natur oder die Menschen, durch die Sprache der Welt, der Überlieferungen oder der Dichter *gesehen*, *gehört* und *erzählt* worden ist.« Den Wal zu erkennen, heißt »die ganze dicke Schicht der Zeichen zusammenzusuchen, die in [ihm] oder auf [ihm] deponiert worden sein können«. Dies schreibt nicht Melville über Ishmael oder Ishmael über Moby Dick, sondern Foucault über das Genre der *historia*.[24]

Die zahlreichen Stellen, an denen Ishmael bemerkt, dass »ein echtes Evangelium der Walkunde« und die »Lebensgeschichte« des Pottwals noch nicht geschrieben sind und an denen er – wie in den Kapiteln über das Skelett des Wals, über seine Kunst- und Bildgeschichte, über fossile Walknochen oder über seine Klassifikation – das Programm seines Textes formuliert, sind Bekenntnisse zum epistemischen Genre der *historia*.[25] Wo die Naturgeschichte aus den genannten Gründen

---

21 *New York Evening Post*, 4. Oktober 1851, S. 2. Siehe zum Wal als Text Kap. 104 in Melville: *Moby-Dick* sowie dazu Wolf: »Livyatan melvillei«.

22 Melville: *Moby-Dick* (*2001*), S. 702.

23 Ebd., S. 702.

24 Foucault: *Die Ordnung der Dinge*, S. 72 (Hervorhebung im Original).

25 Melville: *Moby-Dick* (*2001*), S. 15, 228.

scheitern musste, schreibt Ishmael die Geschichte des Wals »innerhalb des ganzen semantischen Rasters, der [ihn] mit der Welt verband«.[26]

Als *historia* des Wals war Melvilles Buch im Zeitalter der Naturgeschichte und der entstehenden Biologie anachronistisch. Die naturkundliche Expertise in *Moby-Dick* stand nicht nur der Fiktion im Roman, sondern auch der herrschenden Meinung in der Naturgeschichte gegenüber. Dass der Wal ein Fisch ist, wie Ishmael im 32. Kapitel erklärt, war 1851 falsch, aber die Rezensenten dieser unzeitgemäßen Betrachtung des Wals ließen sich vom Erzähler, den sie vom Autor nicht unterschieden, überzeugen: »[...] everybody says a whale is not a fish. ›Pooh, pooh!‹ replies Herman Melville, ›don't talk such fiddle faddle to me‹ [...].«[27] Während sie die *fiction* sehr unterschiedlich bewerteten, waren sich die Kritiker in der Frage der *facts* einig: »No book in the world brings together so much whale.«[28] »Herman Melville«, heißt es im *London Morning Chronicle*, »knows more about whales than any man alive, or who ever lived.«[29] Ishmaels Definition des Wals als »fish with a horizontal tail«[30] hatte eine andere Faktizität als die Taxonomie der Naturgeschichte, weil sein Text als Literatur gelesen wurde. Literatur kann, weil sie *als Literatur* gelesen wird, deren Sprache nichts anderes bedeuten muss als sich selbst, Wissen inszenieren und befragen, Wissensformen in Beziehung setzen und auf die Probe stellen und Diskurse karnevalisieren. Sie kann »Gegendiskurs« sein, in dem sagbar wird, was andernorts nicht ohne Ansehensverlust gesagt werden kann.[31]

Mit Moby Dick, dem »unfassbare[n] Ding«, dem Ishmael seine *historia* widmet, dem »Phantom des Lebens«,[32] das die Beschreibungen wuchern lässt und zugleich jeder Beschreibung spottet, geht aus ihr in der Mitte des 19. Jahrhunderts ein Wal hervor, der nach wie vor »klassifikatorischen Taumel«[33] verursacht. Ein Jahrhundert nach Linnés klassifikatorischer Tat ist der Wal das Tier, das Texte provoziert, die

26 Foucault: *Die Ordnung der Dinge*, S. 169.
27 *Illustrated London News*, 1. November 1851, S. 339.
28 *Spirit of the Times*, 6. Dezember 1851, S. 494.
29 *London Morning Chronicle*, 20. Dezember 1851, S. 3.
30 Melville: *Moby-Dick*, S. 137.
31 Foucault: *Die Ordnung der Dinge*, S. 76–77; Eva Horn: »Gibt es eine Gesellschaft im Text?«, in: Andreas Reckwitz und Stefan Möbius (Hg.): *Poststrukturalistische Sozialwissenschaften*, Frankfurt a. M. 2008, S. 363–381.
32 Melville: *Moby-Dick* (*2001*), S. 36, 273.
33 Jacques Derrida: »Das Gesetz der Gattung«, in: *Gestade*, Wien 1994, S. 245–283.

sich nicht klassifizieren lassen; das Tier, das natürliche wie literarische Gattungen sprengt. *Moby-Dick* stellt nicht nur die Frage nach der Erzählbarkeit cetaceischen Lebens, sondern erzählt auch von einem »noch nicht festgestellte[n] Thier«,[34] und somit von einem Wal, der gleichermaßen die Frage nach sich selbst und nach denen ist, die von ihm erzählen.

34 Friedrich Nietzsche: Nachgelassene Fragmente. Frühjahr bis Herbst 1884, in: *Werke. Kritische Gesamtausgabe*, Bd. VII/2, hg. von Giorgio Colli und Mazzino Montinari, Berlin 1974, S. 121.

Quellen

Archive

Houghton Library, Harvard University
Daniel B. Fearing Logbook Collection

Library of Congress, Washington, D.C, Manuscript Division
Matthew Fontaine Maury Papers

National Archives and Records Administration, Boston
Records of the Weather Bureau (Record Group 27)

National Archives and Records Administration, Washington, D.C.
Records of the Naval Observatory (Record Group 78)

New Bedford Whaling Museum Research Library and Archives
Knowles Family Business Records, Mss 55
Logbooks and Journals

San Francisco Maritime National Historical Park Research Center
Library Collections

Staatsbibliothek zu Berlin, Handschriftenabteilung
Nachlass Alexander von Humboldt

Zeitungen

Athenæum (London)
Daily National Intelligencer (Washington, D.C.)
Evening Traveller (Boston)
Hull Advertiser
Hull Rockingham
Illustrated London News
Literary Gazette (London)
London Morning Chronicle
Nantucket Inquirer
New-Bedford Mercury
New York Evening Post
Southern Literary Messenger (Richmond, VA)
Spirit of the Times (New York City)
The Nation (New York City)
The Times (London)
To-day, a Boston Literary Journal
Whalemen's Shipping List and Merchants' Transcript (New Bedford, MA)
Whig and Public Advertiser (Richmond, VA)

Publizierte Quellen

An Act for the further encouragement of the whale fishery carried on by his Majesty's British subjects (6 Geo. II, c. 33, s. 2).

An Act for the government and regulation of Seamen in the merchants service (1790). U.S. Statutes at Large, Vol. 1, 1st Cong., 2nd Sess., Ch. 29.

An Act for the relief and protection of American Seamen, Act of March 2, 1796, ch. 36, U.S. Statutes at Large 1 (1848), S. 477–488.

An Act to repeal the Laws for regulating Vessels carrying Passengers from the United Kingdom to Foreign Parts, and to make other Provisions in lieu thereof, 1823 (4 Geo. IV, c. 84).

Art. »Kerbe«, in: *Herders Conversations-Lexikon*, Bd. 3, Freiburg i.Br. 1855, S. 579.

Art. »Map«, in: Francis Lieber: *Encylopædia Americana*, Bd. VIII, Boston 1851, S. 263–266.

»Directions for Observations and Experiments to Be Made by Masters of Ships, Pilots, and Other Fit Persons in Their Sea-Voyages«, in: *Philosophical Transactions* 2 (1667), S. 433–448.

»Directions for Sea-Men, Bound for Far Voyages«, in: *Philosophical Transactions* 1 (1665/66), S. 140–143.

»The Humboldt Centennial Celebration«, in: *Scientific American* 21 (1869) 13, S. 202–203.

»Of the New American Whale-Fishing about the Bermudas«, in: *Philosophical Transactions* 1 (1665/66), S. 11–13.

Official Report of the First International Maritime Conference held at Brussels in 1853 for Devising an Uniform System of Meteorological Observations At Sea, Brüssel 1853.

Report of the Secretary of the Navy, December 1, 1845. H.R. Doc. No. 2, 29th Congress, 1st Session, 1845, S. 646–849.

Rez. zu Thomas Beale: The Natural History of the Sperm Whale, London 1839, in: *The London Quarterly Review* 63 (1839) 126, S. 176–190.

Rez. zu Thomas Beale: The Natural History of the Sperm Whale, London 1839, in: *The Magazine of Natural History* 2 (1839) 29, S. 249–25.

Rez. zu Thomas Beale: The Natural History of the Sperm Whale, London 1839, in: *The Naturalist* 4 (1839) 30, S. 323–332.

Superintendent of the Coast Survey: Report 1848, 30. Cong., 2. Sess. Sen. Ex. Doc. 1 (Ser. 529), S. 4–5.

The Merchant Shipping Act, 1854 (17 & 18 Vict., c. 104).

United States Constitution.

Abbot, Charles: *A Treatise of the Law relative to Merchant Ships and Seamen. The Second American, from the Third London Edition*, Newburyport 1810.

Alderson, James: »An Account of a Whale of the Spermaceti Tribe Cast on the Yorkshire Coast on the 28th of April 1825«, in: *Transactions of the Cambridge Philosophical Society* 2 (1827), S. 253–266.

Aristoteles: *Historia Animalium. Buch I und Buch II. Werke in deutscher Übersetzung, Bd. 16: Zoologische Schriften I*, übersetzt, eingeleitet und kommentiert von Stephan Zierlein, Berlin 2013.

Attlmayr, Ferdinand: *Studien über Seetaktik und den Seekrieg mit den Kriegsmitteln der Neuzeit. Zweiter Theil: Über den Seekrieg*, Bd. 2, Wien 1878.

Audubon, John James: *Ornithological Biography, or an Account of the Habits of the Birds of the United States of America, Vol. V*, Edinburgh 1849.

Bacon, Francis: Of Travaile, in: *The Essayes or Counsels, Civill and Morall. The Oxford Francis Bacon, Bd. XV*, hg. von Michael Kiernan, Oxford 2000, S. 56–58.

Barnum, P.T.: *The Humbugs of the World. An Account of Humbugs, Delusions, Impositions, Quackeries, Deceits and Deceivers Generally, in All Ages*, New York 1866.

Beale, Thomas: *A Few Observations on the Natural History of the Sperm Whale*, London 1835.

–: *The Natural History of the Sperm Whale*, London 1839.

Becher, Alexander Bridport: »Bottle Papers«, in: *The Nautical Magazine and Naval Chronicle* 12 (1843), S. 181–184.

Beddard, Frank: *A Book of Whales*, New York 1900.

Beechey, Frederick William: *A Voyage of Discovery Towards the North Pole. Performed in His Majesty's Ships Dorothea and Trent, under the Command of Captain David Buchan, R.N., 1818*, London 1843.

Bennett, Frederick Debell: *Narrative of a Whaling Voyage round the Globe, from the Year 1833 to 1836. Comprising Sketches of Polynesia, California, the Indian Archipelago, etc. With an Account of Southern Whales, the Sperm Whale Fishery, and the Natural History of the Climates visited*, 2 Bde., London 1840.

Bernaert, Mathieu-Benoît-Félix: *Notice sur la baleine échouée près d'Ostende, le 5 novembre 1827*, Paris 1829.

Bernoulli, Daniel: *Hydrodynamica sive de viribus et motibus fluidorum compentarii*, Straßburg 1738.

Bettziech, Johann Heinrich: »Das Meer im Glashause«, in: *Die Gartenlaube* 25 (1865), S. 388–391.

Board of Navy Commissioners: *Rules, Regulations, and Instructions for the Naval Service of the United States*, Washington, D.C. 1818.

Bobrik, Eduard: *Handbuch der Praktischen Seefahrtskunde. Erster Band, enthaltend Allgemeine Vorbereitungen zur Steuermanns- und Schifferkunde, oder Mathematische und physische Geographie; physische und topische Ozeanographie; Aërographie; Lehre vom Magnetismus. Arithmetik; Elementar-Geometrie und ebene Trigonometrie*, Zürich 1846.

von Boguslawski, Georg: *Handbuch der Ozeanographie, Bd. I: Räumliche, physikalische und chemische Beschaffenheit der Ozeane*, Stuttgart 1884.

Bonnaterre, Pierre Joseph: *Tableau encyclopédique et méthodique des trois règnes de la nature: Cétologie*, Paris 1789.

Bourne, William: *A Regiment for the Sea: Conteyning most profitable Rules, Mathematical experiences, and perfect knovvledge of Nauigation, for all Coastes and Countreys: most needefull and necessarie for all Seafaring men and Trauellers, as Pilotes, Mariners, Marchants. &c.*, London 1574.

Bowditch, Nathaniel: *The New American Practical Navigator*, Newburyport 1802.

Brehm, Alfred Edmund: »Walthiere (Cetacea)«, in: *Brehms Thierleben. Allgemeine Kunde des Thierreichs. Zweite umgearbeitete und vermehrte Auflage*, Bd. 3, Leipzig 1886, S. 671–746.

Brisson, Jacques: *Le regne animal divisé en IX classes, ou, Méthode contenant la division generale des animaux en IX classes & la division particuliere des deux premieres classes, sçavoir de celle des quadrupedes & de celle des cetacées, en ordres, sections, genres & espéces aux quelles on a joint une courte description de chaque espéce, avec les citations des auteurs qui en ont traité, les noms qu'ils les différentes nations, & les noms vulgaires*, Paris 1756.

Browne, J. Ross: *Etchings of a Whaling Cruise, with Notes of a Soujourn on the Island of Zanzibar to which is Appended a Brief History of the Whale Fishery, its Past and Present Condition*, New York 1846.

Burckhardt, Jacob: *Briefe. Vollständige und kritische Ausgabe. Mit Benützung des handschriflichen Nachlasses bearbeitet von Max Burckhardt*, Bd. VII, Basel 1969.

Burke, Edmund: *Speech of Edmund Burke, Esq., on Moving His Resolutions for Conciliation with the Colonies. March 22, 1775*, London 1775.

Candolle, Augustin Pyramus de: »Essai élémentaire de géographie botanique«, in: *Dictionnaire des sciences naturelles*, Bd. *18*, Straßburg 1820, S. 359–422.

Cheever, George B. (Hg.): *The Journal of the Pilgrims at Plymouth, in New England, in 1620. Reprinted from the Original Volume*, New York 1848.

Cheever, Henry: *The Whale and His Captors; or, The Whaleman's Adventures, and the Whale's Biography*, New York 1850.

Colnett, James: *A Voyage to the South Atlantic and Round Cape Horn into the Pacific Ocean for the Purpose of Extending the Spermaceti Whale Fisheries and Other Objects of Commerce*, London 1798.

Committee of Twenty: *Report on the History and Progress of the American Coast Survey up to the Year 1858*, Washington, D.C. 1858.

Comte, Auguste: *Cours de philosophie positive, Bd. 3: La philosophie chimique et la philosophie biologique*, Paris 1838.

Cook, James: *The Voyages of James Cook*, Bd. I, London 1846.

–: *The Journals of Captain James Cook, Vol. 1: The Voyage of the Endeavour 1768–1771*, hg. von John Beaglehole, Cambridge 1968.

Croft, Darren P. [u. a.]: »Reproductive Conflict and the Evolution of Menopause in Killer Whales«, in: *Current Biology* 27 (2017) 2, S. 298–304.

Cuvier, Frédéric: *De l'histoire naturelle des cétacés, ou recueil et examen des faits dont se compose l'histoire naturelle de ces animaux*, Paris 1836.

Cuvier, Georges: »Second Mémoire sur l'organisation et les rapports des animaux à sang blanc, dans lequel on traite de la structure des Mollusques et de leur division en ordre, lu à la société d'Histoire Naturelle de Paris, le 11 prairial an troisième«, in: *Magazin Encyclopédique, ou Journal des Sciences, des Lettres et des Arts* 1 (1795) 2, S. 433–449.

–: *Vorlesungen über vergleichende Anatomie*, Bd. 1, Leipzig 1809.

–: *Le règne animal distribué d'après son organisation: pour servir de base a l'histoire naturelle des animaux et d'introduction a l'anatomie comparée*, Bd. 1, Paris 1817.

–: *Das Thierreich, eingetheilt nach dem Bau der Thiere als Grundlage ihrer Naturgeschichte und der vergleichenden Anatomie von dem Herrn Ritter von Cuvier. Aus dem Französischen frey übersetzt und mit vielen Zusätzen versehen von H. R. Schinz*, Stuttgart 1821.

–: *Recherches sur les ossemens fossiles, où l'on rétablit les caractères de plusieurs animaux dont les révolutions du globe ont détruit les espèces. Nouvelle édition*, Bd. V.1, Paris 1823.

–: *Das Thierreich, geordnet nach seiner Organisation. Als Grundlage der Naturgeschichte der Thiere und Einleitung in die vergleichende Anatomie. Nach der zweiten, vermehrten Ausgabe übersetzt und durch Zusätze erweitert von F.S. Vogt. Erster Band, die Säugethiere und Vögel enthaltend*, Leipzig 1831.

Dana, Richard Henry, Jr.: *The Seaman's Friend. Containing a Treatise on Practical Seamanship, with Plates; A Dictionary of Sea Terms; Customs and Usages of the Merchant Service; Laws Relating to the Practical Duties of Master and Mariners*, Boston ⁶1851.

Darwin, Charles: *Narrative of the Surveying Voyages of His Majesty's Ships Adventure and Beagle, Between the Years 1826 and 1836, Describing their Examination of the Southern Shores of South America, and the Beagle's Circumnavigation of the Globe. Volume III: Journal and Remarks, 1832–1836*, London 1839.

–: *On the Origin of Species by Means of Natural Selection, or the Preservation of Favoured Races in the Struggle for Life*, London 1859.

–: *On the Origin of Species by Means of Natural Selection, or the Preservation of Favoured Races in the Struggle for Life*, London ⁶1872.

–: *The Correspondence of Charles Darwin, Vol. 1: 1821–1836*, hg. von Frederik Burkhardt und Sydney Smith, Cambridge 1985.

–: *The Beagle Diary, 1831–1836*, hg. von Richard Darwin Keynes, Cambridge 1988.

–: *Zoology Notes & Specimen Lists from H.M.S. Beagle*, hg. von Richard Keynes, Cambridge 2000.

Davis, John: *The Seamans Secrets. Deuided into 2. partes, wherein is taught the three kindes of Sayling, Horizontall, Paradoxall, and Sayling vpon a great Circle: also an Horizontall Tyde Table for the easie finding of the ebbing and flowing of the Rydes, with a Regiment newly calculated for the finding of the Declination of the Sunne, and many other most necessary rules and instruments, not heeretofore set foorth by any. Newly corrected by the author*, London 1607.

Davis, William Morris: *Nimrod of the Sea; or, The American Whaleman*, New York 1874.

Dewhurst, Henry William: *The Natural History of the Order Cetacea and the Oceanic Inhabitants of the Arctic Regions*, London 1834.

Dohrn, Anton: »The Foundation of Zoological Stations«, in: *Nature* 55 (1872) 119, S. 277–280.

–: »Der gegenwärtige Stand der Zoologie und die Gründung zoologischer Stationen [1872]«, in: *Die Naturwissenschaften* 14 (1926) 19, S. 412–424.

Doyle, Arthur Conan: ›Dangerous Work‹. *Diary of an Arctic Adventure*, hg. von Jon Lellenberg und Daniel Stashower, London 2012.

Duhamel Du Monceau, Henri-Louis: *Traité général des pesches et histoire des poissons*, Paris 1772.

Durban, J.W. [u.a.]: »Photogrammetry of Killer Whales using a Small Hexacopter Launched at Sea«, in: *Journal of Unmanned Vehicle Systems* 3 (2016) 3, S. 131–135.

Eschricht, Daniel Frederik: *Zoologisch-Anatomisch-Physiologische Untersuchungen über die nordischen Wallthiere*, Leipzig 1849.

Figuier, Louis: *La terre avant le déluge*, Paris ⁴1865.

Flower, William Henry: »On the Osteology of the Cachalot or Sperm-Whale (Physeter macrocephalus)«, in: *Journal of Zoology* 6 (1867) 6, S. 309–372.

Franklin, Benjamin: »A Letter from Dr. Benjamin Franklin, to Mr. Alphonsus le Roy, Member of Several Academies, at Paris. Containing Sundry Maritime Observations«, in: *Transactions of the American Philosophical Society* 2 (1786), S. 294–329.

–: *The Writings of Benjamin Franklin. Collected and Edited with a Life and Introduction by Albert Henry Smyth, Vol. IX, 1783–1788*, New York 1906.

–: *The Papers of Benjamin Franklin*, bisher 42 Bde., hg. von Ellen Cohn [u.a.], New Haven 1966–.

Gessner, Conrad: *Historia animalium*, Zürich 1551–1558.

Gilpin, Henry: *Reports of Cases Adjudged in the District Court of the United States for the Eastern District of Pennsylvania*, Philadelphia 1837.

Gray, Asa: *Botany. Phanerogamia, Pt. I. United States Exploring Expedition during the Year 1838, 1839, 1840, 1841, 1842, Bd. XV*, Philadelphia 1854.

Grimm, Jacob und Wilhelm: *Deutsches Wörterbuch*, Bd. 27, Leipzig 1922.

Guldberg, Gustav: *Ueber das Centralnervensystem der Bartenwale (Forhandlinger i Videnskabs-Selskabet i Christiania 1885, No. 4)*, Christiania 1886.

–: »Ueber die Wanderungen verschiedener Bartenwale«, in: *Biologisches Centralblatt* 23 (1903) 14, S. 803–815.

Hamilton, Robert: *The Natural History of the Ordinary Cetacea or Whales* (= The Naturalist's Library Series VI, hg. von Sir William Jardine), Edinburgh 1837.

Hegel, Georg Wilhelm Friedrich: *Enzyklopädie der philosophischen Wissenschaften im Grundrisse (1830). Zweiter Teil: Die Naturphilosophie. Mit den mündlichen Zusätzen*, Frankfurt a.M. 1986.

–: *Grundlinien der Philosophie des Rechts oder Naturrecht und Staatswissenschaft im Grundrisse. Mit Hegels eigenhändigen Notizen und den mündlichen Zusätzen*, Frankfurt a.M. 1986.

Heider, Karl: »Gedächtnisrede des Hrn. Karl Heider auf Willy Georg Kükenthal«, in: *Sitzungsberichte der Preussischen Akademie der Wissenschaften. Philosophisch-Historische Klasse* (1924), S. XCIX–CIII.

Heine, Heinrich: Lutezia. Berichte über Politik, Kultur und Volksleben. Zweiter Theil, in: *Historisch-kritische Gesamtausgabe der Werke, Bd. 14/1*, hg. von Manfred Windfuhr, Hamburg 1990, S. 92–93.

Hemenway, Samuel: *Medicine Chest, with Particular Directions*, Salem 1800.

Higgins, Brian/Parker, Hershel (Hg.): *Herman Melville: The Contemporary Reviews*, Cambridge 1995.

Hobbes, Thomas: *Leviathan oder Stoff, Form und Gewalt eines kirchlichen und bürgerlichen Staates*, hg. von Lothar R. Waas, Berlin 2011.

Humboldt, Alexander von: *Versuch über den politischen Zustand des Königreichs Neu-Spanien, enthaltend Untersuchungen über die Geographie des Landes, über seinen Flächeninhalt und seine politische Eintheilung, über seine allgemeine physische Beschaffenheit, über die Zahl und den sittlichen Zustand seiner Bewohner, über die Fortschritte des Ackerbaues, der Manufacturen und des Handels, über die vorgeschlagenen Canal-Verbindungen zwischen dem antillischen Meere und dem grossen Ozean, über die militärische Vertheidigung der Küsten, über die Staatseinkünfte und die Masse edler Metalle, welche seit der Entdeckung von America, gegen Osten und Westen, nach dem alten Continent übergeströmt ist*, 5 Bde., Tübingen 1809–1814.

–: *Alexander von Humboldt und die Vereinigten Staaten von Amerika. Briefwechsel*, hg. von Ingo Schwarz, Berlin 2004, S. 267–271.

–/ Bonpland, Aimé: *Reise in die Aequinoctial-Gegenden des neuen Continents in den Jahren 1799, 1800, 1801, 1802, 1803 und 1804. Erster Theil*, Stuttgart 1815.

Hunter, John: »Observations on the Structure and Oeconomy of Whales«, in: *Philosophical Transactions* 77 (1787), S. 371–450.

Jacobi, Arnold: »Modelle von Waltieren und ihre Herstellung«, in: *Abhandlungen und Berichte des Königl. Zoologischen und Anthropologisch-Ethnographischen Museums zu Dresden* XIV (1914) 4, S. 1–8.

Jilek, August: *Lehrbuch der Oceanographie zum Gebrauche der k.k. Marine-Akademie*, Wien 1857.

Jones, T. Rupert: *Manual of the Natural History, Geology, and Physics of Greenland, and the Neighbouring Regions*, London 1875.

Jünger, Ernst: *Das abenteuerliche Herz. Sämtliche Werke 11: Essays III*, Stuttgart 2015.

Kircher, Athanasius: *Mundus subterraneus, quo universae denique naturae divitiae*, Amsterdam 1678.

Kohl, Johann Georg: *Geschichte des Golfstroms und seiner Erforschung von den ältesten Zeiten bis auf den grossen amerikanischen Bürgerkrieg*, Bremen 1868.

Kükenthal, Willy: »Über das Nervensystem der Opheliaceen«, in: *Jenaische Zeitschrift für Medizin und Naturwissenschaft* 20 (N.F. 13) (1886), S. 511–580.

–: »Bericht über eine Reise in das nördliche Eismeer und nach Spitzbergen im Jahre 1886«, in: *Deutsche Geographische Blätter* XI (1888) 1, S. 1–43.

–: *Vergleichend-anatomische und entwicklungsgeschichtliche Untersuchungen an Walthieren*, Jena 1889.

–: *Tagebuch geführt an Bord des »Hvidsfisken«. Polarreise vom 28. April bis 2.t. Sept. [1886]*, hg. von Sybille Bauer, Berlin 2016.

Lacépède, Bernard-Germain de: *Oeuvres 1: Discours*, Paris 1826.

Lamarck, Jean-Baptiste de: *Philosophie Zoologique*, Bd. 1, Paris 1809.

–: *Zoologische Philosophie*, Bd. 1, Leipzig 1990.

–/ Candolle, Augustin Pyramus: *Flore française: ou descriptions succinctes de toutes les plantes qui croissent naurellement en France*, 5 Bde., Paris ³1805.

Lastman, Cornelis: *De Schat-kamer, des grooten See-vaerts-kunst*, Amsterdam 1624.

Lee, Henry: *The White Whale*, London 1878.

Lilly, John C.: »Interspecies Communcation«, in: *McGraw-Hill Yearbook of Science and Technology* (1962), S. 279–281.

Linné, Carl von: *Systema naturæ sistens regna tria naturæ in classes et ordines, genera et species redacta, tabulisque æneis illustrata. Accedunt vocabula gallica. Editio multo auctior & emendatior*, Leiden 1756.

–: *Systema naturæ per regna tria naturæ, secundum classes, ordines, genera, species cum characteribus, differentiis, synonymis, locis. Tomus I. Editio decima, reformata*, Stockholm 1758.

–: *Des Ritters Carl von Linné vollständiges Natursystem nach der zwölften lateinischen Ausgabe nach Anleitung des holländischen Houttuynischen Werks mit einer ausführlichen Erklärung ausgefertigt von Philipp Ludwig Statius Müller. Erster Theil. Von den saugenden Thieren*, Nürnberg 1773.

Mangin, Arthur: *Les mystères de l'océan*, Tours 1864.

–: *Der Ocean, seine Geheimnisse und Wunder*, Berlin 1866.

Marra, John: *Journal of the Resolution's Voyage, in 1772, 1773, 1774, and 1775. On Discovery to the Southern Hemisphere. By which the Non-Existence of an Undiscovered Continent, Between the Equator and the 50th Degree of Southern latitude, is Demonstratively Proved*, London 1775.

Martin, John F.: *Around the World in Search for Whales. A Journal of the Lucy Ann Voyage, 1841–1844*, hg. von Kenneth Martin, New Bedford 2016.

Mather, Fred: »White Whales in Confinement«, in: *Appleton's Popular Science Monthly* 55 (1898), S. 362–371.

Maury, Matthew Fontaine: »On the Navigation of Cape Horn«, in: *The American Journal of Science and Arts* 26 (1834), S. 54–63.

–: *A New Theoretical and Practical Treatise On Navigation; together with a new and easy plan for finding diff. lat., course and distance, in which the auxiliary branches of mathematics and astronomy, comprised of algebra, geometry, variation of the compass, etc. are treated. Also the theory and most simple method of finding time, latitude and longitude*, Philadelphia 1836.

–: *Abstract Log, for the Use of American Navigators*, Washington, D.C. 1848.

–: *Explanations and Sailing Directions to Accompany the Wind and Current Charts*, Washington 1851.

–: »Important Notice To Whalemen«, in: *Hunt's Merchants' Magazine* 24 (1851) 1, S. 773–777.

–: *Letter Concerning Lanes for the Steamers Crossing The Atlantic*, New York 1855.

–: *The Physical Geography of the Sea*, New York 1855.

–: *Die Physikalische Geographie des Meeres. Deutsch bearbeitet von Dr. C. Boettger*, Leipzig 1856.

–: *The Physical Geography of the Sea*, New York ⁶1857.

–: »[Nachruf auf Alexander von Humboldt]«, in: *Journal of the American Geographical and Statistical Society* 1 (1859) 8, S. 226–227.

Mayer, Ernst: »Kurzer Rückblick auf die Entwicklung der oceanographischen Messungen«, in: Ferdinand Attlmayr [u.a.] (Hg.): *Handbuch der Oceanographie und maritimen Meteorologie*, Bd. 1, Wien 1883, S. 1–60.

Melville, Herman: *Moby-Dick; or, The Whale*, New York 1851.

–: *Omoo. A Narrative of Adventures in the South Seas. The Writings of Herman Melville. The Northwestern-Newberry Edition*, Vol. 2, Evanston 1968.

–: *Typee. A Peep at Polynesian Life. The Writings of Herman Melville. The Northwestern-Newberry Edition*, Vol. 1, Evanston 1968.

–: *Redburn: His First Voyage; Being the Sailor-boy Confessions and Reminiscences of the Son-of-a-Gentleman, in the Merchant Service. The Writings of Herman Melville. The Northwestern-Newberry Edition*, Vol. 4, Evanston 1969.

–: *Mardi: And a Voyage Thither. The Writings of Herman Melville. The Northwestern-Newberry Edition*, Vol. 3, Evanston 1970.

–: *White-Jacket or The World in a Man-of-War. The Writings of Herman Melville. The Northwestern-Newberry Edition*, Vol. 5, Evanston 1970.

–: *Etchings of a Whaling Cruise*, in: *The Writings of Herman Melville. The Northwestern-Newberry Edition*, Vol. 9: *The Piazza Tales and Other Prose Pieces 1839–1860*, hg. von Harrison Hayford und G. Thomas Tanselle, Evanston 1987, S. 205–211.

–: Journal 1849–50, in: *Journals. The Writings of Herman Melville. The North-western-Newberry Edition*, Vol. 15, hg. von Harrison Hayford und G. Thomas Tanselle, Evanston 1987, S. 3–48.

–: *Moby-Dick; or, The Whale. The Writings of Herman Melville. The North-western-Newberry Edition*, Vol. 6, Evanston 1988.

–: Letter to R.H. Dana, Jr., 1 May 1850, in: *The Writings of Herman Melville. The Northwestern-Newberry Edition*, Vol. 14: Correspondence, hg. von Harrison Hayford und G. Thomas Tanselle, Evanston 1993, S. 159–162.

–: *Moby-Dick oder Der Wal*, übers. von Matthias Jendis, München 2001.

Michelet, Jules: *Introduction à l'histoire universelle*, Paris 1831.

–: *La Mer*, Paris 1861.

–: *Das Meer*, Leipzig 1861.

–: *Lettres inédites à Alfred Dumesnil et à Eugène Noël*, hg. von Paul Sirven, Paris 1924.

–: *Œuvres Complètes IV. Histoire de France (Livres I-IV)*, hg. von Paul Viallaneix, Paris 1986.

–: *Œuvres Complètes XVII: 1855–1857*, hg. von Paul Viallaneix, Paris 1986.

–: *Das Meer. Mit einem Vorwort von Michael Krüger. Übersetzt, herausgegeben und mit einem Nachwort von Rolf Wintermeyer*, Frankfurt a.M. 1987.

Müller, Johannes: *Handbuch der Physiologie des Menschen für Vorlesungen. Erster Band, dritte verbesserte Auflage*, Koblenz 1837.

Nietzsche, Friedrich: Nachgelassene Fragmente. Frühjahr bis Herbst 1884, in: *Werke. Kritische Gesamtausgabe*, Bd. VII/2, hg. von Giorgio Colli und Mazzino Montinari, Berlin 1974.

Poe, Edgar Allan: *The Narrative of Arthur Gordon Pym of Nantucket*, New York 1838.

Ray, John: *Synopsis Methodica Animalium Quadrupedum et Serpentini Generis*, London 1693.

Reynolds, Jeremiah N.: Letter to the Speaker of the House of Representatives, upon the Subject of an Antarctic Expedition. H.R. Doc. No. 88, 20th Cong., 1st Sess. (1828).

–: Letter from the Secretary of the Navy, Transmitting a Report of J.N. Reynolds, in Relation to Islands, Reefs, and Shoals in the South Pacific Ocean, &c., 27. Januar 1835. H.R. Doc. No. 105, 23rd Cong., 2d Sess. (1835).

–: *Address on the Subject of a Surveying and Exploring Expedition to the Pacific Ocean and South Seas. Delivered in the Hall of Representatives on the Evening of April 3, 1836*, New York 1836.

–: *Pacific and Indian Oceans: or, The South Sea Surveying and Exploring Expedition: Its Inception, Progress, and Objects*, New York 1841.

Scammon, Charles Melville: *The Marine Mammals of the North-Western Coast of North America, Described and Illustrated. Together with an Account of the American Whale-Fishery*, San Francisco 1874.

Scoresby, William, Jr.: *An Account of the Arctic Regions, with a History and Description of the Northern Whale-Fishery*, 2 Bde., Edinburgh 1820.

Seller, John: *Practical Navigation. Or, An Introduction to That Whole Art*, London 1669.

–: *The English Pilot. The Fourth Book. Describing the West-India Navigation, from Hudson's Bay to the River Amazones*, hg. von John Thornton und William Fisher, London 1689.

Starbuck, Alexander: *History of the American Whale-Fishery From its Earliest Inception to the Year 1876*, Washington, D.C. 1878.

Tocqueville, Alexis de: *Ueber die Demokratie in Nordamerika*, 2 Bde., Leipzig 1836.

True, Frederick W.: *Suggestions to the Keepers of the U.S. Life-Saving Stations, Light-Houses, and Light-Ships; and to Other Observers Relative to the Best Means of Collecting and Preserving Specimens of Whales and Porpoises*, Washington, D.C. 1884.

Turner, Frederick Jackson: »The Significance of the Frontier in American History«, in: *Annual Report of the American Historical Association for the Year 1893*, Washington, D.C. 1894, S. 199–227.

–: »The West and American Ideals«, in: *The Washington Historical Quarterly* 5 (1914) 4, S. 243–257.

Uexküll, Jakob von: *Bausteine zu einer biologischen Weltanschauung. Gesammelte Aufsätze herausgegeben und eingeleitet von Felix Groß*, München 1913.

United States War Department: *General Regulations for the Army; or, Military Institutes*, Philadelphia 1821.

Valois, Yves: *La science, et la pratique du pilotage, à l'usage des eleves d'hydrographie, dans le college royal de la Compagnie de Jésus, à La Rochelle*, Bordeaux 1735.

Vaucher, J.: *A Guide to Marine Insurances; Containing the Policies of the Principal Commercial Towns in the World*, London 1834.

Veen, Adriaen: *Tractaet Vant Zee-bouck-houden op de Ronde gebulte Pas-kaert*, Amsterdam 1597.

Verne, Jules: *Voyage au centre de la Terre*, Paris 1864.

–: *Reise um die Erde in 80 Tagen. Bekannte und unbekannte Welten. Abenteuerliche Reisen von Julius Verne*, Bd. VI, Wien 1875.

–: *Zwanzigtausend Meilen unter dem Meer. Erster Teil*, Wien 2002.

Ward, W.S.: »The New York Aquarium«, in: *Scribner's Monthly* 13 (1877) 5, S. 577–591.

Watson, Hewett C.: *Cybele Britannica; or British Plants and their Geographical Relations*, London 1847–1859.

Weber, Max C.W.: *Studien über Säugethiere. Ein Beitrag zur Frage nach dem Ursprung der Cetaceen*, Jena 1886.

Whitecar, William B., Jr.: *Four Years Aboard the Whaleship. Embracing Cruises in the Pacific, the Atlantic, Indian, and Antarctic Oceans, in the Years 1855,* '6, '7, '8, '9, Philadelphia 1860.

Wilkes, Charles: *Narrative of the United States Exploring Expedition. During the Years 1838, 1839, 1840, 1841, 1842*, Bd. I, Philadelphia 1845.

–: *Narrative of the United States Exploring Expedition. During the Years 1838, 1839, 1840, 1841, 1842*, Bd. V, London 1845.

–: *Hydrography. United States Exploring Expedition during the Year 1838, 1839, 1840, 1841, 1842*, Bd. XXIII, Philadelphia 1861.

Willughby, Francis/Ray, John: *De Historia Piscium Libri Quatuor*, London 1686.

Literatur

»Appendix II. Darwin's Beagle Records«, in: *The Correspondence of Charles Darwin, Vol. 1: 1821–1836*, hg. von Frederik Burkhardt und Sydney Smith, Cambridge 1985, S. 545–548.

Art. »oceanography«, in: *Oxford English Dictionary Online*, www.oed.com/ view/Entry/130218, aufgerufen am 2. Januar 2018.

Achbari, Azadeh: »Building Networks for Science. Conflict and Cooperation in Nineteenth-Century Global Marine Studies«, in: *Isis* 106 (2015) 2, S. 257–282.

Adamowsky, Natascha: *Ozeanische Wunder. Entdeckung und Eroberung des Meeres in der Moderne*, Paderborn 2017.

Adler, Antony: »The Ship as Laboratory. Making Space for Field Science at Sea«, in: *Journal of the History of Biology* 47 (2014) 3, S. 333–362.

Albion, Robert/Pope, Jennie Barnes: *Sea Lanes in Wartime. The American Experience, 1775–1945*, Hamden 1968.

Allen, Everett: *Children of the Light. The Rise and Fall of New Bedford Whaling and the Death of the Arctic Fleet*, Boston 1973.

van Alstyne, Richard Warner: *The Rising American Empire*, New York 1960.

Anderson, Benedict: *Imagined Communities. Reflections on the Origin and Spread of Nationalism. Revised Edition*, London 2006.

Anderson, Clare [u.a.] (Hg.): *Mutiny and Maritime Radicalism in the Age of Revolution. A Global Survey* (= International Review of Social History, Special Issue 21), Cambridge 2013.

Angevine, Robert: *The Railroad and the State. War, Politics, and Technology in Nineteenth-Century America*, Stanford 2004.

Ansel, Willits D.: *The Whaleboat. A Study of Design, Construction and Use from 1850 to 1970*, Mystic 1983.

Anthony, Patrick: »Mining as the Working World of Alexander von Humboldt's Plant Geography and Vertical Cartography«, in: *Isis* 109 (2018) 1, S. 28–55.

Appel, Toby: *The Cuvier-Geoffroy Debate. French Biology in the Decades before Darwin*, New York 1987.

Armitage, David: *Foundations of Modern International Thought*, Cambridge 2013.

Aronova, Elena/von Oertzen, Christine/Sepkoski, David: »Historicizing Big Data«, in: *Osiris* 32 (2017), S. 1–17.

Aronowsky, Leah: »On Drawing Dead Fish«, in: *Environmental History* 21 (2016) 3, S. 542–551.

Ashley, Clifford: *The Yankee Whaler*, Boston 1926.

Bachelard, Gaston: *L'eau and les rêves. Essai sur l'imagination de la matière*, Paris 1942.

–: *Die Bildung des wissenschaftlichen Geistes. Beiträge zu einer Psychoanalyse der objektiven Erkenntnis*, Frankfurt a.M. 1978.

Baker, Jennifer J.: »Dead Bones and Honest Wonders: The Aesthetics of Natural Science in ›Moby-Dick‹«, in: Samuel Otter und Geoffrey Sanborn (Hg.): *Melville and Aesthetics*, New York 2011, S. 85–102.

Baker, William: *A History of the Boston Marine Society, 1742–1967*, Boston 1968.

Balke, Friedrich: *Der Staat nach seinem Ende. Die Versuchung Carl Schmitts*, München 1996.

Barthelmess, Klaus/Svanberg, Ingvar: »A Watercolour of a Stranded Sperm Whale From the Late Seventeenth Century«, in: *Archives of Natural History* 40 (2013) 1, S. 38–44.

Barthes, Roland: *Michelet*, Frankfurt a.M. 1997.

Bayley, William/Jones, Oliver: *History of the Marine Society of Newburyport, Massachusetts*, o.O. 1906.

Bell, Bill/Keighren, Innes/Withers, Charles: *Travels into Print. Exploration, Writing, and Publishing with John Murray, 1773–1859*, Chicago 2015.

Benson, Keith/Rehbock, Philip (Hg.): *Oceanographic History. The Pacific and Beyond*, Seattle 2002.

Berz, Peter: »Die Lebewesen und ihre Medien«, in: Thomas Brandstetter, Karin Harrasser und Günther Friesinger (Hg.): *Ambiente. Das Leben und seine Räume*, Wien 2010, S. 23–49.

Billig, Volkmar: *Inseln. Geschichte einer Faszination*, Berlin 2010.

Blair, Anne: *Too Much To Know. Managing Scholarly Information before the Modern Age*, New Haven 2010.

Blondheim, Menahem: *News over the Wires. The Telegraph and the Flow of Public Information in America, 1844–1897*, Cambridge, MA 1994.

Blum, Anne Shelby: *Picturing Nature. American Nineteenth-Century Zoological Illustration*, Princeton 1993.

Blum, Hester: *The View from the Masthead. Maritime Imagination and Antebellum American Sea Narratives*, Chapel Hill 2008.

Blumenberg, Hans: *Die Lesbarkeit der Welt*, Frankfurt a.M. 1986.

–: *Die Sorge geht über den Fluß*, Frankfurt a.M. 1987.

–: »Wirklichkeitsbegriff und Möglichkeit des Romans«, in: *Ästhetische und metaphorologische Schriften*, Frankfurt a.M. 2001, S. 47–73.

Bolster, Jeffrey: *Black Jacks. African American Seamen in the Age of Sail*, Cambridge, MA 1997.

–: *The Mortal Sea. Fishing the Atlantic in the Age of Sail*, Cambridge, MA 2012.

de Bont, Raf: *Stations in the Field. A History of Place-Based Animal Research, 1870–1930*, Chicago 2015.

Bouchier, Ian A.D.: »Whales and Whaling: Contributions by the Medical Profession«, in: *Medical History* 27 (1983) 2, S. 182–184.

Bourguet, Marie-Noëlle: »A Portable World: The Notebooks of European Travellers (Eighteenth to Nineteenth Centuries)«, in: *Intellectual History Review* 20 (2010) 3, S. 377–400.

Brading, David: *First America, the Spanish Monarchy, Creole Patriots, and the Liberal State, 1492–1867*, Cambridge 1991.

Brannigan, Augustine: »The Reification of Mendel«, in: *Social Studies of Science* 9 (1979) 4, S. 423–454.

Brauckmüller, Hans: *Der Kapitän als Angestellter*, Würzburg 1934.

Brendecke, Arndt: »Tabellen und Formulare als Regulative der Wissenserfassung und Wissenspräsentation«, in: Wulf Oesterreicher, Gerhard Regn und Winfried Schulze (Hg.): *Autorität der Form – Autorisierung – Institutionelle Autorität*, Münster 2003, S. 37–54.

Broberg, Gunnar: »Homo sapiens. Linnaeus's Classification of Man«, in: Tore

Frängsmyr (Hg.): *Linnaeus. The Man and His Work*, Canton, MA 1994, S. 156–194.

Browne, Janet: *The Secular Ark. Studies in the History of Biogeography*, New Haven 1983.

–: »Biogeography and Empire«, in: Nicholas Jardine, James Secord und Emma Spary (Hg.): *Cultures of Natural History*, Cambridge 1996, S. 305–321.

–: *Charles Darwin, Vol. 1: Voyaging*, London 2003.

Bruce, Robert: *The Launching of Modern American Science, 1848–1860*, Urbana 1976.

Brunner, Bernd: *Wie das Meer nach Hause kam. Die Erfindung des Aquariums*, Berlin 2011.

Bumsted, J.M.: *The People's Clearance. Highland Emigration to British North America, 1770–1815*, Edinburgh 1982.

Burkhardt, Richard W.: *Patterns of Behavior. Konrad Lorenz, Niko Tinbergen, and the Founding of Ethology*, Chicago 2005.

Burnett, D. Graham: *Masters of All They Surveyed. Exploration, Geography, and a British El Dorado*, Chicago 2000.

–: *Trying Leviathan. The Nineteenth-Century New York Court Case That Put the Whale on Trial and Challenged the Order of Nature*, Princeton 2007.

–: »Hydrographic Discipline Among the Navigators. Charting an ›Empire of Commerce and Science‹ in the Nineteenth-Century Pacific«, in: James Ackerman (Hg.): *The Imperial Map. Cartography and the Mastery of Empire*, Chicago 2009, S. 185–259.

–: *The Sounding of the Whale. Science and Cetaceans in the Twentieth Century*, Chicago 2012.

Burstyn, Harold: »Seafaring and the Emergence of American Science«, in: Benjamin Labaree (Hg.): *The Atlantic World of Robert G. Albion*, Middletown 1975, S. 76–109.

Busch, Briton Cooper: *Whaling Will Never Do for Me. The American Whaleman in the Nineteenth Century*, Lexington 1994.

Calo, Jeanne: *La création de la femme chez Michelet*, Paris 1975.

Camerini, Jane: »Evolution, Biogeography, and Maps. An Early History of Wallace's Line«, in: *Isis* 84 (1993) 4, S. 700–727.

–: »The Physical Atlas of Heinrich Berghaus. Distributions Maps as Scientifc Knowledge«, in: Renato Mazzolini (Hg.): *Non-Verbal Communication in Science Prior to 1900*, Florenz 1993, S. 479–512.

Canguilhem, Georges: »Der Gegenstand der Wissenschaftsgeschichte«, in: *Wissenschaftsgeschichte und Epistemologie. Gesammelte Aufsätze*, Frankfurt a.M. 1979, S. 22–37.

–: »Theorie und Technik des Experimentierens bei Claude Bernard«, in: *Wissenschaftsgeschichte und Epistemologie. Gesammelte Aufsätze*, Frankfurt a.M. 1979, S. 75–88.

–: »Das Experimentieren in der Tierbiologie«, in: *Die Erkenntnis des Lebens*, Berlin 2009, S. 27–71.

–: »Das Lebendige und sein Milieu«, in: *Die Erkenntnis des Lebens*, Berlin 2009, S. 233–280.

–: *Regulation und Leben*, Berlin 2017.

Cañizares-Esguerra, Jorge: *Nature, Empire, and Nation. Explorations of the History of Science in the Iberian World*, Stanford 2006.

Cannon, Susan Faye: *Science in Culture. The Early Victorian Period*, New York 1978.

Capshew, James/Rader, Karen: »Big Science. Price to the Present«, in: *Osiris* 7 (1992), S. 3–25.

Carey, Daniel: »Compiling Nature's History. Travellers and Travel Narratives in the Early Royal Society«, in: *Annals of Science* 54 (1997) 3, S. 269–292.

Chandler, Alfred D., Jr.: *The Visible Hand. The Managerial Revolution in American Business*, Cambridge, MA 1977.

Chaplin, Joyce: *The First Scientific American. Benjamin Franklin and the Pursuit of Genius*, New York 2006.

Chapuis, Olivier: *A la Mer comme au Ciel. Beautemps-Beaupré & la Naissance de l'Hydrographie moderne, 1700–1850. L'Émergence de la Précision en Navigation et dans la Cartographie marine*, Paris 1999.

Charmantier, Isabelle/Müller-Wille, Staffan: »Natural History and Information Overload: The Case of Linnaeus«, in: *Studies in History and Philosophy of Biological and Biomedical Sciences* 43 (2012) 1, S. 4–15.

Cohn, Ellen: »Benjamin Franklin, Georges-Louis le Rouge and the Franklin/Folger Chart of the Gulf Stream«, in: *Imago Mundi. The International Journal for the History of Cartography* 52 (2000) 1, S. 124–142.

Coleman, William: *Georges Cuvier. Zoologist*, Cambridge, MA 1964.

Coller, Ian: *Arab France. Islam and the Making of Modern Europe, 1798–1831*, Berkeley 2011.

Corbin, Diana Fontaine Maury: *A Life of Matthew Fontaine Maury*, London 1888.

Cowan, Ruth Schwartz: *A Social History of American Technology*, New York 1997.

Craciun, Adrianna: »What Is an Explorer?«, in: *Eighteenth-Century Studies* 45 (2011) 1, S. 29–51.

Crampton, C. Gregory: »Humboldt's Utah«, in: *Utah Historical Quarterly* 26 (1958) 3, S. 268–281.

Credland, Arthur: »Some Notes on the Development of Cetology, Popular Interest in the Whale Tribe, and a Famous Literary Whale«, in: *Scottish Naturalist* 111 (1999), S. 93–126.

Creighton, Margaret: *Rites and Passages. The Experience of American Whaling, 1840–1870*, Cambridge 1995.

Cronon, William: »Revisiting the Vanishing Frontier. The Legacy of Frederick Jackson Turner«, in: *Western Historical Quarterly* 18 (1987) 2, S. 157–176.

–: *Nature's Metropolis. Chicago and the Great West*, New York 1991.

Csiszar, Alex: »How Lives Became Lists and Scientific Papers Became Data. Cataloguing Authorship During the Nineteenth Century«, in: *The British Journal for the History of Science* 50 (2017) 1, S. 23–60.

Cukier, Kenneth/Mayer-Schönberger, Viktor: *Big Data. Die Revolution, die unser Leben verändern wird*, München 2013.

Daniels, George: *American Science in the Age of Jackson*, New York 1968.

Daston, Lorraine: »Strange Facts, Plain Facts, and the Texture of Scientific Experience in the Enlightenment«, in: Elizabeth Lunbeck und Suzanne Marchand (Hg.): *Proof and Persuasion. Essays on Authority, Objectivity, and Evidence*, Turnhout 1996, S. 42–59.

–: *Wunder, Beweise und Tatsachen. Zur Geschichte der Rationalität*, Frankfurt a. M. 2001.

–: »Baconsche Tatsachen«, in: *Rechtsgeschichte* 1 (2002), S. 36–55.

–: »Warum sind Tatsachen kurz?«, in: Anke te Heesen (Hg.): *Cut and Paste um 1900. Der Zeitungsausschnitt in den Wissenschaften*, Berlin 2002, S. 132–144.

–: »The Empire of Observation, 1600–1800«, in: Lorraine Daston und Elizabeth Lunbeck (Hg.): *Histories of Scientific Observation*, Chicago 2011, S. 81–113.

–: »The Sciences of the Archive«, in: *Osiris* 27 (2012), S. 156–187.

–/ Galison, Peter: *Objektivität*, Frankfurt a. M. 2007.

–/ Sibum, H. Otto: »Introduction: Scientific Personae and Their Histories«, in: *Science in Context* 16 (2003) 1–2, S. 1–8.

Daudin, Henri: *Cuvier et Lamarck. Les classes zoologiques et l'idee de série animale (1790–1830)*, Paris 1926.

Davis, Lance / Gallman, Robert / Gleiter, Karin: *In Pursuit of Leviathan. Technology, Institutions, Productivity, and Profits in American Whaling, 1816–1906*, Chicago 1997.

–/ Gallman, Robert / Hutchins, Teresa: *Risk Sharing, Crew Quality, Labor Shares and Wages in the Nineteenth-Century American Whaling Industry*, NBER Working Paper Series 13, Cambridge, MA 1990.

Deacon, Margaret: *Scientists and the Sea 1650–1900*, London 1971.

Deal, Robert: *The Law of the Whale Hunt. Dispute Resolution, Property Law, and American Whalers, 1780–1880*, Cambridge 2016.

Deleuze, Gilles: »Was ist ein Dispositiv?«, in: François Ewald und Bernhard Waldenfels (Hg.): *Spiele der Wahrheit. Michel Foucaults Denken*, Frankfurt a. M. 1991, S. 153–170.

–: *Differenz und Wiederholung*, München 1992.

–/ Guattari, Félix: *Tausend Plateaus. Kapitalismus und Schizophrenie 2*, Berlin 1991.

von der Heiden, Anne / Vogl, Joseph (Hg.): *Politische Zoologie*, Zürich 2007.

Derrida, Jacques: *Grammatologie*, Frankfurt a. M. 1983.

–: »Das Gesetz der Gattung«, in: *Gestade*, Wien 1994, S. 245–283.

Despoix, Philippe: *Die Welt vermessen. Dispositive der Entdeckungsreise im Zeitalter der Aufklärung*, Göttingen 2009.

Dettelbach, Michael: »Humboldtian Science«, in: Nicholas Jardine, James Secord und Emma Spary (Hg.): *Cultures of Natural History*, Cambridge 1996, S. 287–304.

Dick, Steven J.: *Sky and Ocean Joined. The U. S. Naval Observatory, 1830–2000*, Cambridge 2003.

Dickinson, Harold: *Educating the Royal Navy. Eighteenth- and Nineteenth-Century Education for Officers*, Abingdon 2007.

Dijkstra, A. Jacob: »Gestrandete Wale, reisende Walzirkusse und Walskelett-Schaustellungen. Dargestellt auf Grafiken, Ansichts- und ›Gruß aus‹-Karten des 19. und 20. Jahrhunderts«, in: *Deutsches Schiffahrtsarchiv* 12 (1989), S. 265–284.

Dodge, Ernest: *Beyond the Capes. Pacific Exploration from Captain Cook to the Challenger*, London 1971.

Dolin, Eric Jay: *Leviathan. The History of Whaling in America*, New York 2007.

Douglas-Lithgow, Robert Alexander: *Nantucket. A History*, New York 1914.

Druett, Joan: *Rough Medicine. Surgeons at Sea in the Age of Sail*, New York 2000.

Dull, Jonathan: *A Diplomatic History of the American Revolution*, New Haven 1985.

Dupree, A. Hunter: *Science in the Federal Government. A History of Policies and Activities*, New York 1957.

Dyer, Michael P.: »An Interpretive Analysis of Illustrations in American Whaling Narratives, 1836–1927«, in: *The New England Journal of History* 53 (1996) 1, S. 57–77.

–: »The Historical Evolution of the Cutting-in Pattern, 1798–1967«, in: *American Neptune* 59 (1999) 2, S. 137–149.

Edney, Matthew: *Mapping an Empire. The Geographical Construction of British India, 1765–1843*, Chicago 1997.

Edwards, Paul: »Infrastructure and Modernity. Force, Time, and Social Organization in the History of Sociotechnical Systems«, in: Thomas Misa, Philip Brey und Andrew Feenberg (Hg.): *Modernity and Technology*, Cambridge, MA 2003, S. 185–225.

–: *A Vast Machine. Computer Models, Climate Data, and the Politics of Global Warming*, Cambridge, MA 2010.

Ehrenberg, Ralph/Wolter, John/Burroughs, Charles: »Surveying and Charting the Pacific Basin«, in: Carolyn Margolis und Herman Viola (Hg.): *Magnificent Voyagers. The U.S. Exploring Expedition, 1838–1842*, Washington, D.C. 1985, S. 164–187.

Ellis, Leonard Bolles: *History of New Bedford and its Vicinity, 1602–1892*, Syracuse 1892.

Ellis, Richard: *Men and Whales*, New York 1991.

Eperjesi, John: *The Imperialist Imaginary. Visions of Asia and the Pacific in American Culture*, Hanover, NH 2005.

Eskildsen, Kasper Risbjerg: »Leopold Ranke's Archival Turn. Location and Evidence in Modern Historiography«, in: *Modern Intellectual History* 5 (2008) 3, S. 425–453.

Evans, Martin: »Stautory Requirements Regarding Surgeons on British Whale-Ships«, in: *The Mariner's Mirror* 91 (2005) 1, S. 7–12.

Fantini, Bernardino: »The ›Stazione Zoologica Anton Dohrn‹ and the History of Embryology«, in: *International Journal of Developmental Biology* 44 (2000) 523, S. 523–535.

Farr, James: »A Slow Boat to Nowhere. The Multi-Racial Crews of the American Whaling Industry«, in: *The Journal of Negro History* 68 (1983) 2, S. 159–170.

Felsch, Philipp: »Der arktische Konjunktiv. Auf der Suche nach dem eisfreien Polarmeer«, in: *Osteuropa* 61 (2011) 2/3, S. 9–20.

–: »Humboldts Söhne. Das paradigmatische/epigonale Leben der Brüder Schlagintweit«, in: Michael Neumann und Kerstin Stüssel (Hg.): *Magie der Geschichten. Weltverkehr, Literatur und Anthropologie in der zweiten Hälfte des 19. Jahrhunderts*, Konstanz 2011, S. 113–129.

–: »Wie August Petermann den Nordpol erfand. Umwege der thematischen Kartographie«, in: Steffen Siegel und Petra Weigel (Hg.): *Die Werkstatt des Kartographen. Materialien und Praktiken visueller Welterzeugung*, München 2011, S. 109–121.

Fleck, Ludwik: *Entstehung und Entwicklung einer wissenschaftlichen Tatsache. Einführung in die Lehre vom Denkstil und vom Denkkollektiv*, hg. von Lothar Schäfer und Thomas Schnelle, Frankfurt a.M. 2010.

Flegg, Graham: *Numbers Through the Ages*, Basingstoke 1989.

Forster, Honore: »British Whaling Surgeons in the South Seas, 1823–1843«, in: *The Mariner's Mirror* 74 (1988) 4, S. 401–415.

Foucault, Michel: *Archäologie des Wissens*, Frankfurt a.M. 1973.

–: *Die Ordnung der Dinge. Eine Archäologie der Humanwissenschaften*, Frankfurt a.M. 1974.

–: »Nachwort«, in: *Schriften in vier Bänden. Dits et Ecrits, Bd. I: 1954–1969*, Frankfurt a.M. 2001, S. 397–433.

–: »Von anderen Räumen«, in: *Schriften in vier Bänden. Dits et Ecrits, Bd. IV: 1980–1988*, Frankfurt a.M. 2001, S. 931–942.

–: »Die Situation Cuviers in der Geschichte der Biologie (Vortrag)«, in: *Schriften in vier Bänden. Dits et Ecrits, Bd. II: 1970–1975*, Frankfurt a.M. 2002, S. 37–82.

–: *Sicherheit, Territorium, Bevölkerung. Geschichte der Gouvernementalität I. Vorlesung am Collège de France 1977–1978*, Frankfurt a.M. 2006.

–: *Der Wille zum Wissen. Sexualität und Wahrheit 1*, Frankfurt a.M. [17]2008.

Francis, Daniel: *A History of World Whaling*, New York 1990.

Frank, Stuart M.: *Herman Melville's Picture Gallery. Sources and Types of the ›Pictorial‹ Chapters of Moby-Dick*, Fairhaven, MA 1986.

Friedenberg, Zachary: *Medicine Under Sail*, Annapolis 2002.

Friedrich, Lars / Siegert, Bernhard: »›Faitiches‹. Kapitel 57: Of Whales in Paint; in Teeth; in Wood; in Sheet-Iron; in Stone; in Mountains; in Stars«, in: *Neue Rundschau* 125 (2014) 1, S. 242–257.

Gale, Robert: *A Herman Melville Encyclopedia*, Westport 1995.

Galison, Peter: *Image and Logic. A Material Culture of Microphysics*, Chicago 1997.

–/ Hevly, Bruce William (Hg.): *Big Science. The Growth of Large-Scale Research*, Stanford 1992.

Gall, Alexander: »Lebende Tiere und inszenierte Natur. Zeichnung und Fotografie in der populären Zoologie zwischen 1860 und 1910«, in: *NTM. Zeitschrift für Geschichte der Wissenschaften, Technik und Medizin* 25 (2017) 2, S. 169–209.

Genette, Gérard: *Paratexte. Das Buch vom Beiwerk des Buches*, Frankfurt a.M. 2001.

Gibbs, Sharon L.: *The Maury Abstract Logs 1796–1861 (National Archives Microfilm Publications Pamphlet Describing M1160)*, Washington, D.C. 1986.

Gibson, Arrell Morgan: *Yankees in Paradise. The Pacific Basin Frontier*, Albuquerque 1993.

Gilje, Paul: *Liberty on the Waterfront. American Maritime Culture in the Age of Revolution*, Philadelphia 2004.

–: *Free Trade and Sailors' Rights in the War of 1812*, Cambridge 2013.

–: *To Swear Like a Sailor. Maritime Culture in America, 1750–1850*, Cambridge 2013.

Gillis, John: *The Human Shore. Seacoasts in History*, Chicago 2013.

Ginzburg, Carlo: »Spurensicherung. Der Jäger entziffert die Fährte, Sherlock Holmes nimmt die Lupe, Freud liest Morelli – die Wissenschaft auf der Suche nach sich selbst«, in: *Spurensicherungen. Über verborgene Geschichte, Kunst und soziales Gedächtnis*, Berlin 1983, S. 61–97.

Gissibl, Bernhard: »Jagd und Herrschaft. Zur politischen Ökologie des deutschen Kolonialismus in Ostafrika«, in: *Zeitschrift für Geschichtswissenschaft* 56 (2008) 6, S. 501–520.

Goetzmann, William: *Army Exploration in the American West, 1803–1863*, New Haven 1959.

–: *New Lands, New Men. America and the Second Great Age of Discovery*, New York 1986.

Goody, Jack: *The Domestication of the Savage Mind*, Cambridge 1977.

Gordon, Eleanora: »Sailors' Physicians. Medical Guides for Merchant Ships and Whalers, 1774–1864«, in: *Journal of the History of Medicine* 47 (1993), S. 139–156.

Gossman, Lionel: »The Go-Between: Jules Michelet, 1798–1874«, in: *MLN* 89 (1974) 4, S. 503–541.

–: »Michelet and Natural History. The Alibi of Nature«, in: *Proceeding of the American Philosophical Society* 145 (2001) 3, S. 283–333.

Gould, Stephen Jay: *Leonardo's Mountain of Clams and the Diet of Worms. Essays on Natural History*, Cambridge, MA 2011.

Grady, John: *Matthew Fontaine Maury, Father of Oceanography. A Biography, 1806–1873*, Jefferson, NC 2015.

Grier, David Allan: *When Computers Were Human*, Princeton und Oxford 2005.

Griesemer, James/Star, Susan Leigh: »Institutional Ecology, ›Translations‹ and Boundary Objects. Amateurs and Professionals in Berkeley's Museum of Vertebrate Zoology, 1907–39«, in: *Social Studies of Science* 19 (1989) 4, S. 387–420.

Gugerli, David: *Suchmaschinen. Die Welt als Datenbank*, Frankfurt a. M. 2009.

–/ Speich, Daniel: *Topografien der Nation. Politik, kartografische Ordnung und Landschaft im 19. Jahrhundert*, Zürich 2002.

Güttler, Nils: »Lebensraum. Frühe pflanzengeographische Karten und die ›natürliche Ökonomie‹ der Gewächse«, in: Dorit Müller und Sebastian Scholz (Hg.): *Raum Wissen Medien. Zur raumtheoretischen Reformulierung des Medienbegriffs*, Bielefeld 2012, S. 39–58.

–: *Das Kosmoskop. Karten und ihre Benutzer in der Pflanzengeographie des 19. Jahrhunderts*, Göttingen 2014.

Hacking, Ian: *The Taming of Chance*, Cambridge 1990.

Hagner, Michael/Rheinberger, Hans-Jörg: *Experimentalisierung des Lebens. Experimentalsysteme in den biologischen Wissenschaften 1850/1950*, Berlin 1995.

Hanses, Dieter: *Die rechtliche Stellung des Kapitäns auf deutschen Seeschiffen unter besonderer Berücksichtigung der historischen Entwicklung*, Berlin 1983.

Haraway, Donna: *Primate Visions. Gender, Race, and Nature in the World of Modern Science*, New York 1989.

Hardt, Michael/Negri, Antonio: *Empire*, Cambridge, MA 2000.

Hardy, Penelope K.: »Every Ship a Floating Observatory. Matthew Fontaine Maury and the Acquisition of Knowledge at Sea«, in: Katharine Anderson und Helen Rozwadowski: *Soundings and Crossings. Doing Science at Sea 1800–1970*, Sagamore Beach, S. 17–48.

Harkett, Daniel: »The Giraffe's Keepers and the (Dis)play of Differences«, in: Sue Ann Price (Hg.): *Of Elephants & Roses. French Natural History, 1790–1830*, Philadelphia 2013, S. 149–158.

Harley, John B.: *The New Nature of Maps. Essays in the History of Cartography*, Baltimore 2001.

–/ Woodward, David: *The History of Cartography, Vol. 1: Cartography in Prehistoric, Ancient, and Medieval Europe and the Mediterranean*, Chicago 1987.

Harris, Roy: *The Origin of Writing*, London 1986.

Hearn, Chester: *Tracks in the Sea. Matthew Fontaine Maury and the Mapping of the Oceans*, Camden 2002.

te Heesen, Anke: »Die doppelte Verzeichnung. Schriftliche und räumliche Aneignungsweisen von Natur im 18. Jahrhundert«, in: Harald Tausch (Hg.): *Gehäuse der Mnemosyne. Architektur als Schriftform der Erinnerung*, Göttingen 2003, S. 263–286.

–: »Faktenmontagen«, in: Nikolaus Wegmann und Thomas Rathmann (Hg.): ›Quelle‹. *Zwischen Ursprung und Konstrukt. Ein Leitbegriff in der Diskussion* (= Beiheft zur Zeitschrift für Deutsche Philologie 12), Berlin 2004, S. 66–88.

–: *Der Zeitungsausschnitt. Ein Papierobjekt der Moderne*, Frankfurt a. M. 2006.

–/ Spary, Emma C.: »Sammeln als Wissen«, in: Anke te Heesen und Emma C. Spary (Hg.): *Sammeln als Wissen. Das Sammeln und seine wissenschaftsgeschichtliche Bedeutung*, Göttingen 2001, S. 7–21.

Heflin, Wilson: *Herman Melville's Whaling Years*, hg. von Mary K. Bercaw Edwards und Thomas Farel, Nashville 2004.

Helmreich, Stefan: »Cetology Now. A Sketch for the Twenty-First Century«, in: *Melville Society Extracts* 129 (2005), S. 10–12.

–: *Alien Ocean. Anthropological Voyages in Microbial Seas*, Berkeley 2009.

Hendrickson, David: *Union, Nation, or Empire. The American Debate over International Relations, 1789–1941*, Lawrence 2009.

Heunemann, Julia: »No straight lines. Zur Kartographie des Meeres bei Matthew Fontaine Maury«, in: Alexander Kraus und Martina Winkler (Hg.): *Weltmeere. Wissen und Wahrnehmung im langen 19. Jahrhundert*, Göttingen 2014, S. 149–168.

–: »Strömungen als Differenzphänomene. Zur Formalisierung von Strömungswissen bei James Rennell«, in: Jürgen und Martina Elvert: *Agenten, Akteure, Abenteurer. Beiträge zur Ausstellung »Europa und das Meer« am Deutschen Historischen Museum Berlin*, Berlin 2018, S. 481–488.

Hoare, Philip: *Leviathan oder Der Wal. Auf der Suche nach dem mythischen Tier der Tiefe*, Hamburg 2013.

Höhler, Sabine: »›Dichte Beschreibungen‹. Die Profilierung ozeanischer Tiefe im Lotverfahren von 1850 bis 1930«, in: David Gugerli und Barbara Orland (Hg.): *Ganz normale Bilder. Historische Beiträge zur visuellen Herstellung von Selbstverständlichkeit*, Zürich 2002, S. 19–46.

Hohman, Elmo Paul: »Wages, Risk, and Profits in the Whaling Industry«, in: *The Quarterly Journal of Economics* 40 (1926) 4, S. 644–671.

–: *The American Whaleman. A Study of Life and Labor in the Whaling Industry*, New York 1928.

Holtorf, Christian: *Der erste Draht zur Neuen Welt. Die Verlegung des transatlantischen Telegrafenkabels*, Göttingen 2013.

Hopwood, Nick: *Haeckel's Embryos. Images, Evolution, and Fraud*, Chicago 2015.

Horn, Eva: »Gibt es eine Gesellschaft im Text?«, in: Andreas Reckwitz und Stefan Möbius (Hg.): *Poststrukturalistische Sozialwissenschaften*, Frankfurt a.M. 2008, S. 363–381.

Horne, Gerald: *The Deepest South. The United States, Brazil, and the African Slave Trade*, New York 2007.

Howse, Derek: *Greenwich Time and the Discovery of the Longitude*, Oxford 1979.

Huber, Florian/Wessely, Christina: »Milieu. Zirkulationen und Transformationen eines Begriffs«, in: Florian Huber und Christina Wessely (Hg.): *Milieu. Umgebungen des Lebendigen in der Moderne*, Paderborn 2017, S. 9–19.

Hutchins, John G.B.: *The American Maritime Industries and Public Policy, 1789–1914. An Economic History*, Cambridge, MA 1941.

Hutton, Patrick: »Vico's Theory of History and the French Revolutionary Tradition«, in: *Journal of the History of Ideas* 37 (1976) 2, S. 241–256.

Ifrah, Georges: *Universalgeschichte der Zahlen*, Frankfurt a.M. 1991.

Igler, David: »On Coral Reefs, Volcanoes, Gods, and Patriotic Geology: Or, James Dwight Dana Assembles the Pacific Basin«, in: *Pacific Historical Review* 79 (2010) 1, S. 23–49.

Innis, Harold A.: *Empire and Communications*, Toronto 1972.

Irmscher, Christoph: *The Poetics of Natural History. From John Bartram to William James*, New Brunswick 1999.

Jacob, Christian: *L'Empire des cartes. Approche théorique de la cartographie à travers l'histoire*, Paris 1992.

Jaffé, David: »The Captain Who Sat for the Portrait of Ahab«, in: *Boston University Studies in English* 4 (1960), S. 1–22.

Jahn, Ilse (Hg.): *Geschichte der Biologie. Theorien, Methoden, Institutionen, Kurzbiographien*, Jena ³1998.

Jansen, Axel: *Alexander Dallas Bache. Building the American Nation through Science and Education in the Nineteenth Century*, Frankfurt a.M. 2011.

John, Richard: *Spreading the News. The American Postal System from Franklin to Morse*, Cambridge 1995.

Johnson, Walter: *River of Dark Dreams. Slavery and Empire in the Cotton Kingdom*, Cambridge, MA 2013.

Jonkers, A.R.T.: »Logs and Ship's Journals«, in: John B. Hattendorf (Hg.): *The Oxford Encyclopedia of Maritime History*, Bd. 2, Oxford 2007, S. 394–401.

Joyce, Barry Alan: *The Shaping of American Ethnography. The Wilkes Expedition, 1838–1842*, Lincoln, NE 2001.

Kemp, Christopher: *Floating Gold. A Natural (and Unnatural) History of Ambergris*, Chicago 2012.

Kingston, Christopher: »Marine Insurance in Britain and America, 1720–1844. A Comparative Institutional Analysis«, in: *The Journal of Economic History* 67 (2007) 2, S. 379–409.

Kittler, Friedrich: »Im Telegrammstil«, in: Hans Ulrich Gumbrecht und K. Ludwig Pfeiffer (Hg.): *Stil. Geschichten und Funktionen eines kulturwissenschaftlichen Diskurselements*, Frankfurt a.M. 1986, S. 359–370.

–: *Aufschreibesysteme 1800/1900*, München ³1995.

–: »Vorwort zu Aufschreibesysteme 1800/1900«, in: *Zeitschrift für Medienwissenschaft* 6 (2012) 1, S. 117–126.

Kohler, Robert: *All Creatures. Naturalists, Collectors, and Biodiversity, 1850–1950*, Chicago 2006.

Koller, Ariane/Pawlak, Anna: »Spektakel der Neugier. Strandung und Tod eines Wals als mediales Ereignis in der niederländischen Kunst der Frühen Neuzeit«, in: *Tierstudien* 5 (2014), S. 15–29.

Kortum, Gerhard/Schwarz, Ingo: »Alexander von Humboldt and Matthew Fontaine Maury – Two Pioneers of Marine Sciences«, in: *Historisch-Meereskundliches Jahrbuch* 10 (2004), S. 157–185.

Krajewski, Markus: *Zettelwirtschaft. Die Geburt der Kartei aus dem Geiste der Bibliothek*, Berlin 2002.

–: »Über Projektemacherei. Eine Einleitung«, in: Markus Krajewski (Hg.): *Projektemacher. Zur Produktion von Wissen in der Vorform des Scheiterns*, Berlin 2004, S. 7–25.

–: *Restlosigkeit. Weltprojekte um 1900*, Frankfurt a.M. 2006.

–: »Über oralen Verkehr auf See. Kapitel 53: The Gam«, in: *Neue Rundschau* 125 (2014) 3, S. 175–185.

Krämer, Sybille: *Medium, Bote, Übertragung. Kleine Metaphysik der Medialität*, Frankfurt a.M. 2008.

Kranz, Isabel: »›Parlor oceans‹, ›crystal prisons‹. Das Aquarium als bürgerlicher Innenraum«, in: Thomas Brandstetter, Karin Harrasser und Günther Friesinger (Hg.): *Ambiente. Das Leben und seine Räume*, Wien 2010, S. 155–174.

Kroll, Gary: *America's Ocean Wilderness. A Cultural History of Twentieth-Century Exploration*, Lawrence, KS 2008.

Kunhardt, Philipp B., Jr./Kunhardt, Philipp B., III./Kunhardt, Peter W.: *P. T. Barnum. America's Greatest Showman*, New York 1995.

Kylstra, Peter H./Meerburg, Arend: »Jules Verne, Maury and the Ocean«, in: *Proceedings of the Royal Society of Edinburgh* 72 (2011) 1, S. 243–251.

LaFeber, Walter: *The New Empire. An Interpretation of American Expansion 1860–1898*, Ithaca 1963.

Latour, Bruno: »Drawing Things Together«, in: Michael Lynch und Steven Woolgar (Hg.): *Representation in Scientific Practice*, Cambridge, MA 1990, S. 19–68.

Leavelle, Tracy N.: »The Osage in Europe. Romanticism, the Vanishing Indian, and French Civilization during the Restoration«, in: William L. Chew (Hg.): *National Stereotypes in Perspective. Americans in France, Frechmen in America*, Amsterdam 2001, S. 89–112.

LeMenager, Stephanie: *Manifest and Other Destinies. Territorial Fictions of the Nineteenth-Century*, Lincoln, NE 2004.

Lemisch, Jesse: »Jack Tar in the Streets. Merchant Seamen in the Politics of Revolutionary America«, in: *The William and Mary Quarterly* 25 (1968) 3, S. 371–407.

Lenoir, Timothy: *The Strategy of Life. Teleology and Mechanics in Nineteenth-Century German Biology*, Chicago 1982.

Leonard, A.B.: »Underwriting British Trade to India and China, 1780–1835«, in: *The Historical Journal* 55 (2012) 4, S. 983–1006.

Lepenies, Wolf: *Das Ende der Naturgeschichte. Wandel kultureller Selbstverständlichkeiten in den Wissenschaften des 18. und 19. Jahrhunderts*, Frankfurt a.M. 1978.

Leroi-Gourhan, André: *Hand und Wort. Die Evolution von Technik, Sprache und Kunst*, Frankfurt a.M. 1988.

Lloyd, Christopher/Coulter, Jack: *Medicine and the Navy, 1200–1900. Volume IV: 1815–1900*, Edinburgh 1963.

Luhmann, Niklas: *Legitimation durch Verfahren*, Frankfurt a.M. 1983.

Lüttge, Felix: »Weniger schlechte Bilder. Walfängerwissen in Naturgeschichte, Ozeanographie und Literatur im 19. Jahrhundert«, in: *Berichte zur Wissenschaftsgeschichte* 39 (2016) 2, S. 127–142.

–: »Walverwandtschaften. Leben in feindlichen Milieus«, in: Florian Huber und Christina Wessely (Hg.): *Milieu. Umgebungen des Lebendigen in der Moderne*, Paderborn 2017, S. 88–104.

–: »Whaling Intelligence: News, Facts and US-American Exploration in the Pacific«, in: *The British Journal for the History of Science* 52 (2019) 3, S. 425–445.

MacDonald, Paul: »Those Who Forget Historiography Are Doomed to Republish It. Empire, Imperialism and Contemporary Debates about American Power«, in: *Review of International Studies* 35 (2009) 1, S. 45–67.

Margolis, Carolyn/Viola, Herman (Hg.): *Magnificent Voyagers. The United States Exploring Expedition 1838–1842*, Washington, D.C. 1985.

Marseden, R.G.: »The ›Mayflower‹«, in: *The English Historical Review* 18 (1904) 76, S. 669–680.

Marshall, P.J./Williams, Glyndwr: *The Great Map of Mankind. British Perceptions of the World in the Age of Enlightenment*, London 1982.

Marx, Leo: *The Machine in the Garden. Technology and the Pastoral Ideal in America*, New York 1964.

Matala de Mazza, Ethel: »Der König unter den Fischen. Kapitel 90: Heads or Tails«, in: *Neue Rundschau* 124 (2013) 2, S. 148–157.

Matthews, L. Harrison: *The Natural History of the Whale*, New York 1978.

Mawer, Granville Allen: *Ahab's Trade. The Saga of South Seas Whaling*, St. Leonards 1999.

McClellan, James, III/Regourd, François: *The Colonial Machine. French Science and Overseas Expansion in the Old Regime*, Turnhout 2011.

McCracken Peck, Robert: »Alcohol and Arsenic, Pepper and Pitch. Brief Histories of Preservation Techniques«, in: Sue Ann Price (Hg.): *Stuffing Birds, Pressing Plants, Shaping Knowledge*, Philadelphia 2003, S. 27–53.

–: »Preserving Nature for Study and Display«, in: Sue Ann Price (Hg.): *Stuffing Birds, Pressing Plants, Shaping Knowledge*, Philadelphia 2003, S. 11–25.

McKenzie, Matthew: *Vocational Science and the Politics of Independence. The Boston Marine Society, 1754–1812*, PhD Dissertation: University of New Hampshire 2003.

–: »Salem as Athanaeum«, in: Dane Anthony Morrison und Nancy Lusignan Schultz (Hg.): *Salem. Place, Myth, and Memory*, Boston 2004, S. 91–104.

McLuhan, Marshall: *Understanding Media*, Cambridge, MA 1995.

Menke, Bettine: »Die Polargebiete der Bibliothek. Über eine metapoetische Metapher«, in: *Deutsche Vierteljahrsschrift für Literaturwissenschaft und Geistesgeschichte* 74 (2000) 4, S. 545–599.

Mitzman, Arthur: *Michelet, Historian. Rebirth and Romanticism in Nineteenth-Century France*, New Haven 1990.

de Monzie, Anatole: *Les veuves abusives*, Paris 1937.

Moreau, Thérèse: *Le sang de l'histoire. Michelet, l'histoire et l'idée de la femme au XIXe siècle*, Paris 1982.

Morison, Samuel Eliot: *The Maritime History of Massachusetts, 1783–1860*, Boston 1921.

Morsel, Joseph: »Jagd und Raum. Überlegungen über den sozialen Sinn der Jagdpraxis am Beispiel des spätmittelalterlichen Franken«, in: Werner Rösener (Hg.): *Jagd und höfische Kultur im Mittelalter*, Göttingen 1997, S. 255–288.

Muldoon, James: »Who Owns the Sea?«, in: Bernhard Klein (Hg.): *Fictions of the Sea. Critical Perspectives in English Literature and Culture*, Aldershot 2002, S. 13–27.

Müller, Philipp: »Geschichtsreligion in der historischen Erzählung. Jules Michelets Geschichte der Französischen Revolution«, in: Martin Baumeister, Moritz Föllmer und Philipp Müller (Hg.): *Die Kunst der Geschichte. Historiographie, Ästhetik, Erzählung*, Göttingen 2009, S. 169–187.

Müller-Wille, Staffan: »Vom Sexualsystem zur Karteikarte. Carl von Linnés Papiertechnologien«, in: Thomas Bäumler, Benjamin Bühler und Stefan Rieger (Hg.): *Nicht Fisch – nicht Fleisch. Ordnungssysteme und ihre Störfälle*, Zürich 2011, S. 33–50.

–: »Names and Numbers. ›Data‹ in Classical Natural History, 1758–1859«, in: *Osiris* 32 (2017), S. 109–128.

Murphy, Gretchen: *Hemispheric Imaginings. The Monroe Doctrine and Narratives of U.S. Empire*, Durham 2005.

Naylor, Simon: »Log Books and the Law of Storms: Maritime Meteorology and the British Admiralty in the Nineteenth Century«, in: *Isis* 106 (2015) 4, S. 771–797.

Neubert, Christoph: »Die Medien des Wals. Kapitel 85: The Fountain«, in: *Neue Rundschau* 126 (2015) 1, S. 178–194.

Nissen, Claus: *Die Zoologische Illustration. Ihre Bibliographie und Geschichte*, Bd. II: Geschichte, Stuttgart 1978.

Norling, Lisa: »Contrary Dependencies. Whaling Agents and Whalemen's Families, 1830–1870«, in: *Log of Mystic Seaport* 42 (1990) 1, S. 3–12.

–: *Captain Ahab had a Wife. New England Women and the Whalefishery, 1720–1870*, Chapel Hill 2000.

Nussbaum Wichert, Rachel/Nussbaum, Martha: »Scientific Whaling? The Scientific Research Exception and the Future of the International Whaling Commission«, in: *Journal of Human Development and Capabilities* 18 (2017) 3, S. 356–369.

Nyhart, Lynn: *Biology Takes Form. Animal Morphology and the German Universities 1800–1900*, Chicago 1995.

–: »Science, Art, and Authenticity in Natural History Displays«, in: Soraya de Chadarevian und Nick Hopwood (Hg.): *Models. The Third Dimension of Science*, Stanford 2004, S. 307–338.

–: *Modern Nature. The Rise of the Biological Perspective in Germany*, Chicago 2009.

O'Brien, Robert Lincoln: »Machinery and English Style«, in: *The Atlantic Monthly* 94 (1904), S. 464–472.

O'Connell, Charles F.: »The Corps of Engineers and the Rise of Modern Management, 1827–1856«, in: Merrit Roe Smith (Hg.): *Military Enterprise and Technological Change. Perspectives on the American Experience*, Cambridge, MA 1985, S. 87–116.

von Oertzen, Christine: »Die Historizität der Verdatung. Konzepte, Werkzeuge und Praktiken im 19. Jahrhundert«, in: *NTM. Zeitschrift für Geschichte der Wissenschaften, Technik und Medizin* 25 (2017) 4, S. 407–434.

–: »Machineries of Data Power. Manual versus Mechanical Census Compilation in Nineteenth-Century Europe«, in: *Osiris* 32 (2017), S. 129–150.

Olsen-Smith, Steven: »Melville's Copy of Thomas Beale's The Natural History of the Sperm Whale and the Composition of Moby-Dick«, in: *Harvard Library Bulletin* 21 (2010) 3, S. 1–77.

Ortega y Gasset, José: »Meditationen über die Jagd«, in: *Gesammelte Werke*, Bd. IV, Stuttgart 1978, S. 492–578.

Parker, Hershel: *Herman Melville. A Biography, Vol. 1, 1819–1851*, Baltimore 1996.

Peirce, Charles S.: *Phänomen und Logik der Zeichen*, Frankfurt a. M. 1983.

Perkins, Bradford: *Castlereagh and Adams. England and the United States, 1812–1823*, Berkeley 1964.

Perl-Rosenthal, Nathan: *Citizen Sailors. Becoming American in the Age of Revolution*, Cambridge, MA 2015.

Perry, John Curtis: *Facing West: Americans and the Opening of the Pacific*, Westport, CT 1994.

Pethes, Nicolas: »Milieu. Die Exploration selbstgenerierter Umwelten in Wissenschaft und Ästhetik des 19. Jahrhunderts«, in: *Archiv für Begriffsgeschichte* 59 (2017), S. 139–156.

Petitier, Paule: *Jules Michelet. L'homme histoire*, Paris 2006.

Philbrick, Nathaniel: *Sea of Glory. America's Voyage of Discovery. The U. S. Exploring Expedition*, New York 2003.

Pinsel, Mark: »The Wind and Current Chart Series Produced by Matthew Fontaine Maury«, in: *Navigation* 28 (1981), S. 123–136.

Pomata, Gianna: »Observation Rising. Birth of an Epistemic Genre, 1500–1650«, in: Lorraine Daston und Elizabeth Lunbeck (Hg.): *Histories of Scientific Observation*, Chicago 2011, S. 45–80.

–/ Siraisi, Nancy (Hg.): *Historia. Empiricism and Erudition in Early Modern Europe*, Cambridge, MA 2005.

Poovey, Mary: *A History of the Modern Fact. Problems of Knowledge in the Sciences of Wealth and Society*, Chicago 1998.

Porter, Theodore: *The Rise of Statistical Thinking, 1820–1900*, Princeton 1988.

–: *Trust in Numbers. The Pursuit of Objectivity in Science and Public Life*, Princeton 1995.

Press, Jon: »The Collapse of a Contributory Pension Scheme. The Merchant Seamen's Fund, 1747–1851«, in: *Journal of Transport History* 5 (1979), S. 91–104.

Raffety, Matthew Taylor: *The Republic Afloat. Law, Honor, and Citizenship in Maritime America*, Chicago 2013.

Redman, Nicholas: *Whales' Bones of the British Isles*, Teddington 2004.

Reidy, Michael: *Tides of History. Ocean Science and Her Majesty's Navy*, Chicago 2008.

Reiss, Christian: »Gateway, Instrument, Environment. The Aquarium as a Hybrid Space between Animal Fancying and Experimental Zoology«, in: *NTM. Zeitschrift für Geschichte der Wissenschaften, Technik und Medizin* 20 (2012) 4, S. 309–336.

Rheinberger, Hans-Jörg: »Spurenlesen im Experimentalsystem«, in: Sybille Krämer, Werner Kogge und Gernot Grube (Hg.): *Spur. Spurenlesen als Orientierungstechnik und Wissenskunst*, Frankfurt a. M. 2007, 293–308.

Richards, Robert: *The Romantic Conception of Life. Science and Philosophy in the Age of Goethe*, Chicago 2002.

Richardson, Philip L.: »Benjamin Franklin and Timothy Folger's First Printed Chart of the Gulf Stream«, in: *Science* 207 (1980) 4431, S. 643–645.

Rieger, Stefan: *Speichern/Merken. Die künstlichen Intelligenzen des Barock*, München 1997.

Ritvo, Harriet: *The Platypus and the Mermaid, and Other Figments of the Classifying Imagination*, Cambridge, MA 1997.

Robinson, Arthur: »The Genealoy of the Isopleth«, in: *The Cartographic Journal* 8 (1971) 1, S. 49–53.

–: *Early Thematic Mapping in the History of Cartography*, Chicago 1982.

Rosenberg, Daniel: »Data before the Fact«, in: Lisa Gitelman (Hg.): ›Raw Data‹ Is an Oxymoron, Cambridge, MA 2013, S. 15–40.

Rösener, Werner: *Die Geschichte der Jagd. Kultur, Gesellschaft und Jagdwesen im Wandel der Zeit*, Düsseldorf/Zürich 2004.

Rossi, Michael: »Fabricating Authenticity. Modeling a Whale at the American Museum of Natural History, 1906–1974«, in: *Isis* 101 (2010) 2, S. 338–361.

Rouleau, Brian: *With Sails Whitening Every Sea. Mariners and the Making of an American Maritime Empire*, Cornell 2014.

Rozwadowski, Helen: *Fathoming the Ocean. The Discovery and Exploration of the Deep Sea*, Cambridge, MA 2005.

–/ van Keuren, David (Hg.): *The Machine in Neptune's Garden. Historical Perspectives on Technology and the Marine Environment*, Sagamore Beach, MA 2004.

Rudwick, Martin: *Scenes From Deep Time. Early Pictorial Representaions of the Prehistoric World*, Chicago 1992.

Rupke, Nicolaas: *Alexander von Humboldt. A Metabiography*, Frankfurt a. M. 2005.

Sankey, Barbara: »Writing the Voyage of Scientific Exploration: The Logbooks, Journals and Notes of the Baudin Expedition (1800–1804)«, in: *Intellectual History Review* 20 (2010) 3, S. 401–413.

Savours, Ann: *The Search for the North West Passage*, London 1999.

Schaffer, Simon: »Astronomer's Mark Time. Discipline and the Personal Equation«, in: *Science in Context* 2 (1988) 1, S. 115–145.

–: /Shapin, Steven: *Leviathan and the Air-Pump: Hobbes, Boyle, and the Experimental Life*, Princeton 1985.

Schechter, Stephen (Hg.): *Roots of the Republic. American Founding Documents Interpreted*, Madison 1990.

Schell, Jennifer: »A Bold and Hardy Race of Men«. The Lives and Literature of American Whalemen, Amherst 2013.

Schiebinger, Londa: *Am Busen der Natur. Erkenntnis und Geschlecht in den Anfängen der Wissenschaft*, Stuttgart 1995.

Schlee, Susan: *The Edge of an Unfamiliar World. A History of Oceanography*, New York 1973.

Schmitt, Carl: *Der Nomos der Erde im Völkerrecht des Jus Publicum Europaeum*, Köln 1950.

–: *Land und Meer. Eine weltgeschichtliche Betrachtung*, Köln 1981.

–: *Der Leviathan in der Staatslehre des Thomas Hobbes. Sinn und Fehlschlag eines politischen Symbols. Mit einem Anhang sowie einem Nachwort des Herausgebers*, Köln 1982.

Schöning, Antonia von: *Die Administration der Dinge. Technik und Imagination im Paris des 19. Jahrhunderts*, Zürich 2018.

Schotte, Margaret: »Expert Records: Nautical Logbooks from Columbus to Cook«, in: *Information & Culture* 48 (2013) 3, S. 281–322.

–: »Leçons enrégimentés: l'évolution du journal maritime en France – Regimented Lessons: The Evolution of the Nautical Logbook in France«, in: *Annuaire de droit maritime et océanique* 31 (2013), S. 91–115.

Schürmann, Felix: *Der graue Unterstrom. Walfänger und Küstengesellschaften an den tiefen Stränden Afrikas (1770–1920)*, Frankfurt a.M. 2017.

Schwarz, Ingo: »Einführung«, in: Ingo Schwarz (Hg.): *Alexander von Humboldt und die Vereinigten Staaten von Amerika. Briefwechsel*, Berlin 2004, S. 11–66.

Schwarz, Uwe: »Die Darstellung der dritten Dimension. Ein Beitrag zur Geschichte der Kartographie«, in: *Geowissenschaften in unserer Zeit* 5 (1987) 5, S. 157–165.

Schwarzlose, Richard: »Harbor News Association: The Formal Origin of the AP«, in: *Journalism and Mass Communication Quarterly* 45 (1968) 2, S. 253–260.

Secord, Anne: »Science in the Pub. Artisan Botanists in Early Nineteenth-Century Lancashire«, in: *History of Science* 32 (1994) 3, S. 269–315.

Segelken, Hans: *Kapitänsrecht*, Hamburg 1967.

Seifert, Arno: *Cognitio Historica. Die Geschichte als Namensgeberin der frühneuzeitlichen Empirie*, Berlin 1976.

Serres, Michel: »Michelet, la soupe«, in: *Revue d'Histoire littéraire de la France* 74 (1974) 5, S. 787–802.

–: *Hermes IV. Verteilung*, Berlin 1993.

Sexton, Jay: *The Monroe Doctrine. Empire and Nation in Nineteenth-Century America*, New York 2011.

Shapin, Steven: *A Social History of Truth. Civility and Science in Seventeenth-Century England*, Chicago 1994.

Shapiro, Barbara: »The Concept ›Fact‹. Legal Origins and Cultural Diffusion«, in: *Albion. A Quarterly Journal Concerned with British Studies* 26 (1994) 2, S. 227–252.

–: *A Culture of Fact. England 1550–1720*, Ithaca, NY 2000.

Sherman, Stuart C.: *The Voice of the Whalemen. With an Account of the Nicholson Whaling Collection*, Providence 1965.

Sherwood, George: *General Guide to the Exhibition Halls of the American Museum of Natural History*, New York 1911.

Shoemaker, Nancy: »Mr. Tashtego. Native American Whalemen in Antebellum New England«, in: *Journal of the Early Republic* 33 (2013) 1, S. 109–132.

–: *Native American Whalemen and the World. Indigenous Encounters and the Contingencies of Race*, Chapel Hill 2015.

Siegert, Bernhard: *Passage des Digitalen. Zeichenpraktiken der neuzeitlichen Wissenschaften 1500–1900*, Berlin 2003.

–: »Currents and Currency. Elektrizität, Ökonomie und Ideenumlauf um 1800«, in: Jürgen Barkhoff, Hartmut Böhme und Jeanne Riou (Hg.): *Netzwerke. Eine Kulturtechnik der Moderne*, Köln 2004, S. 53–68.

–: »Sine imagine. Kapitel 55: Of the Monstrous Pictures of Whales«, in: *Neue Rundschau* 125 (2014) 1, S. 223–233.

Sleigh, Charlotte: *The Paper Zoo. 500 Years of Animals in Art*, Chicago 2017.

Slotten, Hugh: *Patronage, Practice, and the Culture of American Science. Alexander Dallas Bache and the U.S. Coast Survey*, Cambridge 1994.

Smith, Jason W.: *To Master the Boundless Sea. The U.S. Navy, the Marine Environment, and the Cartography of Empire*, Chapel Hill 2018.

Sorrenson, Richard: »The Ship as a Scientific Instrument in the Eighteenth Century«, in: *Osiris* 11 (1996), S. 221–236.

Sousa, Andreia/Brito, Cristina: »Historical Strandings of Cetaceans on the Portuguese Coast. Anecdotes, People, and Naturalists«, in: *Marine Biodiversity Records* 5 (2012) 2, S. 1–8.

Spitzer, Leo: »*Milieu* and *Ambiance*. An Essay in Historical Semantics«, in: *Philosophical and Phenomenological Resarch* 3 (1942) 1/2, S. 1–42, 169–218.

Sponsel, Alistair: *Darwin's Evolving Identity. Adventure, Ambition, and the Sin of Speculation*, Chicago 2018.

Spufford, Francis: *I may be Some Time. Ice and the English Imagination*, London 1996.

Stack, Margaret: »Matthew Fontaine Maury: Reformer«, in: *The International Journal of Maritime History* 28 (2016) 2, S. 394–401.

Stackpole, Edouard: *The Sea-Hunters. The New England Whalemen During Two Centuries, 1636–1835*, Philadelphia 1953.

–: *Whales & Destiny. The Rivalry Between America, France, and Britain for Control of the Southern Whale Fishery, 1785–1825*, Amherst 1972.

Stagl, Justin: *Eine Geschichte der Neugier. Die Kunst des Reisens 1550–1800*, Wien 2002.

Stann, E. Jeffrey: »Charles Wilkes as Diplomat«, in: Carolyn Margolis und Herman Viola (Hg.): *Magnificent Voyagers. The United States Exploring Expedition 1838–1842*, Washington, D.C. 1985, S. 205–226.

Stanton, William: *The Great United States Exploring Expedition of 1838–1841*, Berkeley 1975.

Star, Susan Leigh: »Craft vs. Commodity, Mess vs. Transcendence. How the Right Tool Became the Wrong One in the Case of Taxidermy and Natural History«, in: Adele Clarke und Joan Fujimura (Hg.): *The Right Tools for the Job. At Work in Twentieth-Century Life Sciences*, Princeton 2014, S. 257–286.

Steele, Ian: *The English Atlantic 1674–1740. An Exploration of Communication and Community*, Oxford 1986.

Stockhammer, Robert: »Warum der Wal ein Fisch ist: Melvilles ›Moby-Dick‹ und die zeitgenössische Biologie«, in: Bernhard J. Dotzler und Sigrid Weigel (Hg.): »fülle der combination«. Literaturforschung und Wissenschaftsgeschichte, München 2005, S. 143–171.

–: *Kartierung der Erde. Macht und Lust in Karten und Literatur*, München 2007.

Tamborini, Marco: »Die Wurzeln der Idiographischen Paläontologie. Karl Alfred von Zittels Praxis und sein Begriff des Fossils«, in: *NTM. Zeitschrift für Geschichte der Wissenschaften, Technik und Medizin* 23 (2015) 3, S. 117–142.

Thomas, Nicholas: »The Age of Empire in the Pacific«, in: David Armitage und Alison Bashford (Hg.): *Pacific Histories. Ocean, Land, People*, Basingstoke 2014, S. 75–96.

Thompson, Thomas: »Physèter catòdon«, in: *The Magazine of Natural History* 2 (1829), S. 477.

Timm, Werner: »Der gestrandete Wal, eine motivkundliche Studie«, in: *Forschungen und Berichte* 3 (1961), S. 76–93.

Toepfer, Georg: *Historisches Wörterbuch der Biologie. Geschichte und Theorie der biologischen Grundbegriffe*, 3 Bde., Stuttgart 2011.

Tønnessen, Joh. N./Johnsen, Arne Odd: *The History of Modern Whaling*, Berkeley 1982.

Towle, Edward: *Science, Commerce and the Navy on the Seafaring Frontier, 1842–1861*, Rochester 1965.

Turing, Alan: »The State of the Art«, in: *Intelligence Service. Schriften*, Berlin 1987, S. 183–208.

Tyler, David: *The Wilkes Expedition. The First United States Exploring Expedition (1838–1842)*, Philadelphia 1968.

Uschmann, Georg: *Geschichte der Zoologie und der zoologischen Anstalten in Jena 1779–1919*, Jena 1959.

Valéry, Paul: »Rede an die Chirurgen«, in: *Werke 4: Zur Philosophie und Wissenschaft*, hg. von Jürgen Schmidt-Radefeldt, Frankfurt a.M. 1989, S. 181–200.

Vennen, Mareike: »Die Hygiene der Stadtfische und das wilde Leben in der Wasserleitung. Zum Verhältnis von Aquarium und Stadt im 19. Jahrhundert«, in: *Berichte zur Wissenschaftsgeschichte* 36 (2013) 2, S. 148–171.

–: *Das Aquarium. Praktiken, Techniken und Medien der Wissensproduktion (1840–1910)*, Göttingen 2018.

Verrill, Alpheus Hyatt: *The Real Story of the Whaler. Whaling, Past and Present*, New York 1916.

Vickers, Daniel: *Young Men and the Sea. Yankee Seafarers in the Age of Sail*, New Haven 2005.

Vincent, Howard P.: *The Trying-out of Moby-Dick*, Kent 1949.

Vismann, Cornelia: *Akten. Medientechnik und Recht*, Frankfurt a.M. 2000.

–: *Das Schöne am Recht*, Berlin 2012.

Vogel, Juliane: »Die Kürze des Faktums. Textökonomien des Wirklichen um 1800«, in: Helmut Lethen, Ludwig Jäger und Albrecht Koschorke (Hg.): *Auf die Wirklichkeit zeigen. Zum Problem der Evidenz in den Kulturwissenschaften. Ein Reader*, Frankfurt a.M. 2015, S. 137–152.

Vogl, Joseph: »Für eine Poetologie des Wissens«, in: Karl Richter, Jörg Schönert und Michael Titzmann (Hg.): *Die Literatur und die Wissenschaften. Festschrift zum 75. Geburtstag von Walter Müller-Seidel*, Stuttgart 1997, S. 107–127.

–: »Grinsen ohne Katze. Vom Wissen virtueller Objekte«, in: Hans-Christian von Hermann und Matthias Middell (Hg.): *Orte der Kulturwissenschaft*, Leipzig 1998, S. 41–53.

–: *Kalkül und Leidenschaft. Poetik des ökonomischen Menschen*, Zürich 2004.

Vorsey, Louis de: »Pioneer Charting of the Gulf Stream. The Contributions of Benjamin Franklin and William Gerard De Brahm«, in: *Imago Mundi* 28 (1976), S. 105–120.

Waechter, Matthias: *Die Erfindung des amerikanischen Westens. Die Geschichte der Frontier-Debatte*, Freiburg i. Br. 1996.

Wakefield, Andre: *The Disordered Police State. German Cameralism as Science and Practice*, Chicago 2009.

Walls, Laura Dassow: »›The Napoleon of Science‹. Alexander von Humboldt in Antebellum America«, in: *Nineteenth-Century Contexts* 14 (1990) 1, S. 71–98.

–: *The Passage to Cosmos. Alexander von Humboldt and the Shaping of America*, Chicago 2009.

Wamsley, Douglas: *Polar Hayes. The Life and Contributions of Isaac Israel Hayes, M.D.*, Philadelphia 2009.

Welke, Ulrich: *Der Kapitän. Die Erfindung einer Herrschaftsform*, Münster 1997.

Werber, Niels: »Malen ohne Leinwand. Kapitel 56: Of the Less Erroneous Pictures of Whales and the True Pictures of Whaling Scenes«, in: *Neue Rundschau* 125 (2014) 1, S. 234–241.

Wessely, Christina: *Künstliche Tiere. Zoologische Gärten und urbane Moderne*, Berlin 2008.

–: »Wässrige Milieus. Ökologische Perspektiven in Meeresbiologie und Aquarienkunde um 1900«, in: *Berichte zur Wissenschaftsgeschichte* 36 (2013) 2, S. 128–147.

Whitehill, Walter Muir: *The East India Marine Society and the Peabody Museum of Salem*, Salem 1949.

Wilke, Hans-Jörg: *Die Geschichte der Tierillustration in Deutschland 1850–1950*, Rangsdorf 2018.

Williams, Frances Leigh: *Matthew Fontaine Maury. Scientist of the Sea*, New Brunswick 1963.

Williams, Rosalind: *Notes on the Underground. An Essay on Technology, Society, and the Imagination. New Edition*, Cambridge, MA 2008.

Williams, William Appleman: *The Roots of the Modern American Empire. A Study of the Growth and Shaping of Social Consciousness in a Marketplace Society*, New York 1969.

Withers, Charles: »Science at Sea. Charting the Gulf Stream in the Late Enlightenment«, in: *Interdisciplinary Science Reviews* 31 (2006) 1, S. 58–76.

Witt, Jann Markus: *Master next God? Der nordeuropäische Handelsschiffskapitän vom 17. bis zum 19. Jahrhundert*, Bremerhaven 2001.

Wolf, Burkhardt: »Das Gefährliche regieren. Die neuzeitliche Universalisierung von Risiko und Versicherung«, in: *Archiv für Mediengeschichte* 9 (2009), S. 23–33.

–: »Der Kapitän. Zur Figurenlehre neuzeitlicher Seeherrschaft«, in: *arcadia* 46 (2011) 2, S. 335–356.

–: *Fortuna di mare. Literatur und Seefahrt*, Zürich 2013.

–: »Livyatan melvillei. ›Moby-Dick‹ und das überhistorische Wissen vom Wal«, in: Hans Jürgen Scheuer und Ulrike Vedder (Hg.): *Tier im Text. Exemplarität und Allegorizität literarischer Lebewesen*, Berlin 2015, S. 97–111.

Wood, Gordon: *The Americanization of Benjamin Franklin*, New York 2004.

Wulf, Andrea: *The Invention of Nature. Alexander von Humboldt's New World*, New York 2015.

Yates, JoAnne: *Control Through Communication. The Rise of System in American Management*, Baltimore 1989.

Bildnachweise

Abb. 1. Brown University Library, Digital Repository, https://repository.lib rary.brown.edu/studio/item/bdr:41233.

Abb. 2. *The Nautical Magazine and Naval Chronicle* 12 (1843), S. 181.

Abb. 3. Yale University Libraries, Beinecke Rare Books and Manuscripts Library, Digital Collections, https://brbl-dl.library.yale.edu/vufind/Record/4163918.

Abb. 4. Library of Congress, Geography and Map Division, G9112.G8 1768 .F7.

Abb. 5. Library of Congress, Geography and Map Division, G9112.G8P5 1786 .P6.

Abb. 6. H.R. Doc. No. 105, 23rd Cong., 2d Sess. (1835), S. 6.

Abb. 7. Mystic Seaport Museum, G.W. Blunt White Library.

Abb. 8. Charles Wilkes: *Hydrography. United States Exploring Expedition during the Year 1838, 1839, 1840, 1841, 1842*, Bd. XXIII, Philadelphia 1861, S. 274.

Abb. 9. Charles Wilkes: *Narrative of the United States Exploring Expedition. During the Years 1838, 1839, 1840, 1841, 1842*, Bd. V, London 1845, S. 457.

Abb. 10. New Bedford Whaling Museum Research Library and Archives, ODHS 31.

Abb. 11. Arthur Conan Doyle: *»Dangerous Work«. Diary of an Arctic Adventure*, hg. von Jon Lellenberg und Daniel Stashower, London 2012, S. 88–89. Mit freundlicher Genehmigung der Familie Conan Doyle.

Abb. 12. Daniel B. Fearing Logbook Collection, Houghton Library, Harvard University, F6870.13.

Abb. 13. National Archives and Records Administration, Boston, Records of the Weather Bureau, Record Group 27, Maury Abstract Logs, Roll #15, Vol. 6.

Abb. 14. Brown University Library, Digital Repository, https://repository.lib rary.brown.edu/studio/item/bdr:40515.

Abb. 15. Heinrich Berghaus: *Physikalischer Atlas oder Sammlung von Karten, auf denen die hauptsächlichsten Erscheinungen der anorganischen und organischen Natur nach ihrer geographischen Verbreitung bildlich dargestellt sind*, Gotha 1845–1848.

Abb. 16. Stephen S. Clark Library Maps, University of Michigan Library Digital Collections, http://quod.lib.umich.edu/c/clark1ic/x-002371876/39015091197205.

Abb. 17. Norman B. Leventhal Map Center at the Boston Public Library, G9096. D4 1851 .M3.

Abb. 18. Matthew Fontaine Maury: *Explanations and Sailing Directions to Accompany the Wind and Current Charts*, Philadelphia ⁷1855, Anhang. Bayerische Staatsbibliothek München, 4 Phys. sp. 164 he.

Abb. 19. *Matthew Fontaine Maury: Explanations and Sailing Directions to Accompany the Wind and Current Charts*, Philadelphia ⁶1854, Plate XIII.

Abb. 20. *Matthew Fontaine Maury: Explanations and Sailing Directions to Accompany the Wind and Current Charts*, Philadelphia 1851, Plate IX.

Abb. 21. *Hunt's Merchants' Magazine* 24 (1851) 1, S. 774.

Abb. 22. Carl von Linné: *Systema naturæ, sive regna tria naturæ systematice proposita per classes, ordines, genera, & species*, Leiden 1735. Staatsbibliothek zu Berlin – Preußischer Kulturbesitz, Abteilung Historische Drucke.

Abb. 23. Carl von Linné: *Systema naturæ per regna tria naturæ, secundum classes, ordines, genera, species cum characteribus, differentiis, synonymis, locis. Tomus I. Editio decima, reformata*, Stockholm 1758, S. 16.

Abb. 24. Frédéric Cuvier: *De l'histoire naturelle des cétacés, ou recueil et examen des faits dont se compose l'histoire naturelle de ces animaux*, Paris 1836, Pl. 19.

Abb. 25. Metropolitan Museum of Art, New York City, The Elisha Whittelsey Collection, 51.501.6056.

Abb. 26. Rijksmuseum, Amsterdam, RP-P-OB-87.556.

Abb. 27. *The Mirror of Literature, Amusement, and Instruction*, 13. August 1831, S. 104

Abb. 28. Philip Hoare: *Leviathan oder Der Wal. Auf der Suche nach dem mythischen Tier der Tiefe*, Hamburg 2013, S. 269.

Abb. 29. Robert Hamilton: *The Natural History of the Ordinary Cetacea or Whales*, Edinburgh 1837, Plate 8. Ernst Mayr Library of the Museum of Comparative Zoology, Harvard University, Special Collections.

Abb. 30. *Transactions of the Cambridge Philosophical Society* 2 (1827), S. 253–366.

Abb. 31. Thomas Beale: *The Natural History of the Sperm Whale, London 1839*, S. 23. Ernst Mayr Library of the Museum of Comparative Zoology, Harvard University, Special Collections (oben).

Abb. 32. William Morris Davis: *Nimrod of the Sea; or, The American Whaleman*, New York 1874, S. 68. Widener Library, Harvard University, F 6878.74.7.

Abb. 33. J. Ross Browne: *Etchings of a Whaling Cruise, with Notes of a Soujourn on the Island of Zanzibar to which is Appended a Brief History of the Whale Fishery, its Past and Present Condition*, New York 1846, S. 212, Baker Old Class Collection, Baker Library, Harvard Business School, QFW B882.

Abb. 34. Frederick W. True: *Suggestions to the Keepers of the U.S. Life-Saving Stations, Light-Houses, and Light-Ships; and to Other Observers Relative to the Best Means of Collecting and Preserving Specimens of Whales and Porpoises*, Washington, D.C. 1884, S. 10–11.

Abb. 35 Frederick W. True: *Suggestions to the Keepers of the U.S. Life-Saving Stations, Light-Houses, and Light-Ships; and to Other Observers Relative to the Best Means of Collecting and Preserving Specimens of Whales and Porpoises*, Washington, D.C. 1884, S. 12.

Abb. 36. *Scribner's Monthly* 13 (1877) 5, S. 580.

Abb. 37. Alfred Edmund Brehm: *Brehms Thierleben. Allgemeine Kunde des Thierreichs. Zweite umgearbeitete und vermehrte Auflage*, Bd. 8, Leipzig 1884, S. 143.

Abb. 38. Charles Melville Scammon: *The Marine Mammals of the North-Western Coast of North America, Described and Illustrated. Together with an Account of the American Whale-Fishery*, San Francisco 1874, Plate XV.

Abb. 39. Louis Figuier: *La terre avant le déluge*, Paris ⁴1865.

Abb. 40. Alfred Edmund Brehm: *Brehms Thierleben. Allgemeine Kunde des Thierreichs. Zweite umgearbeitete und vermehrte Auflage*, Bd. 3, Leipzig 1886, S. 719.